Über die Autorin:
Christine Kaufmann wurde 1945 in der Steiermark geboren und wuchs in München auf. 1953 wurde sie für den Zirkusfilm »Salto mortale« entdeckt, ehe sie ein Jahr später ihre erste Hauptrolle in dem Film »Rosen-Resli« erhielt. 1960 gelang ihr der Sprung nach Hollywood. 1963 heiratete sie den amerikanischen Filmschauspieler Tony Curtis. Aus dieser Ehe, die 1968 geschieden wurde, stammen die beiden Töchter Alexandra und Allegra.
Heute lebt Christine Kaufmann in München. In zahlreichen Film-, Theater- und Fernsehrollen fand und findet sie ein begeistertes Publikum.

CHRISTINE KAUFMANN
und ich
MEIN DOPPELLEBEN

BASTEI LÜBBE TASCHENBUCH
Band 61604

1. Auflage: Februar 2007

*Für Günter,
für Günther,
Meisy und Raphaël
in Liebe*

Vollständige Taschenbuchausgabe

Bastei Lübbe Taschenbücher und Gustav Lübbe Verlag
in der Verlagsgruppe Lübbe

© 2005 by Verlagsgruppe Lübbe GmbH & Co. KG,
Bergisch Gladbach
Dieses Werk enthält Teile des Buches
»Normal müsste man sein«,
das Christine Kaufmann 1989 veröffentlicht hat
Umschlaggestaltung: Bianca Sebastian
Titelfoto: © Inge Prader
Satz: Dörlemann Satz, Lemförde
Druck und Verarbeitung: Ebner & Spiegel, Ulm
Printed in Germany
ISBN 978-3-404-61604-6

Sie finden uns im Internet unter
www.luebbe.de

Der Preis dieses Bandes versteht sich einschließlich
der gesetzlichen Mehrwertsteuer.

INHALT

(Vorwort) Be- und Entrühmt 7

Kind und Kinderstar 12

Ciao, ciao, bambina… 44

Hollywood 79

Willkommen daheim 113

»You don't know what you have until you lose it« 130

Schutzengel 163

Jalta – Moskau 199

Wien und Afrika 222

Dijon, USA und zurück 236

Dracy 254

Tangerous 270

München Teleshopping 296

Mallorca 304

Endstation Schönheit oder
Die Marx Brothers in der Oper 319

Allein im Universum 328

Burgtheater, 9/11 334

O Nonna mia oder
das dritte Jahrtausend 340

BE- UND ENTRÜHMT

*M*it knapp siebzehn saß ich, kalt vor Aufregung, doch in ein prachtvolles, weißes Satin-Ensemble von Valentino gekleidet, inmitten der illustren Menge, die sich anlässlich der Golden-Globe-Verleihung in dem schönen Hotel Downtown Los Angeles eingefunden hatte. Einige Zeit davor war ich schon mal im gleichen Saal gewesen, damals wurden die Nominierungen verkündet. Als mein Name ausgesprochen wurde, packte mich die Panik. Ich lief weg, und wie ein Äffchen kletterte ich verschiedene Feuerleitern hinauf, immer höher, bis aufs Dach. Da kauerte ich und betrachtete den Nachthimmel, bis mein junger Presseagent mich fand. Ich zitterte noch ein wenig vor Angst und brachte ihn damit zum Lachen. Eine Schauspielerin, die wegen der Globe-Nominierung die Flucht ergreift und aufs Dach klettert, das war ihm noch nie passiert, noch hatte er je von so was gehört.

»Are you mad at me?«, fragte ich kleinlaut.

»No«, meinte er, aber da er selbst jung war, rügte er mich nicht, sondern gab unumwunden zu, dass es ihm selbst peinlich war, auf die Bühne gehen zu müssen. Er verstand meine Flucht.

Am Abend der Auszeichnung saß ich wie alle Nominierten am Rand der Sitzreihe, wahrscheinlich mit der Miene von Marie Antoinette vor der Hinrichtung. Trotz meiner angespannten Stimmung fühlte ich plötzlich, wie sich die Luft, die Atmosphäre des Saals veränderte. Ich könnte sagen, dass ich Marilyn Monroe fühlte, bevor ich sie sah. Die Menschen vor mir wandten die Köpfe wie ein Feld von Sonnenblumen, und auch ich blickte über die Schulter. Das Geräusch aufgeregter Fotografen übertönte das bei solchen Anlässen übliche Gemurmel im Saal.

»Marilyn, Marilyn«, ein Raunen ging durch die Reihen.

Ich habe nie zuvor und nie seither eine Frau mit so viel Anmut eine Treppe hinunterschreiten sehen. Die milchig weiße Haut, die verlockend bebenden Kurven in ein aufreizend-raffiniert geschnittenes, schwarzes Kleid gehüllt, die erotische Wirklichkeit dieser Frau überbot die von ihr kursierenden Fotos bei weitem, so künstlerisch sie auch sein mögen. Viel später in meinem Leben habe ich den Mond auf Hawaii ganz nahe gesehen, da ging es mir genauso. Das Magische ist nicht zu fotografieren. Auch wenn die Abbilder überleben, sie sind eben nur Abbilder.

Wenig später war sie tot.

An jenem Abend erhielt ich den Golden Globe, und wie mir Billy Wilder später erzählte, auch den Ruf, etwas »ruppig« zu sein. Denn ich brachte vor Angst nur ein »Thank you« hervor. Auf den Versuch, mich zu mehr zu ermuntern, ob ich denn nicht noch etwas sagen wollte, erwiderte ich: »But I said ›thank you‹!«.

Niemand konnte wissen, dass ich in meiner Kindheit einen Schaden erlitten hatte, eine merkwürdige Delle im Selbstbild. Ich liebte meine Kraft, war jedoch überzeugt davon, auszusehen wie Quasimodo. Denn vor der Kamera aufzuwachsen, begleitet von Menschen, die nichts Besseres zu tun hatten, als aus wirtschaftlichen Interessen ein kleines Mädchen in Grund und Boden zu kritisieren, bedeutete eine Flut beiläufiger Kränkungen zu erfahren. Eine Bibel an Aussagen: zu blass, zu dunkelhaarig, zu leise, zu laut, nicht traurig genug, zu dick, zu dünn – und so weiter.

Keine Auszeichnung und kein Kompliment konnten an dieser Wahrnehmung rütteln. Bei mir führte dies zu einer seltsam segensreichen Schizophrenie, denn es ist eigentlich recht günstig, Hübschheit nicht als Lebensinhalt zu nehmen. Aber wie sagt man: Schizophrene sind nie allein. In meinem Fall schaffte die Spaltung von Sein und Schein einen Überlebensweg. Eine Art zu leben. Dies verlieh mir eine innere Stärke, denn ich weiß, wie es ist, berühmt zu sein, und wie launisch Ruhm ist. Ich habe meine Phasen des Ruhmes nie mit mir selber verwechselt, fand das Äußerliche an mir nicht schön, und mein Inneres war wie Ali Babas Höhle. Da hatten wenige Zugang, gewiss niemand, für den Ruhm ein Allheilmittel ist.

Das Problem mit dem Ruhm ist vielfältig. Wenn Erwachsene berühmt werden, so treffen die Schattenseiten zumindest jemanden, der sich gewünscht hat, berühmt zu sein.

Meine erste Begegnung mit dem Ruhm traf mich acht Jahre vor der Verleihung des Golden Globe als *Rosen-Resli*. Damit war meine Kindheit zu Ende. Ich war neun Jahre alt. Diese Erfahrung fühlt sich in mir heute wie eine historische Begebenheit an, wie eingestaubt; sie ist quasi nicht existent und doch Teil meines Lebens. Ruhm ist ein Gespenst, das gefüttert werden will, echt sein will, das mehr sein will als Schein. Es will leben und Geld verdienen, es will auch sein.

Das geht aber nicht.

Der größte Unterschied zwischen »Ruhm« und »Ruhm« ist nicht nur der Typ Mensch, den diese Form des Zeitgeistes dekoriert. Das, was aktuell als »berühmt« gilt, hat gar nichts mehr mit dem früheren Ruhm zu tun. Heutzutage beantworten Kinder die Frage, was sie denn werden wollen, bedenklich oft mit »berühmt« oder »reich«. Die Voraussetzungen dazu sind kaum Thema. Die Vorstellung, Begabungen erzwingen zu können, nicht mehr darauf warten zu wollen, bis irgendein Mozart entsteht oder eine Maria Callas, ist entstanden, weil das Gespenst des Ruhmes sehr gefräßig geworden ist. Viele junge Menschen fallen dieser Gefräßigkeit zum Opfer, denn wenn einmal ein Moment des Ruhmes erreicht wird – was Andy Warhol mit »In the future everybody will be famous for fifteen minutes« meinte –, fallen sie danach in ein tiefes Loch. Es gibt nämlich auf dieser Straße keinen rühmlichen Rückweg. Dieses »Berühmt-gewesen-sein« wird von der Umwelt fast ausnahmslos gegen den Ruhmesträger verwendet. Das zeigt sich im Mangel an positiven Bezeichnungen. Was ist, wenn jemand nicht berühmt bleibt? Ständigen Ruhm erhält kaum ein interpretierender Künstler. Mit der Interpretation erlöscht der Moment des Rühmlichen, wenn man so will. Was passiert nach dem Grand Prix? Es gibt weder eine Vorbereitung noch Gefühle des Mitleids für das Danach. Daher empfinde ich das Eigenartige meiner Begegnungen mit dem Ruhm als »Blessing in disguise«, als versteckten Segen, denn ich muss mich nicht fragen, wie es sich anfühlt, berühmt zu sein. Ich habe zwei Leben gelebt, aber ich liebe und verehre die Wirklichkeit. Das Leben des Scheins und das Leben des Seins, manchmal haben sie sich überlappt, aber ich habe sie nie miteinander verwechselt.

In verschiedenen Ländern habe ich die Erfahrung des Berühmtseins gemacht, und das war so unterschiedlich wie Nationalspeisen. In nichts spiegelt sich der so genannte Zeitgeist so deutlich wie in den Stars und Idolen. Man dient der Spiegelung eines geschichtlichen Moments und einer momentanen Sehnsucht. Nicht mehr und nicht weniger.

Kürzlich waren in einer populären »Superstar«-Show zwei kleine Mädchen zu sehen, die sich an den Händen hielten. Das Händchenhalten war offensichtlich Teil des Programms, um die lauernde unvermeidbare Grausamkeit zu kaschieren, die zu jedem Wettbewerb elementar dazugehört. Es sollte wohl den Eindruck erwecken, dass die folgende Erfahrung zu teilen wäre. Schon bei normalen Erfahrungen ist das kaum möglich, es sei denn, man stürzt gemeinsam ins kalte Wasser. Aber wenn einer gewinnt und der andere nicht, befinden sich beide automatisch in zwei verschiedenen Welten. Vielleicht ist die größte Gefahr des Ruhmes die Tatsache, dass der Kitzel, sich vor Publikum darzustellen, viele Menschen süchtig macht. Ob Schauspieler oder Politiker, ob Moderator oder Pornodarsteller, die meisten erleben dabei eine infantile Wollust.

Jeder macht ja die Erfahrung der Aufmerksamkeit der Erwachsenen bei den ersten Schritten, ihre Begeisterung bei den ersten Worten. Dies kann einem Kind das Bewusstsein vermitteln, es existiere nur durch die Betrachtung. Und es kann dazu führen, dass Menschen sich nur noch lebendig fühlen, wenn sie angegafft werden. Nur weil sie in der Zeitung stehen, haben sie ein Gefühl ihrer Existenz. Verschwindet die Aufmerksamkeit, verschwinden sie selbst. Nirgendwo ist das Sado-Maso-Verhältnis so vielfältig, farbenprächtig, erfinderisch, unermüdlich, hintergründig mystisch und banal zugleich wie im Verhältnis des Stars zum Publikum und zu den Medien.

Vielleicht mag ein Erwachsener mit dem Star-, Idol- und Promidasein in einen Zustand des Glücks geraten, doch für mich als Kind war die Entwurzelung mehr als nur etwas Sand im Getriebe des Lebens. Die Geschichte meines Lebens erweist sich im Prinzip als Selbstbehauptung, das ich durch instinktives Verhalten erreicht habe. Vielleicht kann sie auch als Warnung dienen, denn die Scheinwelt kann die Lust am Wirklichen verschwinden lassen. Die Prioritäten sind gefährdet. Viel wird nur noch gemacht, weil es gut aussieht. Das Leben kann sehr kurz sein, wenn man sich nach dem Schein richtet. Ich werde nun sechzig Jahre alt und habe das Gefühl, ganz viele verschiedene Leben gelebt zu haben. Vor allem ist es aber nicht so gelaufen, wie es von anderen vorausgesagt wurde. Ich bin nie so gewesen, wie es in der Scheinwelt beschrieben wurde. Ich konnte mich immer in die Wirklichkeit retten.

KIND UND KINDERSTAR

*E*s war auf einer Party zum Ende der Dreharbeiten des Films *Der Geschichtenerzähler*, als ich feststellte, dass es genügt, gedankenverloren die Naht meines schwarzen Strumpfes gerade zu schieben, um ein Tischgespräch gewichtiger Art (Arbeitsbedingungen, Filmfinanzierungen u. Ä.) zum Erlahmen zu bringen.

»Das ist nicht fair«, sagt Kollege Peter Sattmann, »Frauen brauchen nur solche Kleinigkeiten zu tun, und schon lenken sie die gesamte Aufmerksamkeit auf sich.«

Mag sein, dass er Recht hat; wahrscheinlich aber entsteht die Aufmerksamkeit nur dann, wenn das »gedankenverloren« vorangeht.

Die »sezierte« Weiblichkeit einzusetzen, lernen Frauen normalerweise spätestens mit sechzehn auf dem Schulhof. Das Schulhofwissen geht mir ab, dafür weiß ich aber eine Menge über Bioelektrizität, und so bin ich denn oft privat »gedankenverloren«.

Nach 37 Jahren Arbeit als Schauspielerin war *Der Geschichtenerzähler* der erste Film, in dem ich jede Sekunde spannend fand.

Die Frauenfigur: zerbrechlich, doch stark. Ein Mensch, keine Schablone. In ihr konnte ich meine Lebenserfahrungen einbringen.

Nicht zuletzt verdanke ich dies der Tatsache, dass der Regisseur Rainer Boldt ein Mann ist, der die weibliche Emanzipation auch für sich verwenden konnte. Er mag Frauen und hat keine Angst vor ihnen.

Obwohl ich schon früher öfter in Berlin war, fühlte ich mich zum ersten Mal integriert in diese Stadt. Wie ging das Lied nochmal? »Du bist verrückt, mein Kind, du musst nach Berlin, wo die Verrückten sind, da gehörst du hin ...«

Die Zusammengehörigkeit mit dem Team ließ mich Geborgenheit empfinden, und außerdem hatte ich mich für einen Tag heftig verliebt.

Von dem Fest kam ich um elf Uhr vormittags nach Hause; das heißt in das Hotel Steigenberger. Dort erwartete mich ein Bündel von Nachrichten. Eine davon war der fast vergessene Fototermin mit Mathieu Carrière für »Harper's Bazaar«.

Geduscht und fast ungeschminkt trippelte ich im »kleinen Schwarzen« – meinem Zylinder, der schon fast auf meinem Kopf angewachsen ist – in Mathieus Suite, wo sich das Fernsehteam bereits versammelt hatte.

Wilfried, den ich in Hamburg fast mit dem Rad überfahren hätte, war auch da: ein schöner deutscher Mann mit Lippen wie Rosenblätter.

Mathieu war wie immer geistreich, gut aussehend, amüsiert und ernsthaft bei der Arbeit. Seit ich ihn vor zehn Jahren kennen gelernt hatte, waren wir in ein anhaltendes Gespräch über »das Leben an sich« verwickelt. Das Gespräch hat oft ein Jahr Pause und wird dann in Paris, New York oder München fortgeführt; manchmal bügelt er, manchmal ich, manchmal spricht er mit meinen Töchtern, manchmal ich mit seiner Frau.

Affinitäten sind nicht an Ort oder Zeit gebunden. Er ist für mich ein Bruder. Die beste Position, die Männer in meinem Leben haben können.

Wir haben uns während des Berlinaufenthaltes immer kleine Zettel mit persönlichen Bemerkungen in den Türschlitz gesteckt. Sein letzter damals lautete: »Du bist immer noch die attraktivste Frau, mit der ich nicht geschlafen habe.«

Ich blieb, bis die Fotos entwickelt waren (Polaroid macht's möglich), schon etwas auf Kohlen, weil die Kostümbildnerin für den nächsten Film in meinem Zimmer auf mich wartete.

Im Wegeilen bemerkte ich noch, dass der englische Fotograf herzschmelzend aussah. Mmmmh…

Am Abend hatte ich noch eine Vorstellung am Theater in der Josefstadt in Wien.

Der Abflug verspätete sich. Im Abteil erster Klasse saßen die Passagiere in wohl situierter Distanz. Mein Ticket wurde von der Produktion bezahlt.

Auf der Raucherseite zu meiner Rechten saß ein Mann mit einem äußerst interessanten Gesicht. Nicht nur das Gesicht, die ganze Person wie aus Stein gemeißelt. Ein älterer Mann, in dem sich zeigt, dass das Alter die Menschen immer entweder hässlich oder interessant werden lässt. Er war Letzteres und machte mich neugierig.

Bar jeder erotischen Intention fragte ich ihn, wer er sei. »Ich kenne Ihr Gesicht.«

»Ich Ihres auch.«

Wir tauschten die Namen zu den Gesichtern aus. Entdeckten gemeinsame Bekannte. Wir waren beide gleich exaltiert, er trinkend, ich nüchtern.

Dennoch meinte er: »Sie sind ziemlich verrückt.«

Ich entschied mich, ihm nicht meinen kleinen Vortrag darüber zu halten, wie ich mich durch meine kleinen Verrücktheiten vor den großen geschützt habe.

Immerhin bin ich weder Rauschgift noch sonst etwas verfallen. Vor allem nicht der Schauspielerkrankheit: Nichts mehr erleben können vor lauter Sorge, wie das, was man tut, nach außen wirkt. Wie in dem Schauspielerwitz: »Ich hab dich gestern in der Straßenbahn gesehen!« – »Wie war ich?«

Ich frage mich höchstens, wie es *für* mich war.

Hinter dem Herrn sah ich durch das runde Fenster einen orientalisch anmutenden Himmel. Ich setzte mich hinter ihn, um den berauschenden Anblick besser genießen zu können. Über dem satten Rosa im blauen Nachthimmel ein runder, dunkler Mond, in dem nur eine schmale silberne Sichel glänzt.

Der Herr setzte sich neben mich und fand den Mond auch sehr schön. Wir meinten nicht den gleichen.

Ein Kuss auf meinen Hals traf mich just an der Stelle, die Gänsehautschauer auslöst. Wie viele Männer hatten diesen Punkt schon vergeblich gesucht!

Ich fand es toll, wollte jedoch nicht, dass es weiterging. Wieder siegte das Erleben über den Anstand, und mein Versuch, mich mit einem Kichern zu entziehen, gelang nicht so ganz.

Mit roten Wangen saß ich da, und er, durch die Tatsache ermutigt, einer Vierundvierzigjährigen mit einem einzigen Kuss Rosen auf die Wangen gezaubert zu haben, ging zu weiteren Attacken über.

Zwischendurch erhaschte ich die etwas entsetzten, aber diskreten Blicke der Stewardessen in unsere Richtung.

Die anderen Fluggäste – zwei Herren Marke »Schnecki und Wuffi« – ignorierten das Geschehen mit wohl erzogenem »Weghören«.

Wir landeten und fuhren getrennte Wege.

Ich dachte darüber nach, warum mir solche Sachen verdächtig oft passieren. Ich müsste eigentlich wissen, wie sich mein Verhalten auf andere auswirkt. Mich ängstigte aber schon immer das tote Leben: »Alles schön ruhig, damit der Unterschied nicht so groß ist, wenn man stirbt ...«

Kürzlich las ich bei Adorno wieder einmal die Erklärung, warum gerade Frauen wie ich besonders viel erleben:

»Phantasie wird entflammt von Frauen, denen Phantasie gerade abgeht. (Siehe Strumpfnaht.) Am farbigsten leuchtet der

Nimbus derer, die ungebrochen nach außen gewandt, ganz nüchtern sind. Ihre Attraktion rührt her vom Mangel des Bewusstseins ihrer selbst, ja eines Selbst überhaupt.«

Für eine Schauspielerin scheint dies unmöglich, aber da das Schauspielen eine Kinderarbeit ist, zu der ich erst jetzt, nachdem ich das Leben gelernt habe, Zugang fand, ist das eines der vielen Dinge, bei denen ich »schief gewickelt« bin. Wie manche Afrikaner empfinde ich das Aufgenommenwerden als Raub einer Empfindung.

Ganz selten habe ich mich selbst in Filmen betrachtet. Der Anblick löst entweder Panik oder Befremden aus. Ich wusste früh, dass es sehr wichtig für mein Erleben war, mich nicht in Narzissmus zu verlieren, denn in ihm steckt auch Unsicherheit. Es ist immer nur Geschmack und Ansichtssache, ob man gut gefunden wird oder nicht.

Wenn ich mich nie anschaue, werde ich das Erleben von innen nicht verlieren: das Schauenkönnen, Anfassenkönnen – sich von dem, was passiert, überraschen zu lassen. Eine eitle Pute bin ich nur, was mein Innenleben angeht. Ich kann Stunden und Tage mit mir selbst verbringen und finde mich allein immer in »bester Gesellschaft«.

Bevor ich ins Theater fuhr, musste ich noch zu einer gewissen Ursula, bei der ich mich vorübergehend einmieten wollte. Auf die Dauer macht mich das Alleinsein doch etwas schrullig. Es muss dosiert sein.

Vor ihrer Wohnungstür überlegte ich, ob es sie wohl stören würde, dass ich Christine Kaufmann bin, denn am Telefon haben wir einander immer nur mit »Christine« und »Ursula« angesprochen. Es könnte aber auch gut sein, dass die C. K. überhaupt nicht kennt.

Eine hübsche, zierliche Frau mit dunklen Brombeeraugen öffnete. Sie lächelte mich an und sagte: »Ach, du bist die Christine Kaufmann. Das macht aber nichts.«

Ja, dachte ich, die Beobachtungen in letzter Zeit haben mich nicht getäuscht. Ich bin dem entwachsen, was sich die Leute unter mir vorstellen. Christine Kaufmann und ich sind eine geworden.

Das war ein langer und interessanter Weg. Begonnen hat er am 11. Januar 1945.

Die Umstände meiner Geburt waren aus heutiger Sicht hochdramatisch, damals aber sicher nicht ungewöhnlich für eine Niederkunft vier Monate vor Kriegsende.

Ich bin in einem Stall in der Steiermark geboren. Weit oben auf einem Hügel. Meine Mutter war Französin, und meine Großmutter, die mich auf die Welt holte, auch.

Das Wasser für die Entbindung wurde mit Zeitungspapier erhitzt, die Windeln aus Stoffresten gefertigt.

Etwas dramatisiert wurde die Geburt durch die Tatsache, dass ich, von der Nabelschnur gewürgt und halb erstickt, in sehr unattraktiven Blau- und Rottönen verfärbt auf die Welt kam.

Meine Meme (Mémé = Omi auf französisch) deckte mich diskret vor den Blicken meiner Mutter ab, die verängstigt fragte, ob ich denn nicht normal sei.

»Normal schon, aber nicht schön.«

Die Umstände, welche zwei Französinnen auf die steirische Alm getrieben hatten, waren eine Folge des Zusammenspiels von Krieg und Liebe.

Während es sich bei mir wohl um eine Fronturlaubsfolge handelte, war mein Bruder Günther, der zwei Jahre vorher in Frankreich geboren wurde, ein Kind der Liebe.

Meine Eltern haben sich in einem Restaurant in Tours kennen gelernt.

Die Zeit taucht die Erinnerungen in verschiedene Farben. Ich halte mich an die deckungsgleichen Berichte.

Meine Mutter war damals zweiundzwanzig, eine üppige Blondine mit Blavatzky-Augen. (Madame Blavatzky war eine russische Mystikerin, die bei Wutausbrüchen gegen ihre Eltern mit einem kurzen Blick auf die Vitrine alle Gläser darin platzen ließ.) Mit ihrer unglaublichen Vitalität und ihrem Charakter sah Mutter in den Widerständen die Verlockungen des Lebens.

Sie aß mit Meme zu Abend, als sie am Nebentisch einen Mann sah, dessen Anblick sie so verwirrte, dass sie beim Essen »mit der Gabel den Mund nicht mehr fand«. Besagter Mann hatte schwarze Haare und blaue Augen mit unwiderstehlich langen Wimpern, eine schlanke Figur in einer deutschen Uniform.

Sie hatte sich in einen Feind verliebt.

Für ihre Landsleute ein verabscheuungswürdiges Verbrechen.

Sie war in einem Alter, in dem einen »der Hafer sticht«, ob Krieg oder nicht. Der romantische »verbotene« Fremde muss einen großen Reiz auf sie ausgeübt haben. Bei meiner Mutter spielte allerdings noch etwas eine Rolle, das sie daran hinderte, ihn nur als Feind anzusehen. Meme hatte in Saarbrücken studiert und sprach Deutsch; das Krankenhaus, in dem meine Mutter und Meme arbeiteten, hatte auch deutsche Ärzte und Schwestern. So ergaben sich Beziehungen durch das gemeinsame Reparieren von Kriegswunden.

Mein Bruder und ich waren allerdings davon überzeugt, wenn man unter Millionen Menschen zwei suchen müsste, die am wenigsten zusammenpassen, dann wären es unsere Eltern.

Aus den Fotos dieser Zeit lässt sich jedoch eine Anziehung der Gegensätze erahnen, bei der die Luft zwischen den beiden geflirrt haben muss.

Ich fragte meinen Vater, was er denn empfunden hatte, als er meine Mutter zum ersten Mal sah, und er meinte: »Tja, man könnte sagen, es war Liebe auf den ersten Blick.«

Sie hat bis zu ihrem Tod gesagt: »Er war eine Sünde wert.«

Liebe auf den ersten Blick erduldet oft keinen zweiten; bei meinen Eltern verhinderte der Krieg ein näheres Kennenlernen, das den beiden wahrscheinlich gezeigt hätte, dass es neben der Liebe Lebensgewohnheiten gibt, die es so an sich haben, auch die größte Liebe zu überdauern.

Meine Eltern heirateten, und bald wurde Günther geboren, ein schöner, runder Junge; der erste seit drei Generationen auf der mütterlichen Seite.

War meine Mutter damals als Frau eines deutschen Offiziers noch relativ sicher, passierte meiner Meme etwas, das auch sie als Kollaborateurin abstempelte. Ich kannte meine Großmutter gut genug, um sicher zu sein, dass sie alles andere als ein Freund der Nazideutschen war. Aber sie hätte niemals ein Kind wegen der Gesinnung seines Vaters sterben lassen. Sie rettete dem Kind einer Frau, deren Liebhaber bei der ss war, das Leben. Man unterstellte ihr Dinge, die sie nach dem Krieg widerlegen konnte. Vorerst jedoch, bedingt durch die Ehe meiner Mutter, standen alle Zeichen gegen sie, und so brachte mein Vater seine Familie in jenes steirische Dorf, wo er sie einigermaßen in Sicherheit wähnte.

Es ist eine der Ironien des Schicksals, dass meine Mutter durch ihre hervorragendste Charaktereigenschaft, nämlich Bestimmungen als Anlass zum Ungehorsam zu nehmen, sehr bald von der Gestapo aus dem Dorf geholt und (mit mir hochschwanger) vierundzwanzig Stunden verhört wurde. Der Grund dafür ist so typisch für sie, dass man ihn fast schon als komisch bezeichnen könnte: In der Steiermark gab es französische Kriegsgefangene. Es war der Bevölkerung streng verboten, mit ihnen in Kontakt zu treten. Das kümmerte Mutter jedoch wenig. Sie stellte ihnen nachts das Radio vors Fenster, damit sie Nachrichten über den Kriegsverlauf hören konnten. Eine »liebe Nachbarin« muss der Gestapo einen Wink gegeben haben, denn sie kreuzten bald mit ihrem schicken Wagen auf ...

Meme blieb allein mit Günther und ihrer Angst zurück.

Sie war erstaunt, meine Mutter schnell wiederzusehen. Das Kreuzverhör muss grotesk gewesen sein, denn die Männer ließen sie gehen, weil sie einsahen, dass »ein politischer Aktivist nicht so blöd und naiv sein konnte«.

Mutter hatte schon immer die Tendenz, nur ihre persönliche Sicht als real zu empfinden, und wenn sie später über den Krieg erzählte, so war es ein wenig, als hätte er nur stattgefunden, um sie in eine missliche Lage zu bringen.

Nicht dass sie dumm gewesen wäre – im Gegenteil, sie war sehr klug, geradezu hellsichtig –, aber sie hatte eine starke emotionelle Komponente in ihrer Denkweise, die sie daran hinderte, auch andere Perspektiven anzuerkennen.

Nirgendwo wurde für mich als Kind der Unterschied der Charaktere meiner Eltern deutlicher sichtbar als in ihren Beschreibungen des Krieges.

Man kommt kaum auf die Idee, dass es sich um ein und denselben Krieg handelt!

Mich faszinierte als Kind die Art, in der mein Vater ein aus meiner Sicht hochdramatisches Ereignis voller Feuer und Flammen beschrieb:

»Um x Uhr auf einem Erkundungsflug erschienen zu meiner Linken zwei Kampfflugzeuge des Typs xy in Höhe x und nahmen mein Flugzeug unter Beschuss. Die linke Seite erhielt ca. xx Schüsse, es stiegen sofort etwa 1 m hohe Flammen auf. Ich wendete das Flugzeug nach rechts, wo ein weiteres feindliches Flugzeug flog und mich von dieser Seite unter Beschuss nahm.

Mit einem Looping und Sturzflug auf eine Nebelbank entzog ich mich ihrer Sicht und landete mit dem nun relativ hoch in Flammen stehenden Flugzeug auf dem landeseigenen Flughafen. Das Flugzeug hatte insgesamt 183 Einschüsse, ich blieb aber unverletzt.«

Wäre dies ein militärischer Bericht, so wäre die nüchterne Schilderung wohl angebracht gewesen. Dies war aber die Geschichte, wie mein Vater sie uns Kindern erzählte.

Nie hörte ich ein Wort, ob er Angst empfand, nach seiner Mutter rief oder sonst etwas über die Gefühle, die er in solch einer Situation hatte. Der Soldat war am Krieg beteiligt, aber ihn, den Menschen, gab es nicht.

Dieses »gefühllose Erleben« war aus meiner Perspektive sehr deutsch und stand in krassem Gegensatz zu der emotionalen Erzählweise meiner französischen Mutter.

Die Schwangerschaft mit mir empfand sie ebenfalls als unverschuldet. Lange Zeit sagte sie zu Meme: »Es ist nur ein Myom.« Meme rollte ihre schwarzen Augen gegen den Himmel und meinte: »Sicher, mit zwei Armen und zwei Beinen.«

Als der Krieg vorbei war und von meinem Vater keine Nachricht kam, fuhr meine Mutter mit Meme, meinem Bruder und mir nach Linz und erkundigte sich auf der französischen Kommandantur, ob sie wieder in die Heimat dürfe. Sie erfuhr, dass Mitglieder der Résistance mit Frauen, die sich mit Deutschen eingelassen hatten, hart ins Gericht gingen. Man riet ihr, vorerst nicht nach Frankreich zurückzukehren.

Meme wurde sofort als Sekretärin engagiert; meine Mutter erhielt auch einen Job, und sie bekamen eine Wohnung, in die sie mit meinem Bruder zogen. Sie waren zu beschäftigt, um sich um mich kümmern zu können, und gaben mich in ein Säuglingsheim.

Im Rahmen ihrer Tätigkeit für die französische Dienststelle wurde Meme nach Mauthausen geschickt. Am Abend dieses Tages kam sie zu meiner Mutter und sagte, sie müsse mitkommen, sie habe ihr etwas Schreckliches zu zeigen. Meine Mutter wurde jedes Mal – auch Jahrzehnte später – blass, wenn sie beschrieb, was sie dort gesehen und erfahren hatte. Sie wusste nun, womit sie durch ihre leichtfertige Liebesheirat auf immer verbunden war.

»Wir werden nie mehr nach Hause gehen dürfen und in der Heimat für immer in Verbindung mit der deutschen Schuld stehen.« Dies war das Fazit meiner Großmutter.

Das Liebesverhältnis meiner Eltern bekam durch diese Erkenntnis einen ganz anderen Stellenwert; sie machte aus meinem Vater, dem schönen deutschen Helden, in den Augen meiner Mutter – wenn sie es auch nie aussprach – einen Mittäter aus Ignoranz.

Es ist sicher für jedes deutsche Nachkriegskind ein Problem gewesen, seine Eltern in die Geschehnisse des Krieges verwickelt zu wissen. Das war es auch für mich.

Meine Mutter war überzeugt gewesen, dass mein Vater gefallen war, da sie nach Kriegsende nichts von ihm hörte. Als er Monate später plötzlich vor der Tür stand, wusste sie nicht, was sie sagen sollte. Meine Meme ermahnte sie: »Benimm dich doch, und umarme ihn, immerhin ist er dein Mann.«

Aber sie waren einander fremd geworden.

Mein Vater hatte nun nur den einen Wunsch, seine Tochter zu sehen, und ging in das Kinderheim, in dem ich seit einem halben Jahr behütet wurde. Er war sehr früh Waise geworden, und ich glaube, dass die Affinität zwischen uns aus dem früh empfundenen Gefühl der Verlassenheit stammte. Er war derjenige, der mich zur Familie holte.

Ich hätte ausgesehen »wie eine Prinzessin, mit geradem Rücken und großen blauen Augen«. Ernst und ein wenig traurig.

Die Schwestern wollten mich gar nicht hergeben, »so brav« war ich. Die gesamte Familie war nun vereint, und meine Eltern beschlossen, trotz aller offensichtlichen Inkompatibilitäten zusammenzubleiben, »bis die Kinder groß sind«.

Egal, wie viele Unstimmigkeiten meine Eltern auch hatten, sie waren jedenfalls keine Bedrohung für meinen Bruder und mich.
Im Gegenteil, das Leben war bunt und interessant, die Eltern keine vereinte Front und damit keine Macht, die unser Erleben gefährdete.
Die dominanten Figuren meiner Kindheit waren mein Bruder und Meme. An sie knüpfen sich die lebhaftesten, mit Geruch und Farbe behafteten Erinnerungen.
Von meinem Vater, der mich, wie er sagt, »großgebusselt« hat, bleibt ein Gefühl von Vertrauen und Geborgenheit; von meiner Mutter wilde, heftige und lustige Energie – zumindest bis zum *Rosen-Resli*.

Viele Szenen aus meiner frühen Kindheit sind leicht »abzuspulen«. Die Überbelastung meiner späteren Kindheit war noch nicht da.
Es war eine Kindheit, in der beide Eltern beschäftigt waren. Frei, ohne zu verwahrlosen, mit einem Bruder an der Seite, der mich liebte und den ich liebte, spürte ich nichts von jenem Druck der neurotisierenden Bürgerlichkeit, die es in einer »geordneten« Gesellschaft eher gab als im Deutschland der Nachkriegszeit.
Die Kulissen meiner Erinnerungen sind abwechselnd nach Holz riechende Baracken und Lager; Behausungen mit Improvisationscharakter.
Mein Bruder und ich waren immer zusammen, und es war, als ob es mich ohne ihn gar nicht gegeben hätte.
Einmal wurde ich, wie damals üblich, in einer Eisenschüssel stehend vor dem glühenden Kanonenofen gewaschen; übermütig

bewegte ich mich zu weit nach hinten und blieb mit einer Pobacke an dem heißen Ofen hängen.

Es spricht für die Fürsorglichkeit meiner Familie und speziell meiner Meme, dass ich mich nicht an den Schmerz, wohl aber an die Pflege erinnern kann. Vier Wochen lang konnte ich nur auf dem Bauch liegen, den Po gesalbt.

Überhaupt war meine Meme eine Bilderbuchoma, weil sie ehrlich und realistisch war. Von ihr gewaschen zu werden war immer ein Luxusvergnügen. Wie kann ich es beschreiben, ohne falsch verstanden zu werden? Sie hat einen ganz gewaschen mit ihren kleinen, festen Händen, ohne auch nur eine Stelle zu übergehen und damit das wortlose Signal zu geben, dass gewisse Körperteile »bäbä« sind.

Sie machte Eierkuchen ohne Eier, die so fein waren, dass man durchsehen konnte; und wenn etwas nicht passte, wurde es direkt ausgesprochen – kein stiller Druck, der uns verunsichern konnte. Wurde etwas angestellt, so hatten mein Bruder und ich es beide getan oder keiner. Wenn unsere Eltern sich stritten, verkrochen wir uns kichernd unter der Bettdecke.

Mein Vater hatte irgendwann eine große Scheune, in der er Radiokästen herstellte. Der Geruch von Sägespänen in Verbindung mit den für mich riesigen kreisenden Sägen hatte etwas Magisches, Märchenhaftes an sich. Ich besuchte ihn gerne.

An einem Sommerabend (ich war drei) kam ich rein, die abgestellten Sägen drehten sich noch und glänzten im Abendlicht.

Mein Vater erzählte, dass er sah, wie ich den kleinen ausgestreckten Zeigefinger an die Säge hielt. Jede plötzliche Bewegung hätte die Hand gekostet. Er betete zu meinem Schutzengel. Ganz langsam zog ich die Hand zurück und lächelte ihn an.

Das »Fortbewegen« im Winter bedeutete für uns Kinder: fest, bis zur Bewegungslosigkeit eingepackt, auf dem Schlitten durch die

Landschaft gezogen zu werden. Auf so einer Fahrt mit mir durch die Winterlandschaft fand mein Vater plötzlich den Schlitten so merkwürdig leicht. Er drehte sich um, die Pakete waren noch da, das Kind nicht. Er ging den Weg zurück und fand mich – nicht weinend, sondern wie ein Buddha im Schnee bewegungslos in Sitzhaltung zuversichtlich auf ihn wartend.

Als ich vier oder fünf war, zogen wir nach Bad Aibling in ein richtiges Haus, das ein Teil des IRO-Lagers war und von meinem Vater geleitet wurde. Diese Lager waren für Flüchtlinge gedacht. Dort waren hauptsächlich Russen und Polen, auf jeden Fall freundliche Menschen mit fremder Sprache, die mein Bruder und ich sehr interessant fanden. Französisch und Deutsch kannten wir schon, aber so was nicht. Die Popen mit ihren Bärten, wallenden Kleidern und hohen Mützen gefielen uns besonders.

Ich hatte, abgesehen von Puppen operieren, was ich als maskierte Assistentin meines Bruders liebend gerne tat, die Angewohnheit entwickelt, mich mit Stoffresten zu verkleiden und zu Radiomusik zu tanzen. Die Russen redeten meiner Mutter zu, mich doch ins Ballett zu bringen.

Wir zogen aus dem Lager wieder aus, diesmal in ein großes, aus schwarzem Holz gebautes Haus, das einsam in der schönen Chiemgauer Ebene lag. Von dort aus brachte mich meine Mutter ins Ballett. Ich bestand die Aufnahmeprüfung, und von nun an wurden Busfahrten nach München zu einer ständigen Einrichtung. Der Bus hielt einen kleinen Fußmarsch entfernt von unserem Haus.

Ich kann mich erinnern, dass wir in einen Schneesturm gerieten und ich beschützende Instinkte für meine Mutter hatte und sagte, sie solle doch hinter mir gehen, damit sie nicht so viel Schnee abkriegt!

Die Integration in die Ballettgruppe brachte mich der Welt außer Haus auf eine schöne Art und Weise näher, vor allem, weil die Arbeit dort athletisch und körperbetont war.

Ich liebte die Aufenthalte in München, denn auf dem Weg zum Ballettunterricht in der Oper gab es einen phantastisch schönen Gang, der wie das Eintreten in eine Märchenbuchseite war. Unser Kindertross (im bunten Patchworklook der Nachkriegszeit) ging über eine Art Steg durch das Opernhaus, in das offensichtlich eine Bombe gefallen war. Unter uns noch Reihen von samtenen Stühlen in Reih und Glied, als wäre nie etwas geschehen. Die Logen und Ränge waren in ihrer seidigen Pracht teilweise noch erhalten, und dort, wo die Bombe die Mauern freigelegt hatte, wuchsen zwischen den Steinen Pflanzen und Blumen, deren Samen durch das Loch in der Decke hereingeflogen war und die je nach Jahreszeit einen sich stets verändernden Anblick boten.

Bald traten wir im Gärtnerplatztheater auf, ich in kleinen Rollen. Soweit ich mich daran erinnern kann, fielen mir meist entweder beim Tanzen die Hosen runter, oder ich konnte den Ton nicht treffen.

Aber ich nehme an, dass es meine damals schon bestehende »Absence« war, die mir zu immer weiteren Rollen verhalf.

Eines war ich nicht, und das spürte ich gelegentlich bei Gleichaltrigen: ehrgeizig und begierig darauf, im Mittelpunkt zu stehen. Ich habe mir Gedanken gemacht, woher dies kommt, und glaube, dass ich für mich selbst immer so eindeutig der Mittelpunkt war, dass ich Zustimmung von anderen nicht brauchte.

Ich war immer mein Refugium – vielleicht auch, weil ich im älteren Bruder eine Pufferzone hatte.

Meine Mutter fing im Bavaria-Filmstudio Geiselgasteig als Maskenbildnerin zu arbeiten an, ich spielte manchmal kleine Rollen, zum Beispiel im *Weißen Rössl*.

Wir waren, um näher bei der Stadt zu sein, nach Neubiberg in eine Souterrainwohnung in einem Haus mit Garten gezogen. Hinter dem einstöckigen Haus stand eine große Trauerweide neben einer Regentonne. Wenn man sich unter die Weide setzte, kam man sich wie in einer Kathedrale vor, so hoch und feierlich sah es aus. Die feinen, langen Weidenruten ergaben für mich die schönsten Gebäude. Überhaupt fand ich das, was man Gott nennt, viel eher in der Natur als in einer beängstigenden Kirche. Keiner predigte hier von oben, dass man mit einer Sünde auf die Welt kam. Schutz und Geborgenheit lieferte meine Weidenkathedrale, deren Geruch und bewegliche Arme mich im Frühjahr mit Leben und Wärme umfingen.

Obwohl ich nur in winzigen Sekundenauftritten in Filmen mitgespielt hatte, nannten mich die anderen Schulkinder gerne »SAUspielerin«, das passte unserem Lehrer gut in den Kram, der mit Stöcken zu schlagen pflegte. Meine Mutter ging zu ihm und drohte ihm ihrerseits Prügel an.

Die ungewöhnliche Art meiner Mutter, ihre Willenskraft und ihre Weigerung, sich jemals geschlagen zu geben, haben mich immer beeindruckt. Für mich hatte ihre Kraft aber auch etwas Erschreckendes. Ihre Emotionen waren so heftig. Auch wenn ich mich von ihr zu dem Zeitpunkt nicht unter Druck gesetzt fühlte, die Verschiedenheit unserer Charaktere war so groß, dass ich mich nicht an einen einzigen Moment des stillen, wortlosen Glücks mit ihr erinnern kann.

Für mich waren Stille und Abgeschiedenheit aufregend; mit meinem Bruder zu entdecken, dass Wiesen essbar sind, Pflanzen süß oder sauer schmecken und im Frühling gelbe Pollen am Wangenflaum hängen bleiben.
    Ich war introvertiert – Mutter extrovertiert.

Ich bekam irgendwann Angst vor ihrer Art des Seins, vor ihrem Fleisch. Von ihrer vitalen Art des Erlebens würde ich bald geschluckt werden wie von einem riesigen Wal, der auch im Meer des Wirtschaftswunders mitschwimmen will. Ich hatte oft das Gefühl, sie auch später vor dem unbedachten Urteil der »ehrgeizigen Mutter« verteidigen zu müssen. Ihr Ehrgeiz entsprach dem Zeitgeist.

An meine »Entdeckung« für die erste große Rolle kann ich mich gut erinnern. Ich saß in der Sonne im Bavaria-Filmstudio und spielte. Ein Mann mit vielen Haaren und einem Akzent, der mir aus dem IRO-Lager bekannt war (russisch), fragte mich, ob ich reiten könne. »Ja«, antwortete ich, obwohl es überhaupt nicht stimmte. Ich glaube, ich *wollte* gerne reiten.

Bald war der Termin für die Probeaufnahmen von *Salto mortale*, 1953. Vor mir stand ein älteres Mädchen mit einer Schleife im Pferdeschwanz, die riesig war. Die steife Schleife war so angespannt wie sie, und mir machte diese Anspannung Angst. Ich verstand ja auch nicht, »worum es ging«. Sie, glaube ich, schon, daher die Anspannung.

Die Angst vorm Versagen sollte ich erst später kennen lernen. Es war allerdings nie die Angst vor den »anderen«, sondern vielmehr die Angst, von meiner Mutter verstoßen zu werden, eine Empfindung, die wahrscheinlich durch die Erinnerung an das »Weggegebenwerden« als Säugling in mir wachgerufen wurde.

Die Arbeit an dem Film *Salto mortale* machte mir großen Spaß. Sie erforderte hauptsächlich körperlichen Einsatz wie beispielsweise »voltigieren«, das ich in einer halben Stunde lernte. Dieses Voltigieren macht man, indem man das Pferd (Pony in meinem Fall) zu einer gewissen Geschwindigkeit antreibt, dann abspringt, im Rhythmus des Pferdes, sich festhaltend, mitläuft und dann wieder aufspringt. Dies wird in verschiedenen Zeitabständen durchgeführt, je nach Energie und Geschick. Wie jede Anforderung an symbiotisches Können liebte ich es. Das Pony und ich wurden eins. Bis zum Tag der Premiere, an dem mich das Luder, durch die Blitzlichter erschreckt, in den Ellbogen biss.

Dann gab es noch eine Erfahrung mit dem Film *Salto mortale*: die Ohrfeige von Gert Fröbe. Er litt so darunter, mich schlagen zu müssen, dass er ganz grün im Gesicht war. Für mich war dies schon der Anfang einer sich später immer mehr ausbreitenden »Gefühlswucherung«: zu lernen, nicht normal zu reagieren und stattdessen für eine geforderte Reaktion belohnt zu werden.

Ich durfte, obwohl ich wusste, dass gleich eine riesige Hand kommen wird, die mir ins Gesicht schlägt, nicht zwinkern oder sonst wie anzeigen, dass etwas Unangenehmes passieren wird. Sofort spürte ich den Missmut in der Luft, wenn ich auf die Bedrohung normal durch Zusammenzucken oder Ähnliches reagierte.

Ich war sehr brav und zuckte kaum. Es standen dann viele Erwachsene um mich herum und lobten mich, wenn ich mich abnormal, aber gefügig verhielt.

Man könnte nun sagen, das ist eben eine Arbeit wie Hausaufgaben, aber es stimmt nicht. Denn auf dem Weg zum normalen Erwachsenen spielen Gefühle und der Umgang damit bekanntlich eine große Rolle. Jetzt beginnt für das Schauspieler-Kind die einsame Aufgabe, immer wieder zu untersuchen, wann wo welche Gefühle angebracht, echt, erwünscht, erlaubt sind und wann nicht.

Als einmaliges Erlebnis wäre eine solche Ohrfeige sicher nichts Zerstörerisches, es sind diese vielen Erfahrungen, die auf die Dauer bei einem kleinen heranwachsenden Menschen merkwürdige Verformungen hervorrufen.

Ob schön oder nicht, ob gut oder nicht, eines ist gewiss: Die Form ist außerhalb der Norm.

Nicht bei diesem Film, aber nach dieser Zeit müssen viele Dinge passiert sein, denn es ist, als hätte etwas meine Erinnerung geschluckt. Ich glaube, es war der Kinderstar, der das Kind verschluckte, oder vielmehr die Umwelt, die nicht mehr auf das Kind reagierte.

Etwas Ähnliches kommt in einem rührenden Interview mit dem zwölfjährigen Michael Jackson zum Ausdruck, der auf die Frage einer Journalistin, ob er denn nicht gerne »the boy next door« gewesen wäre, antwortet: »Ich habe es ja probiert, ich wollte es sein, aber sie (die erwachsene Umwelt) haben sich so merkwürdig verhalten, dass ich immer befangener wurde. Jetzt fühle ich mich nur noch auf der Bühne frei.«

Ich bin schon mit den allerfeinsten Sieben durch mein Gedächtnis gegangen, ob denn nicht wenigstens ein Sandkorn an Erinnerungen vom Werdegang zum »Rosen-Resli« übrig geblieben ist. Nicht dass ich mit dieser Daseinsetappe Schwierigkeiten habe, nur ist da etwas an persönlicher Überforderung, das alle Erinnerungen gefressen hat.

Der Prozess des »Berühmtwerdens« ist auf jeden Fall eine Entwurzelung.

Jede Zeit schafft sich ihr Symbol.

Das »Rosen-Resli« und ich sind beide deutsche Nachkriegsprodukte. Wie »Rambo« und Sylvester Stallone.

Während der Dreharbeiten zum *Rosen-Resli* erfuhr die Beziehung zu meiner Mutter eine Wandlung, denn bis zu diesem Zeitpunkt hatte ich nie durch ihre Person direkte Bedrohung empfunden. Sehnsucht vielleicht, das schon. Es war und ist immer eine kleine Sehnsucht nach Ruhe, Wärme und stillem Glück in mir.

Sicher haben viele Kinder der Nachkriegszeit diesen Wunsch in sich vergraben, denn die meisten Frauen der Nachkriegswelt Europas, und speziell Deutschlands, waren damit beschäftigt, aus Trümmern Wohnungen zu schaffen. Mich sollte der Zufall zum Teil einer Welt machen, die knallhart an Träumen arbeitet, mit ihnen Geld verdient, und in diesem Sinne wurde ich zu einem Kind, das auf dem Altar des Ruhmes geopfert wurde.

Ich war sehr artig und weinte und lachte, sagte Texte, wie es von mir verlangt wurde. Im Verrichten dieser merkwürdigen Arbeit, die ja im Gegensatz zum Tanzen nicht etwas war, das durch gestreckte Beine und körperlich angenehme Bewegungen zu Musik erledigt wurde, sondern durch Produzieren und Weggeben von Gefühlen, bildete sich um mich eine unsichtbare Kruste, die mich vor diesen Forderungen und Wünschen wenigstens innerlich schützte.

Es gibt ein einziges Bild aus der Arbeitszeit, das sich in mir wie ein tiefer Schnitt eingegraben hat: meine Mutter im Halbdunkel der Kulissen, und nach jeder Aufnahme sehe ich zu ihr hin. Selbst wenn es für den Regisseur gut war, konnte ich erst nach ihrer Absegnung zufrieden sein. Gelegentlich schüttelte sie mit lächelndem Mund verneinend den Kopf. Und das Gefühl des Versagens ließ mich in ein abgrundtiefes Loch der Einsamkeit und Angst versinken.

Nicht gut genug zu sein und verlassen zu werden ist für ein Kind lebensbedrohend. Und so war der aus diesem Film resultierende Jubel und Glanz nichts, was mir meine Versagensängste und das Gefühl der Verlassenheit nehmen konnte. Im Gegenteil.

Zeit ihres Lebens tat meine Mutter so, als wäre es eine Art Störung in meinem Hirn, dass diese jubelnden Menschen, die dann im Chor »Rosen-Resli« riefen und Autogramme verlangten, mich nicht glücklich gemacht haben. Ich kann ihre völlig andere Sicht der Dinge verstehen.

Hat auch nicht jeder die Erfahrung des kurzlebigen Ruhmes eines Kinderidols, so hat doch jeder eine Vorstellung vom Kindsein. Der Kinderstar ist die gefilmte Einstellung zum Kind.

Ich habe in meinem Leben immer mit großem Interesse mit anderen Kinderstars über diese Erfahrung gesprochen oder das jeweilige Resultat beobachtet.

Es gibt da ganz starke Parallelen. Ein Phänomen ist die Selbstzerstörungstendenz.

Nicht in der Kinderzeit, später; und sicher nicht bei allen, aber bei vielen. Der eigene Körper, von dem allein sich die Leistung abfordern lässt, ist das einzige Terrain, in dem man Macht hat. Dieses Terrain zu pflegen heißt, es für andere verwertbar zu halten. Es zu zerstören bedeutet, es für die Umwelt unverwertbar zu machen.

Es gibt doch diese Kinderwitze: »Look ma, no hands.« (Schau, Mami, keine Hände.) Oder: »Ich halte den Atem an, wenn ich das nicht bekomme.« Eine kindliche Form der Machtausübung!

Dies gilt sicher nicht nur für die Stars.

Oft ist es die Schönheit, die bei Frauen dem Liebsein als Forderung folgt. Erwachsensein hat auch etwas damit zu tun, frei über Verfügbarkeiten zu bestimmen. Die Zerstörung der Schönheit ist oft eine Fortsetzung des »Look ma, no hands«.

Man muss eine gewisse Reife erlangt haben, um nach einer frühen Ausbeutung natürlicher Ressourcen sagen zu können: Es ist mir egal, wer mit mir Geld verdient. Ich bin gesund, schön und begabt zum eigenen Vergnügen, und ich werde Entwicklungen durchmachen, egal, wie lange mir noch Ressourcen zur Verfügung stehen. In diesem Punkt unterscheiden sich Frauen sehr stark von Männern, da die erwachsene Frau außer als Dienerin erst in unserer Zeit wieder in einem kleinen Terrain Fuß gefasst hat. Für einen weiblichen Kinderstar besteht da ein besonderer Zusammenhang, der mit Ausbeutung zu tun hat. Eine Frau muss sehr reif oder roh werden, um sich selber unemotional einzusetzen beziehungsweise an der Ausbeutung teilzunehmen.

Ich habe Romy Schneider nicht gut gekannt, aber es gab einige Begegnungen im Laufe der Zeit. In ihrem Buch »Ich, Romy« kommt sie auch auf das Thema Geld, nämlich dass alles weg war. Von Daddy Blatzheim in irgendwelche Fehlinvestitionen gesteckt. Und dass sie keine Erinnerungen hat. Sie beschreibt, wie ihre Mutter sie zum Lächeln auffordert...

Romy fügt sich in dieser Beschreibung und durch ihr tragisches Lebensende als ein weiteres Glied in die Kette der ausgebeuteten Kinderstars ein, zu denen auch eine andere Schauspielerin gehört: Elizabeth Taylor.

In den achtziger Jahren sah ich sie in einem Fernsehporträt. Mit der für den guten amerikanischen Journalismus typischen Fähigkeit zu intelligenten und *gefühlten* Fragen wollte Phil Donahue wissen, ob sie sich denn als Kind nie ausgebeutet vorkam.

In ihren Augen sah ich dieses mir bekannte Verleugnen, wenn jemand in das »schmerzliche Schwarze« getroffen hat. »Nein, nein«, meinte sie, sie habe ja als eine der Ersten ihre eigene Filmproduktion gegründet – mit anderen Worten: also bald an sich selbst verdient.

Die Wahrheit bei Kinderstars ist aber unterm Strich immer, dass die Eltern, das heißt, die Beschützer, das Kind zu einer isolierten emotionalen Arbeit anhalten, für die der Lohn etwas ist, was eigentlich nur von Erwachsenen als Lohn gewertet werden kann: Geld, Ruhm und gesellschaftliche Anerkennung – statt Geborgenheit und Integration in eine Gruppe, unter deren Schutz man zum langsam heranwachsenden Menschen mit eigenen Wertvorstellungen wird.

In meiner Kinderstarzeit gab es in Deutschland kein Gesetz, das die Eltern dazu zwang, einen Teil des vom Kind verdienten Geldes auf ein Konto zu legen. In Amerika dagegen gab es schon sehr bald nach den Anfängen des Films ein solches Gesetz: »The Jackie Coogan Law«. Jackie war ein Kinderdarsteller, dessen Eltern das gesamte von ihm verdiente Geld verpulvert hatten. Danach wurde in Amerika dafür gesorgt, dass so etwas nicht mehr passierte.

Mit dem Geld vom *Rosen-Resli* breitete sich in bescheidener Weise das Wirtschaftswunder auch in unserer Familie aus. Eine geräumige Wohnung, ein schöner Mercedes, rundlich und schwarz, wenn auch aus zweiter Hand, und damit wenigstens ein Luxus, den ich als bereichernd empfand: das Reisen.

Es muss in dieser Zeit viele Premierenfeiern und andere grandiose Luxuserlebnisse gegeben haben. Ich kann mich an nichts erinnern, außer an ein Nichtsempfinden bei Artigsein. Und an den langsamen Rückzug in meine eigene Welt. Es war dickes Panzerglas zwischen mir und dieser Erwachsenenwelt. Ich wurde für vieles unerreichbar.

Der einzige Mensch, der für mich innerhalb dieser Glocke lebte, war mein Bruder. Wir haben uns manchmal darüber unterhalten, wie es für ihn war, vom »Ein und Alles« seiner kleinen Schwester zum »Bruder von …« zu werden. Einmal wollte er bei einer Premierenfeier zu mir. Irgendwie hatte er sich verspätet. (Er muss damals zehn oder elf gewesen sein.) Die Abschirmer der Festlichkeit wollten ihn nicht durchlassen, und er sagte: »Aber ich bin doch der Bruder!« Der Bruder vom »Rosen-Resli«!

Auch ein traumatisches Erlebnis. Aber innerlich hat uns dies nicht entzweit. Er war immer noch meine Insel der Normalität, wo ich schwach sein konnte und geliebt wurde.

Meine Großmutter ging zurück in ihre Heimat und nahm meinen Bruder mit. Sie konnte die falschen Anschuldigungen widerlegen. Ich machte meinen zweiten »großen« Film: *Der schweigende Engel.*

Es ist so verrückt, ich kann in meinem Gedächtnis wühlen und wühlen, es kommen keine amüsanten oder gar witzigen Anekdoten aus dieser Zeit zutage. Die lustigen Erinnerungen kommen erst später, mit der Phase der ersten, auf dem Verlassen der Kindheit basierenden deutschen Misserfolge. Da zeigte sich die Stärke meiner Mutter, die ich während der Karrierephase als Bedrohung empfand, weil ich hinter jeder Liebkosung ängstlich die Forderung nach Leistung mutmaßte.

Typisch dafür ist eine Geschichte; eine kleine Bleikugel an Erfahrung, in der sich die ganze Diskrepanz zwischen dem Schein des Nachkriegskinderidols und dem Sein des angstvollen Kindes zeigt.

Meine Haare mussten für das *Rosen-Resli* blond gebleicht werden. Ein gutes deutsches Kind muss wohl blond sein. Durch diese helle Haarpracht sah meine blasse Haut mit den nahe an der Oberfläche liegenden Blutgefäßen besonders kränklich aus. Ich wurde, weil ich wie viele Kinder der damaligen Zeit zu Anämie neigte, mit anderen Mädchen zur Erholung in ein sehr schön gelegenes Heim geschickt. Offensichtlich, im Gegensatz zu mir, die Töchter reicher Eltern. Ich habe mich nie wieder im Leben so einsam gefühlt wie unter diesen Wirtschaftswundersprösslingen, die scheinbar alle den Kopf voller gerüschter Unterhosen hatten und ohne eine einzige Sorge waren.

Das Haus war ein prachtvolles bayerisches Landhaus mit mehreren Etagen. Blumen auf den Balkons und eine Sicht über ewige Berge, die bei mir bis zum heutigen Tag depressive Momente auslösen. Ich weinte mich jeden Abend in den Schlaf, so grässlich empfand ich diese Mädchen. Sie waren so unbeschwert. Das war mir völlig unverständlich nach all meinen Erfahrungen. Dass jemand sich als so hübsch, so jung, so wunderbar fühlen konnte!

Endlich kamen mich meine Eltern besuchen. Ich kann mich daran so genau erinnern – wie undankbar von mir, nicht an den Ruhm, nur an das Leid!

Ich sagte ihnen, wie furchtbar ich die Mädchen fand, ich wollte nur nach Hause. Meine Eltern forderten mich auf, nach oben zu gehen und meine Sachen zu packen. Als ich wieder nach unten kam, waren sie fort. Ich dachte, sie würden im Auto auf mich warten, aber als ich rauslief, fuhr es gerade weg. Ich lief ihm nach, aber es hielt nicht an. Der Anblick des sich entfernenden Autos zerfloss vor meinen Augen.

Ich weiß, dass sie mein »Bestes« im Sinne hatten. Ich sollte mich an der frischen Luft im Luxus erholen, aber ich habe so mein Vertrauen in Menschen verloren, die mir sagen, sie lieben mich. Bis zu dem Zeitpunkt, an dem ich mein eigenes Kind bekam.

Mit dem Einbruch der »Idolzeit« und der Realität des Misserfolges fangen nicht nur meine Erinnerungen wieder an, sondern auch die bereichernde Erfahrung der Kinderarbeit. Der Blick hinter die Kulissen der Erwachsenenwelt. Die Erwachsenen verhielten sich in meiner Gegenwart ein wenig so, als wäre ich nicht nur klein, sondern auch blind und taub.

Während ein normales Kind durch Schule und »Elternfront« das zu sehen bekommt, was ihm da als Rolle vorgespielt wird, sah ich durch die gespielten Rollen die Realität der Erwachsenen, die in der Tat saukomisch war, vor allem in den fünfziger Jahren. Wir hatten zwar auch den obligatorischen Mercedes, eine große Wohnung in München, und ab dem Moment meiner Integration in das Filmgeschäft verbindet sich »Essen« nur noch mit Hotelsälen und Luxusmahlen. So richtig reich und zugehörig zum »ruhigen Geld« waren wir aber nicht. Selbst als kleines Kind empfand ich diesen Unterschied sehr wohl, und so war es auch als »Arbeitskollege«.

Unter den vielen Kollegen aus der Zeit waren Gert Fröbe und Heinz Erhardt eigentlich die einzigen, die sich mir gegenüber wie zu einem Menschen verhielten. Gert Fröbe war mir nicht nur wegen der Ohrfeige im Gedächtnis geblieben, sondern weil mit ihm die Arbeit kein vom Leben getrennter Vorgang war. Ich habe mit ihm auch als Sechzehnjährige in *Via mala* gespielt, und seine Art, sich mit mir zu unterhalten, änderte sich nie. Er hörte zu und antwortete, überlegte und zeigte seine eigenen Gefühle zum Thema und zur Situation.

Dasselbe traf auf Heinz Erhardt zu, mit dem ich auch mehrere Filme machte. Er war ja nicht nur ein genialer Schauspieler, sondern ein zärtlicher, behutsamer Mensch, was für mich als Kind ein seltenes Erlebnis war. Er hat mir einen lettischen Satz beigebracht, den ich bis zu diesem Tag weiß.

Wir waren bei Außenaufnahmen auf dem Land. Die Drehpausen sind und waren immer lang, und in ihnen baute sich die Kommunikation zwischen Darstellern, Team usw. auf oder eben nicht. Meist wurde ich von den Kollegen so behandelt, wie Menschen eben behandelt werden, die allein durch ihre Putzigkeit anderen »die Schau stehlen«. Das war bei Heinz Erhardt nicht so. Er war selber putzig.

Der größte Unterschied im Leben von heute zu damals ist übrigens die Luft. Die Außenaufnahmen in den fünfziger Jahren fanden in einer bleifreien Luft statt, die in ihrer leichten Transparenz Menschen und Gegenstände verband. In dieser wohl riechenden Luft also verbrachten der große runde Heinz Erhardt und ich viel Zeit zwischen den Pausen, und ich denke im Nachhinein, dass es auch ihm Spaß gemacht haben muss, das Kind mit den traurigen Augen zum Lachen zu bringen.

Er hatte etwas von einem gigantischen Luftballon, so groß und leicht war er. Mit seinem immer etwas verschmitzten Gesicht, neben dem stets eine kleine, ausdrucksfähige Hand zu schweben schien, sagte er mir einmal, dass er mir in seiner Muttersprache Lettisch »dies und das und noch etwas« beibringen und dass ich es nie vergessen würde. Es ging nämlich so: »schiss än tass än wäääatlas.«

Er hat Recht gehabt.

Anders waren die »Divas«. Ich habe den Eindruck, dass damals die Dreharbeiten im Ausland noch viel mehr als heute der Anlass für außereheliche Beziehungen waren. Selbst wenn ich mich an Namen erinnern könnte, würde ich sie nicht nennen, aber in der kurzen Zeit zwischen 1956 und 1958 habe ich immer wieder mit wechselnder Besetzung das gleiche Spiel beobachtet, und da wie erwähnt die Schauspieler sich verhielten, als ob man nicht nur Kind, sondern auch blind und taub sei, konnte ich wunderbar hinter die Fassaden der Partnerstrukturen blicken.

Das romantische »weibliche Interesse« (die Hauptdarstellerin) erscheint kurz vor Beginn der Dreharbeiten mit einem Ehemann, der Geld, Erfolg und Sicherheit ausstrahlt, am Drehort. Der Wagen immer sehr lang, die Frauen fast immer blond.

»Man« blieb damenhaft. Zwischen den Einstellungen unter Sonnenschirmen das schwer geschminkte Gesicht vor den Sonnenstrahlen geschützt, wurden mit perlendem Lachen diverse Galanterien des »männlichen Interesses« quittiert, obwohl mir diese recht doof vorkamen.

Dann wurden während der Szenen, bei denen ich etwas über Nabelhöhe dabeistand, plötzlich kleine Spannungen zwischen den Körpern fühlbar. Vor meinen Augen später auch die Blicke. Es dauerte oft nicht lang, und Uhrzeiten und Orte wurden verabredet. Das »weibliche« und das »männliche Interesse« waren terminlich zur Vereinigung festgelegt.

Und am nächsten Tag, ebenso damenhaft wie makellos, erschienen die Ladys, deren hitziges Begehren am Tage zuvor meine Kinderwangen fast versengte, wieder zur Arbeit. Dazwischen war nachts auf den Fluren ein ewiges Öffnen und Schließen von Türen, Trippeln von kleinen, zierlichen Frauenfüßen, akzentuiert durch schwere Männertritte, zu vernehmen.

Es ist ziemlich klar, dass mir dadurch die Vorstellung romantischer Liebe nie so richtig in den Sinn kam. Auf jeden Fall nicht, wenn Sex im Spiel war.

In der Zeit nach dem *Rosen-Resli* und dem *Schweigenden Engel* hörte der Druck vonseiten meiner Mutter auf, und ich erlebte sie wieder mehr als die lustig-lebhafte Person, die sie war, und im Rahmen meiner Entidolisierung normalisierte sich unsere Beziehung.

So war das rasante Auf und Ab in den Fluren nichts, was auf meine diesbezüglichen Fragen betretenes Schweigen bei meiner Mutter auslöste, sondern sie war immer aufklärend und ehrlich. Die Menschen sind nun mal so! Schein und Sein nicht identisch. Schwul sein war auch nichts, was sie mit Verurteilung quittierte. Ich konnte alle Aspekte des Lebens betrachten, die den Kindern in der Schule verborgen bleiben.

Mit dem von mir verdienten Geld waren Urlaube möglich, und bei solch einem Urlaub in Italien merkte ich plötzlich, dass ich kein Kind mehr war.

Ich bin nicht unter Kindern aufgewachsen, habe also nicht erlebt, was Mädchen und Buben so untereinander treiben. Das Wachstum meines Körpers hatte sich gewissermaßen von mir unbeobachtet vollzogen.

Mein Bruder, der jetzt wieder aus Frankreich zurück war, meine Mutter und ich waren, wie es sich gehörte, nach Italien ans Meer gefahren.

Mein Bruder und ich »surften« mit Gummimatratzen, und wie immer, wenn ich mich nicht beobachtet und beurteilt fühlte, brach die ganze verdrängte Vehemenz meiner Erlebnisfähigkeit durch. Wir waren nie nur eine Stunde im Wasser, sondern fünf. Ich lernte in zwei Wochen nicht nur Banalitäten auf italienisch, sondern die ganze Sprache. Mein Bruder und ich entdeckten, dass Eidechsen ihren Schwanz abwerfen, wenn man sie anfasst. Ich sammelte an die zwanzig Stück und warf den zitternden Haufen auf meine in der Sonne liegende große blonde Mutter und vergnügte mich an ihrem Schrei.

Italienisch hatte mir ein knuspriger italienischer Gott mit gelocktem Haar und blauen Augen beigebracht. Wir saßen oft im Schirmpinienwald, und noch heute verbindet sich mit dem Geruch von Pinien und Meer für mich eine starke erotische Spannung.

Das Ende meiner Kindheit war auch das Ende meiner Karriere als Kinderstar. Ich hatte schon gelernt, dass man Erfolg und Misserfolg gleichermaßen hinnehmen muss; das eine oder das andere hatte nicht immer damit zu tun, ob man selbst gut oder schlecht gewesen war.

Von den absoluten Hauptrollen rutschte ich in normale Kinderrollen ab, und irgendwie, auch wenn es nicht zu benennen war, züngelte eine Schadenfreude der Erwachsenen spürbar.

Eine angenehme Integration in die Arbeit mit den anderen bleibt mir am deutlichsten bei *Die Stimme der Sehnsucht*, einem Film mit Rudolf Schock und Waltraut Haas, in Erinnerung.

Wieder wurden Außenaufnahmen in Italien gedreht, in der Nähe von Neapel, einem Ort mit unvorstellbar sauberem Wasser, so klar und blauschattiert, wie man es ähnlich jetzt von den Seychellen kennt. Die Außenaufnahmen in Italien hatten eine eigenartige Atmosphäre.

Wir Deutschen, das kriegte ich in dem Alter schon mit, waren als Sieger dort unten. Es war etwas, wenn nicht direkt Herrisches, so doch Triumphierendes in der Art, wie man in die Hotels einzog, das Essen bestellte und sich den Italienern gegenüber verhielt.

Vielleicht fiel mir dieses Verhalten so besonders auf, weil ich mich zum ersten Mal verliebt hatte – in einen »Eingeborenen«.

Unser Team hatte ein Fischerdorf »besetzt« (das kann man schon so beschreiben), und mit dem für den damaligen Filmesprit typischen fordernden Elan wurde das ganze Dorfleben der Filmarbeit unterworfen.

Der Hauptplatz war der Ort, an dem kleine Fischerboote ihren Fang abluden und wo die Fische später auch verkauft wurden. Filmarbeit fängt früh an. Fischerarbeit noch früher. Und so ergab es sich, dass wir den Fischern noch beim Ausladen zusahen. Unter ihnen war ein junger, vielleicht siebzehnjähriger Fischer mit zerrissenem Hemd, vollen Lippen und einem wunderbar verächtlichen Lächeln.

Nicht nur hatte er, was sich später als meine erotische Lieblingskombination herausstellen sollte (schwarzes Haar, blaue Augen und gerade Schultern), sondern auch die Erotik des Desinteresses. Mir fehlte damals noch ein Zahn! Das Loch, das ein Milchzahn hinterlassen hatte, wurde mit einem künstlichen Zahn gefüllt.

Dieser Kunstzahn ging dauernd verloren, weil ich ihn weglegte und vergaß. Meine Mutter, wie hätte es anders sein können, fand ihn immer wieder. Es war zwar kein Vorderzahn, aber schlimm genug für diese Romanze.

Minuten, die wie Stunden waren, sah ich ihn an, wie er sich bewegte in seiner wunderbaren Verachtung dem Wirtschaftswunderteam gegenüber. Und wenn er mich ansah, wurde ich rot wie Blut. Diese Verbindung meines Farbwechsels mit seinem Erscheinen wurde bald in Zusammenhang gebracht.

Alle fanden es süß und belustigend, dass es ein abgerissener italienischer Fischer war. Dieses unpassende Verlieben!

Da wir bald wieder abreisten, habe ich nie mehr von ihm erfahren als seinen Vornamen: Angelo.

In Deutschland tröpfelten die Filmangebote so vor sich hin. Mein Busen wuchs und wuchs.

Wie viele Mädchen schämte ich mich irgendwie.

Mit dem Wachstum erhöhte sich auch wieder dieses lästige Interesse an mir, das mich abhielt, in aller Normalität in München mit meinem Bruder meinen Anteil an der deutschen James-Dean-Fassung des Erlebens mit existentialistischem Einschlag zu genießen.

Die Jugend der fünfziger Jahre distanzierte sich sehr von der Leichtlebigkeit der Erwachsenen. Für die Menschen, die den Krieg überlebt hatten, muss das Wirtschaftswunder wie ein jahrelang anhaltendes Föhnwetter gewesen sein.
 Wir Jungen diskutierten Schopenhauer und Nietzsche, was uns aber nicht abhielt, in Walt-Disney-Filme zu gehen und bei *Bambi* in unsere schwarzen Existentialistenpullover zu weinen.

Sexualität spielte in meinem Leben noch keine Rolle. Wer keinen so wunderbaren großen beschützenden Bruder wie ich gehabt hat, kann sich schwerlich vorstellen, dass sich für ein Mädchen dadurch eine wesentlich andere Beziehung zum Mann entwickelt als bei jenen mit Papafixierung.
 Mein Bruder und ich gingen stundenlang an der Isar spazieren und besprachen das Leben an sich. Der Unterschied zwischen meinem Bruder und dem mich angeblich liebenden Rest der Welt lag darin, dass die anderen es sagten und ich fühlte, dass er es tat.

Als ich dreizehn war, drehte ich in Italien mit an dem Film *Der veruntreute Himmel*. Das war, glaube ich, eine der kleinsten Rollen meiner Laufbahn. Denselben üppig werdenden Körper, der meine Kinderkarriere beendete, betrachtete meine Mutter nun als Startkapital für eine neue Karriere ihrer Tochter.

Drei Dinge haben die Weichen für meine Wesensart gestellt, die mich, gemessen am Zeitgeist, zur Außenseiterin gemacht hat: Erstens war das Ziel, »jemand zu sein«, für mich sinn- und wertlos.

Zweitens: Durch die frühe Einsicht in die eigentlichen Forderungen »im Namen der Liebe« waren die genormten, von der Allgemeinheit akzeptierten Formen für mich grotesk und lächerlich.

Drittens habe ich durch den frühen »Verkauf« meiner Person und die Angst, mich, das heißt mein inneres Selbst, zu verlieren, bestimmte Abwehrmechanismen entwickelt. Alle normalen Kommunikationen mit der Außenwelt über den Körper haben nicht stattgefunden. Kokettieren war mir fremd. Ich war ein bisschen wie ein neugieriger Zombie.

Das Aufwachsen außerhalb der Norm bis zu meinem dreizehnten Lebensjahr hat viele Vorteile gebracht. Was ich gelernt habe, wie zum Beispiel fünf Sprachen und die Kenntnis gewisser Realitäten des Lebens, hätte ich in keiner Schule gelernt. Im Gegenteil, durch die Arbeit konnte ich mich relativ schnell nahezu gegen alle narzisstischen Zwänge der Eltern wehren und mich von ihnen lösen.

Die Arbeitswelt bot sogar einen gewissen Schutz, denn durch die Arbeit entwickelte sich bei mir ein Selbstwertgefühl, das nichts mit hübsch aussehen oder niedlich sein zu tun hatte. Ich lernte, dass sich mit Disziplin Dinge verwirklichen lassen – dass man mit einem vernünftigen Aufwand Ziele erreichen kann.

Die Wunden meiner Seele sind nicht darauf zurückzuführen, dass meine Mutter an meiner Karriere arbeitete.

Das Ende meiner Kindheit war auch das Ende meiner Bindung an das Deutschsein, das ebenso unecht war wie das Blond meiner Haare.

Meine Freunde, vor allem mein Bruder, sollten mir bleiben.

Wie bei jedem Kind war der Anfang der Pubertät der Anfang einer Revolte, die sich in meinem Fall aber in der Kulisse des Rom des Dolce Vita abspielen sollte.

CIAO, CIAO, BAMBINA ...

*E*inige der Außenaufnahmen für den Film *Der veruntreute Himmel* wurden in der Stadt Rom und auf dem Vatikan-Areal gedreht. Dort fand eine Beerdigungsszene statt.

In diesem Film spielte ich »ein Kind«. Durch eine absichtliche Einengung meines Körpers (Busen in zu kleine Körbchen, Füße in zu kleine Schuhe) war mir das Backfischstadium äußerlich kaum anzumerken. Mir wurde durch die Einengung vor allem schlecht. Das Bild, das ich von mir selbst als Zwölfjährige hatte, setzte sich so zusammen: eine Ansammlung von Dampfnudeln verschiedenen Umfangs, winzige, verquollene Augen und ganz oben schnell sprießende Zuckerwatte statt Haare.

Mein Kinderkörper hatte mir lange Zeit so viel Schutz gewährt nach der kurzen Phase als Kinderidol, dass ich mich jetzt von seinem unkontrollierten Wachstum fast verraten fühlte.

Meine Mutter, die wie eine Löwin darum kämpfte, das »Rosen-Resli« nicht ins Normale versickern zu lassen, sah hier in Rom (praktisch die »Vorstufe zu Hollywood«) die Möglichkeit, für die Fortsetzung meiner Karriere zu sorgen. Diese Etappe war nun nicht erschreckend, sondern spannend, interessant und aufregend.

Bevor ich mich zu den angenehmen Aspekten der Arbeit vortasten konnte, musste ich noch eine banale, aber nicht unerhebliche Hürde nehmen: mein Selbstwertgefühl, was mein Äußeres betraf. Meine Mutter hatte mich immer wieder auf meine Mängel aufmerksam gemacht. Viele, viele Jahre später fiel mir ein, sie zu fragen, warum sie das getan hatte.

»Ich wollte nicht, dass du eitel wirst.«

Einleuchtend.

Nur gibt es zwischen Eitelkeit und dem Gefühl, ein weiblicher Quasimodo zu sein, doch noch Unterschiede. Im Spiegel sah ich nur Mängel. Das damals geltende Schönheitsideal war Brigitte Bardot. Blond, schmalhüftig, langbeinig, braunäugig, mit breiten aufgeworfenen Lippen. Das Gegenteil von mir.

Es ist sicher ein wesentlicher Bestandteil des Frauwerdens, sein Äußeres zu bestimmen und sich entsprechend zu platzieren. Bei der Filmarbeit wird nach Makellosigkeit gestrebt, und ich entzog mich dem Gefühl, fehlerhafte Ware zu sein, indem ich mich innerlich immer weniger an dem Leben, das ich bei der Arbeit zu führen hatte, beteiligte.

Ich wäre so gerne unsichtbar gewesen.

Wir waren in einer kleinen Pension in der Nähe der Via Veneto untergebracht, meine Mutter war gerade auf Agentursuche unterwegs, und ich entschloss mich zu einem Vorstoß allein in die rumorende Stadt.

Für ein zwölfjähriges Mädchen ist es wohl immer ein Wagnis, sich in einer fremden Stadt allein auf die Straße zu begeben. Der Unterschied zu München war schon akustisch überwältigend.

Ich trat in eine vollkommen andere Farbenwelt – von Rosa, Ocker und Rostfarben; Geräusche, brüllend und betäubend, begleiteten mich durch die flirrende Luft.

Die Hits des Sommers, »Ciao, ciao bambina« und »Volare«, tönten aus jeder Werkstätte und vermischten sich mit rhythmischen Handwerkergeräuschen, die Menschen riefen einander laut zu. Wie ein orientalischer Basar! Schon um zehn Uhr morgens schien die Sonne so intensiv, wie ich es in München nie erlebt hatte. Die großen Kastanienbäume verströmten süßlichen Duft. Mir fiel bald auf, dass sich hier Mädchen, die nur wenig älter waren als ich, mit Mopeds selbstbewusst und zielstrebig (kein bisschen artig) ihren Weg durch den Verkehr bahnten. Während ich von den Eindrücken überwältigt zum Zeitungsstand trippelte (zu kleine Schuhe), hörte ich wilde männliche Schreie, die ich trotz meiner Italienischkenntnisse nicht recht deuten konnte. Dann hielt ein kleines Auto an, und ein Italiener rief mir zu: »Ciao, bella!«

Mich meint er?

Sicher nimmt er mich auf den Arm.

Als meine Mutter zurückkam, erzählte ich ihr, was passiert war. Sie lachte und sagte, ich wär doch auch ganz hübsch.

Wie, doch hübsch?

»Sì, sì, molto carina«, sagte die Agentin, bei der ich mich am nächsten Tag vorstellte. Ich bekam eine Rolle in einer italienisch-französischen Coproduktion. Alberto Sordi, Michèle Morgan und eine italienische Diva spielten »i ruoli principali«, die Hauptrollen.

Meine Liebe und Verehrung für ältere Frauen haben ihren Ursprung in dieser Zeit. Waren die deutschen Schauspielerinnen, die ich aus Nabelhöhe beobachtet hatte, immer entweder die Brave, die Böse oder die Komische, so waren die Französinnen und Italienerinnen weibliche Wesen, bei denen alle Eigenschaften zugleich vertreten waren. Sie entzogen sich jeder Entschlüsselung und Bewertung. In Italien war ich nur ein kleines Starlet wie viele andere. Kein Druck des Idols oder Exidols lähmte meine Aufnahmefähigkeit. Der Film hieß *Vacanze d'inverno* und wurde in Cortina d'Ampezzo gedreht. Bei der Abschlussfeier, die in einem der großen Hotels stattfand, machte meine Mutter mich bewundernd darauf aufmerksam, wie sich Michèle Morgan einen Platz im günstigsten Licht aussuchte. Das fand ich toll. Sie verwendete Licht wie Parfüm. Eine der großen Qualitäten meiner Mutter ist, dass sie keinen Neid kennt. Das ist bei Amazonen wohl so.

Nach diesem Film bekam ich eine etwas größere Rolle in der italienischen Produktion *Primo amore* (deutscher Titel: *Junge Leute von heute*) und – wie sollte es anders sein – meinen ersten Kuss, umrahmt von Beleuchtern und anderen Zuschauern. Zwar spürte ich den Kuss, doch es war, als ob eine Plastikfolie zwischen mir und meiner Empfindungsfähigkeit klebte. Der junge italienische Schauspieler war gnädig oder interessiert – auf jeden Fall lud er mich zum Abendessen ein, fuhr mit mir zum Strand, und ich erhielt einige Küsse ohne Foliengefühl.

Mütterlicherseits waren die Frauen seit Generationen Hebammen und Ärzte. Ich habe nie gehört, dass Kinder vom Storch kommen, sondern dadurch, dass sich zwei Menschen lieb haben. Ich wusste, dass man vom Küssen nicht schwanger wurde. Obwohl meine Mutter vor allem wollte, dass ich Geld verdiente, legte sie doch sehr viel Wert darauf, dass sich mein Ehrgeiz nur auf die Arbeit erstreckte. Mit jemand der Karriere wegen zu schlafen, fand sie höchst verwerflich. Sie ließ mich zwar stundenlang arbeiten, schützte aber mein Recht auf Liebe.

Wenn ich den Erzählungen über die Männerwahl meiner weiblichen Vorfahren mütterlicherseits glauben darf, so suchten sie ihre Männer nur unter einem einzigen Aspekt aus: der Fähigkeit, ihre Herzen zu entflammen. Bedingungslose Liebe und auch Leid, wenn es sein muss!

Ich allerdings habe mit dieser Tradition gebrochen, da ich schon als Kind gesehen habe, wie die Folgen des »Und sie lebten glücklich bis an ihr Lebensende« aussahen. Zwar wäre mir nie die Idee gekommen, mich aus Berechnung mit jemand einzulassen, aber mir fehlte auch jede romantische Illusion.

Meine Karriere in Italien erlaubte es, eine zweite Wohnung in Rom zu nehmen. Deutschland war zwar das Wirtschaftswunderreich, aber Italien war luxuriös. Mein Empfinden, Quasimodo ähnlich zu sein, verging allmählich. Natürlich, es bedarf immer einer Person, der man gefällt, um sich selbst zu entdecken. Bei mir war es nicht ein Mann, der mit einem Kuss den Dornröschenschlaf beendete, sondern eine Frau. Es war auch kein Kuss.

Damals wie heute war es üblich, von jedem jungen Starlet Badebilder zu machen, um die Gazetten mit Frischfleisch zu füllen. Zu den bekanntesten Fotografen zählte eine Frau namens Chiara Samugheo, selber eine sehr schöne Frau mit einer tiefen Stimme. Wir fotografierten in Ostia, und sie sagte mir, ich solle mich ins knöcheltiefe Wasser legen. Sie fotografierte mich von oben. Ihre weiche, einschmeichelnde Art, Kommunikation zu ihr durch die Kamera zu fordern, nahm mir das Gefühl, nur hässlich zu sein, wie ein Löschblatt Tinte aufsaugt. Nicht dass ich mich plötzlich schön fand, aber ich konnte ihr Begehren erwidern. Ich war gut genug. Wurde nicht verstoßen, sondern angenommen. Es war für mich eine Einführung in die Welt der Erotik. Alles ist möglich. Nichts durch Gier beendet.

Die italienische Filmwelt bestand zum großen Teil aus jenen aberwitzigen Coproduktionen, bei denen sowohl vor als auch hinter der Kamera Dutzende Sprachen gesprochen wurden, was wunderbar ging, denn der Inhalt der Texte und die Aussagen erreichten gerade Kindergartenniveau. Es war alles so herrlich unernst. Ob man sich versprach oder nicht, war völlig egal, denn alles wurde synchronisiert.

In den Jahren zwischen zwölf und fünfzehn drehte ich ununterbrochen irgendwelche Filme, in denen ich als junge Christin entweder von Löwen gefressen oder von Soldaten vergewaltigt wurde. Für beide Szenen genügte der gleiche Gesichtsausdruck; insofern war das, was ich für die Arbeit brauchte, hauptsächlich Disziplin – nicht um mich mit den Rollen ernsthaft auseinander zu setzen, sondern um in schweren Togen und Perücken in der brütenden Hitze nicht umzufallen.

Eine der ersten größeren Rollen in so einem Film erhielt ich, weil die vorgesehene Darstellerin tatsächlich noch weniger spielen konnte als ich. So wurde also aus der vergewaltigten Christin die romantische Geliebte, die vom Helden Gerettete, die »Sie lebten glücklich bis an ihr Lebensende« von Steve Reeves.

Der Film hieß *Die letzten Tage von Pompeji* und wurde im Hochsommer in Spanien gedreht.

Steve Reeves war irgendwann Mr Universum und spielte in der Zeit kraft seiner geölten Muskeln viele Rollen. Er war ein besonders netter Mensch, wirklich. Das hat mich sehr für die Amerikaner eingenommen: je größer die Rollen, desto kleiner die Starallüren. Das liegt sicher daran, dass in Amerika viele Schauspieler ihr Brot jahrelang als Kellner oder in ähnlichen Stellungen verdienen müssen und der Zufall entscheidet, ob sie ein Star werden oder nicht. In Deutschland, mit Theatertradition und Schauspielschulen, nehmen die Stars es gern als selbstverständliche Gerechtigkeit, wenn sie »oben« angekommen sind. Jedenfalls war dies in den fünfziger Jahren die Regel – wenn auch mit großen Ausnahmen, die die Regel bestätigen.

Wir drehten in der Nähe von Madrid. Während dieser Produktion entdeckte meine Mutter ihre Liebe zum Stierkampf, und ich glaube, es gab keinen Sonntag, an dem wir nicht in der Arena waren.

In diesen Filmen gab es traditionell neben der geschändeten Christin die Sexbombe. Das war hier eine riesige, schöne Blonde mit gigantischen Brüsten – einer Vargasfigur (100-58-96)! Angeblich war sie vor (und vielleicht auch nach) diesem Engagement ein gut bezahltes Callgirl in Paris. So wie sie aussah, muss sie viel Geld verdient haben.

Sie war besonders nett zu mir, und wir gingen oft zusammen schwimmen. Einmal war der Regieassistent dabei, und seine Begeisterung für sie war in seiner Badehose sehr deutlich zu erkennen. Ich fand das sehr komisch. Sie benahm sich cool und damenhaft. Mich mochte sie, weil ich wahrscheinlich die Einzige war, die ihr keine Neid- und Konkurrenzgefühle entgegenbrachte. Wir wurden wirkliche Freundinnen.

Wie schon erwähnt war das am meisten geforderte Talent bei diesen Dreharbeiten die Erhaltung eines fotografierbaren Äußeren und nicht die Vielfalt der Darstellung, und wir Schauspieler in mehrschichtigen Togen und komplizierten Frisuren hatten alle Mühe, dies bei 50 Grad im Schatten auch durchzustehen.

Es gab damals mehr als heute gerade in der Filmwelt einen sehr großen Unterschied zwischen der Frau, die für ihren Lebensunterhalt außer Haus arbeitet, und jener, die es geschafft hat, ohne auch nur Tee kochen zu können, das juwelenbehängte Aushängeschild und Symbol des Erfolges und Reichtums ihres Mannes zu sein. Solche Frauen gibt es heutzutage kaum noch. Sogar eine Ivana Trump arbeitet. Also stellt man sich eine Art Ivana Trump in gleich »bescheidener« Aufmachung vor, die ohne ein Schweißperlchen auf der Stirn (oder sonst wo) pastellfarben auftritt, während die Schauspieler, der Ohnmacht nahe, zwischen den Szenen auf Stühlen Kräfte sammeln. Jeder kann sich denken, dass so eine Pastellige Unmut auslöst, wenn sie fordernd auf einen Stuhl blickt.

Meine blonde Kollegin sprach ebenso wie ich Französisch und Deutsch und sagte, als die französische Produzentengattin, auf unsere Stühle blickend, ankam, zu mir auf Französisch: »Wenn diese Fotze denkt, dass ich für sie aufstehe, täuscht sie sich.« Meine Kollegin war aus Versehen in die falsche Sprache gerutscht.

»Wie bitte?«, fragte die Gattin schrill.

Da war nun gar nichts zu machen, und ich musste weglaufen, weil ich mein Lachen nicht mehr unterdrücken konnte.

Die Gattin erschien nie wieder am Drehort, aber die Freundin überlegte immer genau, ob sie gerade die richtige Sprache sprach.

In dem Film spielte auch Fernando Rey mit, ein spanischer Schauspieler, der vor allem durch seinen *Diskreten Charme der Bourgeoisie* weltberühmt wurde. Seine Spielweise in dem Togaschinken war kein bisschen anders als bei Buñuel, was wieder zeigt, dass der Regisseur beim Film in einer wahrhaft gotthaften Position ist.

In Spanien machte ich dann einen weiteren Film: *Ein Thron für Christine*, und ich fühlte mich plötzlich wieder so eingezwängt wie beim *Rosen-Resli*.

Vorbei war die schöne Zeit, da ich getarnt durch Toga und Perücke mich mit diversen Kollegen vergnügt und ohne großen Druck durch anspruchslose Produktionen werkeln konnte. Plötzlich war er wieder da, dieser Überdruck, und meine Mutter war ganz schön biestig, wenn ich auch nur den geringsten Widerstand leistete. Auf der einen Seite war ich ja total gehorsam. Wie mein Vater ein richtiger kleiner Zinnsoldat.

Texte lernen, Emotionen aus sich winden. Schöne Kleider tragen. Das alles ist doch nicht so schwer. Ist es auch nicht. Nur fand ich es nicht interessant. Ich mochte die Arbeit dann nicht, wenn sie zwangsläufig zum Mittelpunkt wurde. Während der Arbeit konnte ich das nicht tun, was für mich das Wichtigste im Leben war: Dinge und Menschen beobachten und die Zusammenhänge zwischen Ereignissen erkennen. Ich träumte damals davon, Archäologie zu studieren.

»Die süße kleine Doofe, nun ist sie Filmstar und will Archäologie studieren.«

Das Posieren in Badeanzügen war zur Routine geworden. Der kindliche Rückzug in mich selbst verhinderte, dass ich mich zur jungen Frau entwickelte. Das heißt, körperlich war alles vorhanden, nur im Kopf war da nichts vom spielerischen, flirtiven Umgang mit Männern.

Während der spanischen Zeit entwickelten sich zwischen meiner Mutter und mir ziemliche Spannungen. Sie sprach immer öfter davon, dass ich keinen Charme hätte und mir überhaupt viel fehlen würde. Geist, Witz und Können. Wenn sie als Managerin nicht so geschickt gewesen wäre, dann wäre ich nicht in diesem Geschäft.

Ich hatte mich aber so sehr in mich zurückgezogen, dass mir solche Vorwürfe nicht sonderlich viel ausmachten.

Während der Dreharbeiten zu *Ein Thron für Christine* – der Film wurde in Madrid und Mallorca gedreht – verliebte ich mich in mein »romantisches Interesse« – einen gewissen Angel Aranda. Plötzlich offenbarte sich der Zustand der Verliebtheit sozusagen als ein Terrain, das für andere tabu war. Nun hatte ich etwas, zu dem weder die Mutter noch der Regisseur Zugang hatten. Etwas, das mein war, mir gehörte, nicht zu fotografieren war und somit nicht kommerzialisierbar.

Dachte ich. Ich war verliebt in Angel als Insel der Freiheit.

Und als wir wieder in Madrid waren, sollte er mich ausführen. Wir gingen zu Premieren und wurden fotografiert, als Paar sozusagen. Ein wenig wohl auch im Hinblick auf den bald herauskommenden Film. Meine Mutter ließ mich. Ich ging also mit Angel aus. In Madrid geht man nie vor 9 Uhr 30 abends essen, und er führte mich in eines jener schönen Gartenrestaurants, die nach schweren, süßlichen Blumen dufteten und etwas Orientalisches hätten, wenn die Spanier in ihrem Stolz nicht so aufrecht und streng wirkten.

Beim Abendessen erklärte mir Angel, er hätte mich zwar gern, aber meine Verliebtheit müsse wohl in diesen platonischen Gefilden bleiben, denn er sei anderweitig orientiert.

Mir war das Schwulsein zu vertraut, um etwa entsetzt oder bestürzt zu reagieren, und unsere Beziehung änderte sich eigentlich nicht. Das Komische war, dass ich merkte, wie ich Verliebtsein einfach ausknipsen konnte. Wie ein Licht. Mir fehlte die romantische Projektion in das »Sie lebten glücklich bis an ihr Lebensende ...«

Nach dem Spanienaufenthalt ging es wieder zurück nach Rom. Inzwischen war ich körperlich zur vollen Weiblichkeit erblüht, und diverse Italiener fingen an, mir den Hof zu machen.
Allerdings hatte ich aufgehört, Galanterien als Interesse an meiner Unterhaltung zu werten, und war bereit zur Erkundung der Sexualität.

Der arme Mann, der sich in mich verliebte, war nicht zu beneiden. Er war ein italienischer Sänger aus reichem Hause. Seine Mutter lebte in einem riesigen Palazzo voller Reichtümer und sah aus wie ein Geier.
Üppig, jung und blond wäre ich wohl ein nettes zusätzliches Dekorationsstück gewesen für das bereits wohl gefüllte Haus und ein somit gern gesehener Gast.
Er führte mich aus, und es war klar, dass er mich heiraten wollte. Nur war ich erst vierzehn!
Mein Busen war voll, ich war wild nach russischer Literatur und konnte eine Mayastatue von einer Inka unterscheiden. Nur hatte ich auch eine große, ungelebte Kindheit in mir, und diese, glaube ich, sollte sein sexuelles Begehren ziemlich ramponiert zurücklassen.

Eines Nachmittags, nach vielen durchschmusten Kinobesuchen, Strandfahrten und Ähnlichem, war es ihm gelungen, mich in sein Junggesellenheim zu führen und eine Attacke auf die Hauptspeise im Liebesbankett zu starten.
Im Gegensatz zum Küssen fand ich dies nun gar nicht toll. In einer Art medizinisch-analytischer Beobachtung des Vorgangs fand ich es auch wahnsinnig komisch, dieses Geächze und Gestöhne.

Auf jeden Fall hat es mir gereicht, um danach Derartiges für einige Jahre abzuwehren.

Es haben sich natürlich auch andere Jungs um mich bemüht, und ich küsste ja für mein Leben gern und suchte mir immer Verehrer mit großen, weichen Lippen aus. Ich war wohl auch ein wenig sadistisch, weil ich mich vom Gefühl nicht einfangen ließ und andere Zärtlichkeiten abwies.

Irgendwann kam wieder mein Bruder an meine Seite, und mit ihm als Beschützer genoss ich eine phantastische Freiheit. Das Rom der fünfziger Jahre war eine sprudelnde, sinnliche Stadt. Wir konnten ausgehen, solange wir wollten. Meine Mutter war gegen uns beide machtlos, und solange ich meine Arbeit erledigte, reizend.

Ich bekam damals wieder eine große Rolle in Deutschland angeboten: *Alle lieben Peter*. Obwohl ich mich immer noch ziemlich defekt fand, genoss ich die Integration in eine Gruppe von Gleichaltrigen, und speziell Peter Vogel hatte es mir angetan.

Peter nannte mich das »Neurosen-Resli«. Ich fand das aber lustig. Er sagte, mein Hintern sei der größte in ganz Deutschland. Durch solche Sachen war ich nicht wirklich zu beleidigen, zumal ich in dieser Zeit in meiner fast autistischen Art des Erlebens ohnehin nicht normal reagierte.

Es gab wichtigere Dinge, die mich belasteten, und es war mir egal, ob mein Hintern zu groß war. Nur wenn jemand – das passierte natürlich gelegentlich – sagte, er liebe mich so, befiel mich ein abgrundtiefer Hass und Ekel.

Unkontrollierte oder humorlose Emotionen erschreckten mich, ich wurde entweder gemein oder geriet so in Panik, dass ich ganz hoch auf das Dach eines Hauses stieg und so lange dort blieb, bis meine Begleiter entschwanden. Ich hatte Angst davor, mich jemandem anzuvertrauen.

Meine erste Erfahrung mit der männlichen Sexualität weckte keine erotischen Gefühle in mir. Ich glaube, man kann sich erst nach Sexualität sehnen, wenn man sich selber sehr gut kennt und den passenden Partner »erfühlt«.

Ich habe immer Freundschaften mit Männern gehabt, und in der Clique meines Bruders gab es einen Jungen – ich war damals fünfzehn, er sechzehn –, der lange Zeit nachts durch das Fenster in mein Zimmer kletterte. Wir küssten uns, und dann musste er mir Märchen und Geschichten erzählen. Was er ganz toll machte! Ich konnte mich noch nicht richtig verlieben, mir waren die erwachsenen Lächerlichkeiten zu früh vorgeführt worden.

Ich arbeitete mal in Italien, mal in Deutschland, aber die München-Aufenthalte wurden immer seltener. Ich fühlte mich mehr in Italien zu Hause.

Mein Bruder hatte angefangen zu fotografieren. Eines seiner ersten Bilder machte er von mir nach einem unserer endlosen Spaziergänge an der Isar. Ich trug einen schwarzen Hut. »Twen« brachte das Foto ganz groß. So startete auch mein Bruder sehr früh eine Karriere.

Wir waren zu dieser Zeit einmal zu einem Fest in einer Bogenhausener Villa eingeladen, und da war ein blonder Junge; wir setzten uns in sein Auto und redeten, weil wir uns beide auf der Party langweilten. Wir unterhielten uns über »schwergewichtige« philosophische Themen. Ungefähr drei Stunden lang.

Als er mich nach Hause brachte – ziemlich spät –, war bei uns die Hölle los. Ich war ganz verwirrt. Meine Mutter schrie herum, ich würde in der Gosse enden. Man hatte uns auf der Party vermisst und zu Hause angerufen. Offenbar glaubte meine Mutter, dass ich es mit dem Jungen »getrieben« hatte.

Ich habe in meinem Leben drei Nervenzusammenbrüche erlebt. Dies war der erste.

Meine schreiende Mutter, für die ich, seitdem ich denken konnte, folgsam arbeitete, bezichtigte mich auf eine so ungerechte Art und Weise, dass ich plötzlich spürte, wie der in den Jahren des Schweigens und der Duldsamkeit aufgestaute Groll in mir hochstieg, und ich fing an zu schreien. Es war wohl das, was die Psychologen den »Urschrei« nennen. Ich konnte auch gar nicht mehr aufhören zu schreien. Mein Vater, der zwangsläufig kaum mehr an meinem Leben teilhatte und der mich kaum noch kannte, kam aus seinem Zimmer und meinte, man müsste mich in eine Nervenklinik bringen.

Alles, was sich an Misstrauen und ohnmächtiger Wut gegen die Eltern in mir aufgestaut hatte, machte sich in immer lauteren Schreien Luft.

Ich kann mich erinnern, dass mein Bruder mich in mein Zimmer führte und mich wie ein Kind wiegte, bis ich mich beruhigt hatte. Er war so lieb und liebend – ich glaube, ohne ihn hätten sie mich tatsächlich in die Klapsmühle gesteckt.

Wenn ich als Erwachsene nicht gelernt hätte, die Hilflosigkeit der Eltern zu verstehen, hätte ich sie mein Leben lang verachtet.

Meine Mutter und ich haben lange Phasen des Hasses durchlebt. Später sagte sie, sie habe viele Fehler gemacht. Wer hat das nicht? Viele sind für mich schwer zu verstehen, aus anderen habe ich gelernt, dass Vertrauen zu seinen Kindern wohl die wichtigste Voraussetzung für ein harmonisches Zusammenleben ist. Ich habe meinen Eltern nichts vorzuwerfen außer: Sie hätten mich *einmal* fragen sollen, ob ich Schauspielerin sein möchte.

Ich beschäftigte mich schon früh mit dem Buddhismus. Seine Lehren gaben mir mehr Ruhe und inneren Frieden als der katholische Glauben, in dem ich erzogen worden war.

Das Schönste war, eins zu sein mit den Dingen, und ich verbrachte viel Zeit damit, zwischen den Drehpausen so lange auf

Steine und Blätter zu gucken, bis ich mich selbst vergaß, was allerdings sehr einfach war, denn zu diesem Zeitpunkt wusste ich noch wenig über mich. Für den Erwachsenen ist die Versenkung eine harte Übung.

In Italien drehte ich manchmal zwei Filme gleichzeitig. Langsam war ich den stereotypen Christin/Vergewaltigte-Rollen entwachsen.

Mit Stewart Granger spielte ich 1961 in *Lo Spadaccino di Siena* (deutscher Titel: *Degenduell*).

Ich kann wirklich nicht sagen, ob ich Talent hatte oder nicht, auf jeden Fall war, was immer ich zu bieten hatte, genug, um beschäftigt zu werden.

Und wir hatten auch einen schönen weißen Mercedes.

Den besagten Verehrer mit dem »ramponierten Begehren« gab es immer noch. Er wurde immer verzweifelter, denn ich zog es vor, mit meinem Bruder tanzen zu gehen und über Nietzsche zu diskutieren. Wenn er nachts unter meinem Balkon maunzte und nach mir rief, gossen mein Bruder und ich einen Eimer kaltes Wasser runter.

Dann war er still.

Wenn in der Treibhausatmosphäre Roms irgendwelche Jünglinge Bemerkungen über meine Üppigkeit machten, sprang mein Bruder aus dem Auto und verteidigte meine Ehre mit seinem erzürnten Blick.

Italiener reagieren auf solche wortlosen Drohungen. Ich stellte fest, dass man lästige Verfolger schnell loswerden kann, wenn man in eine Kirche geht.

Obwohl ich sehr schöne Verehrer hatte, konnte ich mich in keinen verlieben, mir waren damals die Italiener nicht cool genug.

Irgendwann fuhren wir zu Probeaufnahmen nach London für den Film *Exodus* von Otto Preminger. Er hatte eine wunderschöne Frau als Freundin. Eine Dunkelhaarige.

Ich hatte es so satt, immer noch als blonde Dampfnudel durchs Leben zu gehen. London war ein überwältigender Eindruck. Die Art der Kommunikation gefiel mir sehr. Die Männer waren so zurückhaltend und geheimnisvoll. Wäre ich nur einen Tag länger geblieben, ich hätte mich sicher verliebt.

Auch Cordula Trantow, eine junge, herbe Schauspielerin, war da. Sie gefiel mir sehr gut, sie war so ernsthaft. Aber weder sie noch ich bekamen die Rolle, sondern eine entzückende kleine Engländerin, Jill Haworth.

Die Probeaufnahmen brachten mir zwar nicht den Film *Exodus*, wohl aber weitere Probeaufnahmen für einen amerikanisch-deutschen Film mit dem Titel *Stadt ohne Mitleid*. Damals war ich nur noch selten in Deutschland. Für die Probeaufnahmen fuhr ich nach München.

Meine Mutter informierte mich, dass die Deutschen mich zwar nicht wollten, aber dafür die Amerikaner. Es sollten zwei Szenen gespielt werden: ein Tränenausbruch und eine Liebesszene im Bikini.

Seit meiner Kindheit hatte ich die Fähigkeit, vor der Kamera weinen zu können, sozusagen stellvertretend für die Gefühle, die ich in meinem eigenen Leben nicht empfand. Diese Szene war also nicht problematisch. Mir war es allerdings furchtbar peinlich, im Bikini Probeaufnahmen zu machen. Außerdem mochte ich den Probepartner nicht.

Der Regisseur, Gottfried Reinhardt, war sehr behutsam. Gemessen an der Tatsache, dass dies immerhin eine Hollywoodproduktion mit Kirk Douglas sein würde, war ich nicht besonders erpicht darauf, die Rolle zu bekommen. Meine Kinderängste vor der Ablehnung meiner Mutter waren völlig weg. Es muss die Hölle für sie gewesen sein. »Christine, das undankbare Kind.« Der Satz klang mir noch jahrelang in den Ohren.

Es waren zwischen uns zu viele Dinge vorgefallen, um ein normales, vertrauensvolles Verhältnis von Mutter und Tochter zu haben. So hatte sie zum Beispiel die Briefe der einzigen Freundin, zu der ich in diesem Reiseberuf eine Beziehung entwickeln konnte, unterschlagen, und ich war traurig, dass sie mir nie antwortete. Eines Tages fand ich das Bündel Briefe. Meine Mutter mochte das Mädchen nicht.

Ich war, als wir *Stadt ohne Mitleid* drehten, völlig schizoid. Auf der einen Seite wach und lernbegierig, was das Leben anging, auf der anderen wie tot, vollkommen desinteressiert, was den Beruf betraf, der das Leben finanzierte, weil er mich an meine Mutter und ihre totale Kontrolle über mich band.

Die Zusammenarbeit mit den amerikanischen Kollegen war gut. Mir gefiel ihre Umgangsweise. Deutsche Kollegen erzählten herum, dass man mir die Rolle nur gegeben hätte, weil ich offensichtlich so »erfahren« in Liebesszenen sei. Bei dieser Arbeit fiel mir auf, wie stark sich der Selbsthass der Deutschen in den Menschen, speziell Frauen, reflektiert, die sie im Ausland repräsentieren.

Die Amerikaner waren so nett und hilfsbereit. Wenn ich eine Szene verpatzte, wurde ich mit Humor und Nachsicht zu einer besseren Leistung angeregt. Kirk Douglas kam immer wieder zu mir und meinte, ich würde sehr sensibel spielen und reagieren.

Ich hatte zur Schauspielerei gar keine Beziehung. Es war das, was ich brav als Kind gelernt hatte, artig zu erledigen. Spaß machte es mir, in den Drehpausen mit den Kollegen zu pokern. Zwei der Soldaten, die mich in diesem Film vergewaltigen (schon wieder!), wurden später berühmt: der eine, Robert Blake, in Truman Capotes *In cold blood* (deutsch: *Kaltblütig*), und der andere, Richard Jaeckel, in einer Fernsehserie.

Kirk Douglas war sehr flirty, was mich zum Kichern brachte. Wir sollten uns später in Hollywood oft sehen.

Nach der Arbeit an diesem Film gingen wir wieder nach Italien, wo – wie schon gesagt – ich wesentlich lieber war als in Deutschland. Hier wurde man immer bekrittelt. Die Italiener waren selbst beim Kritisieren spielerischer; es war nichts so bierernst.

Bevor *Stadt ohne Mitleid* herauskam, gab es ein Angebot für einen Film mit Tony Curtis und Yul Brynner, der in Südamerika und Hollywood gedreht werden sollte: *Taras Bulba*.

Ich war aufgeregt: Nach Südamerika! Reisen, mein Liebstes! Zuerst ging es nach London. Dort wurden die Probeaufnahmen gemacht.

Zwischen *Stadt ohne Mitleid* und *Taras Bulba* setzte ich das erste Zeichen meiner Ablösung von dem, was meine Mutter »erfolgreich« aus mir gemacht hatte, ich aber in Wirklichkeit nicht war. Ich ging zum Friseur und ließ mir das gehasste Blondhaar in ein Prä-Punk-Schwarz umfärben.

Der Effekt auf meine Psyche muss erstaunlich gewesen sein, denn auf dem Nachhauseweg fühlte ich mich wie ein neuer Mensch. Ich glaube, es war das erste Mal, dass ich Gefallen und Interesse an mir registrierte und es mir gefiel. Sonst war ich immer gehuscht, möglichst unsichtbar. Jetzt ging ich mit festem Schritt mit der neuen Haarfarbe und einem neuen Selbstbewusstsein.

Die Blicke der Männer schmeichelten mir, sie waren wie ein Streicheln. Ich fühlte, dass sie Anerkennung ausdrückten. Ich war so glücklich, wie ich sonst nur beim Tanzen mit meinem Bruder war. Jetzt spürte ich, dass ich mir gehörte, Macht über mich hatte. Meine Mutter guckte einigermaßen erstaunt, aber ich glaube, dass mein triumphierendes Strahlen sie auch glücklich machte, denn eines ist sicher: Sie hat mich nie absichtlich gepeinigt, sie war nur dem Geschmack und den Zielen ihrer Zeit gefolgt.

Die Änderung der Haarfarbe war ein Signal für meine Art und Weise, Dinge radikal und unerwartet zu ändern. Vor Jahren hatte meine Mutter das erste Mal gemerkt, dass ich mich nicht unterwarf. Auch wenn ich folgsam war. Sie hatte mich aus irgendeinem Grund geohrfeigt, und anstatt zu zucken oder ängstlich zu reagieren, fragte ich sie: »Du glaubst doch wohl nicht, dass mir körperlicher Schmerz was ausmacht?« Ich war zwölf oder dreizehn. Das Resultat jahrelanger körperlicher Disziplin in der Kinderarbeit hatte auch auf der privaten Haut Spuren gezeigt. Ich war innerlich beinhart. Nicht ehrgeizig, sondern unerreichbar. Absurderweise war es gerade diese Erkaltung, die später oft Männer an den Rand rasender Leidenschaft brachte.

Der Produktionsleiter des Films kam nach Rom; er war der erste Mann, bei dessen Anblick mich ungezügelte sexuelle Gier befiel. Mit fast siebzehn wohl auch das richtige Alter für das Erfühlen sexueller Affinitäten.

Wir lernten uns bei der Agentur kennen. Ein Termin wurde ausgemacht, und ein paar Tage später sollte ich nach London fliegen. Er war ein sehr cool aussehender Mann, mit dem köstlich verächtlichen Gesichtsausdruck von Angelo.

Wir gingen zusammen essen (wir aßen nicht sehr viel), landeten bald im Hotel, und es war ganz toll. Er war intelligent, gut aussehend und witzig. Wir passten sinnlich sehr gut zusammen – ich liebte ihn nicht. Er gefiel mir, und es war eine leidenschaftliche Begegnung. Es bestand jedoch für mich kein Grund zur Annahme, dass dies jetzt ein »Sie lebten glücklich bis …« bedeutete.

Vielleicht hört es sich schockierend an, dass eine Sechzehnjährige sich einen Mann als Lustobjekt aussucht. Ich dachte weder an romantische Liebe noch an die Miete. In meinem Leben hatte ich kein einziges Beispiel für die Notwendigkeit oder Wahrhaftigkeit des Fünfziger-Jahre-Konzepts gesehen. Insofern war meine Art zu wählen eine Vorwegnahme einer späteren Einstellung zu Ehe und Familie.

Es war ein paar Monate vor meinem siebzehnten Geburtstag. Inzwischen war ich Vegetarierin, in Valentino gekleidet und schon einen weiten Schritt weg vom folgsamen verängstigten »Rosen-Resli«, weit weg von deutscher Zucht, Ordnung und Ernsthaftigkeit.

Die Aussicht, allein nach Südamerika zu fliegen, machte mir kein bisschen Angst. Mir standen in meinem Kopf ja fünf Sprachen zur Verfügung. Meine Mutter musste bleiben. Sie hatte noch kein Visum.

Fliegen war damals so neu und luxuriös, dass keine Flugangst mein Vergnügen störte.

In Buenos Aires wurde ich von einem zur Produktion gehörenden Mann abgeholt, und meine Wahrnehmung von der Stadt blieb sehr schemenhaft. Wenn man viele Städte gesehen hat, fangen sie an, einander im Eindruck zu überdecken, und Buenos Aires kam mir vor, als hätten sich Berlin und Madrid vermischt. Am nächsten Tag sollte ich nach Salta fliegen, wo in der Pampa der russische Hintergrund aufgebaut war, in dem der Film *Taras Bulba* spielte.

Der Flug beeindruckte mich mehr als das Madrid-Berlin-Gemisch Buenos Aires.

Das Flugzeug war winzig und so wacklig, dass der Urwald, den wir überflogen, in ständigem Wechsel von einer Totalen zur Großaufnahme zu sehen war. Eine Achterbahnfahrt über eine bezaubernde Urwaldlandschaft voller Lianen und exotischer Bäume.

Sehr bald wich die Freude des Schauens einem Brechreiz, und ich musste mich übergeben. Dies tat ich so dezent wie möglich. Vor mir saßen zwei südamerikanische Geschäftsleute, die unbeeindruckt von meinem labilen Zustand zwinkerten und lächelten, was meine Übelkeit verstärkte. Männer!!

Grün und schwankend entstieg ich dem Flugzeug, wo ich die netten amerikanischen Abholer nur mit großer Disziplin in stehendem Zustand begrüßte. Man brachte mich nach Salta ins Hotel.

Dieses Salta sah genauso aus, wie man Südamerika aus Filmen kennt: kleine, helle Häuser unter dem riesigen Horizont, der doppelt so hoch zu sein scheint wie der europäische. Noch war ich zu wacklig, um die Umgebung zu genießen und die Menschen wahrzunehmen.

Im Hotel packte ich meine Sachen aus. Die Valentinogewänder waren hier bestimmt nicht das Richtige.

Ich stand gerade unter der Dusche, als es klopfte. Ins Badetuch gewickelt und mit nassem Haar öffnete ich. Der Mann vor der Tür stellte sich als Sheldon vor; ein witziger Presseagent aus New York, mit dem ich jahrelang befreundet blieb.

Er erzählte mir später, dass er völlig hingerissen war von der nassen »badenden Venus«. Ich versuchte indessen, ihn möglichst schnell loszuwerden, damit er nicht sah, wie fehlerhaft ich war. Ich fühlte mich lebendig, glücklich, allein und unkontrolliert.

Am ersten oder zweiten Tag wurde ich von Tony Curtis zum Essen eingeladen. Es waren noch ein mexikanischer Schauspieler und eine junge Frau dabei.

Das Haus, in dem Tony wohnte, lag sehr romantisch in der südamerikanischen Nacht. Es spielte eine Jazzversion von »Summertime« oder so was, und für uns Frauen lagen weiße Magnolien auf dem Tisch. Ich steckte mir meine ins Haar, und das Mädchen zerrupfte ihre.

Wenn man jemanden kennen lernt, der im eigenen Leben Bedeutung haben wird, so spürt man dies ganz deutlich. Für mich war es, als ob ich einem Teil von mir begegnet wäre. Er war mir völlig vertraut. Wir schliefen schon in der ersten Nacht miteinander. Als er mich nach Hause brachte, fiel mir auf, dass er der erste Mann war, bei dem das Wort Liebe keine Panik in mir auslöste. Er war zwanzig Jahre älter, der Unterschied für mich weder sichtbar noch bedeutend. Er war verheiratet. Nun, ich wollte ja auch nichts von ihm. Weder Ehe noch Karriere interessierten mich. Nur das Leben. Dieses Desinteresse an dem, was sonst für viele Frauen wichtig war, sollte Tony an mich binden.

Als Tony und ich im Morgengrauen die Straße zu meiner Wohnung entlangggingen, fiel mir ein Traum ein, den ich als Kind mehr als einmal geträumt hatte: Ich lief durch die Straßen einer hellen Stadt mit subtropischer Vegetation. Ich war dort daheim. Durch ein Tor ging ich in ein Haus. In dem Haus war mein Mann. Er hatte schwarze Haare und blaue Augen.

Damals hätte ich auf Elvis Presley getippt. Es sah nun mehr nach Tony Curtis aus!

Ich hatte sicher Glück. Denn er lebt noch.

Vorerst aber musste er weg; uns blieben nur ein paar Tage. Tony flog nicht, er machte alle Reisen mit Schiff, Auto oder Bahn.

Ich nehme an, die Nachricht, dass diese kleine, unschuldig aussehende Schlampe aus Deutschland sofort mit dem verheirateten Star ins Bett gegangen war, hat sich wie ein Lauffeuer in dem gelangweilten Team verbreitet.

Die Dreharbeiten hatten begonnen. Die Kostüme waren für meine Figur äußerst vorteilhaft. Zudem hatte mir Tony so viele Komplimente gemacht – ich sei so aufmerksam, sensibel und hätte einen so schönen Hals –, dass ich mich immer wohler in meiner Haut fühlte.

Es ist eine amerikanische Umgangsart, Frauen Komplimente zu machen, die sie aufblühen lassen. Jeder gelöste Mensch ist auch angenehm anzusehen.

Ich entspannte mich mir selbst gegenüber.

Die beiden berühmten Fotografen Inge Morath und Ernst Haas sprachen bei den Dreharbeiten Englisch mit deutschem Akzent und waren so viel witziger und angenehmer als viele Deutsche, die in Deutschland lebten. Sie hatten sich hier eine neue Existenz geschaffen und trugen nun zur Lebendigkeit und Kreativität Amerikas bei.

Bei den Arbeiten lernte ich einen jungen Südamerikaner kennen, mit dem ich schnell ein Kumpelverhältnis schloss. Er fotografierte wie mein Bruder, und da ich öfter tagelang drehfrei hatte, fuhren wir mit seinem Moped durch die Anden. So erlebte ich wieder den mir angenehmsten Teil der Filmarbeit: Reisen und Kennenlernen anderer Länder und Menschen.

Oft fuhren wir einen halben Tag, nur um in einem ganz hoch gelegenen Dorfladen richtige Indios zu sehen. Einmal trafen wir dort eine Frau, auf einem riesigen Getreidesack sitzend, die ich nie vergessen werde. Ein vollkommen ebenmäßiges Gesicht von goldener Hautfarbe. Schmale dunkle Augen, die unverwandt und majestätisch ins Leere blickten. Sie war so unbewegt wie eine Statue. Lange Zöpfe unter dem Indianerhut, der Mund mit den schönen, scharfen Kanten verzog sich zu keinem konventionellen Lächeln. Es war, als existierten wir für sie gar nicht.

In Salta selbst lernte ich natürlich auch die anderen Argentinier kennen.

Wieder die »Rüschenunterhosenmädchen«, die mir auf meine Frage, warum sie so lange Haare auf den Beinen hätten, antworteten, die Indios hätten keine, deshalb ließen sie ihre als Zeichen des Unterschiedes nicht entfernen.

Meine Mutter kam bald nach, und es war sehr dicke Luft zwischen uns. Sie war so empfindsam, dass sie, ohne Tony gesehen zu haben, spürte, dass nun der Mann da war, der ihr das Kind wegnehmen würde.

Das Kind war für sie auch Beruf, und sie hatte sich ja meiner Karriere geopfert, und dass ich nicht mit Leib und Seele Schauspielerin war, blieb niemand weniger verborgen als ihr.

Mit sechzehn hatte ich schon fast zehn Jahre in diesem darstellenden Beruf gearbeitet. Ich wollte so dringend leben, aber ein Leben, das ich nicht durch ständig auf mich gerichtete Augen finanzieren musste.

Geld verdienen ist mir tatsächlich auch nie beigebracht worden. Nie bekam ich es direkt ausgezahlt, meine Mutter verwaltete es. Sicher waren die Früchte der Arbeit um mich, aber es war nie etwas, wozu ich eine wirkliche Beziehung bekam. Real war für mich nur der kleine Teil des Lebens, in dem ich unbeobachtet sehen und fühlen konnte.

Sandy rief über Kurzwelle an. Ihn mochte meine Mutter gern.

Von Südamerika flogen wir nach Rom; ich glaube, ich musste dort irgendetwas fertig drehen. Dann ging es kurz vor Weihnachten nach New York.

Das New York von 1961 hatte überhaupt nichts mit dem New York von heute zu tun. Armut und Elend hatten noch nicht den Mittelstand und den gedankenlosen Glamour angefressen.

Im Hotel erwarteten mich Blumen von der Produktion und ein Goldarmband von Tony. Damit hatte ich allerdings nicht gerechnet, ich wusste ja, dass er verheiratet war, und hatte bestimmt nicht vor, seine Ehe zu zerstören.

Allerdings war für mich die Vorstellung einer Ehe etwas sehr Nebulöses. Die Eltern haben ja keine richtige Ehe geführt. Wir waren auch keine »richtige« Familie. Ein Kinderstar verhindert ein normales Familienleben, es sei denn, alle anderen sind auch in dem Beruf.

Es wurden Titelfotos von mir für »Look« gemacht, und in »Life« waren auch viele Bilder von mir.

Als wir in Hollywood ankamen, war für meine Mutter das Ziel ihrer Bestrebungen erreicht, und ich fühlte ganz deutlich, auch für mich war es ein Ort, in dem ich mein – wenn auch noch unbewusstes – Ziel erreichen würde: mit der Schauspielerei aufhören.

Als sechzehnjähriger europäischer Backfisch landete ich in Hollywood, es war Nacht. Ich konnte in dem neonbeleuchteten architektonischen Wirrwarr der Stadt zunächst nichts Besonderes entdecken.

»Hollywood« bedeutet nichts, wenn man diesen Beruf nicht liebt, und die Schauspielerei war für mich nur das zwangsläufige Beiwerk von spannenden Reisen.

Zwischen Mutter und mir entbrannte ein Kampf der Werte.

Jede der beiden Perspektiven ist eigentlich legitim. Sie hatte die Wertvorstellungen, die man logischerweise nach einem Krieg wohl hat: Geld und Ruhm. Dinge, die, wenn auch unbewusst, eine Phantasie von Unsterblichkeit beinhalten.

Ich wiederum hatte eine Kindheit hinter mir, die einem armen Kind der Biedermeierzeit entsprach: Arbeit und Leistung. Sicher, in einem wunderbaren, »sophisticated«, anspruchsvollen Rahmen, aber der wahre Lebensluxus ist die Geborgenheit. Nur aus ihr entwickelt sich eine realistische Lebenswahl.

Mutter und ich wurden im Château Marmont untergebracht. Als ich am nächsten Morgen durch den Park ging, konnte ich gar nicht verstehen, wie diese wunderschöne Vegetation in einer Luft gedeihen konnte, die so schrecklich war. Das war typisch für mich: Blumen und Pflanzen interessierten mich mehr als Interviewtermine.

Die Schönheit von Los Angeles hat etwas Geheimes. Man entdeckt diese Schönheit nicht gleich, und sie offenbart sich auch nicht jedem.

Es gefiel mir, dass so viel Raum zwischen den Dingen zu sein schien. Selbst Milch holen dauerte eine Stunde.

Zwischen Begegnungen, Einkaufen, Interviews gab es immer endlose Fahrten und Spaziergänge, bei denen Zeit war, über das Vorgefallene nachzudenken.

Das kalifornische Wetter bekam mir gut. Ich wachte nicht mehr ganz so verquollen auf, und die Amerikaner waren sehr komplimentfreudig.

Menschen mit Komplexen sind unter gewissen Umständen interessant, und ich kann mir vorstellen, dass ich mit meinen geheimen Kinderängsten und Komplexen äußerst kurios war. Ich schämte mich wegen meiner großen Brüste (sie waren ja im Versuch, meine schwindende Kinderkarriere aufzuhalten, abgebunden worden). Wenn ein hechelnder Mann an mir herumtatschte, muss mein tief verwunderter Blick schwer zu interpretieren gewesen sein.

In dieser Zeit knüpfte ich, wie später noch oft, Freundschaften mit jüdischen Intellektuellen. Mich interessierte am meisten ihre unsentimentale Philosophie des Daseins.

In diesem Abschnitt meines Lebens zeigte sich am deutlichsten, dass mein Eigenleben nichts mehr mit meinem Karriereleben zu tun hatte. Mein echtes Ich war ein kleiner Mensch, der nach einem Sinn suchte hinter dem, was sich als Realität darstellte.

Ablauf und Atmosphäre der Dreharbeiten unterschieden sich kaum von den italienischen, auch sie waren im Gegensatz zur deutschen Arbeitsweise wesentlich lockerer. Ich wurde sehr verwöhnt und bekam viel Zuwendung von den Menschen, die mir auch später in der Arbeit am wichtigsten waren: Garderobiere und Maskenbildnerin. Ganz am Rande nur bekam ich mit, dass Yul Brynners Frau Doris geäußert hatte, dass ich zwar immer weiße

Handschuhe trüge und überhaupt so artig aussähe, aber (sinngemäß) wohl ein verdorbenes Luder sei, denn ich hatte ja eine »affair« mit einem verheirateten Mann – Tony.

Mein Bruder besuchte mich während der Dreharbeiten zu *Taras Bulba*. Mit ihm lief ich stundenlang in Los Angeles spazieren, genau wie in München an der Isar. Einmal ungefähr drei Stunden von Westwood nach Hollywood. Nietzsche, glaube ich, war wieder das Thema.

Weniger philosophischen Vergnügungen gingen wir nach, als wir entdeckten, dass in den Supermärkten, in denen man Tag und Nacht einkaufen konnte, Musik spielte. Wir tanzten sämtliche Reihen auf und ab, unter Pirouetten füllte sich der Korb. Niemand guckte uns strafend an.

Günther vertrug sich ganz gut mit Tony und akzeptierte ihn eher als Mutter.

Zu einigen Außenaufnahmen fuhren wir in ein Schneegebiet in Kalifornien, zum Big-Bear-Resort. Dort wurden wir in gemütlichen Hütten, den »lodges«, untergebracht. Wir besuchten Tony einmal zum Frühstück und sinnierten, warum die Eier so lange brauchten, bis sie gekocht waren. Günther erklärte den Zusammenhang zwischen Höhenlage und Kochzeit.

Tony lächelte und sagte: »Ah, Einstein.«

Günther lächelte zurück und sagte: »No, Zweistein.«

In dieser Zeit war mein Bruder wie fast alle unsterblich in Kim Novak verliebt und wollte sie gerne fotografieren. Tony und ich erlaubten uns, dem Achtzehnjährigen einen Streich zu spielen. Tony verstellte seine Stimme und rief bei Günther an: »Hier spricht Kim Novaks Sekretär, Miss Novak möchte gerne mit Ihnen sprechen.«

Mit einer schauspielerischen Leistung, die sicher alles, was ich vor der Kamera ablieferte, in den Schatten stellte, sprach ich in der Stimmlage von Kim eine ganze Weile mit Günther.

Plötzlich antwortete er nicht mehr; nach einem Augenblick der Stille hörte ich ihn mit einem sehr strengen Unterton »*Christine*« sagen.

Tony, mein Bruder und ich waren eine sehr stimmige Gruppe, denn in Tony setzte sich die Kommunikationsart mit Männern fort, mit der ich durch Günther die besten Erfahrungen gemacht hatte. Er bedrängte mich nicht, gab mir Schutz, und wir hatten im Humor und auch in einer gewissen Verletzlichkeit eine starke Basis gefunden.

Während der Dreharbeiten gab ich Interviews.

Das alte Krokodil Louella Parsons ist mir noch in Erinnerung geblieben. Sie hatte ein unglaubliches Format. Sie war sehr interessiert, die kleine Schlampe aus Deutschland kennen zu lernen. Ich habe sie wohl etwas aus der Bahn geworfen. Es herrschte eine total irritierte Stimmung.

Zwar hatte ich ein Verhältnis mit Tony, doch es gab auch einen Nebenbuhler. Aber ich tat nichts aus Berechnung.

In den Klatschspalten der Stadt galt ich längst als Femme fatale. Wie auch immer die klassische Definition lautet, soweit ich es beurteilen kann, gehören drei Dinge dazu: eine körperliche Attraktivität, die der Mode entspricht, eine Ähnlichkeit mit der Mutter des betreffenden Liebhabers und ein gewisses Desinteresse an seinen Liebesschwüren. Gerade Letzteres traf und trifft auf mich besonders zu.

»Normales« interessiert mich nicht.

Das war vielleicht auch einer der Gründe, warum Tony und ich uns so sehr mochten. Er war kein Star für mich. Ich schätzte an ihm seine kreative Verrücktheit, und seine künstlerische Entwicklung in späterer Zeit bestätigt meine Sicht. Seine brillanten Assoziationen lassen ihn phantastische objets d'art schaffen. Auch Ölbilder, mit denen er Millionen verdient.

Meine Beziehung zu Tony war – wie sich immer mehr herausstellte – nicht die Affäre eines älteren Lüstlings mit einem jungen Mädchen, sondern die Begegnung zweier Außenseiter, die einander Schutz gegen eine bedrohliche Umwelt gaben.

Ich mochte meinen Mann immer gern. Die vielen schrecklichen Dinge, die inzwischen vorgefallen sind und die wir überlebt haben, beweisen dies. Unsere Beziehung war nie sexuelle Leidenschaft. Dazu mochten wir uns zu sehr. Für mich sind Leidenschaft und ruhige Zuneigung widersprüchliche Gefühle. Er war für mich nie der ältere Mann. Eher der jüngere. Ich war aus einem bestimmten Grund reifer als er; das hat sehr viel mit der psychischen Situation des Schauspielers zu tun: Ich war ein Star, ohne es zu wollen, und ein »has-been«, also gleichzeitig auch ein Ex(kinder)star, ohne darunter zu leiden.

Als wir uns kennen lernten, waren wir wie gleichaltrige Kinder. Tony litt unter einem Mangel an Anerkennung, mir bedeutete die Welt, die ihm die Anerkennung versagte, nicht viel.

Die Geschichte, wie ich meinen Golden Globe Award erhielt, und vor allem das Erlebnis der Nominierung, das ich eingangs erwähnt habe, beschreibt dies sehr genau.

Irgendwann während der Dreharbeiten zu *Taras Bulba* sagte man mir, ich sei für den Golden Globe nominiert, und zwar für die Rolle in dem Film *Stadt ohne Mitleid*.

Das Erlebnis der Nominierung, bei der ich mich aus lauter Angst aufs Dach flüchtete, war ähnlich entsetzlich wie die Preisverleihung selbst. Auszeichnungen gaben mir nicht das Gefühl, mehr wert zu sein. Der Ablauf der Verleihung, die kurz nach der Nominierung stattfand, hat einen Eindruck von mir in der Öffentlichkeit hinterlassen, der mir jetzt noch die Schamröte in die Ohren treibt.

Unentrinnbar war ich in dem großen, hellen Saal gefangen; bis zur letzten Sekunde hatte ich gehofft, den Preis doch nicht zu bekommen, solche Angst hatte ich, mich der Menge zu zeigen. Wie im Traum sah ich noch Marilyn Monroe in einem engen Kleid mit schönem, perligem Profi-Lächeln an mir vorbeischwingen.

Meine Angst hatte die Bilder jedoch wie mit Vaseline überschmiert. Als ich aufgerufen wurde, erklomm ich, einer Besinnungslosigkeit nahe, das Podest, erhielt den Preis und sagte »thank you«.

Wie schon erwähnt, fragte mich dann jemand leise, ob ich denn nicht noch ein bisschen mehr sagen wollte. Woraufhin ich mit meinem »Aber ich habe doch schon ›Danke‹ gesagt!« konterte.

Jahre später erzählte mir Audrey Wilder lachend diese Geschichte. Das war es sicher, was meine Mutter mit »kein Charme« bezeichnete. Ich war jahrelang in der Öffentlichkeit tiefgefroren.

Nach Ende der Dreharbeiten zu *Taras Bulba* lebte ich, wie gesagt, wieder in Europa, flog aber für ein paar Tage zu Tony, der für mich und sich in Malibu ein Apartment gemietet hatte. Unsere Beziehung war immer sehr harmonisch, auch die Jahre später; es gab nicht einmal die Zankereien, die im Rahmen des Kennenlernens ganz normal sind.

Das einzig Aufregende während des kurzen Aufenthalts war, dass ich bei einem Versuch, mich hausfraulich zu betätigen, das Geschirr mit Pulver in die Spülmaschine tat und dann alleine am Strand von Malibu spazieren ging. Bei der Heimkehr sah ich schon von weitem einen dicken Schaumteppich aus dem Haus quellen, wie im Märchen zum Empfang ausgelegt. Ich hatte Waschpulver verwendet! Bis Tony nach Hause kam, hatte sich der Schaum verflüchtigt.

Bei der Abreise gab Tony mir vertrauensvoll 30 000 Dollar, die ich in Europa einem Freund übergeben sollte für irgendeine Anlage.

Als ich in München ankam, freute ich mich sehr auf meinen Bruder und hatte eine riesige Tüte amerikanischer Schokoladensorten dabei, die es in Europa nicht gab. Während wir probierten und uns Geschichten über Vorgefallenes erzählten, klingelte es. Günther machte auf. Grinsend kam er ins Zimmer und fragte, ob ich nicht etwas vergessen hätte.

»Nein.«

»Nein?!«

Er holte den Kosmetikkoffer hervor. Der Taxifahrer hatte ihn gebracht.

Es waren 30 000 Dollar drin. Ich hatte ihn vergessen.

Wir waren dem Taxifahrer sehr dankbar und fragten uns, ob er so ehrlich oder einfach nicht neugierig war.

Durch den Hollywoodfilm war ich wieder »jemand«.

Die Aufmerksamkeit anderer schränkt jedoch das Leben und Erleben ein. Ich fühlte mich wieder eingezwängt, im Gegensatz zu Los Angeles, wo ich mit meinem Bruder sogar ungestört im Supermarkt tanzen konnte.

Ich drehte einen weiteren schlechten Film, bei dem ich mir nicht einmal minimale Mühe gab. Er hieß *Tunnel 28*, und die mangelnde Qualität hatte sicher auch mit meiner Darstellung zu tun.

Tony rief mich oft stundenlang aus Amerika an. Er war schon »mein neues Leben« und repräsentierte eine neue Welt, eine neue Lebensart.

Wie in Hollywood rieten mir die Amerikaner auch hier davon ab, mich mit ihm einzulassen. Ich wäre zu gebildet und kultiviert für ihn. Aus deutscher Sicht war er eine Auszeichnung, ein »Hollywoodprinz«. Aus der amerikanischen Intellektuellenperspektive jemand, der im Gegensatz zu mir noch keinen Golden Globe gewonnen, keinen Nietzsche gelesen hatte und keine fünf Sprachen sprach. So what?

In Berlin hatte ich einige Freunde, vor allem eine junge Frau namens Christiane Höllger. Ich verehrte sie sehr. Sie war so klug.

Dann gab es noch einen Mann, den ich sehr lieb hatte. Nachts kletterte ich zum Fenster raus und besuchte ihn. Er hatte schon damals eine japanisch eingerichtete Wohnung und war ein »crossdresser«, trug gerne Frauenkleider. Ich schminkte ihn, und er las mir Konfuzius vor. Er war aber nicht homosexuell, was mich nicht gestört hätte.

Ich war damals fast ausschließlich mit Homosexuellen befreundet. Viele Jahre später sagte mein Freund Günter Amendt zu mir, als ich ihm von einer neuen Freundschaft dieser Art berichtete: »Christine, erzähl mir bitte, wenn du einmal einen triffst, der nicht schwul ist.«

Ich hatte also nur »Zwischenglieder der Gesellschaft« als Freunde. Vor allem in der Bundesrepublik.

Als Tony mir nach Berlin folgte, füllten wir die Klatschseiten. Ich wurde offiziell seine Freundin.

Nach Beendigung des Films reisten wir durch Europa. Beim Reisen erkennt man schnell, ob man zusammenpasst. Obwohl ich dauernd übersetzen musste (für Tony und seinen Presseagenten), zeigte sich in dieser Zeit, dass wir sehr gut zusammenpassten.

Kunstbegeistert und mit einem ähnlichen Sinn für Humor ausgestattet, waren wir harmonisierend verrückt.

Wir flogen nach Madrid, um uns Bosch-Bilder im Prado anzusehen. In Paris besuchten wir Tonys Freund, den amerikanischen Maler John Levee und dessen Frau Marie Claude. Ich bin mit beiden bis zum heutigen Tage befreundet. Tony nicht.

Wir waren selbstverständlich das ideale Paar für alle *paparazzi* und beobachteten einen Fotografen auf dem Dach gegenüber unserem Hotel George V, der bei seiner Arbeit fast heruntergefallen wäre.

Meine Mutter besuchte uns auch. Ich habe alles verdrängt, was diese schlimme Zeit betrifft.

Als ich ihr in Berlin sagte, dass ich nicht mehr mit ihr zusammen sein möchte, verlangte sie die Hälfte der Gage meiner letzten Filme. Als Abfindung sozusagen. Sie hatte ja auch gearbeitet.

Am Flughafen in Paris geschah etwas, das mir zeigte, welche Feindseligkeiten einen berühmten Menschen treffen können, auch wenn er gar nichts »getan« hat.

Tony brauchte immer länger als ich, um sich fertig zu machen. Also kamen wir etwas weniger als eine Stunde vor Abflug an. Wir waren zu dritt. First Class Air France.

Der Mann am Schalter sagte auf Französisch zu seiner Kollegin: »Wir werden ihn das Flugzeug versäumen lassen.«

»Was haben Sie gesagt?«, fragte ich auf Französisch.

Er wurde rot, es war ihm peinlich, denn er hatte nicht mit einer mehrsprachigen Entourage des Stars gerechnet.

Ich erzählte Tony, der die Spannung spürte, was der Mann gesagt hatte.

Natürlich klappte danach alles reibungslos.

Als wir in New York ankamen, musste ich mich weiter hinter Tony halten.

Ich war wütend und fassungslos, dass er mich, seine Geliebte, nicht neben sich zeigen wollte.

Ich wusste nicht: Mädchen unter achtzehn galten als »jailbirds«, für erwachsene Männer verpönt: Intime Beziehungen waren nicht erlaubt.

Tony zahlte meiner Mutter noch die Hälfte der Gage für den nächsten Film, was ihn dazu veranlasste, noch jahrelang zu erzählen, er hätte mich gekauft.

Stimmt ja auch irgendwie. Ich fand das immer lustig. Er wusste ja nicht, was er da gekauft hatte. Eine Frau, von der er nie leidenschaftliche Hingabe erfahren würde. Ich war zu jung.

In Los Angeles wohnten wir vorerst in getrennten Wohnungen in einem Apartmenthaus, einer Tudorkopie in Westwood. Ein Nachbar von uns war der Autor Dalton Trumbo. Tony sprach immer voller Respekt von diesem Mann, der auf McCarthys »schwarzer Liste« gestanden hatte.

Mein Geliebter war beschäftigt und ich vollkommen glücklich, fast immer allein zu sein.

Meine Wohnung war leer, sonnendurchflutet, und im Gegensatz zu meinem bisherigen Leben musste ich mich hier nicht in mich selbst verkriechen.

Ob die Telefonistin oder die Verkäuferin im Supermarkt – alle behandelten mich wie ein normales außergewöhnliches Mädchen. In diesem Land konnte damals praktisch keiner Außenseiter sein, denn fast alle waren es.

Der Wechsel von der Isolation ins Alleinsein bekam mir sehr gut. Ich wurde optisch zu einem Ebenbild der Zeichnung, die ich als Dreizehnjährige von mir gemacht hatte: Ich trug einen langen Zopf, war schlank, und meine Brust ließ sich mit einer Hand umspannen.

Was an Schönheit in einem Menschen steckt, kann nur zwanglos an die Oberfläche gebracht werden.

Durch Tonys Zuwendung entdeckte ich plötzlich Körperregionen, die ich stundenlang im Spiegel studierte und die mir gefielen: der lange Hals, die breiten Schultern, das dichte Haar. Das war schon okay. Ich musste nicht mehr verschämt durchs Zimmer streichen. Wenn wir allein waren, konnte ich Tony durch meine Wortspiele zum Lachen bringen.

In dieser Zeit fand meine erste Selbstfindung statt.

Wir drehten zusammen den abenteuerlich schlechten Film *Monsieur Cognac*.

Ich war nur noch an dem Leben interessiert, das sich mir bot, nicht mehr an Leistung und der Existenzberechtigung durch Leistung.

Eines Tages sagte mir Tony (ich war gerade einen Monat achtzehn): »In einer Woche fliegen wir nach Las Vegas und heiraten.« Kirk Douglas und seine Frau sollten Trauzeugen sein.

Mit Kirk war Tony schon lange befreundet; seine Frau Anne war wie ich Europäerin.
Ich hatte mir nie die Frage gestellt, was nun mit meiner Zukunft passieren sollte. Etwas Geld hatte ich außerdem, in Amerika lag ein Teil meiner Gagen auf einem Konto, wie es gesetzlich vorgegeben war. Heiraten? Ja, warum nicht. Tony war der Retter aus der Welt, in die sich so viele hineinsehnten und ich nur hinaus. Er verehrte mich, fand es toll, dass ich mehrere Sprachen sprach, so viel mehr wusste als Frauen, die viel älter waren als ich.

Joe, Tonys Privatsekretär, hatte mein Hochzeitskleid bei Valentino bestellt. Hellblau.

Schon der Flug hatte für mich etwas Unwirkliches. In die Hotelsuite kam dann der Minister – der Geistliche –, wie es in Amerika üblich ist.

Bis zu einem gewissen Punkt war mir das alles ein wenig wie »Marx Brothers«. Doch als dieser fremde Mensch fragte, ob ich in Gesundheit und Krankheit meinen Mann lieben wolle, musste ich zum ersten Mal seit Jahren weinen.

»Bis dass der Tod euch scheidet.« Ich bekam bei dem Gedanken Angst. Tony war meine Welt, wenn er sterben würde, wäre alles zu Ende.

Das war nur ein kurzes, ungeteiltes Gefühl. Es wurde schnell von dem weiteren, heiteren Verlauf dieser komischen Zeremonie verdrängt. Der Besitzer des Hotels gab mir 500 Dollar in Münzen, die ich verspielte.

Am nächsten Tag stand in der Zeitung: »Tony Curtis heiratet Teenager.«

Wir sahen uns an und fragten im Kanon: »Wo ist hier der Teenager?«

Als wenig später der Film *Monsieur Cognac* (in Amerika *Wild and wonderful*) herauskam, schrieb der Kritiker von »Newsweek« eine witzige schlechte Kritik, die mit dem geistreichen, aber leider nicht ewig gültigen Satz endete: »Miss Kaufmann und Tony Curtis haben nach unserer Information während der Dreharbeiten zu diesem Film geheiratet, und wenn ihre Ehe diesen Film übersteht, wird sie alles überdauern…«

HOLLYWOOD

*D*ie riesigen Ausmaße von Los Angeles sind nur mit dem Wagen zu bewältigen. Das macht diese Stadt zu einem Ort, in dem das gesellschaftliche Leben eine existentielle Rolle spielt. In den sechziger Jahren auf eine andere Weise als jetzt. Vor allem in den frühen sechziger Jahren, die noch vom Zeitgeist der Nachkriegswelt geprägt waren.

Als Ehefrau eines weltberühmten Mannes den Wandel der Zeit in der Illusionsmetropole zu beobachten bot mir vielschichtige Ansichten, die ich jedoch aus meiner damaligen Perspektive – der eines achtzehnjährigen Mädchens – in Erinnerung habe.

Ich hatte großes Glück und konnte für unseren Freundeskreis Menschen gewinnen, die meiner Meinung nach innerhalb dieser Stadt zu den interessantesten Repräsentanten ihrer Zeit gehörten.

Wenn man als Achtzehnjährige in einen etablierten Gesellschaftskreis kommen will, führt der Weg über die Ehefrauen. Da ich mein Leben lang ältere Frauen spannender fand als gleichaltrige, konnte ich sie mit ehrlicher Zuneigung umwerben. Hatte man erst mal die Frauen, fielen einem die Männer von allein zu. Ich umwarb niemand aus Berechnung, immer nur aus Zuneigung. Ältere Frauen fand ich damals mehr als angenehm. So lebensklug und wissend, wie ich später sein wollte, wenn ich »erwachsen« war.

Berechnung hätte auch nichts genutzt, nirgendwo sind Augen schärfer auf Entlarvung trainiert als in Hollywood. Was sich für den Außenstehenden mit dem Wort Hollywood verbindet, hat wie bei vielen Wörtern lediglich Symbolwert. Denn schon damals wohnten nur noch wenige der »wichtigen Leute« in Hollywood.

Die gefragten Stadtviertel waren: Beverly Hills, Bel Air, Westwood, Brentwood Malibu Colony und Holmby Hills.

Da sich zufällige Begegnungen, die ein Straßenleben als Voraussetzung brauchen, kaum in der Weite der Stadt ergeben können, gibt es nur Gettos.

Vor allem in den frühen sechziger Jahren. In der Zeit bevor sich der Drogenkonsum als »weißer Faden« durch alle Gesellschaftsschichten geschlängelt hatte.

Im Getto der »Berühmten« relativiert sich der Ruhm. Wer »draußen« als der große Star bewundert wird, steht nicht selten innerhalb der Welt, die ihn erschaffen hat, in der Hackordnung ganz unten. Im Alltag von Beverly Hills war der Star nichts Besonderes; nach dem zehnten Besuch beim Metzger war auch ein Star nur noch ein normaler Kunde.

Ob beim Metzger oder bei den produktiven »Machern« – es zählte sehr schnell nur die Person.

Es gab in Hollywood einen Witz, eine zynische Analyse des Hollywood-Glücks: »Glück ist, ein Star zu sein und einen besten Freund zu haben, der es nicht geschafft hat.«

Das stimmte sicher für gewisse Kreise, aber nicht für die, die meiner Beobachtung nach das echte Hollywood ausmachten.

Der Zweite Weltkrieg hatte viele der besten und interessantesten Menschen aus Europa vertrieben. Sie hatten sich hier zusammengefunden.

Unser Freundeskreis bestand hauptsächlich aus Immigranten. Ich war, gemessen an gleichaltrigen Amerikanerinnen, sehr gebildet und naiv zugleich. Eine Mischung, die Türen öffnete, die Tony bis dahin verschlossen waren.

Während der Dreharbeiten zu dem unsäglichen Pudelfilm *Monsieur Cognac* hatte unser Kollege Pierre, ein klitzekleiner Franzose, uns zu Jean Renoir und seiner Frau Dido gebracht.

Ihr Haus: umgeben von einem Olivenhain, ein kleines Stückchen Südfrankreich in den Hügeln von Beverly Hills.

Jean war ein riesiger Mann, eine glatzköpfige Fassung seiner oft von Renoir gemalten Mutter. Seine Herzlichkeit nahm einem jede Angst. Viele seiner Sätze sind für immer in meinem Gedächtnis geblieben, und ich hatte oft das Gefühl, dass er durch die Liebe, die man für ihn empfinden musste, unsterblich werden würde. Oft kommen mir jetzt noch seine Worte und seine Stimme als Kommentar zu gewissen Situationen in den Sinn.

Seine Frau Dido war eine kleine, hübsche Brasilianerin, die eine ganz andere Energie ausstrahlte. Zwischen den beiden bestand wie bei Tony und mir ein großer Altersunterschied. Bei den Paaren, die ich mochte, war das fast immer so. Manchmal war auch die Frau älter als der Mann, wie zum Beispiel Ruth Gordon. Sie war sechzehn Jahre älter, aber niemand hätte es ihr angesehen.

Einmal sagte Jean Renoir: »Wenn man jung ist, bereitet man sich auf das Leben vor, wenn man alt ist, aufs Sterben. Ich bereite mich aufs Sterben vor.«

Ich hörte bei älteren, intelligenten Menschen immer genau zu, denn ihr Wissen vermittelt uns oft die Möglichkeit, Erfahrungen zu gewinnen, ohne etwas selbst erleben zu müssen.

Mein Gefühl sagte mir, dass Jean nicht so bald sterben würde, und er lebte tatsächlich noch lange, nachdem ich von L. A. weggegangen war.

Joe, Tonys Sekretär, und ich wurden sehr schnell Freunde. Er war ein großer schlanker Mann mit irischen Farben und einer lustig operierten Nase.

Mit ihm war ich in gewisser Weise intimer als mit meinem Mann. Eben so intim, wie man nur mit Menschen sein kann, zu denen kein sexuelles Verhältnis besteht.

Joe kümmerte sich um alles. Wir teilten die Liebe für Innenarchitektur und die Abneigung gegen die Innenarchitektin, die das erste gemeinsame Haus von Tony und mir einrichtete. Sie mochte Grau, Schwarz und Weiß; ich Gelb, Braun und Eierschalenfarben. Das Wohnzimmer wurde gelb, das Schlafzimmer beige und blau und dazwischen viele schöne Antiquitäten in warmem, naturbraunem Holz. Joe und ich hatten uns durchgesetzt.

Das Haus lag am Coldwater Canyon, einer der breiten grünen Straßen, die im Sommer Schatten spenden und vor Smog schützen. Es bestand aus mehreren relativ kleinen Zimmern und war eher gemütlich als prachtvoll. Die große Qualität des Hauses war seine Lage, denn hinter dem Haus war ein Süßwasserreservoir. Dahinter wilde, gelbe Hügel, in denen sich sogar Rehe tummelten. Manchmal, wenn man Glück hatte, wagten sie sich in der Abenddämmerung ganz nah ans Haus und fraßen irgendwelche zarten Triebe. Skunks gab es auch, die gibt es überall in Kalifornien. Man bekommt sie allerdings nie zu sehen, dafür bleibt der Geruch haften.

Kurz vor unserer Hochzeit flogen wir nach London, wo ich einen Crashkurs für Russisch machte, denn Tony war zum Filmfestival in Moskau eingeladen.

Hier hatte ich ein nettes Erlebnis: Danny Kaye, Tony und ich standen auf einer Treppe, eine Frau raste mit funkelnden Augen, die beiden berühmten Männer nicht beachtend, auf mich zu. Meine Verwunderung legte sich, als sie mir Stift und Papier entgegenhielt und mich strahlend fragte: »Audrrräi Chäpurrn?«

»Njet, leider nicht.«

Verdrossen, in mir nur ein Imitat zu finden, ließ sie mich stehen und zog von dannen.

Im Hotelzimmer erlebten Tony und ich den ersten Härtetest unserer Ehe: Das Bett hatte eine Kuhle, in der wir unweigerlich im Schlaf um Platz kämpften. Wir blieben beide höflich.

Außerdem war Tony eifersüchtig, weil die Sowjets mir so oft die Hand küssten. Nach dieser Reise wusste er aber, dass es nie Anlass zur Eifersucht gab, weil ich auf Flirtversuche gar nicht reagierte und er und Joe die einzigen Männer unter siebzig waren, die zu meiner Innenwelt vordrangen.

Während unseres Russlandaufenthaltes hatte ein Perser uns bei einer Filmvorführung ins Ohr geraunt: »Persischer Kaviar ist besser als russischer. Ich beweise es Ihnen.«

Der Beweis waren zig Kilo Kaviar, die bei unserer Rückkehr nach L. A. ins Haus geschickt wurden.

Ich gab mein erstes großes Fest. (Ich sage das nicht egomanisch, sondern weil die Feste und Abendessen ausschließlich von mir geplant und dekoriert wurden.)

Es hatte sich herausgestellt, dass ich sehr gerne und gut koche. Wenige Jahre später waren die Essen bei den »Curtisses« eine Art gesellschaftlicher Glanzpunkt; sogar »Woman's Wear Daily« berichtete darüber.

Mein Gedächtnis ist zu schlecht und Joe leider schon tot, aber die Namen auf unserer Gästeliste waren oft wie ein »Who is who« in Hollywood.

Billy Wilder war auch auf diesem ersten Fest mit seiner Frau, die wie ein lebendig gewordenes Van-Dongen-Porträt aussah. Er machte mir die Komplimente, über die ich mich am meisten freute. Ich hätte hübsche Beine, würde aber immer rumlaufen, als wollte ich mich verstecken. Einige Jahre später sagte er mir, ich wäre intelligent, worauf ein kritischer Freund trocken und treffend meinte: »Das stimmt, aber sie macht nichts damit.«

Einige Menschen sind mir von diesem Fest noch in Erinnerung: Danny Kaye, (für mich) der Mann mit den elegantesten Bewegungen der Welt. Der Widerspruch zwischen seinen clownesken Intentionen und seiner elegant-erotischen Weise, sie zu vermitteln, war erstaunlich.

Lauren Bacall hatte eine unglaublich erotische Ausstrahlung, die mich faszinierte. Kräftige Beine und ein geschwungenes Becken, das sie selbstbewusst durch ihre Kleidung unterstrich. Sie war durchaus nicht unterkühlt, wie junge Schauspielerinnen oft meinen und sie so imitieren. Sie war hot and cool – eine spannende Mischung.

Ach ja, und Edward G. Robinson lag in unserem Bett, weil er (es war gerade eine Hitzewelle) eine Kreislaufschwäche hatte.

Mittlerweile hatte ich auch meine eigene Sekretärin, Helen, die mir lange eine Freundin war. Mit ihr fuhr ich in die Stadt. Wir waren bei einer Bekannten von mir, Francesca, die auf dem Robertson Boulevard ein Antiquitätengeschäft hatte.

Der Tag, an dem John F. Kennedy erschossen wurde, war der Tag, an dem ich vom Arzt die Bestätigung meiner ersten Schwangerschaft bekam. Deswegen erinnere ich mich genau daran.

Zwei starke Gefühle.

Helen und ich waren öfter bei Francesca und tranken mittags ein wenig Wein, aßen Weißbrot und Käse. Helen telefonierte mit meinem Arzt und zwinkerte mir zu, das Testergebnis war positiv.

Ich bekam ein Kind. Ich wünschte mir eine Tochter. Tony einen Sohn. Er hatte schon zwei Töchter von seiner ersten Frau.

Die Schwangerschaft bedeutete für mich einen ganz eigenen Wert. Ich war ja ein achtzehnjähriges Kind, irgendwo stehen geblieben in meiner eigenen Welt, und hatte das Gefühl, dass in dieser eigenen Welt etwas wuchs, was vielleicht das Erste war, mit dem ich Kind sein konnte.

Ich war auf meine eigene Art entrückt, während Helen und Francesca auf normale amerikanische Weise ihre Freude äußerlich zeigen konnten. Ein Toast wurde ausgesprochen, und im Radio spielte Musik. Als diese unterbrochen wurde und der Sprecher sagte, dass John F. Kennedy in Dallas angeschossen worden sei, spürte man sofort das Endgültige der Meldung, obwohl gesagt wurde, man hoffe, dass es sich um keine ernsthafte Verletzung handele.

Wir fuhren schnell nach Hause, um im Fernsehen die berühmten schreckensvollen Bilder zu sehen. Die allgemeine Panik, Jacquelines blutverschmiertes rosa Kleid bestätigten das Vorgefühl. Als der Tod gemeldet wurde, weinten alle. Auch unser herbes lesbisches Haushälterpaar. Die Trauer war, glaube ich, deshalb so groß, weil mit John F. Kennedy eine große, unrealistische Hoffnung gestorben war.

Meine Schwangerschaft machte mich sehr glücklich. Zu dieser Zeit war es Mode, Geister zu beschwören, und ich war ziemlich gut darin. Ich machte es nämlich allein und fand (durch was immer!) heraus, dass ich ein Mädchen bekommen würde. Mein Gynäkologe nannte mich »Prinzessin«, denn damals ging ich nie ohne Hut, Handschuhe und passende Tasche aus dem Haus. Als ich ihm von meiner Geisterprognose erzählte, lachte er. Ich bestellte bei Buccelatti in New York ein Amulett.

Dem Juwelier gab ich das Sternzeichen an, den Namen und ganz zuletzt das Datum: 19 July 64.

»But it's only January!«

»Ja, ich weiß, es ist erst Januar 1964…«

Ich bestellte es trotzdem.

Meine Schwangerschaft machte nicht nur mich glücklich, sondern amüsierte vor allem meine schwulen Freunde, weil ich so empfindlich wurde und mehr denn je körperlich ungewöhnliche Reaktionen zeigte.

Zum Beispiel gab es da eine Ehefrau mit Malerambitionen. Sie ging mir schon immer etwas auf die Nerven. Jetzt, als Schwangere, fiel ich jedoch in Ohnmacht, wenn sie mir zu nahe kam.

Es gab kaum eine Party, auf der sie fehlte.

Sie hatte bei ihrer eigenen Schwangerschaft, so erzählte sie mir in grausigen Details, in der ersten Woche gleich dreißig Pfund zugenommen und das Übergewicht »nie wieder verloren«.

Meine Art, in Ohnmacht zu fallen, erheiterte Joe sehr, der das nun fast mehrmals täglich zu sehen bekam. Ich pflegte nämlich zu sagen, ganz damenhaft, ganz »Audrrräi Chäpurrn«: »Ich glaube, ich falle gleich in Ohnmacht«, um dann langsam in meinem Valentinogewand elegant zu Boden zu gleiten.

Die besagte malende Gattin hatte es nun wirklich auf mich abgesehen, und wenn ich sie erspähte, versuchte ich, möglichst rasch zu entkommen oder doch wenigstens im Sitzen von ihr überfallen zu werden.

Bald nachdem ich mit Alex schwanger war, flogen wir nach New York, wo wir im Hotel Pierre wohnten. Dort besuchte uns ein Freund, den ich schon seit meiner Backfischzeit kannte. Es war der Produzent Arthur Cohn, ein absolutes Unikum. Er ist ein sehr gläubiger Jude und wollte unbedingt, dass ich den jüdischen Glauben annehme, damit die Kinder auch jüdisch werden. Man kann nämlich nicht »halbjüdisch« sein, entweder man ist es oder man ist es nicht.

Bestimmend dafür ist das Glaubensbekenntnis der Mutter. Diese Möglichkeit matriarchalischer Macht beeindruckte mich, aber ich wollte meinem Kind die Freiheit lassen, selbst zu bestimmen, welcher Glaubensgemeinschaft es sich anschließen möchte.

Ich erfuhr, dass Ava Gardner sich auch in unserem Hotel aufhielt, und schickte ihr als Zeichen meiner Verehrung einen Strauß pastellfarbener Blumen. Wenig später läutete das Telefon, und Tony kündigte mir ihre baldige Ankunft an.

Durch die Schwangerschaft bedingt, war ich damals gewohnt, früh zu Bett zu gehen. Wäre mir nicht ohnehin leicht schwindelig gewesen, so hätte es der Anblick dieser Frau geschafft. Sie kam wie ein Sommersturm in unsere Suite. Diese Frau war nicht nur schön, sie war elektrisierend. Immer wie ein Rassepferd vor dem Start.

Im Schlepptau hatte sie zwei kleine, süße, lustige Tunten. Im Mantel steckte eine Flasche Wodka, aus der Ava in Urmutterzügen trank.

Dass sie mit diesen Homosexuellen zusammen war, verstand ich gut, denn wenn jemand an ihrer Seite begehrlich war, würde sie nicht von der Stelle kommen mit dieser Art von Aussehen: die vollen Lippen, die schmalen grünen Augen, das sah nach Sex aus, selbst wenn sie nur an die Einkaufsliste für morgen dachte!

Sie war entzückend zu mir, und ich brauchte wie immer eine Weile, um zu begreifen, warum. Natürlich! Sie bekam nie Blumen von Frauen!

Wir gingen alle zusammen in eine Privatvorführung ihres Films *The Night of the Iguana*.

Ich verstand, wie sie ihre Schönheit mit Wodka zu zerstören suchte und gleichzeitig bei der Vorführung kommentierte, wann sie Tränensäcke hatte (»Ava, take those bags and go home ...«), andererseits wusste sie natürlich auch, dass sie an diese Schönheit als Verdienstquelle gefesselt war.

Die Amerikanerinnen haben immer schon mehr als die Europäerinnen um die Vorteile und die Dramen der Schönheit als Wirtschaftsfaktor gewusst.

Während ich mein Aussehen, das ich keineswegs mit ihrem messen wollte oder konnte, zum Großteil durch Diät und Disziplin erreicht hatte, war ihres ein Naturereignis. Naturereignisse sind anderen Wandlungen unterworfen.

Sie vertraute mir später an, dass sie mit Tony und seiner ersten Frau nichts anfangen konnte.

»Warum?«

Sie hätten immer so auf »glückliche Familie« gemacht. Das konnte sie als Frau, die immer Begehrlichkeiten auslöste, verständlicherweise nicht leiden. Außerdem konnte sie die amerikanischen Mädchen nicht ausstehen, die immer sagten: »Ich bin erst sechzehn.«

In diesem Film spielte die Lolitadarstellerin eine Rolle. Ich war neunzehn, aber Ava empfand mich von der Ausstrahlung als älter, und sie raunte mir ins Ohr: »Du wirst gut nach dreißig, das seh ich.«
So etwas von Ava Gardner zu hören baut auf!

Von New York zurück, beschwor ich nicht nur luftige Geister.
Henry Miller war bei uns oft zu Gast. Wir hatten uns auf einer Party (wo sonst!) kennen gelernt und entdeckt, dass wir nicht nur beide Balzac-Fans waren, sondern speziell die Geschichte »Peau d'Ane« (Eselshaut) mochten.
Nach dem Abendessen rief ich mit einer Freundin wieder mal auf dem Quija-Brett die Geister. Plötzlich bekam ich einen herzlichen »soul kiss«. Henry sah mich grinsend an, hob die Hände entschuldigend hoch und sagte: »Ich konnte mir nicht helfen.« Wie ALF!!

Einen Tag vor der Geburt klingelte es an der Tür. Es war nachmittags. Ich öffnete, mein Bruder stand da. Wir hatten uns ewig nicht gesehen. Er war sehr süß, kniete sich hin und küsste meinen Bauch. Das machte mich glücklich. Jetzt waren meine Männer um mich versammelt.
Vor einiger Zeit hatte ich angefangen, ständig Möbel rumzuschieben, war sehr unruhig und konnte nicht still sitzen. Günther meinte, ich würde einen Rekord im Schwangerschaftsmarathon aufstellen, und hätte ich einen Zähler im Bauch, würde er mindestens 100 km pro Tag anzeigen.
Der nächste Tag war das von mir prognostizierte Geburtsdatum. Prompt fingen die Wehen an, und die Männer fuhren mich ins Krankenhaus. Eine Weile war es ganz gemütlich, der Bauch verwandelte sich rhythmisch in eine Kanonenkugel und wieder in einen Bauch. Plötzlich fingen die Schmerzen an. Ich wurde in den *labor room* gefahren und geriet in Panik, weil ich nicht darauf gefasst war, dass es so wehtun würde.

Ich wollte nicht schreien, aber es tat so weh, und plötzlich, inmitten der Schmerzen, überfiel mich eine unendliche Trauer, weil ich niemanden hatte, nach dem ich hätte rufen mögen.

Schnell schob man mich in den Entbindungsraum. Ich war neunzehn und sehr durchtrainiert, und ich weinte vor Einsamkeit.

Ich muss sagen, was immer einem da in den Rücken gespritzt wird, es wirkte!

Innerhalb weniger Minuten gab es keinen Schmerz und keine Einsamkeit mehr, nur ferne Geräusche und einen gnädigen Schlaf!

Irgendwann tauchte ich aus der dunklen Nacht vorübergehend in ein helles Zimmer, zwei Männer waren da, Tony und Günther. Ich sagte Tony, es tut mir Leid, dass es kein Junge ist. Mein Bruder weinte, ich küsste sein nasses Gesicht und schlief wieder ein. Nachts wachte ich auf und war allein.

Als ich Tony anrief, war er traurig.

»Warum?«

»Du hast nur deinen Bruder geküsst.«

»Es hat ja nur er geweint.«

Ich schlief wieder ein, wachte sehr früh auf und verlangte nach meinem Kind.

»Jetzt nicht, es schläft, und um acht Uhr ist Fütterung.«

Ich sprang auf und wollte zu meinem Kind.

Um den deutschen Sturm zu bändigen, rollten sie Alexandra rein und ließen uns allein.

Man hatte mir schon gesagt, dass sie besonders schön aussah. Wie ein Kaiserschnittbaby, gar nicht verdrückt.

Ich legte sie vor mich auf das Bett und musste so weinen, dass ich gar nicht mehr aufhören konnte. Diese kleine rosa Teerose.

Wenn es für mich den Begriff »true love« gibt, dann nur in solch einem Gefühl. Es ist wie ein Stich, dieses Wissen, dass da jemand ist, den du für immer lieben wirst, bis dass der Tod euch trennt.

Und ich schwöre, als Alexandra die Augen zum ersten Mal öffnete, wusste ich, dass hier eine ganz ungewöhnliche Person lag, von der ich viel lernen würde.

Ich war schon mit gepackten Koffern bereit, das Krankenhaus zu verlassen, aber es gab eine Pflichtzeit, die man abliegen musste.

Jetzt waren bis auf meinen Bruder alle mindestens zwanzig Jahre älter als ich, was bedeutete, dass ich mich mit dem, was ich für mein Kind als richtig empfand, gegen ein ganzes Erziehungskonzept durchsetzen musste.

Das fing ziemlich schnell an.

Ich stillte Alex natürlich, obwohl es noch gar nicht wieder Mode war und ich immer wie ein Kuhstall roch. Ich hatte so viel Milch, sie schoss ununterbrochen aus.

Natürlich hatten wir eine »Nanny«.

Das Baby schlief im ersten Stock. Als die Nanny Alex einfach hatte schreien lassen und mir erklärte, das wäre gut für Babys, sagte ich: »Das bezweifle ich, Sie können gehen.«

Es gab für mich nichts Schöneres, als mit meinem Baby mit den klugen Augen zusammen zu sein. So viel echte Liebe!

Wenn man etwas nicht bekommen hat, dann kriegt man es, indem man es gibt.

Zwanzig Jahre später traf ich in Lucca mit Alex auf Peter Zadek. Als wir einen Augenblick allein waren, fragte er: »Bilde ich mir das bloß ein, oder ist sie tatsächlich völlig normal?«

Es stimmt. Echte Liebe macht normal. Echte Liebe heißt vor allem Respekt. Ich respektierte sie von der ersten Sekunde an, und das war es, was mir meine erwachsene Umwelt ausreden wollte, nämlich das Nächstliegende: dass sie mir signalisieren würde, was sie braucht.

Nach sechs Wochen flogen wir nach Wien und wohnten im Hotel Imperial. Tony drehte den Film *The Great Race* mit Jack Lemmon und Natalie Wood.

Jack Lemmon war, glaube ich, einer der wenigen Komiker, die auch im Leben humorvoll sind. Auf einem unserer Feste fiel mir ein völlig überflüssiger Zopf zu Boden; beide sahen wir erschrocken auf das braune Häufchen, und das Peinliche des Zwischenfalls überspielend, machte er eine kleine Nummer daraus: »Huhh, das ist ein Tier!!«

»Keine Angst«, sagte ich, auf sein Spiel eingehend, »es ist nur ein Zopf.«

In Wien gingen Tony, Jack, seine Frau und ich in ein sehr gutes ungarisches Lokal zum Essen.

In einem für Tony und mich typischen Einvernehmen reichten wir eine Schale mit höllisch scharfen Peperoni ohne ein Wort der Warnung an Jack weiter. Jack nahm eines von den Dingern, biss herzhaft hinein und stieß eine Art kontrollierten Tarzanschrei aus.

»Nein«, sagten wir mit vier unschuldigen blauen Augen, »wir haben nicht gefunden, dass sie besonders scharf sind.«

Geglaubt hat er es nicht.

Die Reise führte uns auch nach Paris, wo meine Mutter uns besuchte. Sie war so stolz auf ihr schönes Enkelchen und froh, dass ich glücklich war, dass sie die ganzen Zwistigkeiten vergaß. Ich auch.

Inzwischen hatte ich schon ungewöhnlich langes Haar, das zu einem Zopf gebunden war, und meine Mutter freute sich enorm über die Komplimente, die ich erhielt, als wir bei Christian Dior einkauften.

Bald flogen wir nach Los Angeles zurück und zogen in das neue Haus ein, das wir vor der Reise ausgesucht hatten. Es gehörte der

Tänzerin Tamara Toumanova, einer Russin. Sie lebte in einer riesigen Villa allein mit ihrer Mutter.

Der Eindruck war so traurig und irgendwie auch typisch für eine Art Trostlosigkeit, wie sie gerade in Bel Air häufig anzutreffen war. Wie ein abgebrannter Feuerwerkskörper. Die Behausung eines ehemaligen »Stars«, ohne Kinder, ohne Familie, mit einem großen, unfüllbaren Haus, das bezeugt, wie irreal die Früchte des Ruhms sein können.

Mit der Einrichtung dieses Hauses etablierte ich mich auf jeden Fall als »hostess with the mostest«, als Dame des Hauses, die von alldem reichlich hat.

Befreit von jeder bevormundenden Innenarchitektin, hatte ich in Europa sehr schöne Antiquitäten gekauft und ließ eigens für die Vorhänge im Speisesaal in Portugal Teppiche weben. Alles in warmen Erdtönen. Als Ruth Gordon durch das Wohnzimmer ging, sagte sie mit ihrem spitzbübischen Lächeln: »Ah, Christina, this really suits you, but Tony still has to grow into it.« (Das passt genau zu dir, aber Tony wird sich erst daran gewöhnen müssen.)

Ich war in der Zwischenzeit in die amerikanische »Vogue« gekommen, und Tony war sehr stolz, durch mich in diese Welt eingebunden zu werden. In George Cukors Augen war ich eine Respektsperson, weil ich auf einem unserer Dinners die Frau des berühmten Anwalts Melvin Belli respektvoll, aber bestimmt gebeten hatte, sich von dem Fest zu entfernen. Eine Tat, die jeder Gastgeber scheut. Sie war sehr betrunken und belästigte die Gäste mit nicht zu wiederholenden Schikanen. Das ist immer peinlich, auch wenn die Gäste weder spießig noch zimperlich sind. Es war ziemlich starker Tobak.

Tony hatte mich beiseite genommen und gefragt, »was zu tun« sei. Ich ging zu Melvin Belli, sagte ihm, dass seine Frau sich schlecht benehme, und bat ihn, mit ihr zu gehen. Er tat es und schickte mir am nächsten Tag Blumen.

Die Mutterschaft hatte mich, wenigstens was den Haushalt und das Kind anging, sehr »weltlich« gemacht.

Alexandra konnte schon mit einem Jahr sprechen und gleich ganze Sätze. Ich hatte mich auch nie in der Babysprache mit ihr unterhalten (ich hätte mich gar nicht getraut).

Ich war für sie so selbstverständlich, dass sie sich, wenn ich im Zimmer war, ohne sich umzudrehen, langsam hinsetzte, wissend, dass ich »vor dem Boden« da sein würde. Ihre Perspektive und ihr Blickwinkel faszinierten mich, und sie brachte mir viel über logisches Denken bei.

Wenn ich abends mit Tony wegging, saß sie gerne mit ihrem Essen auf einem Tablett bei mir im Ankleidezimmer und sah mir beim Schminken zu.

Sie nahm ein bisschen Marmelade und schmierte sie sich auf die Wange. »Alex, you should not do that.« Darauf zeigte sie mit ihrem kleinen Zeigefinger auf das Rouge und auf meine Backe und meinte mit schelmischem Lächeln: »Why not, you do it.«

Mittlerweile war ich vehemente Health-Food-Anhängerin. Tony sah, obwohl schon über vierzig, phantastisch jung aus mit seiner samtig weichen Haut, die jeden Knaben in den Schatten stellte. Nicht dass es wichtig war, denn für Gleichaltrige interessierte ich mich nicht. Alexandra gab mir alles, was ich an Jungem brauchte: das Offene, Neugierige, Unverletzte.

In der Kindererziehung waren Tony und ich allerdings verschiedener Meinung. Ich glaube, da zeigte sich der Altersunterschied. Ich sah keinen Grund zum Zwingen. Hatte ich doch das Gezwungenwerden zu lange erlebt.

Alex unterstützte mich. Zum Beispiel fand Tony, sie muss ihr »Breichen« aufessen. Er fütterte sie, bis der Teller leer war, und als wortlosen Kommentar erbrach sich Alex postwendend und war's zufrieden.

Tony behauptete, es ginge ihm deshalb so gut und er wäre niemals krank, weil ich, wenn es ihm schlecht ging, höchstens fragte, ob er »ein Glas Wasser« wolle.

Ansonsten war ich meinem Mann die perfekte Ehefrau. Ich glaube, er hatte keine Ahnung, wie dankbar ich war, nicht mehr für die Außenwelt funktionieren zu müssen.

Für zwanzig Leute zu kochen war kein Problem. Ich las viel und lud interessante Menschen in unser Haus und war auf dieser Ebene völlig für ihn da. Im Gegensatz zu seinen anderen Beziehungen bemutterte ich ihn nie. Dafür hatte ich ja unser Kind. Bei Alex hatte ich Gefühle und Emotionen, die sonst für niemanden frei wurden. Die absolute Hingabe.

Für Sentimentalitäten war ich nie empfänglich, das beeindruckte Tony auch. Eines Abends kam er nach einem Telefonat zu mir und sagte, dass Doris Duke in Hawaii einen Bekannten überfahren habe.

Just in dem Moment weinte Alex im Nebenzimmer. Ich sprang auf, um nach ihr zu sehen, und im Vorbeigehen sagte ich: »Jetzt nicht, später.« Er fand es toll, dass ich radikal dem Leben zugewandt war.

Als Alex gefüttert war und in meinen Armen schlummerte, erzählte er mir, was geschehen war.

Doris Duke war so reich, dass sie sich Pfirsiche fürs Abendessen aus Hawaii einfliegen ließ. Biologische.

Ich nehme an, sie war nicht ganz nüchtern, als sie ihren Begleiter, einen entzückenden Innenarchitekten, aus Versehen mit ihrem Wagen niederfuhr.

Solche Sachen passieren bei den Reichen und Berühmten dauernd, wie die Berichte in »Vanity Fair« zeigen.

Als Alex etwas über ein Jahr war, wurde ich wieder schwanger. Wieder sagte das Tischchen, es wird ein Mädchen. Mein Arzt verbat sich meine Prognosen.

Wir trafen Walter Matthau auf dem Sunset, und er sagte: »Wann immer ich dich treffe, bist du schwanger.« Das stimmte. Ich war immer »mit Kind«.

Walter war auch privat ziemlich lustig, vor allem weil er so scharf auf seine lilienweiße Frau war und ständig an ihr rummachte, als ob sie sich gerade kennen gelernt hätten.

Die schönsten Feste in Hollywood waren zweifellos die von George Cukor. Was immer es an gesellschaftlicher Sahne gab, bei George war sie zu finden.

Er war wie Tony ein ungarischer Jude, mit Witz und Feuer. Sein Haus lag in den Hollywood Hills. Er war in einer Art homosexuell, die es, soweit ich sehen kann, nicht mehr gibt.

Selbst auf die Gefahr hin, jetzt als verbohrt dazustehen, muss ich dies schreiben. Gerade in der homosexuellen Identität hat sich – wie in der der emanzipierten Frau – nicht viel zum Vorteil entwickelt.

George Cukor und der Fotograf George Hoyningen-Huene, mit dem ich auch befreundet war, repräsentierten eine sublime Form von Lebensgenuss. Homosexuell zu sein bedeutet vor allem das Bevorzugen einer Lebensstruktur, die, abseits der Familie, auf Ästhetik und – wenn man so will – auf einer feinstofflicheren Art von Kommunikation beruht.

Billy Wilder hatte gesagt, als Mann liebt man Frauen oder hasst sie, nur Schwule *mögen* Frauen.

In den Filmen von George sind die Frauen immer witzig und schön. Der Verfall des Frauenbildes wird natürlich auch im Film festgehalten. Obwohl sich der Trend in den achtziger Jahren wieder zur starken Frau entwickelt, war die Tendenz zum Missbrauch der Frau in den sechziger Jahren analog zur so genannten Emanzipation sehr deutlich erkennbar.

Auf den Fotos in Georges Haus waren die Spuren seiner sublimierten Frauenverehrung überall zu sehen.

Ob Greta Garbo oder Vivien Leigh, alle hatten ihn geliebt und sich in seinen Händen wohl gefühlt. George Hoyningen-Huene hatte viele der Bilder gemacht. Leider habe ich seine Fotos von mir nicht mehr. Er hat mich im Kimono fotografiert, seinen Augen war natürlich das leicht Mongolische in meinen Gesichtszügen nicht entgangen.

George Cukor hatte einen Speisesaal in Olivgrün mit einem Licht, in dem jeder traumhaft aussah, und eine ungarische Köchin. Bei einer seiner opulenten Mahlzeiten wurde eine Nachspeise serviert, der man die 1000 Kalorien pro Löffelchen leicht ansah. Die Sorge um die Taillenweite zeichnete sich in den Gesichtern der Anwesenden ab. Diese Blicke registrierend, sagte George: »This is going to literally tear the fat off your bodies.« (Dieses Dessert, meine Lieben, wird euch das Fett vom Körper reißen.)

Nach dem Essen versammelte man sich in einem ovalen Salon, dessen Wände mit rehbraunem Wildleder ausgeschlagen waren. Vor dem Kamin lagen weiße Kristalle, in denen sich das Licht des Feuers brach. Gelegentlich kam Kate Hepburn nach dem Essen, um Kaffee zu trinken. Beim Essen war sie nie dabei, denn sie aß nur, »wenn sie auch bequem sitzen konnte«.

Mit ihr und den beiden Georges konnte man die »Juwelen« dieses Landes entdecken, die natürlich für das fremde Auge sichtbarer waren als für das »eingeborene«. So fuhren wir in die Wüste, wo es einen Mann gab, der große Steine in wunderschöne Formen schliff. Dort hatte George auch seine Kristalle her.

Auf der Fahrt erzählte George Hoyningen-Huene von seinen LSD-Erfahrungen mit Cary Grant und den Autoren von *The Pillars of Wisdom*. Er meinte, obwohl er als Fotograf »relativ gut« beobachten könne, läge die Erfahrung mit dieser Droge weit über allem, was er sich hätte vorstellen können. Die Erzählungen über die Erlebnisse mit bewusstseinserweiternden Drogen waren aus dem Munde dieses gescheiten und berühmten Mannes Welten

entfernt vom Hippiegesabber, das später Mode wurde. Diese LSD-Erfahrungen wurden unter ärztlicher Aufsicht gemacht.

Bei einer Einladung in Beverly Hills traf ich in einem kleineren Zimmer des Hauses Judy Garland. Wie viele Frauen aus einer gewissen Zeit (die »fourties women«) war sie witzig und sensibel, weiblich und beinhart. Wir sprachen über die bizarren Aspekte des Kinderstardaseins. Sie erzählte mir, dass man auch ihr die Brüste flach gebunden hatte, damit sie kindlicher wirkte für den Film *The Wizzard of Oz* (aus dem das Lied »Somewhere over the Rainbow« stammt). Während der Unterhaltung öffnete sie ihre große Handtasche und kramte gedankenverloren nach einem Tablettenröhrchen. Mit ihren großen braunen Augen sah sie mich an, dann noch kurz um sich, schluckte einige Tabletten und sagte: »Well, everybody says I'm addicted to pills so I might as well take them.« (Jeder sagt, ich sei tablettensüchtig, also kann ich sie auch ruhig nehmen.)

Humorvolle Distanz auch bei der Selbstzerstörung.

Sie war überaus faszinierend, denn irgendwie war sie schon veraugabt und ausgehöhlt, aber doch auch wieder stählern und souverän.

Im Laufe meines Aufenthaltes in Los Angeles entdeckte ich durch sehr gebildete Menschen die Schätze dieser Stadt. Mit Bob Willoughby, der die ersten Fotos von Tony, Alex und mir gemacht hatte, fuhr ich in einer abenteuerlichen Fahrt durch Downtown Los Angeles, in das man als normaler Prestigebewohner dieser Stadt nie kam – das Los Angeles, wie man es aus Krimis kennt.

Wir besuchten eine alte Frau, die ein kleines Holzhaus voller Tiffanylampen hatte. 1963 kaufte ich eine Lampe für 350 Dollar. Heute ist sie mehr als 10 000 wert.

Die Stadt bestand damals aus unvermischten, sozial bestimmten Gettos. Das machte manche Viertel sicher, andere gefährlich. Heute ist alles gefährlich, weil alles vermischt ist.

Billy Wilder war einer der ersten »Bonsai-Sammler«. In Santa Monica konnte man die kleinen Bäumchen im Japanerviertel kaufen. Die Leute dort sprachen kein oder nur wenig Englisch. Er war auch einer der ersten Filmleute, die Geld in ein Restaurant steckten: Le Bistro. Ein geschmackvoll eingerichteter Prominententreff exklusivster Art.

Er sagte damals, Amerika würde immer europäischer und Europa immer amerikanischer. Hat er Recht behalten? Ich weiß es nicht. Im Bistro traf ich Romy, es war das erste Mal, dass ich hier mit der deutschen Filmwelt konfrontiert wurde. Romy und ich hatten uns bei *Mädchen in Uniform* kennen gelernt, obwohl von »Kennen« eigentlich keine Rede sein kann.

Und nun eine Begegnung hier in L. A.

Ich blühte vor Glück. Sie sah mich lange an und sagte, dass sie mich so beneide. Sie hätte gerne Kinder und so ein Leben wie ich.

In Nachhinein denke ich, dass jeder Zufall nur ein unerkannter Zusammenhang ist.

Sicher hat uns die gleiche Energie nach Hollywood gespült. Ich hatte die Gelegenheit zu leben ergriffen. Sie war bestimmt nie so rücksichtslos wie ich. Romy war auch die einzige Schauspielerin, der ich diesen Satz abnahm – viele andere hatten mir (mit dem Lächeln der Zufriedenheit über eine ausgeschaltete Konkurrentin) Ähnliches gesagt: »Wie schön für dich, schwanger zu sein und nicht mehr im Film zu arbeiten.«

Sie hat es ernst gemeint.

Mein Arzt sagte, Allegra werde am 20. Juli zur Welt kommen, meine »Geister« sagten am 11.! Sie kam am 11.

Der Unterschied zwischen beiden Geburten war fast symbolisch für die Änderung in meinem Leben.

Während der Schwangerschaft mit Allegra waren auch Dinge vorgefallen, die selbst in meinem Puppenhaus den Wechsel der Zeit durch die Ritzen dringen ließen. Tony machte gerade einen

Film mit Sharon Tate. Es gab bei der Arbeit einen Mann, von dem er immer erzählte, wie gescheit und witzig er sei und dass ich ihn unbedingt einladen müsste. Eines Nachmittags, ich war im letzten Schwangerschaftsmonat, rief Tony mir beim Nachhausekommen zu, ich solle runterkommen, es wäre ein Gast da.

Ich kann mich genau erinnern, dass mich eine beängstigende Vorahnung befiel, als ich mit meinem Kugelbauch die Treppe hinunterging.

Die Änderung würde sich nicht mehr aufhalten lassen. Durch den langen Speisesaal ging ich in das Frühstückszimmer, das einer Laube ähnelte, und als ich den Mann sah, den Tony mir unbedingt vorstellen wollte, dachte ich: *Oh, nein!*

Nicht dass ich mich verliebt hatte, nur – er war ein Gegenüber.

Er war etwas jünger als Tony, doch das war es nicht. Es gibt Menschen – wenn auch nicht viele –, die einen neuen Zeitabschnitt signalisieren. Das war es.

Es hatte sich zwischen Tony und mir immer mehr herausgestellt, dass wir für eine echte Beziehung doch zu verschieden waren. Oder geworden waren. Ich war jetzt einundzwanzig und sah viele Dinge anders als mit sechzehn.

Dieser Mann wurde ein Freund des Hauses, er erzählte mir später, dass er sich bei den Dinners immer grün geärgert habe, weil ich so früh nach oben zu den Kindern ging.

Allegras Geburt war ein unglaubliches Erlebnis. An dem Abend war in der Klinik furchtbar viel los, und im Gegensatz zur ersten Geburt war ich nicht mehr fügsam, sondern kaum noch zu bändigen. Meine Schmerzen ließen mich etwas Seltsames erleben: Im Kreißsaal stieg ich plötzlich an die Decke und konnte von oben sehen, wie ich schreiend unten lag. Als Allegra herauskam, zoomte ich mich zurück. Ich hatte die Geburt von oben gesehen. Mein kleiner schwarzer Teufel schrie alle Schwestern zusammen. »Gute Lungen hat sie«, meinte eine. So wie die Geburt, war meine Beziehung zu Allegra – von einer weniger feinen, mehr emotionalen Art als zu Alex.

Alex war gerade zwei Jahre alt; als sie Allegra in meinen Armen sah, durchzuckte sie sichtbarer Schmerz, und sie schrie: »Schmeiß das weg!« Sie war so eifersüchtig, dass ich die beiden nicht alleine lassen konnte, weil Alex das Baby sonst biss.

Die Aufmerksamkeit für die beiden Kinder, die Kraft und die Liebe musste ich praktisch Tony entziehen. Ich nehme an, dass mein Mann zu dieser Zeit angefangen hat, mit anderen Frauen zu schlafen, und ich kann es ihm nicht verdenken. Er war sehr diskret, denn ich habe nichts mitgekriegt.

Wir fuhren wieder nach Europa. Ich stillte Allegra, bis sie die ersten Zähne bekam.

Während unseres Rom-Aufenthaltes entdeckte ich plötzlich, dass Männer mir den Hof machten.

Das »Verliebtsein« in den anderen Mann, das weder ausgesprochen noch wirklich gefühlt war, löste eine Allergie aus; ich konnte kaum mehr atmen. Das wurde so schlimm, dass ich eines Nachts in eine römische Klinik eingeliefert wurde, wo mir ein Arzt mit einem Drahtinstrument ein Loch in die Nasenschleimhaut bohrte. Warum, weiß ich bis zum heutigen Tage nicht. Der Schmerz und die Verzweiflung über meinen Zustand ließen mich auf einmal Hass und Wut gegen meinen Mann empfinden. Er war doch zwanzig Jahre älter und musste mehr über das Leben wissen. Warum half er mir nicht? Doch er hatte schon vergessen, wie es war, zwanzig zu sein.

Ich bekam einen Nervenzusammenbruch (unkontrolliertes Schreien), klagte ihn an, nur an sich zu denken.

Ich war auf 49 Kilo abgemagert, ich konnte nichts mehr schmecken und aß deshalb fast nichts. Stillte aber noch. Zwang mich, wenigstens so viel Nahrung aufzunehmen, dass ich genügend Milch hatte.

Wir fuhren nach St. Moritz, um dort meine Allergie auszukurieren. Leider war es eine Allergie mit psychischer Ursache.

An den Abenden im Palace trafen wir Alfred Hitchcock, der mir erzählte, dass er in diesem Hotel, wenn er auf dem Balkon saß und den Eisläufern zusah, den Anfang eines Films erträumte: Ein Mann sieht eine Figur auf dem Eis. Es zeigt sich, dass die Figur immer die gleichen Schleifen dreht. Es ist eine Zahl. 42, glaube ich. – »Das war alles«, sagte er, mehr war ihm noch nicht eingefallen.

Nach der Rückkehr in unser römisches Haus auf der Appia Antica wusste ich, dass ich schleunigst meinen Arzt in L. A. aufsuchen musste, wenn ich nicht elendiglich zugrunde gehen wollte. Joe flog mit mir und den Mädchen zurück. Schon im Flugzeug hörte meine Atemnot auf, und ich erkannte, dass die Ehe mit Tony mich krank machte. Es quälte mich, dass ich nicht wusste, warum.

In Los Angeles erwartete mich unser drittes Haus. Das größte. Eine Art Palazzo mit sechs oder sieben Zimmern allein für das Personal.

Ich traf mich mit besagtem Mann (J. C.). Unser Gespräch machte mir klar, dass meine Märchenehe zu Ende war. Ich empfand zu dem neuen Mann eine tiefe innerliche Beziehung.

Nach meiner Gesundung fuhr ich ohne Kinder noch einmal kurz nach Europa.

Zwischen Tony und mir löste sich alles auf. Wir retteten uns in die Konvention, und nach meiner Rückkehr schaffte ich es noch eine Weile, meiner Rolle als »Dame der Gesellschaft« gerecht zu werden.

Das letzte Jahr meiner Ehe war eine lange Aneinanderreihung gesellschaftlicher Ereignisse; ein funktionierender Haushalt, der den einzelnen Familienmitgliedern Schutz gewährte.

Aber der Kernpunkt dieser Konstellation fehlte mir. Die innerliche Beziehung zu dem Mann, der auf jeden Fall die Basis des Unternehmens war.

Es stellte sich heraus, dass wir nicht streiten konnten. Es fehlten die Standpunkte. Ich hatte keinen; wusste nicht, wo ich stand. Auf die Dinners kamen immer mehr Gäste in meinem Alter, und sie hatten einen ganz anderen Lebensstil. Genüsse und Leidenschaften, die mich verwirrten.

Ich hatte angefangen, Kleider zu entwerfen und schneidern zu lassen, ebenso Häuser einzurichten.

Mein Geschmack war raffiniert, und es gab viele Frauen, die sich nach meinem Stil herrichteten. So schloss ich Freundschaft mit Carrie White, einer witzigen jungen Frau mit einem Frisiersalon in Beverly Hills.

Bald waren in meinem Kopf nur noch Mode und Frisuren. Lauter oberflächlicher Quatsch. In dem riesigen Himmelbett lag ich nachts, und im Fernsehen zeigte man den Death Count von Vietnam.

Ich glaube, ohne die Lieder von Bob Dylan wäre ich noch verheiratet. Ich und Tausende anderer Frauen. Plötzlich beschrieb ein mir völlig unbekannter Mann Emotionen und Dränge, die meinen geheimsten Wünschen und Gefühlen entsprachen: »The Gates of Eden.« In den Fernsehnachrichten zeigte man, wie Frauen ihre Büstenhalter verbrannten.

Ich hatte immer den Eindruck, dass Menschen wie Holzstücke sind, die auf der Wasseroberfläche des Lebens treiben.

In der Jugend, bevor man sich formt, gibt es nichts, womit man gegen die Strömung angehen kann. Später (mit etwas Glück) lernt man, ein Schiff durch den Strom zu steuern. Die Richtung der Ströme können wir nicht beeinflussen.

Ich entdeckte etwas Erschreckendes: Ich war jung!! Etwas, das mir nie wirklich als Tatsache in den Sinn gekommen war. Als Kind in einer Erwachsenenwelt seinen Mann und eben nicht sein Kind zu stehen hatte alle normalen Abspulungen des Lebens schief gewickelt. Bis zu dem Punkt hatte ich Gleichaltrige erfolgreich meiden können, aber diese Leute meines Alters (ich war 22) waren auf jeden Fall die Vorboten der neuen Norm. Wenn die Hippies Blumen in Gewehre steckten oder die Macht der Musik Politiker beunruhigte, so war dies eine Entwicklung, die aus all dem, was vorher war, resultierte. Als Ehefrau eines reichen Mannes war ich außerstande, innerhalb dieses Reichtums wichtige Lebenserfahrung zu sammeln.

Der Zeitvertreib, der sich 1968 in Kalifornien bot, war irreal, geil und gefährlich.

Jeder Schutz bedeutet auch eine Einengung, und ich merkte, dass ich genau wie bei meiner Mutter von Werten umgeben war, bei denen ich nicht sicher war, dass sie auch meine waren. Es gab aber keine Diskussion, denn die Werte entwickeln sich aus Lebenserfahrung, und mein Mann, der Armut und Kampf schon hinter sich hatte, würde für mich als Begleiter meines bevorstehenden »walkabouts« nicht in Frage kommen.

»Walkabout« ist eine Bewährungsprobe, die die Aborigines von den heranwachsenden Jungen fordern: Sie müssen eine Zeit lang in der australischen Wüste allein, ohne Hilfe überleben und damit beweisen, dass sie alles, was sie darüber gelernt haben, auch anzuwenden verstehen. Haben sie das bewiesen, so werden sie als vollwertiges Mitglied ihrer Gesellschaft gewertet und akzeptiert.

Tuesday Weld war eine gleichaltrige amerikanische Schauspielerin – Hippie und Emanzipationsvorläuferin.

Ich traf sie nicht oft, aber sie hat mich mit dem, was sie gesagt hat, sehr berührt. Wir saßen im Garten, der nach Magnolien und Luxus duftete, und ich erzählte ihr, dass ich mich nicht mehr wohl fühlte. Sie sagte, dass ich als Zweiundzwanzigjährige das Leben einer vierzigjährigen Matrone in Beverly Hills führte.

»Get the fuck out of here.«

Leicht gesagt.

Ich hatte auch eine »beste Freundin«. Es war Veronique Peck, die Frau von Gregory Peck. Sie führten eine gute Ehe, und ich glaube, ihre Wesensverwandtschaft war die Grundlage dafür.

Veronique konnte ich auch ein wenig von meinen Schwierigkeiten anvertrauen. Sie verstand mich, ohne dass wir im Wesen einander ähnlich waren. Veronique ist die Tochter einer Russin und eines Korsen. Ihre Mutter war für mich eine geistige Mutter. Als ich sie kennen lernte, war es, als ob ich einen Einblick in meine Zukunft bekommen hätte, und sie sagte mir oft, dass ich viele Dinge so intuitiv tat wie sie.

Sie erzählte, wie sie Veroniques Vater auf einer Party in Paris getroffen habe. Sie war mit einer schnellen Bewegung seine Zähne entlanggefahren und hatte daraufhin beschlossen, dass er der Vater ihres Kindes werden sollte.

Veronique hat auch tatsächlich die wunderschönen Zähne ihres Vaters geerbt. Ich habe sie nach der Geburt von Alexandra kennen gelernt.

Tony bekam einen sehr gut bezahlten Job in Las Vegas, und so war ich allein in dem großen Schloss, mit Kindermädchen, Koch und vielen Angestellten. Eine Freundin von mir brachte »Gras« (Marihuana) ins Haus. Ich wusste von meinem Mann und anderen, dass es nicht gefährlich ist, und ich bin der lebendige Beweis dafür, dass Marihuana nicht unbedingt süchtig, noch Appetit auf andere Drogen macht. In dem riesigen Haus verkrochen sich meine Freundin Marie Claude und ich in mein getäfeltes Ankleidezimmer und rauchten den Joint. Das ist gar nicht so leicht, wenn man ständig husten muss.

Marie Claude und ich fragten einander, ob wir was spürten.

»Nein.«

»Ich auch nicht.«

Wir hatten uns großartige Veränderungen vorgestellt, was natürlich nicht passierte. Nur, nach einer halben Stunde rollten wir uns vor Lachen auf dem Boden. Das war es also. Zumindest ein totales Ventil zum unkontrollierten Kindsein.

Es war Mode, ein bisschen zu kiffen und tanzen zu gehen, und ich ging jeden Abend tanzen. Wenn ich jemals meine Kinder vernachlässigt habe, dann in dieser Zeit. Ich ging jeden Abend aus und schlief am nächsten Morgen bis elf. Bis dahin hatte ich mein ganzes Leben nur im Kinderrhythmus verbracht: früh aufstehen und früh zu Bett.

Tagsüber habe ich nie geraucht. Mit meinen Kindern zusammen zu sein war für mich immer der rauschhafteste Zustand.

Aber tanzen gehen und sich körperlich austoben, das bot sich in den Sechzigern an wie nie zuvor. Ich lernte über Sharon Tate einen Mann namens Steve kennen, der mir Joe ersetzte. Steve war auch schwul und so Freund und Freundin zugleich. Wir unternahmen nächtliche Expeditionen ins Reich von *drugs and dance and rock 'n' roll*. Die gigantischen Ausmaße von Los Angeles förderten die Subkultur, es gab nichts, was in seinem Wachstum schnell eingeengt oder behindert werden konnte.

Gleich zu Anfang meiner Stippvisite in der amerikanischen Hippieszene bemerkte ich mit einem Instinkt, der schon fast als sechster Sinn zu bezeichnen ist, dass ich besser daran tat, in dieser Szene nur Zaungast zu sein.

Man konnte sehr gut so tun, als ob man kräftig mitrauchte, ohne zu inhalieren.

Die langen Fahrten im nächtlichen Los Angeles waren unter dem Einfluss von Gras unendliche Fahrten in schillernde Unterwelten. Steve und ich fuhren in Lokale, wo wir die einzigen Weißen waren. Soulmusik kann man gar nicht verstehen, wenn man nicht erfahren hat, wie es an so einem Ort riecht.

Es war der Ausbruch aus jeder Art von reglementiertem Tanzen, die ganze Tanzfläche war nur ein einziger tanzender Körper. Die damalige Annäherung von Schwarz und Weiß machte es ungefährlich, in solche Lokale zu gehen.

Wir waren alle so naiv, dass wir glaubten, am Beginn einer neuen, lebensbejahenden Phase der Menschheit zu stehen und dass das Gefühl, das sich im gemeinsamen Tanzen manifestierte, auch andere Bereiche durchdringen würde.

Nass geschwitzt und ungeschminkt war man ungeniert jung und voller Recht auf Dummheit.

Meistens traf man in einer Kaschemme jemanden, der noch einen anderen Ort wusste, der in der Hippiesprache, die immer einfacher wurde, »a real cool hang-out« hieß, ein richtiger »Superschuppen«. Von riesigen Tanzsälen am Meer zu kleinen, schmuddeligen Transvestitenlokalen war ich immer dabei – ein Auge berauscht, das andere nüchtern, bis es plötzlich ein Lokal gab, in dem sich alles fand, was in dieser Zeit »hip« war. Es war riesig. Die Jugend bildete das Zentrum und das Establishment die Garnitur. Alles rauschte in den riesigen Tanzsaal am Santa Monica; es war für Los Angeles auch eine neue Art der Zusammenführung, weil nicht mehr selektiert wurde, wer wen kennen lernte – dieser Ort war eine Art Marktplatz, auf dem sich unabhängig von Farbe und Status Leute trafen, »that wanted to have a good time«, die das Leben einfach genießen wollten.

In meinem Fall war es eine lange Zeit nur das Tanzen.

Ich lernte Dino Martin kennen, der sechzehn oder siebzehn war. Ein Kind in gewisser Hinsicht und wie alle Jugendlichen, die ich traf, viel selbstbewusster als ich, denn im Schulhof lernt man, sich unter Gleichaltrigen zu behaupten. Solche Erfahrungen fehlten mir. Er war blond, jung und hübsch und repräsentierte eine Welt, von der ich in meiner Eheisolation nichts geahnt hatte.

Wir fingen an, jeden Tag miteinander auszugehen, und jeder dachte, wir hätten ein sexuelles Verhältnis.

Eines Abends rief mich Tony aus Las Vegas an und sagte mit berechtigter Empörung: »Ich habe gehört, dass du jeden Tag mit Dino Martin ausgehst. Ich möchte, dass du mein Haus verlässt und nichts mitnimmst.«

Ich antwortete, dass ich meine Kinder mitnehme und er sich alles andere sonst wohin stecken könne.

Jung, grausam und unwissend wie ich war, beschloss ich, sofort auszuziehen und nur so viel Geld zu nehmen, wie ich am Beginn unserer Ehe gehabt hatte. An Alimente dachte ich überhaupt nicht.

In dem Jahr vor der Trennung hatte ich mich bei Bekannten schon vorsichtig erkundigt, was man so macht, wenn man als Frau aus der Ehe gehen möchte. Die Frau unseres Hausarztes, eine sehr erotische Frau in der Art von Jeanne Moreau, hatte mir auf meine zaghaften Fragen geantwortet: »Willst du zu Tony gehen und fragen, bitte, was ist *separate maintenance*?«

Das Haus einer französischen Freundin in Bel Air war für die wildeste und dämlichste Zeit meines Lebens die Unterkunft für meine Kinder und mich.

Das Haus lag an einem sehr schönen Canyon von Bel Air, im Stil ähnlich wie mein Haus, und so entbehrten wir keinerlei häuslichen Luxus.

Marihuana hat mich nicht süchtig gemacht, aber ein Medikament, das mir mein Arzt gegen den niedrigen Blutdruck verschrieben hatte. Diesem Medikament – wenn auch nicht nur ihm – habe ich es zu verdanken, dass die Erinnerungen an diese Monate reichlich durchlöchert sind.

Damals war es bei den Ärzten geradezu Mode, Tabletten zu verschreiben, die einen abhängig machten. Ich weiß allerdings nicht, ob man damals noch nicht so genau über die Auswirkungen Bescheid wusste oder ob dies eine Art war, den Patienten an sich zu binden.

Ich kannte jedenfalls viele Haushalte, in denen reiche Frauen sich in ihren Schlafzimmern auf seidenen Bettlaken in legalem Dämmerzustand der Sonne und dem Leben entzogen.

Es gab viele Paare, bei denen der Mann Aufputschmittel schluckte, um seine Leistungsfähigkeit bei der Arbeit zu steigern, während die Frau, um die Isolation zu ertragen, Beruhigungsmittel nahm.

Ich hatte weder Pläne noch Ziele für die Zukunft, da war nur der dringende Wunsch nach Leben.

Ich wollte mich von meinem Mann trennen, ohne dass er dabei litt. Was für eine Vorstellung!

Aber es war ja nicht so, dass ich einen reifen Gesprächspartner gehabt hätte.

Nach dem Auszug aus Tonys Haus fing ich mit anderen Männern Verhältnisse an oder vielmehr gelegentlich mit jemandem zu schlafen – jedoch immer mit Bremse, weil ich hygienische Einwände hatte.

Mein Ruf wurde allerdings sehr schnell schlecht, und mir scheint nur deshalb, weil ich in der Sexualität rein männliche »Privilegien« nicht anerkannte.

Warren Beatty, der Bruder von Shirley McLaine, mit dem fast ganz Kalifornien geschlafen hat, sagte mir, ich hätte den Ruf, wohl mit Männern ins Bett zu gehen, mich darüber hinaus aber nicht um sie zu kümmern.

Mir machte der schlechte Ruf mehr Spaß als das schlechte Leben, und ich setzte die Tabletten ab, die mich nun wirklich durcheinander brachten. Ich fand einen Jungen, mit dem ich ohne »getting involved« die Umwelt schockieren und mich amüsieren konnte.

Er war zwei Meter groß, hatte einen silbernen Vorderzahn, und seine Haut war fast bläulich-schwarz. Wir hatten uns beim Tanzen kennen gelernt. Kein Weißer konnte auch nur annähernd so gut tanzen oder lachen.

Es gab damals noch keine schwarze Bourgeoisie. Auch die Frauen waren viel lebendiger und echter als die Weißen. Viel realer, wenn man so will.

Es gab niemanden, der nicht dachte, wir hätten ein Verhältnis. Es traute sich aber auch keiner, Entsetzen zu zeigen.

Die Exzesse und die Dinge, die ich sah (vor Kindern Drogen nehmen, kreuz und quer lieben …), gefielen mir nicht, und ich geriet immer mehr in Panik. Ich musste ganz schnell von dieser Achterbahn herunter.

Bedingt durch meine Kindheit konnte ich ohnehin nie richtige Gruppengefühle entwickeln.

Ich erkannte, dass diese »Free-love«-Leutchen im Grunde genommen Geschäftsleute waren, nur dass hier mit etwas Gefährlicherem gehandelt wurde als mit Staubsaugern oder Bibeln.

Meine Freunde aus der Zeit mit Tony machten sich Sorgen, es war offensichtlich für sie, dass es mir in Bezug auf Lebensplanung und Finanzen an Weitsicht fehlte.

Es war beängstigend, wie Drogen die Persönlichkeit zerstörten, mehr noch als der Alkoholrausch.

Ich tanzte gern bis zur rhythmischen Ekstase, aber sobald die Musik aufhörte, war auch meine Ekstase vorbei.

Eines Nachts, als mein Tanzfreund mich nach Hause brachte, bat ich ihn, mich zu küssen: »Can I ask you something very personal, would you mind kissing me?«

»Hell, no«, kam die Antwort.

Seine riesigen Lippen machten mich neugierig. Ich war eine leidenschaftliche Küsserin, und es war ein unglaubliches Gefühl, diese großen, weichen Lippen zu küssen. Leider verlor ich damit einen Freund. Er hatte immer gesagt, er sei schwul. Was sich jetzt entwickelte, war furchtbar: Er wurde einfach besitzergreifend.

Ich wollte ihn aber nicht als sexuellen Freund, was ihn kränkte, und so löste ich die Beziehung. Nun wartete er nachts im Garten, wenn Steve mich nach Hause brachte. Steve war inzwischen schwer schlaftablettensüchtig geworden.

Ich entschied mich, nach Europa zurückzukehren. Mein Bruder kam. Er war ziemlich entsetzt über meinen Zustand.
 Die vielen Möglichkeiten eines Wohnortwechsels, die ich in meiner Phantasie erwog, machten Entscheidungen fast unmöglich. Ich änderte dreimal am Tag meine Meinung.
 Warum sollte ich denn dieses Paradies verlassen?
 Es war so bunt, so lustig, so »high«.
 Eben diese Lustigkeit machte meiner doch zum Teil sehr teutonischen Seele Angst.

Ich bekam Filmangebote und schlug sie aus.
 O, jetzt musste ich in eine Welt, in der ich mit echten Lebensbedingungen umgehen lernte.
 Ich war zweiundzwanzig, hatte zwei Kinder und wusste nicht, wie man einen Scheck ausstellt.
 Ich war die ideale Hausfrau, konnte Soufflés für dreißig Leute zubereiten, in mehreren Sprachen Smalltalk führen. Louis quinze von Louis seize unterscheiden. Ich wusste nicht, ob ich außerhalb einer beschützten Welt, in der jemand anderer dominiert, leben konnte.
 Zuerst meine Mutter, dann mein Mann!

Ich ließ mir von Tonys Anwalt einen Anwalt empfehlen – das zeigt wohl ziemlich genau, was für einen Einblick in die Realitäten des Lebens ich hatte.
 Es ist immer schwer zu sagen, »was« man bereut, so viel kommt in Frage. Ein Gemisch von Eindrücken und »was wäre, wenn«.
 Mein Argument war, dass ich die Dinge des Lebens nie lernen würde, wenn ich mich weiter ernähren ließ. Ich missachtete alle

Ratschläge, ich wusste, dass ich diese Stadt und Szene dringend verlassen musste.

Trotz aller Stupidität müssen meine Instinkte noch ganz gut gewesen sein, denn innerhalb einiger Monate starben viele aus meiner Clique eines unnatürlichen Todes.

Ich flog nach Europa, brachte meine Kinder zu meiner Mutter, die in Mallorca mehrere Häuser gebaut hatte, und fuhr – zum letzten Mal, wie sich herausstellen sollte – zu Steve nach London. Der Anlass war die Hochzeit von Sharon Tate mit Roman Polanski. Ich wohnte mit Steve und Carrie White in ihrem Haus.

Ich kannte Sharon nicht sehr gut. Sie war gelegentlich unser Dinnergast gewesen. Sie war sehr süß, sehr hübsch und noch naiver als ich. Sie mochte, wie sie sagte, meine Augenbrauen und fand meine Entscheidung gegen Karriere und für meine Kinder genau das, was sie auch für sich selbst wollte.

Auf der Hochzeit von Sharon und Roman herrschte eine merkwürdige Atmosphäre.

Das Hochzeitsfest hatte etwas Irreales und erinnerte mich an den Film *Tanz der Vampire*. Einer der Rolling Stones saß in einer Ecke und lutschte irgendeine Droge. Alles, was in der Szene einen Namen hatte, Pop und Adel, gab sich ein Stelldichein.

Nach der Hochzeit gab es ein großes Fest im Haus eines Arztes vom Typ »Dr. Feelgood« (so nannte man Ärzte, die »legale« Drogen verschrieben). Im Laufe des Abends entfernten sich mir die Leute, obwohl sie teilweise neben mir saßen.

Ein Friseur flocht meine Haare zu vielen kleinen Zöpfen. Ich wurde immer nüchterner. Steve war sehr »schlaftablettig«. Ich ging, mit dreißig Zöpfen auf einer Seite; eine Art ruhiger Panik hatte mich befallen.

Ich rief mir ein Taxi und fand den »normalen« Fahrer beruhigend, holte meine Koffer und zog ins Hotel, mit der seltsamen Empfindung, etwas Schrecklichem entkommen zu sein.

Im Laufe der Jahre hatte ich oft das Gefühl, eine Art »Typhoid Mary« zu sein – eine Haushälterin im vorigen Jahrhundert, die die Menschen mit Typhus infizierte, die Krankheit selbst aber nie bekam. Überall, wo sie arbeitete, starben die Menschen wie die Fliegen, während sie selbst unbeschadet weiterzog.

Die Todesfälle in dieser Szene rissen nicht ab. Steve starb, weil er wohl eine Tablette zu viel erwischt hatte. Joe wurde tot aus einem Pool herausgefischt.
    Was mit Sharon passiert ist, weiß jeder.

Meine Freundin Carrie White hatte sich diesem Sog, obwohl sie Kinder hatte, nicht entziehen können. Fiel tief ins Drogental. Wurde lesbisch und spritzte eine Mischung von Heroin und Kokain. Aber sie hat sich wieder gefangen.

Ich habe wie jeder Mensch viele Fehler gemacht, aber ich bin davon überzeugt, dass die Loslösung von einem Luxusleben, dem ich nicht gewachsen war, und die plötzliche Konfrontation mit einer harten Realität für mich notwendig, vielleicht sogar lebensrettend gewesen ist.

WILLKOMMEN DAHEIM

*I*n den ersten Wochen nach meiner Rückkehr in die Bundesrepublik wohnte ich mit meinen Töchtern in einer Pension am Tegernsee.

Dieses Haus war am Wochenende eine Art Wallfahrtsort für ältere Damen mit Hunden. Die Mädchen, gewohnt, offen auf alles zuzugehen, wanderten durch den großen Saal und fragten die Damen Verschiedenes auf Englisch. Die Reaktionen der Frauen waren für mich verblüffend: Mit zusammengepressten Lippen und Schutzgebärden fassten die meisten nach ihren Hunden, als ob die Mädchen sie bedroht hätten. Ich saß am Fenster und beobachtete die Szene mit großem Erstaunen. Als die Kinder dann bei mir saßen, sagte eine der älteren Damen laut zu ihrer Nachbarin: »Die hat ja ein Negerkind!« Damit war Allegra gemeint. Willkommen daheim!

Mein Bruder holte uns von dort schnell weg. Eine Wohnung war bald gefunden am Artur-Kutscher-Platz in Schwabing. Im Freundeskreis meines Bruders begegnete ich jungen Menschen, die meine Kinder ebenso wunderbar fanden wie ich.

Ich versuchte das, was man ein »normales Leben« nennt, zu führen. Ich kann beim besten Willen nicht sagen, dass meine Erfolgsquote hoch war.

Schusselig bis zum Geht-nicht-mehr; Haare taillenlang; meine ganze Aufmachung war »California-like«, für die Münchner *shocking*.

Einmal ging ich im Minikleid ins »Franziskaner«. Spätabends, Haare offen. Alles drehte sich um und gaffte. So können nur

Deutsche gucken. (Das hat sich allerdings geändert.) Ich verließ mit meinem Begleiter die gastliche Stätte fast im Rückwärtsgang.

Damals war ich noch mit meinem Amerikaner befreundet (J. C.). Er fand, dass ich lauter Fehler machte. Er hatte Recht. Ich musste lernen, dort zu leben, wo ich herkam. Alles andere war ein schöner Traum.

Ich lernte Elisabeth kennen, die Frau, die lange Zeit mein Ein und Alles war. Der wichtigste Mensch neben meinen Kindern. Obwohl kaum älter als ich, war sie mein Maßstab und auch meine Lehrerin.

Streng genommen gehörte sie zu der Gattung von Nachkriegsfrauen, deren Dilemma heute ein T-Shirt-Motiv abgibt: Aus den Augen einer wunderschön geschminkten Frau kullern Tränen. Ihr roter Mund sagt (durch eine Sprechblase dargestellt): »Oh my God, I forgot to have children.« (O mein Gott, ich habe vergessen, Kinder zu kriegen.)

Lebenslustige Frauen, die ihr eigenes Geld verdienten und gelegentlich Haschisch rauchten, gab es genug, nur war ich die einzige Mutter in den Kreisen.

Das erste englische Kindermädchen wurde von einer sehr netten, hübschen Bayerin ersetzt. Renate blieb jahrelang bei uns und machte mehrere Umzüge mit. Ich wollte immer, dass die Mädchen andere Bezugspersonen außer mir hatten. Die Macht, die man als Mutter besitzt, erschreckte mich, und auf diese Weise konnte ich den Kindern immer die Möglichkeit geben, sich von mir weg zu entwickeln. Für mich waren sie nach wie vor die einzige Realität. Dann kam Elisabeth, dann der Bruder, und viel, viel weiter hinten kamen die Männer.

Die Kinder hatten immer eine hübsche Umgebung. Jeden Abend wurden Märchen erzählt, und sehr oft blieb ich trotz Verabredungen zu Hause, was Elisabeth gelegentlich kritisierte, aber verstand.

Ausgehen bedeutete für mich mehr als nur tanzen. Ich war zum ersten Mal in meinem Leben unter Gleichaltrigen, und das einzige Problem bestand darin, dass ich Christine Kaufmann war. Das wenigstens fiel mir in Amerika nicht zur Last.

Ich war ja nichts als eine ganz normale Zweiundzwanzigjährige, die noch wenig Ahnung hatte, wie und wo sie sich in diesem Leben platzieren konnte.

Es stimmte gar nichts, außer meinen Instinkten bei der Kindererziehung bzw. -nichterziehung. Sich nach Richtlinien zu orientieren, ohne »antiautoritär« zu werden, war nicht nur ungewöhnlich, sondern stieß in Deutschland manchmal auf abenteuerliche Feindseligkeiten.

In der Nähe unserer Wohnung war ein Milchladen, in dem die Milch noch mit einer Pumpe befördert wurde. In dem Geschäft entdeckte Allegra eine Süßigkeit, die sie unbedingt haben wollte. Ich erklärte ihr, dass sie das Bonbon nicht bekäme, zu Hause hätten wir Obst. Das löste natürlich einen Wutanfall aus. Ich kaufte weiter ein. Eine ältere Dame betrat den Laden, und ich beeilte mich mit dem Einkaufen. Innerhalb weniger Augenblicke kam sie ganz dicht an mich heran und sagte mit hassverzerrtem Gesicht: »Schlagen müsste man diese Kinder, schlagen.«

Allegra war gerade drei.

Obwohl ich ältere Menschen respektiere, rutschte mir ein Satz heraus, der sie zum Durchdrehen brachte: »Ich nehme an, man hat Sie als Kind zu oft geschlagen.«

Ein gekreischter Vortrag begleitete mich nach draußen.

Böse alte Menschen sind das Traurigste und Schrecklichste, was es gibt.

Die Boulevardpresse interessierte sich für mich, und es war kurios, dass gerade meine innige und respektvolle Beziehung zu den Kindern besonders hämisch kommentiert wurde.

Über die vielen Gemeinheiten zu schreiben lohnt sich nicht, wenn es auch sehr verführerisch wäre, mit gleicher Münze heimzuzahlen.

Die Medien sind auf eigenartige Weise der Schlüssel zur Welt. Die Boulevardpresse druckt oft nur das, was ein Rudiment von Anstand dem Durchschnittsbürger auszusprechen verbietet. Teilweise ist Journalismus auch ein nekrophiler Beruf, der in seiner niedrigsten Manifestation am liebsten über Leichen schreibt. Die können sich nicht mehr ändern oder wehren. Nur, ohne Journalisten wäre die Welt wahrscheinlich noch viel schlimmer. Auf jeden Fall ist die Medienwelt ein Lehrmeister in Sachen Realität.

Viele meiner interessantesten Bekannten arbeiten als Journalisten oder Redakteure. Trotzdem schmerzte es anfangs sehr, zu lesen, dass von langen Sätzen die Hälfte weggelassen wurde und sich der Öffentlichkeit ein Bild von mir darstellte, das überhaupt nicht stimmte, weil es nur ein wenig stimmte.

Während die Beziehung zu meinen Kindern eine große emotionale Stabilität hatte, war mein Gefühlsleben, was Männer betraf, sehr eigenartig. Vielleicht hing es damit zusammen, dass in der Familie meiner Mutter seit Generationen immer die Frauen die Beherrschenden gewesen waren.

Männer waren als Kumpel ganz toll, nur als Liebhaber gestattete ich ihnen keinen Anspruch.

Mein erster Freund war Tommy, ein Freund meines Bruders. Er war ein Jahr jünger als ich, die Presse betonte es.

Lächerlich.

Es war eine leidenschaftliche Beziehung; sie führte mich an die Grenzen meiner Gefühle, und ich merkte, dass ich große Angst davor hatte, mich vertrauensvoll hinzugeben. Es war sozusagen eine Beziehung mit gezückten Messern. Trotzdem half mir dies, in kleinen Schritten den Weg zu gehen, den man gehen muss, um zu lernen, was Gefühle sind. Auch wenn man dabei Schmerz empfindet.

Tommy war ein junger Geschäftsmann, und seine Interessen waren so ziemlich das Gegenteil von meinen. Er wusste sehr genau, wer er ist, und ging, soweit ich das beurteilen kann, seinen Weg ohne große Umwege.

Die Wohnung am Artur-Kutscher-Platz erwies sich als unerträglich laut, und wir zogen in eine Altbauwohnung in der Kaulbachstraße. Die Kinder gingen in den Kindergarten. Renate war weiterhin bei uns und begleitete die Kinder auch, wenn sie, wie vertraglich vereinbart, den Sommer bei Tony und seiner neuen Frau Leslie verbrachten.

Tony zahlte das Kindergeld nie pünktlich, und so musste ich mehr arbeiten, als ich wollte. Die Trennungen waren für mich und Allegra besonders schrecklich. Zwischen uns war die emotionale Bindung, die die Nähe des anderen braucht, viel stärker als bei Alex, zu der ich immer eine Beziehung unabhängig von Zeit und Raum hatte.

Meine fade Schönheit war sehr zeitgemäß, Fotos von mir waren gefragt, und ich nützte sie als Einnahmequelle.

Ich war gerne schlank, das Gefühl, über einen verlässlichen Körper zu verfügen, war mir wichtig. Aber hübsch fand ich mich nur, wenn ich glücklich war, oder nach der Liebe. Die schimmernde Lebendigkeit meines Gesichts gab mir ein Gefühl des Wohlbefindens.

Durch Elisabeth lernte ich den Discjockey Theo kennen, mit dem ich seit damals befreundet bin. Er war der erste Nicht-Homosexuelle, mit dem ich eine platonische Beziehung einging, was offensichtlich für eine gewisse Presse eine groteske Vorstellung war und ihm den »Mad-Magazin«-Preis einbrachte – nach dem Motto: Schläft eine Frau mit einem Mann, ist sie eine Hure, schläft sie nicht mit ihm, ist er der Depp.

Theo zog bei uns ein, die Wohnung war groß genug. Die Kinder liebten Theos Späße und verwendeten ihn als Demonstrationsobjekt für ihre kleinen Freundinnen: »Guck mal, was wir zu Hause haben!« Kichernd führten sie ihren Besuch zu Theos Schlafzimmer am anderen Ende der Wohnung und öffneten langsam die Tür.

Im Bett lag jemand, der haargenau aussah wie Woody Woodpecker!

Dann saßen sie zu dritt oder viert und schauten Theo an, bis ihr Gelächter ihn weckte. Dann kam immer ein komischer Satz von ihm, und sie liefen gackernd raus.

Im Parterre war ein Metzgerladen. Die Kinder gingen gern in Stöckelschuhen und voller Schminke nach unten, was natürlich Aufsehen erregte und mich als unordentliche Mutter abstempelte.

Meine Kindererziehung beziehungsweise Nichterziehung war möglicherweise etwas verrückt, aber vielleicht haben sich die Mädchen gerade dadurch ganz normal entwickelt. Nicht, dass alles erlaubt war – ich war nicht »antiautoritär«. Es gab auch mal einen Klaps auf den Po. Nie ins Gesicht. Es gab auch kein »Wir reden später darüber« oder dieses »Ich bespreche das mit deinem Vater«. Das sollten sie später allerdings bei ihrer Stiefmutter lernen.

Allegra wurde gelegentlich in ihr Zimmer verbannt, jedoch bei offener Tür. Sie sang dann Protestlieder à la Bob Dylan, die Theo und ich wahnsinnig komisch fanden. Sie hatte immer ein tolles Rhythmusgefühl und schlug mit den Händen oder Füßen den Takt zu »Die Mama ist doof, sie lässt mich keine Schokolade essen, und die Renate auch, taram taram bam bam ...«

Eines Tages hörte ich einen Knall im Kinderzimmer, Allegra kam zu mir heraus und streckte ohne zu heulen die Zunge raus. Schwarzes Blut floss. Sie war vom Stuhl gefallen und hatte sich tief in die Zunge gebissen. Tommy und ich rasten in die Klinik;

eine phantastische Ärztin nahm sie ganz schnell und bestimmt in ihre Arme, ein kurzer Schrei, und innerhalb weniger Sekunden war Allegra narkotisiert und bekam die Zunge genäht.

Ich weinte vor Sorge. Ganz munter brachte man sie mir zurück.

Meine Art des Mutterseins war merkwürdig kindlich, aber nicht infantil. Die Kinder waren mein Liebstes, aber ich respektierte auch Entwicklungen, die sie von mir entfernten. So war ich glücklich, wenn sie ihre Stiefmutter mochten oder gerne zu anderen Leuten gingen. Echte Mutterliebe ent-bindet.

In dieser Zeit lernte ich einen jungen Mann kennen, in den ich mich auf der Stelle verliebte. Das heißt, ich respektierte ihn, mochte die Dinge, die er sagte, und fand ihn wunderschön. Den Schnudel. Er hatte traumhaftes langes Haar und war ein paar Jahre jünger als ich. Mit der Beziehung zu ihm festigte sich mein Ruf als Skandalnudel: Hippie, Haare, Drogen!

Schnudel war viel zielgerichteter als ich und viel realistischer, was das Leben anging. Er war der erste und einzige Mann, dem ich mich unterwarf. Einer der Gründe war sicher die Tatsache, dass er hervorragende Qualitäten als »Vater« besaß.

Seine Mutter war eine bemerkenswerte Frau, die ihre Kinder intelligent und liberal erzogen hatte. Sie hatte ein Schlösschen in der Nähe von München, und so waren wir für eine Weile in eine Familie eingebunden, die Schutz bot und nicht repressiv war.

Meine Filmarbeit erledigte ich diszipliniert, aber völlig desinteressiert.

Schnudel verstand es, meinen Zerstörungstendenzen innerhalb der Beziehung verständnisvoll und klug zu begegnen. Jemanden zu lieben, dem ich mich anvertrauen musste, hatte noch immer einen bedrohlichen Aspekt für mich. Ich witterte ständig Verrat. Das Kindheitstrauma: die Angst, »weggegeben«, verlassen zu werden von dem Menschen, den ich liebte.

Mit Schnudel machte ich große Reisen, wenn die Kinder bei Tony waren. Zunächst aber verreisten wir mit den Kindern nach Ibiza. Mein Bruder machte Fotos, die in »Twen« erschienen. Barbusig eines. Es wurde sehr oft kopiert.

Meinen Bruder und Schnudel trennten Welten. Ich gehörte jetzt mehr zu Schnudel. Für meinen Bruder waren Drogenerfahrungen tabu. Er trank dafür, wie seine ganze Clique. Vom Lebensgefühl her tendierten sie mehr zu Hemingway, während für mich Hermann Hesse immer bestimmender wurde. Nur in meiner Definition als Frau war ich mir nicht sicher, wo ich stand oder hinwollte. Elisabeth sagte immer, ich wäre die Geisha mit dem gepackten Koffer. Treffender konnte man es nicht ausdrücken. Ich war zwar in einer Art Hippiegemeinde, konnte mich aber wie immer mit nichts identifizieren. Exzessdrogen waren mir genauso eklig wie kotzende Trinker.

Ich bekam ein Angebot für einen amerikanischen Film, der in Madrid gedreht werden sollte.

Bis jetzt waren Schnudel und ich zwei Jahre lang täglich zusammen gewesen. Ich habe mich nie mit ihm gelangweilt.

Nach Madrid flog ich mit Elisabeth. Sie war ein Teil unserer Gemeinschaft. Die Geborgenheit und Liebe, die ich bei Elisabeth, Schnudel und den Kindern fand, war die Grundlage meiner Existenz.

Schnudel kam nach, und wir mieteten ein Haus außerhalb von Madrid; seine Mutter besuchte uns zu Weihnachten mit den Kindern, die mittlerweile in München in die Schule gingen.

Das Haus lag in einer kargen, aber schönen Landschaft neben einer Truthahnfarm. In diesem Haus erlebte ich seltsame Dinge.

Der Film hieß *Der Mord in der Rue Morgue*, eine der zahllosen Edgar-Allan-Poe-Verfilmungen. Meine Partner waren Lilli Palmer und Jason Robarts jr., den ich als Ehemann von Lauren Bacall kennen gelernt hatte. Jetzt war er mit einer anderen Frau verheiratet, einer jüngeren, aber weniger aufregenden Fassung der Vorgängerin.

Bei den Dreharbeiten passierte dauernd etwas: Meine Haare fingen an zu brennen, andere erlitten Verletzungen; eine große Rolle war mit einem zwergwüchsigen Mann besetzt, Michael Dunn, der gerne auf meinem Schoß einschlief. Er war merkwürdig aggressiv.

Als meine Kinder mich das erste Mal besuchten, erklärte ich ihnen, dass es viele Arten von Menschen gibt und dass manche eben klein sind.

Allegra fragte den kleinen Schauspieler am nächsten Tag sofort: »Warum bist du denn nicht im Wald?«

O je, mein Versuch war schief gelaufen, gerade das hatte ich vermeiden wollen!

Der Mann war aber nicht so spießig wie ich und lachte, bis ihm die Tränen kamen. Es wurde seine Lieblingsanekdote.

Das Spielen mit dem englischen Team machte mir zu meiner Überraschung Freude, und ich bekam für meine Arbeit sehr gute Kritiken in Amerika.

Die Familie flog nach München zurück, und ich blieb eine Weile allein in dem verwaisten Haus.

Eines Nachts wachte ich atemlos auf, weil jemand auf meiner Brust saß. Anders kann ich es nicht beschreiben. Ich bin kräftig und muskulös, aber es war mir unmöglich, mich aufzusetzen. Es war so dunkel, dass ich nichts sah.

Während der Dreharbeiten mussten ständig Angstzustände gespielt werden, und ich überlegte mit einer Klarheit, die man in solchen Situationen hat, ob ich den Zustand der Angst einfach mitgenommen hatte.

Trotz aller coolen Gedanken konnte ich gegen das Gewicht von oben nicht an...

Mir ging das berühmte Bild »Der Alp« durch den Kopf.

Dann überlegte ich mir eine List: Ich rollte mich seitlich aus dem Bett und lief schnell aus dem Zimmer. Ich war völlig nüchtern.

Mir fehlt jede Erklärung.

Schnudel war einer der vielen, die sich zu diesem Zeitpunkt für indische Religionen interessierten, und so tat ich es auch. Versuchte mich brav in der Erleuchtung. Wenn ich dann so unter einem Baum saß, fielen mir aber höchstens Kartoffelsuppenrezepte ein. Die schöne Leere, die ich als Kind empfunden hatte, fühlte ich nicht. Wenn ich ganz ehrlich bin, verstand ich sehr oft nur Bahnhof. Aber er war ja auch so klug.

Ich folgte Schnudel nach Indien auf der Suche nach der Wahrheit. Seine Mutter versprach, sich um die Kinder zu kümmern. Irgendwo, dachte ich, müsste auch ich mal anfangen, nach mir zu suchen. Warum also nicht in Indien.

Bei jeder Reise lernt man sich selber besser kennen. Meine Entdeckung dort war, dass ich mich ganz gut durchsetzen konnte. Das begann gleich am ersten Tag an der indischen Grenze. Uns fehlten irgendwelche Papiere, und wir durften das Auto nicht ins Land bringen. In einer großartig theatralisch geschwungenen Rede brachte ich die Grenzbehörden dazu, ihre geliebten Vorschriften einer deutschen Frau zu opfern.

In Delhi bekamen wir sofort eine Salmonellose, die ein Arzt biologisch kurierte. Als die erforderlichen Papiere eingetroffen waren, fuhren wir nach Kaschmir. Das war die schönste Gegend, die ich bis dahin gesehen hatte. Die Landschaft ist sehr gebirgig, doch das Licht weicher als in Bayern. Der erste Eindruck war ein »Megablick«: Über ein riesiges Tal spannten sich drei Regenbogen. Rechts und links von der Straße sprangen Kaschmirziegen von Stein zu Stein. Auch ihnen steht ihr Fell besser als jeder Frau. In Shrinagar mieteten wir eines der typischen schwimmenden Häuser. Diese Barken riechen nach wunderbaren Hölzern und haben eine ganz eigene »Mutterleib«-Atmosphäre.

Auf dem Rückweg von Kaschmir nach Delhi wären wir beinahe von einem Erdrutsch zu Tal befördert worden.

Das Land war unglaublich schön; im Regen der Monsunzeit sahen die geschmeidigen Körper der Menschen atemberaubend aus.

Doch je mehr wir uns dem Reiseziel, dem Ashram, näherten, desto geringer wurde mein Interesse an den indischen Weisheiten. Die Elendsgestalten am Rande der Straßen, die verwahrlosten Kinder, der Schmutz und der Gestank, die verkrüppelten Bettler und im krassen Gegensatz dazu die vornehmen Stadtviertel mit den Villen der reichen Leute – das alles musste ich verarbeiten.

In Delhi ging ich mit einer Inderin auf den Markt, wir wurden von vielen wahnwitzig deformierten Menschen angebettelt: abgeschnittene Arme, riesige Elefantenbeine, schreckliche Hautkrankheiten. Ich fragte meine Begleiterin, wie ihre Religion diese Ungerechtigkeit erklärt. »Es ist eben ihr Karma!« Für die Antwort hätte ich ihr in den hübschen Hintern treten können.

Ich verstehe jedoch: Wenn man tagtäglich so viel Elend sieht, stumpft man wohl ab, braucht die Gleichgültigkeit als Schutzschild. Nicht alle können wie Mutter Theresa leben. Bei ihr wiederum war mir ihre Einstellung zur Geburtenkontrolle umso unverständlicher. Körperliche Liebe ist doch für viele der einzige Luxus, das einzige Vergessen.

Auch unser Auto wurde Indien-müde. Es begann zu streiken und war nur zu starten, wenn es angeschoben wurde. Von mir. Wir boten einen merkwürdigen Anblick für die Inder. Damals trug ich meist ein luftiges Mikro-Minikleid. Das Auto, ein VW-Bus, war mit Seide ausgeschlagen und bis zum Dach bepackt. Wenn der

Motor abstarb, sprang ich beherzt raus und schob den Wagen an. In Indien hat man immer das Gefühl, als ob gerade ein Fußballmatch zu Ende wäre, und so wurden wir und unser kurioses Gefährt von einer großen Menge bestaunt und belacht. Die Menschen halfen selbstverständlich auch gerne.

In einem Städtchen sagten die Inder, es gäbe hier einen ganz tollen Guru. Er könne Blumen und Öl in seinen Handflächen entstehen lassen. Wir fuhren nachts zu seinem Haus. Schnudel ging zum hinteren Teil des Gebäudes und spähte in ein Fenster. Er signalisierte mir, still zu sein, und berichtete später, dass der »Holy Man« jemanden mit Stöcken geschlagen hatte.

Am nächsten Tag lernten wir ein paar »Jünger« kennen, hauptsächlich Amerikaner, die ihn wie einen Gott verehrten. Die Leute schienen ganz vernünftig zu sein. Ein Mädchen erzählte mir, sie sei seit Monaten hier und ganz begeistert von »Ihro Würden«. Er fuhr jeden Tag mit einem riesigen Cadillac zur Meditation und wieder zurück. Eines Abends versagte der Motor, und sie sagte, prustend vor Lachen: »Stell dir vor, da saß nun die Inkarnation Gottes, und sein Auto sprang nicht an!«

Trotzdem blieb sie seine treue Anhängerin.

Ohne den Guru gesehen zu haben, fuhren wir weiter, und unser Gefährt gab eines Abends den Geist völlig auf. Wir ließen es stehen und fuhren nach Madras, um uns auf dem Konsulat zu erkundigen, was zu machen sei.

Ein Lastwagen nahm uns einen Teil der Strecke auf der Ladefläche mit. Am Himmel waren ein blutroter Mond und eine ebenso rote Sonne zu sehen.

Nach der nunmehr über zwei Monate dauernden Reise war es mir gleichgültig, mit welchen Weisheiten die indischen Gurus noch aufwarten konnten. Ich wollte heim zu meinen Kindern und nahm den nächsten Flug.

Von den Abenteuergeschichten, die ich ihnen erzählte, mochte Allegra die von einem chinesischen Vergewaltiger am liebsten. Daniel Schmid gab mir ihre Version so wieder: »Mama hat sich gewaschen, und ein kleiner Mann kam aus dem Schrank und sagte: ›Nur einen Kuss.‹« Putzig, nicht? Sie stimmte auch fast: Ich wurde ihn los, indem ich ihn ganz fest ansah und sagte, er solle gehen, ich hätte Angst. Er ging.

Einen Perser, der einen Versuch starten wollte, habe ich allerdings k.o. schlagen müssen.

Schnudel war in Indien geblieben, und ich machte einen großen Fehler, den ich sehr bedaure. Ich ließ mich auf eine vollkommen überflüssige Affäre mit einem jungen Mann ein. Schnudel beendete unsere Beziehung.

Ich zog mit meinen Kindern und dem neuen amerikanischen Kindermädchen, das ich engagiert hatte, nach Wien. Dort bewohnten wir ein schönes Haus auf einem Weinberg.

Den Umzugsturnus, den Tony und ich in unserer Ehe praktiziert hatten, behielt ich bei. Jedes zweite Jahr wurde umgezogen. Immer wieder weg von Deutschland. Ich konnte hier noch nicht heimisch werden.

Bevor wir nach Wien gingen, hatte ich in einem Nachtklub einen langhaarigen jungen Mann kennen gelernt, den ich sehr witzig und originell fand. Wir tanzten, er nahm meinen Arm hoch, sog den Geruch meines Schweißes ein und meinte begeistert, ich hätte einen sehr kräftigen Duft. Nicht unkomisch. Er sagte, er würde nach Wien kommen und mit mir einen Film machen. Tatsächlich trudelte er nach einigen Monaten mit seiner Entourage ein, die meine Kinder und mich begeisterte. Es war Werner Schroeter. Magdalena Montezuma kam in einem Männeranzug und Zylinder. Sie sah Furcht erregend und faszinierend zugleich aus. Unter ihrer Aufmachung erkannten die Mädchen sofort ihre warmherzige Persönlichkeit und erkoren sie zu ihrer Favoritin.

Werners Assistentin war Ila von Hasberg. Ich hatte sie schon in einer Münchner Kommune kennen gelernt, in der auch Rainer Werner Fassbinder lebte. Sie waren alle sehr komisch. Ein kleiner Clan, in dessen Wohnung die Müllsäcke von der Küche eine Linie zum Ausgang bildeten.

Wir spielten alle abwechselnd Männer oder Frauen. Candy Darling, ein Andy-Warhol-Star aus New York, war mit Abstand das weiblichste Wesen von uns allen. Ein sehr erfolgreicher Transvestit. Werner ließ ihn einen Anzug tragen, in dem er sehr schön aussah.

Es war erstaunlich, was die Kritik in Werners Filmen oft sah. Bis auf Magdalena waren die Schauspieler Marionetten an mehr oder weniger straff gezogenen Schnüren. Die Teamarbeit, die Integration in das moderne Gauklervölkchen war für mich ein Zugang zum Deutschsein. (Abgesehen von der Tatsache, dass man kein Geld verdiente.)

Werner ist sehr deutsch im Sinne von Hölderlin: »Der Mensch ist ein Bettler, wenn er denkt, und ein Gott, wenn er träumt.«

An seinen Träumen arbeiteten wir unverdrossen mit, die einen, weil sie so verewigt würden, und ich, weil ich aus diesen Träumen eine Realität zu formen versuchte.

Bei der Arbeit konnte ich mit meinen Kindern zusammen sein. Sie spielten in einer Szene auf eigenen Wunsch mit: Alex kratzt sich seelenruhig, während ich Texte schreie, die ich nicht verstehe.

Werner bot mir eine Rolle in einem Theaterstück in Hamburg an. Ich hoffte, dadurch meine Ängste vor jeder Art von Öffentlichkeit endlich abbauen zu können, und sagte zu. Mein Bruder hatte mir vorgeschlagen, vor meiner Abreise nach Hamburg eine Kinderkollektion zu entwerfen, er wollte sie auf Teneriffa fotografieren.

Einige Monate vor unserem Umzug nach Hamburg hatte ich einen Schotten kennen gelernt, Brian. Wir waren im gleichen Alter, und er war der erste Mann, bei dem ich sowohl begehrliche als auch kameradschaftliche Gefühle entwickelte. Wir verstanden uns sehr gut, und auch mein Bruder mochte ihn gern. Es gab nur leider nichts, womit ich meine Familie in Wien weiter finanzieren konnte. Außerdem mussten die Kinder zur Schule; Hamburg mit dem langen Engagement war einfach ideal. Die Beziehung hielt der Trennung nicht stand. Wir verloren einander etwas aus den Augen. Während der folgenden Jahre habe ich ihn gelegentlich noch besucht. Eines Tages klang er am Telefon sehr seltsam, und ich brach den Kontakt ab. Als ich Jahre später Kitty Kino in Rom traf und sie nach ihm fragte, erzählte sie mir, er sei tot. Gestorben an Heroin. (Ich träume manchmal von ihm und frage ihn, wie das möglich war. Er antwortet nie.)

In Hamburg wohnten wir mit Werner und Magdalena in einem Hotel außerhalb der Stadt. Es lag sehr romantisch, und am Wochenende kamen Werners Freunde und Bekannte zu Besuch. Zwei davon sind immer noch Teil meiner Wahlverwandtschaft, die nun schon seit fast zwanzig Jahren besteht: Günter Amendt und Meisy.

Unter anderen gab es auch einen riesigen Transvestiten, der sich kaum von den normalen »Kaffee-und-Kuchen«-Damen unterschied, außer durch seine Körpergröße und dadurch, dass er Kinder toll fand. Alex und Allegra gingen auch völlig fasziniert mit der Zwei-Meter-Dame am Deich spazieren.

Im Hotel kochte Magdalena in voller Garbo-Schminke Blumenkohlsüppchen und erzählte den Mädchen das Märchen von der *Bettwurst*. Trotz der Umzüge und des sicher äußerlich nicht stabilen Lebens hatten die Kinder und ich feste Rituale. Eines war, wie schon gesagt, jeden Abend ein Märchen oder eine Geschichte. Auch jetzt, wo sie dem Kleinkinderalter entwachsen waren, hielten wir daran fest.

Im Malersaal des Hamburger Schauspielhauses spielten wir Lessings *Emilia Galotti*.

Die Reaktionen der Öffentlichkeit interessierten mich nicht sonderlich. Die einen schrieben über das »Rosen-Resli« (Springer), die anderen, dass es schön war, was ich da machte.

Ich indessen wollte nur meine schrecklichen Ängste verlieren. Das gelang.

Werners Bühnenbild war zwar nicht ganz das, was ich für meine Eigentherapie brauchte, denn zwischen Bühne und Publikum war ein schwarzer Gazevorhang, und man konnte vom hellen Rampenlicht aus absolut nichts sehen, aber es reichte zu wissen, dass das Publikum da war. Ich bekam regelmäßig tetanische Krämpfe vor dem Auftritt. Heinz Schubert sah im dunklen Schimmer der Hinterbühne so toll aus, dass mich sein Anblick ablenkte. Die Rolle der Mutter spielte Gisela Trowe, die ich seit meiner Kindheit kenne. Sie verkörpert für mich alles, was an diesem Beruf liebenswert ist: Sie ist ein wahrer Umschlagplatz der Gefühle, selbstsicher verwendet sie das Leben für die Bühne und die Bühne für das Leben. Besuchte man sie zu Hause, konnte man sicher sein, dass es wie bei einer Bette-Midler-Show bestes Entertainment gab. Die Kinder liebten sie.

Wir hatten durch Werner eine Frau kennen gelernt, die uns einen Teil ihrer Wohnung überließ. Die Mädchen hatten ein großes Zimmer zum Hof, in dem ein wunderbarer Garten angelegt war. Mein Zimmer lag neben ihrem, und ich war überzeugt, in dieser Wahlfamilie wieder einige Stabilität gefunden zu haben. Die Frau, bei der wir wohnten, war natürlich viel lebensnaher als ich. Sie organisierte Schule, Fahrräder ... eigentlich alles.

Mit dem Sommer kam die Zeit, in der Alex und Allegra zu ihrem Vater sollten. Ich engagierte ein Mädchen, das mitflog. Als ich sie zum Flughafen begleitete, brach mir fast das Herz.

Es gibt Vorahnungen. Ich konnte mir nicht erklären, warum ich diesmal beim »Auf Wiedersehen« nicht aufhören konnte zu weinen.

Als das Mädchen einige Tage später mit der Erklärung zurückkam, Tony habe ein eigenes Mädchen eingestellt, verdrängte ich alle Zeichen der Warnung.

Der Regisseur Otto Jägersberg kam nach Hamburg, um mich für einen Fernsehfilm zu engagieren. Die Dreharbeiten fanden in der Nähe von Frankfurt statt. Ich absolvierte sie wie immer im Halbschlaf.

Eine junge, mollige, auf ihre Weise sehr hübsche Kollegin strahlte im Gegensatz zu mir sehr viel Kraft aus: Eva Mattes. Sie war wie viele Frauen ihres Typs eitel und beeindruckte mich mit ihrer Selbstliebe.

Karlheinz Böhms Frau Barbara besuchte uns bei den Dreharbeiten. Sie nahm mich beiseite und sagte mir, dass Tony die Kinder nach Los Angeles mitgenommen habe. Vor Schmerz begann ich zu lachen.

Jetzt war es doch geschehen!

»YOU DON'T KNOW
WHAT YOU HAVE UNTIL YOU LOSE IT«*

*I*n dem Film *Satyricon* von Federico Fellini gibt es eine Szene, in der einem Debilen von einem Soldaten die Hand abgehackt wird. Der Schwachsinnige, in seiner Unfähigkeit, entsprechend zu reagieren, lächelt beifallheischend in die Menge.

Ich hatte den Film kurz nach meiner Rückkehr in die Bundesrepublik gesehen, und diese Szene löste einen seltsamen Schmerz aus. Mich verwirrte das Echo meiner Empfindung. Es war eine Einsicht in die Zukunft. Als mir die Kinder weggenommen wurden, ging es mir ebenso. Die Ungeheuerlichkeit dieser Handlung, die kalkulierte Grausamkeit und die Unmenschlichkeit zwangen mich jedoch zur Konfrontation mit einer Wahrheit, die ich bis dahin vor mir selbst verschleiert hatte.

Mein Rationalisierungsprogramm formte sich sofort in Richtung »aufgeben«. Damit wollte ich eine Frage vermeiden, vor der sich viele Menschen, speziell Frauen drücken.

Die Frage nach dem Recht auf Glück.

Glück ist nicht das, was einem zufällt, sondern das, was man festhalten kann.

Die einzige Einbindung in die Realitäten des Lebens war die Beziehung zu meinen Kindern. Meine Art der Erziehung war zur Entwicklung normaler Empfindungsfähigkeiten goldrichtig. Zwanzig Jahre verfrüht und gegen alle damals als richtig und normal geltenden Regeln.

---

* TEXTZEILE VON JOHN LENNON

Die Liebesbeziehung zu ihnen war aber auch das Mauseloch, in das ich mich vor der Welt verkriechen konnte.

Einer meiner besten Freunde, Franz Spelman, ein weiser jüdischer Herr aus München, sagte: »Nichts ist je so gut oder so schlecht, wie es scheint.«

Bevor sich jedoch für mich das Gute im Schlechten entdecken ließ, musste ich erst einmal zugeben, dass mir »eine Hand abgehackt« worden war. Mehr als die Hand. Man hatte mir alles genommen, was für mich Leben bedeutete.

Die Gerichtsverhandlung in Los Angeles über das Sorgerecht für die Kinder war Monate nach ihrer »Entführung« angesetzt, und mir war klar, dass ein Kampf um sie nicht gut wäre.

Außerdem konnte ich Tonys Argumenten erst mal nichts entgegensetzen: ein schönes Haus in Bel Air, Swimmingpool, nie Geldsorgen. Er hatte eine ständig verfügbare Frau im Hause. Die Ehefrau, die immer im Heim sein würde und nie für ihren Unterhalt außer Haus arbeiten müsste wie ich.

Sie wäre dadurch die bessere Mutter als ich, die sie geboren, gestillt hatte.

Und obwohl ich in mir ein winziges Stimmchen mit feministischen Gegenargumenten hörte, war mein Gefühl, rechtlos zu sein, zu stark, um zu kämpfen und diese Herausforderung anzunehmen.

Ich war eine Nomadenmutter ohne Stamm.

Tony war 39, als unser erstes Kind zur Welt kam, ich 19.

Diese zwanzig Jahre Welterfahrung fehlten mir. Er war ein Nomade, der sich seinen Stamm finanzieren konnte.

Werner Schroeter und Elisabeth waren die Einzigen, denen ich meinen Schmerz je zeigte.

Er war ein aktiver Freund und ermöglichte mir den Flug nach Los Angeles und den Aufenthalt dort, indem er kurzerhand einen

Film in Kalifornien drehte. Darin spielte ich eine Rolle, sofern man das »spielen« nennen kann.

Ich sah meine Kinder das erste Mal seit der Trennung in der Halle des Château Marmont, wo Werner und ich wohnten.
 Ich hatte mich schön gemacht für sie, mit frischen Blumen im Haar, und mir fest vorgenommen, nicht zu weinen, um sie mit meiner Trauer nicht zu belasten. Doch als ich sie sah und ihre Küsse spürte, das erste Mal der Sehnsucht nachgab, liefen mir die Tränen fast aus allen Poren. Und sie, statt sich zu schämen, wie es Kinder normalerweise für ihre Mütter tun, umarmten, küssten und trösteten mich. Das Band war nicht gerissen.
 Es wurde mir in diesem Augenblick bewusst, dass es nur eine Sache für mich gab, nur diese Quelle der Kraft. Meine bedingungslose Liebe zu ihnen. Die Kraft, die Fähigkeit, meine Phantasie in fassbare Wirklichkeit umzusetzen. All dies entwickelte ich aus dem Geheimnis der Liebe.

Nichts ist für die Gesellschaft diffuser und daher verachteter als die Liebe. Liebe gab mir kein Recht.

Die Person, die sozusagen als »Mastermind« hinter der ganzen Sache steckte und die Fäden in der Hand hatte, war nicht mein Exmann, sondern seine Frau Leslie.
 Als wir uns beim Termin zum Psychotest kennen lernten, fand ich sie nett. Ich wollte sie nett finden, denn Feindseligkeit würde den Kindern sicher schaden.

Drogenabhängigkeit, Alkoholismus oder Geisteskrankheit sind die einzigen Gründe, aus denen man einer Mutter nach amerikanischem Gesetz die Kinder wegnehmen kann. Trotzdem war es in der Praxis so, dass das Sorgerecht meist der finanziell besser gesicherte Elternteil erhält.

Das Gespräch mit dem Psychologen verlief eigenartig; er war verständnisvoll mir gegenüber und rügte Leslie. Sie argumentierte nicht mit den erwähnten Gründen, die in meinem Fall ja nicht zutrafen, sondern mit der angeblichen Verwahrlosung der Kinder. Sie brachte eine Geschichte zur Sprache, die geradezu grotesk war, absolut lächerlich.

Vor Jahren machten Tony und Leslie Sommerferien auf Sardinien. Sie hatten für Alex und Allegra einen Flug gebucht. Die Mädchen (sie waren damals fünf und sieben) mussten in Rom mehrere Stunden auf den Anschlussflug warten. Meine Mutter war gerade in München, und wir beschlossen, dass sie mit den Kindern nach Rom fliegen und sie ins Flugzeug bringen sollte. In Rom fuhr Mutter mit den Mädchen in die Stadt und kaufte ihnen neue Kleidchen, weil ihre weißen beim Spielen schmutzig geworden waren. Da die Koffer bereits eingecheckt waren, gab sie ihnen die schmutzigen in einer Tüte mit. Jahrelang wurde diese Geschichte bei den Curtisses erzählt, so, als hätte ich die Kinder mit schmutzigen Kleidern auf die Reise geschickt.

Das Bild, das sie von mir malten, war abenteuerlich. Und da passten auch die schmutzigen Kleider ganz gut.

Der Psychologe versuchte, sich selbst ein Bild von mir zu machen. Er fragte viel und meinte dann, dass ich meine Kinder offensichtlich liebte.

»Ja, ich liebe sie, aber was nützt mir das schon?« Ich weinte. Meine Schwäche war mir peinlich.

Trotzdem war ich mir sicher, aus dieser Niederlage wieder herauszufinden. Irgendwie und irgendwann.

Ich würde gewinnen, vor allem gegen mich selbst.

Kurz bevor ich nach Amerika geflogen war, hatte ich in München Uri Geller kennen gelernt. Als ich ihm von den Kindern erzählte, erwiderte er: »Aber du hast dadurch auch ein Stückchen Freiheit gewonnen.« Was natürlich stimmte. Jetzt bot sich mir die Chance, aus der Traumwelt, in der ich mit meinen Kindern gelebt hatte, herauszukommen; ich musste die neue Situation akzeptieren, mir eine andere, eigene Welt schaffen, in der ich leben und arbeiten konnte. Ich wusste, es würde schwer sein, aber ich musste und wollte es schaffen.

Die Kinder, so versuchte ich mir einzureden, würden es gut haben, sie würden ein »richtiges Familienleben« kennen lernen und ich könnte ja die Sommerferien mit ihnen verbringen.

Es kam nicht ganz so.

Nach der Besprechung mit dem Psychologen ging Leslie zu ihrem Amischlitten und ich zu meinem Pick-up-Truck, in dem mein schöner junger Begleiter auf mich wartete. Aus ihrem Blick konnte ich eine Menge herauslesen. Der Mann war ein Musiker, den ich beim Tanzen kennen gelernt hatte. »Liebe« auf den ersten Blick. Ich wohnte jetzt bei ihm am Strand.

Ich hatte also ein Stückchen Freiheit gewonnen. Die Pflichten der Erziehung, den Rhythmus, in den ich eingebunden gewesen war, gab es nicht mehr. Vorerst bestanden keine Verbindungen mehr mit der normalen Welt. Die normale Welt, das war Tony mit seiner Frau; die verrückte Welt, das war ich.

Wenn ich mich richtig erinnere, hatte Werner beim ZDF gesagt, er wolle in Kalifornien einen Marilyn-Monroe-Film drehen. Jetzt hatte er drei Frauen in einem Haus in der kalifornischen Wüste zum Thema. Die Frauen waren Magdalena Montezuma, Ila von Hasberg und ich. Der Film hieß wie der Ort: *Willow Springs*.

Während der Dreharbeiten bekam ich den ersten »Wundschmerz«. Langsam ließ dieses »fröhlich, sonnig, sorglos, alles wird gut« nach. Werner und Ila nahmen sich viel Zeit für mich. Vor allem Ila, mit der ich das Zimmer teilte, gab mir die Möglichkeit, wenigstens gelegentlich zu zeigen, dass ich litt.

Die Dreharbeiten waren auch ein Kapitel für sich. Wie immer hatte Werner hier attraktive junge Männer engagiert, die sich durch die seltsame europäische Truppe verunsichert fühlten: drei traumtänzerische Frauen. Eine davon kam gelegentlich als Mann daher. Der Regisseur mit wehenden blonden Haaren. Unverständliche Szenen. Keine festen Zeiten und kein Büfett.

In der Wüste wird man vor lauter Langeweile irgendwie fickrig, und trotz meiner Transusigkeit spürte ich die eigenartige Stimmung in dem großen Salon, in dem ich mit Magdalena auf irgendetwas wartete. Es war eine dieser endlosen Wartereien, die bei Dreharbeiten ständig entstehen, weil keiner »weiter« ruft.

Die beiden männlichen Arbeitskollegen strichen lustlos und angespannt aus dem großen Raum. Magdalena drehte sich zu mir. Ganz Garbo mit einem absoluten Steingesicht: »No, you can't always get what you want.« (Du kriegst nicht immer alles, was du dir in den Kopf setzt.)

Das war eine treffende Bemerkung in den letzten Wochen, und niemand anderer hätte diese Situation besser kommentieren können in diesem Raum, durch den der Wüstenwind pfiff.

Magdalena ist das einzige weibliche Genie, das ich geküsst habe.

In Werners Filmen küssten sich immer alle, ganz langsam und mit abwesenden Blicken. Magdalena war eine der schönsten Frauen der Welt, obwohl sie nach modischen Maßstäben hässlich war.

Ich hatte damals noch keinen Führerschein, so fuhren Freunde mich zu Tonys Haus, um die Kinder abzuholen. Meine Freunde waren alle jung, und keiner hatte besonders viel Geld. Mit verbeulten Autos, großen, altmodischen »Schiffen«, holten wir die Mädchen. Eine ganze Wagenflotte stand mir zur Verfügung. Es schien, als wäre die Panzerknacker-Bande zu Besuch bei Dagobert Duck. Werner begleitete mich und sah, wie Tony oben hinter dem Vorhang hervorspähte, während Leslie mich unten sehr freundlich empfing.

Die Kinder waren wie immer warm und herzlich. Meine frühere Sekretärin Helen war jetzt Leslies Sekretärin; im Haus standen noch immer die Möbel, die ich während der Ehe mit Tony gekauft hatte.

Die Hunde erkannten mich, sprangen an mir hoch und leckten meine Hände. Helen begrüßte mich freundlich. Was hätte sie schon sagen oder tun sollen?

Ich brachte meine Kinder während der Besuchszeit in schöne, aber billige Viertel, in die sich eine Matrone aus Bel Air nie verirrt hätte. Damals war Sushi noch nicht Mode, und so hatten wir bald ein japanisches Stammlokal, in dem man für wenig Geld exotische Kostbarkeiten essen konnte. Wir waren fast immer die einzigen »Kaukasier«, wie Asiaten die Weißen in Amerika nennen.

Danach gingen wir auf einen großen asiatischen Markt, wo es schöne, preisgünstige Dinge gab, an denen die Mädchen Spaß hatten. Zum Beispiel einen viereckig gepressten weißen Puder in phantastisch bedruckten Blechschachteln, eine kleine Papiertüte, mit Holzschnitten bedruckt. Alles nur »Plunder« für Bel Air.

Auf dem Nachhauseweg saßen wir meist zu dritt im Fond eines »Panzerknackerwagens«, ich in der Mitte, in jeder Hand eine kleine, warme Kinderhand. Die Beziehung zwischen uns entwickelte jene seltsam romantischen Gefühle, die manche Mädchen für ihre oft abwesenden Väter hegen.

Werner war wieder nach Deutschland geflogen, ich blieb in L. A., um so lange wie möglich bei den Kindern zu sein. Durch eine Deutsche, die auch Christine hieß, war ich in den Stadtteil Redondo Beach gekommen. Dort wohnte ich mit dem Freund, den ich beim Tanzen kennen gelernt hatte. Er vergötterte mich, für ihn sah ich aus wie die Jugendfassung seiner Mutter. Ich verzauberte unser kleines Holzhaus mit meinen innenarchitektonischen Künsten, aber nichts drang wirklich in mein Bewusstsein.

Er fand nie eine wartende Liebende vor, er musste mich immer neu erobern. In diesen Monaten tat ich nichts, außer meinen Traum genießen: der warme Strand, der liebende Mann, meine Kinder am Wochenende ... ich hätte jahrelang so dahinträumen können. Die Zeit verging, und ich entwickelte mich keinen Millimeter.

Eines Tages rief Werner mich an und verkündete mir eine beschlossene Sache: Ich würde in Bochum unter seiner Regie die Salome von Oscar Wilde spielen.

Obwohl mein Leben sonnig und wonnig war, folgte ich seiner Anordnung; hier war vielleicht die Chance, ein neues Ziel zu entdecken.

Mein Freund war krank geworden, und ein Bekannter von Christine, ein Bankier aus New York, fuhr mich zum Flughafen. Ein großer Deutscher mit Nadelstreifenanzug und langem, goldblondem Haar.

Auf dem Weg zum Flughafen stiegen wir nochmal am Strand aus, und ich sagte ihm, wie schwer mir der Abschied von hier fiel, ich aber instinktiv spürte, dass ich diesen Weg gehen musste. Er sagte, es gebe nichts Schwereres als die Möglichkeit, sich frei zu entscheiden.

Wir waren beide barfuß ins Wasser gegangen. Er im Anzug, ich im Hippiekleid. Er wirbelte mich am Strand herum, und ich genoss den Sternenhimmel. Ich fühlte mich wie ein vertrauensvolles Kind. Er bat mich, nicht zu gehen.

Ich flog trotzdem. Vor dem Abflug sagte er mir noch, ich könne ihn unter »Troubadour« in L. A. erreichen.

Als ich bei meinem nächsten Aufenthalt dort den Kontaktmann anrief, hieß es, der »Erzengel Gabriel« (so hatte meine Freundin Christine ihn genannt) habe sich entschieden, seine Bankkarriere aufzugeben und Taxifahrer zu werden. »Gott hat ihm das gesagt.«

Er wurde in Watts von einer verirrten Kugel tödlich getroffen.

Während des Fluges war mir sehr heiß, ich klagte der Stewardess mein Leid. Sie erhörte mich und senkte die Temperatur, bis sich die anderen Passagiere über die Kälte beschwerten.

In München wohnte ich vorübergehend in meiner alten Wohnung am Artur-Kutscher-Platz, die mein Bruder übernommen hatte. Es schneite, und beim Einkaufen bemerkte ich, dass ich in Sandalen und ohne Strümpfe auf die Straße gegangen war, ohne die Kälte zu spüren. Zu Hause maß ich meine Temperatur. Ich hatte über vierzig Grad Fieber. Bald bekam ich auch einen Schwächeanfall. In der Nacht schwitzte ich das ganze Federbett nass und versuchte, meine Mutter zu rufen. Ich hatte jedoch weder zum Rufen noch für sonst etwas die Kraft. Ich lag da und spürte das Leben auslaufen. Da dachte ich, es wäre schön, jetzt zu sterben.

Mütter haben starke Instinkte. Plötzlich stand sie neben meinem Bett; sie rief den Arzt an. Nach den Spritzen stellte sich eine leichte Besserung ein, und ich dachte: Schade, so eine tolle Gelegenheit bietet sich bestimmt nicht so schnell wieder.

In Bochum stellte ich fest, dass ich trotz Spirale schwanger war. Ich hätte mir lieber den Bauch mit einem Küchenmesser aufgeschlitzt, als noch ein Kind zu bekommen. Die Mädchen hätten ein »Geschwisterchen« bestimmt als Verrat empfunden. Von Allegra weiß ich das sicher.

Mich wundert, dass Werner bei der Arbeit mit mir keine Engelsflügel gewachsen sind. Meine Stimme war für ein so großes Theater überhaupt nicht ausgebildet. Der Schmerz der Trennung von meinen Kindern gab mir aber die Kraft, wenigstens den Schlussmonolog der Salome einigermaßen auszudrücken.

Es war eine skandalöse Aufführung. Ich war fast nackt. »Rührender Dilettantismus« hieß es. Aber ein paar gute Kritiken bekam ich doch.

Das Stück wurde übrigens ein großer Publikumserfolg.

Ich wohnte mit Ila in einer kleinen Theaterwohnung und war relativ glücklich. Trotz des Spaßes und der Auseinandersetzung mit dem Publikum – eine ganz neue Erfahrung für mich – blieb da ein nagender Schmerz: Es war niemand da, dem ich Märchen erzählen konnte, kein Kinderatem neben mir, zu dessen Rhythmus ich beruhigt einschlafen konnte.

Für mich als unglückliche, desorientierte junge Frau gab es nur eine Sache, die sich anbot, mit der ich, wenn nicht vergessen, so doch betäuben konnte: Männer.

Es verliebten sich viele in mich, und ich benutzte sie. Nicht dass ich mit vielen Männern geschlafen hätte; ich behandelte sie nur nachher so, als ob sie mir etwas Schreckliches angetan hätten. Das hatten sie nicht. Sie hatten mich bloß an meinen Verlust erinnert und an die Tatsache, dass ich mit siebenundzwanzig noch ein hilfloses Kind war, das sich in dem neu erworbenen Revier sexueller Macht sinnlos und ineffektiv rächte.

Der »Stern« schrieb einen Bericht über mich, der wie eine Bombe einschlug. Darin erkannte ich mich wieder, und ich bin überzeugt, dass er mir Jahre an kostspieliger Psychoanalyse erspart hat. In diesem Bericht war mein Zustand ziemlich genau beschrieben: eine Puppe, die tanzen gelernt hat, sich an den Männern für die Einsamkeit rächt und eine Abtreibung hatte.

Eine Amerikanerin machte sich die Mühe, mir ein Telegramm zu schicken: Gut, dass Tony mir die Kinder weggenommen habe, und ein »Pfui« auf mich …

Mein armer Bruder, entsetzt über das, was in diesem Bericht stand, rief mich an und meinte, wenn ich daraufhin nicht auswanderte, würde er es tun. Meine Mutter war außer sich, weil man sie als ehrgeizige Mutter bezeichnet hatte.

Es gab aber auch andere Reaktionen. Veruschka rief mich an und fragte, ob sie etwas für mich tun könne. Es tat sich eine kleine

Welt von Menschen auf, die merkten, dass ich dringend Hilfe brauchte, obwohl ich es nicht zeigen konnte.

Oft wird behauptet, Freunde habe man nur, solange es einem gut gehe. Das stimmt nach meiner Erfahrung überhaupt nicht.

Mein Freund Theo war in dieser Zeit Discjockey in Frankfurt, ich fuhr oft mit dem Zug zu ihm. In Frankfurt lernte ich eine ganz andere Welt kennen, die nichts mit der Filmwelt zu tun hatte.

Dort konnte ich meine Wunden lecken.

In dieser Zeit festigte sich auch meine Freundschaft mit Günter Amendt, der mit mir liebevoll und kritisch meine Verworrenheit und Ziellosigkeit diskutierte.

Es war an der Zeit, schauspielerischen Ehrgeiz zu entwickeln. Ich musste lernen, Hürden zu überwinden, mir ein Ziel setzen und arbeiten, um es zu erreichen.

Die Arbeit in Bochum dauerte eine Spielzeit lang, und ich zog zu einem vierzehnjährigen Jungen, der bei seinen Eltern wohnte und das Zimmer voller Schlangen hatte. Christoph Eichhorn. Er war mir ein ganz lieber Freund. Trotz oder wegen des Altersunterschiedes ein idealer Partner. Wir waren wie Geschwister, und er hat mir ein bisschen das Leben gerettet. Bei ihm konnte ich meine Ängste und Schmerzen abladen. Ich bin auch heute noch mit ihm befreundet, viele Einsichten über mich habe ich seiner Spiegelung zu verdanken. Wir fuhren oft zusammen nach Frankfurt; den Kreis, in dem wir verkehrten, beschrieb ein Journalist sehr gut so: »Christine Kaufmann ist umgeben von Transvestiten und solchen, die nicht wissen, was das ist.«

Theo und ich tanzten die Nächte durch.

Eine halbwegs hübsche, verzweifelte und mittellose junge Frau scheint alle Jagdinstinkte bei Männern zu mobilisieren, anders kann ich mir so viele Verehrer nicht erklären. Wie früher mit meinem Bruder lachte ich jetzt mit Theo über ihre verzweifelten Liebesbemühungen. Es gab da einen, der drei Stockwerke die Regenrinne hochkletterte, nachdem ich mich geweigert hatte, ihm auf sein Klingeln die Tür zu öffnen. »Ich bin schon im Nachthemd, Liebster!«

Oder einen, der mir gigantische Liliensträuße schickte und mich brav wochenlang von Bochum nach Frankfurt fuhr. Eine leidenschaftliche Nacht verbrachte ich mit ihm. Dann nie wieder. Ich blieb dabei höflich, freundlich und abwesend. Mein Freund Meisy sagte immer, meine Beziehungen seien ein gigantischer Rachefeldzug gegen die Männer. Es stimmte. Damals sah ich in jedem Liebhaber ein »Racheobjekt«. Heute habe ich starke Freundschaften mit Männern, mit echter Liebe und Zuneigung.

Nach *Salome* war es schwierig für mich, Rollen zu bekommen. Ich lebte aus dem Koffer, ging nach München, wo ich bei meinem lieben Freund Christian Breidert Unterschlupf fand. Er war Damenschneider und hatte die schärfste Zunge der Welt. Aber ein gutes Herz. Er ließ mich bei sich wohnen, als ich völlig ohne Geld dastand. Ich war zu dick, und mein Gesicht zeigte die Spuren des Schmerzes. Meine Agentur vermittelte mir mit Müh und Not eine Rolle in einem Krimi. Die Gage würde für einen Teil der Amerikareise reichen.

Ich bot »Playboy« an, Fotos von mir zu machen, die Klimt-Akten nachgestellt waren. Auf den Bildern sieht man die Kälte und Trauer sehr deutlich, aber auch das Versprechen eines Augenblicks der Leidenschaft, die alles vergessen macht.

In den Wochen bei Christian riefen so viele Männer an, dass Christian schon einen Routineausdruck zur Ankündigung der Anrufer parat hatte: »Christine, Kundschaft!«

Ich fand das lustig, aber auch peinlich. Männer kamen als Finanzquelle nicht in Frage.

Theo schlief oft bei mir, weil ich Angst hatte, nachts alleine zu sein. Durch ihn habe ich einen anderen Jungen kennen gelernt, den ich auch sehr mochte. Zu ihm sagte ich: »Wenn wir miteinander schlafen, werde ich dich hinterher nicht mehr mögen, wenn du aber nur so bei mir schläfst, werde ich dich sehr mögen.« Ich mag ihn bis heute.

Endlich hatte ich das Geld für die nächste Amerikareise zusammen. Unter Werners Regie hatte ich noch eine kleine Szene gespielt und dabei seinen Assistenten kennen gelernt. Den Achim. Er sah, dass es mir schlecht ging, und begleitete mich nach New York, wo meine Kinder jetzt mit Tony wohnten. Tony war aus beruflichen Gründen wieder einmal umgezogen.

Achim und ich hatten keine Liebesbeziehung, er war einfach nett zu mir. In New York sah ich die Kinder nach einem Jahr wieder und musste mich sehr bemühen, nicht zu weinen, was ich sogar schaffte. Ich litt wie ein Hund. Die Kinder baten mich, sie in der Schule zu besuchen. Meine Töchter waren so stolz auf mich. Die anderen Kinder kamen zu mir und fassten meine Haare an. Ich trug ein rosa Yves-Saint-Laurent-Jäckchen, und sie sagten: »Oh, that's your mami? She is so young and beautiful!«

Wenigstens etwas, das ich meinen Kindern geben konnte.

Ich durfte auch zu Besuch in Tonys Haus. Leslies Mutter, eine kleine rundliche Frau, war sehr freundlich zu mir, und ich sah eine Spur von Bewunderung in ihren Augen. Vielleicht war es mein ehrliches Bemühen um das Glücklichsein meiner Kinder in der neuen Familie. Denn im Gegensatz zu ihrer Tochter war ich nicht tückisch. Verwirrt und ziellos, ja. Aber voll guter Bemühungen.

Mein Plan war, nun weiter nach Kalifornien zu fahren und dort für mich und die Kinder ein Haus für den Sommer zu mieten.

Sie waren mir gegenüber irgendwie verändert. Wenn ich sage, dass Liebe über alles triumphiert, so weiß ich, wovon ich spreche. Diese Wesen waren auf der Welt, weil ich sie geboren hatte. Sie waren nicht mir, sondern ich war ihnen gegenüber verpflichtet. Was auch immer passierte, ich würde alles tun, um ihnen zu zeigen, dass es eine Form von Liebe gibt, die beständig ist und keine Forderungen stellt. Ich wollte, dass sie für sich aus dieser Beständigkeit der Gefühle die Kraft für ihr Leben schöpften.

Kurz bevor ich mit Achim abfuhr, ließ mir Leslie mit ein paar Zeilen den Brief eines Psychiaters zukommen, in dem stand, dass Allegra sich immer verletze, wenn ich wegfuhr, und sich daher die Frage stelle, ob es nicht besser wäre, ich würde die Kinder – um ihrer selbst willen – nicht mehr sehen.

Ich war zerschmettert, zerstört. Natürlich bereit, mir diesen Schuh sofort anzuziehen. Ich bin ja blöd, hässlich und verrückt. Außerdem, so klang es aus ihren Zeilen, war ich ja nicht einmal eine anständig verheiratete Frau …

Achim und ich heirateten. Als seine Frau, so überlegten wir, wäre ich wenigstens nach außen hin »anständig«. Ungefähr zehn Minuten nach der Hochzeitszeremonie hatte ich den ersten vernünftigen Gedanken seit Jahren. Wieso soll ich mich als Ehefrau tarnen!

Ich verdiene mein eigenes Geld. Ich habe ein Recht, mein Leben auf meine eigene Art zu leben, und brauche nicht so zu tun, als gehörte ich zu diesem Heer abhängiger Frauen, mit denen ich rein gar nichts gemein hatte.

Wir fuhren nach San Francisco zu meiner Freundin Mae, einer Lehrerin. Eine der wunderbaren feministischen Frauen in Amerika, die für eine wirtschaftliche Gleichstellung der Frau kämpfen und für eine Beziehung zu Männern, die nicht auf Dienen und Tücke basiert, sondern auf Anziehung und Auseinandersetzung.

Mae sprach mit mir über meine Verknotungen. Sie lehrte mich, viele Dinge mit anderen Augen zu sehen. »Arbeite an dir!«, sagte sie. »Du kannst es schaffen.«

Zuerst trennte ich mich von Achim. Es war überflüssig, etwas zu spielen, das nicht existierte. Ich war keine Ehehälfte. Ich war ganz. Auch allein.

Durch Mae fand ich ein phantastisches Haus in Santa Barbara. Es lag im exklusivsten Viertel der an sich schon exklusiven Stadt. Das Gästehaus einer riesigen Villa, die eine Millionärin ihren Kötern hinterlassen hatte. Solange noch ein Hund lebte, durfte das Haus nicht verkauft werden. Nur das Gästehaus wurde vermietet.
Für 130 Dollar.

Als die Mädchen im Sommer kamen, fanden sie ein wunderschönes Puppenhaus vor. Der Besitzer war ein Mann mit sehr gutem Geschmack. Im Garten gab es wild wachsende Rosenbüsche. Alex und Allegra waren begeistert. Mochte ich auch bei ihnen zu Hause als verrückt und unmöglich gelten, mit mir war das Leben jedenfalls spannend und interessant.

Sie lernten Eric kennen, der aus der Hand lesen und Geister beschwören konnte. Da waren ein schöner alter Mann und seine Frau, die Morgenroths. Ein Paar, das vor Hitler aus Deutschland geflohen war. In ihrem Haus gab es ein Zimmer mit echten Tapeten aus dem 18. Jahrhundert. Mr Morgenroth fuhr ein schönes Motorrad, auf dem sich die Mädchen vorsichtig über die nach Blumen duftenden Wege fahren ließen. Es gab auch einen waschechten Indianer, der vor ihren Augen eine Schlange fing und tötete.

Wir hatten wenig Geld, gingen mit großen Handtaschen ins Restaurant, um das Klopapier mitzunehmen.

Ich lernte Justine kennen, ein richtiges Cowgirl mit dickem, blondem Haar. Wenn sie lachte, wackelte der ganze Canyon.

Wieder gab es jede Nacht Märchengeschichten, und Alex durfte meine Kleider anziehen und mit Goldsandalen auf der Straße laufen. Wir fuhren manchmal per Anhalter auf der Ladefläche von Lastwagen ans Meer und gingen am Nacktbadestrand schwimmen.

Einmal war ein Bekannter von Justine am Strand, der hatte einen ungewöhnlich großen Penis, was ich elegant übersah, wie man das an Nacktbadestränden eben so tut. Nicht die Mädchen. Sie stellten sich hinter ihn und gestikulierten wild, aber stumm, ich sollte doch mal hinsehen! Für sie war das nur etwas zum Lachen; für mich jedoch war es schwer, diesem kindlichen, unbefangenen Kommentar entsprechend zu reagieren. Ich trug am Strand immer einen großen Hut mit Schleier, der mir sehr gelegen kam, weil ich natürlich über ihre Gesichter lachen musste.

Mae besuchte uns, und wir waren eine richtige Familie. Das machte es auch leichter, die Kinder für ein paar Tage in ihr anderes Zuhause, in das reiche, aber im Vergleich zum Strandleben öde Bel Air zu bringen. Alex und Allegra sollten während der Ferien zu einem Arzt, und ich würde sie bald wieder abholen.

Ich hatte ein mieses Gefühl.

Ankündigungen kommender Ereignisse sind wie ein Farbschleier in der Luft, dessen Farbe gewissermaßen fühlbar ist.

Als die Mädchen aus dem Haus kamen, waren ihre Haare ganz kurz geschnitten. Bürstenschnitt!

Puh, das tat weh. Es war wie eine Kastration. Alex' knospende Jungmädchenschönheit war wie zerstört. Allegra war guter Dinge; ihr stand es. Aber Alex!

Leslie hatte ihnen die Haare schneiden lassen, weil es für den Sommer »bequemer« war. Ich fand es schrecklich. Das sah nach einem ganz gemeinen Racheakt aus.

Wir versuchten mit Tüchern und Bändern aus diesen Frisuren etwas zu machen. Obwohl ich mit den Kindern nicht über ihr »Zuhause« sprach, spürte ich eine schwelende Feindseligkeit. Ich sah, und das sagte ich ihnen, keinen Sinn darin, schlecht über Tony und seine Frau zu sprechen.

Ich wollte ihnen zeigen, dass es andere Werte gab als Reichtum, andere Wege, die zu Zielen führten, die Tony und Leslie fremd waren. Ich war auf meinem neuen Weg erst ein paar Schritte vorangekommen, und ich sprach mit ihnen offen über meine Fehler und Probleme. Alex sagte mir später einmal, dass ich von allen »Erziehern« die Einzige war, bei der das, was sie sagte, immer identisch war mit dem, was sie tat.

Unsere Art, den Sommer zu verbringen, passte den Curtisses nicht, und in den folgenden Jahren geschahen viele Dinge, über die ich nur eines sagen möchte: Grausamkeit und Boshaftigkeit rächen sich letztendlich immer an ihrem Urheber.

Nach diesem Sommerurlaub mit den Kindern war ich ausgeglichener. Langsam lernte ich, die Welt auf meine Art in den Griff zu bekommen. Auf eine seltsame Weise schloss sich ein Kreis.

Eine der vielen Geschichten, die man erlebt, wenn man überlebt: Als die Mädchen abgefahren waren, war Werner Schroeter kurze Zeit Gast in meinem kleinen Haus. Wie üblich kam er mit einer Entourage, darunter ein merkwürdig aussehendes Wesen. Ein Mädchen, wie ich nach einigen Tagen herausfand. Sie fragte mich gelegentlich, ob sie ein Ferngespräch nach St. Louis Obispo führen dürfte, dort saß ein Mann im Gefängnis, mit dem sie eine Beziehung hatte. Sie war, so erfuhr ich später, ein Gerichtssaalgroupie, aber ansonsten schien sie mir ganz klug.

Sie fuhr mit Werner wieder weg, Mae blieb. Eines Tages rief mich der Gefängnisinsasse an. Er hörte sich sanft und kultiviert an. Als er seinen Namen nannte, setzte mein Herzschlag einen Moment lang aus: Tex Watson, der Mann aus der Charles-Manson-Bande, der Sharon getötet hatte.

Ich liebte Kalifornien sehr. Vielleicht spürte ich deshalb die wachsende Gefahr immer stärker. Das Leben in diesem schönen, von der Sonne verwöhnten Land am Meer schien sich radikal zu verändern. Immer mehr Leute nahmen Drogen. Nicht bloß ein wenig Gras, sondern Kokain und »Angel Dust« wurden Mode. Es war erschreckend, wie wenige sich dem noch entziehen konnten.

Werner machte mir ein Tourneeangebot für die *Salome*, das ich annahm. Es war schwer, die kalifornische Sonne zu verlassen, die Trennung von meinem Strandfreund George fiel mir leichter. Ich hatte erkannt, dass meine Liebe zu ihm nur eine Flucht vor mir selbst gewesen war. Es würde Mut und Kraft kosten, in der Bundesrepublik zu leben und zu arbeiten – mit Grauen dachte ich an die bösartigen, diffamierenden Berichte der Illustrierten und der Boulevardpresse über mich –, aber es war eine Chance. Ich musste mich stellen, nur dann würde es mir gelingen, mich endlich zu entknoten.

Die glückliche Zeit mit den Kindern hatte sich auch auf mein körperliches Wohlbefinden ausgewirkt, ich war wieder schlank geworden. Die Gruppe, die Werner ausgesucht hatte, war genau richtig für einen Schritt in Richtung Selbstfindung. Diese musste zwangsläufig in meinem Beruf ihren Anfang haben.

Werner ließ uns bald nach den Proben im Stich. Wir waren, wie mir schien, eine Art Gauklertrüppchen, wie aus einer anderen Zeit. Etwas billig und unprofessionell. In Werners Händen bekam diese Zusammensetzung einen irrealen, traumhaften Zug, bei jedem »normal« arbeitenden Regisseur hätte sie zu einem Haufen kurioser Halbprofis oder Volldilettanten – ich allen voran – verkommen müssen. Trotzdem entwickelte gerade diese Produktion eine ungeheure Eigendynamik. Die Profis wurden immer schlechter, die anderen entfalteten immer mehr Phantasie. Ich nähte selbst meine Kostüme. Hartwig, ein sehr schöner junger Kollege, besorgte beim Bremer Rundfunk eine Musik, die der ganzen Inszenierung einen traumhaften Akzent verlieh. Es geschah gelegentlich, dass ich in dem Schlussmonolog der Salome den phantastischen Text der Sehnsucht und Liebe so vermittelte, dass er das Publikum traf. Es gab Vorstellungen, nach denen es ganz still war und dann mit starkem Applaus reagierte. Es gab auch Vorstellungen, in denen »Buh« gerufen wurde. Aber ich hatte etwas Wichtiges gelernt, nämlich, dass dieser mir so verhasste Beruf die Möglichkeit gab, in mir selbst Gefühle zum Leben zu erwecken und sie den Menschen zu vermitteln. Dass sich aus dem Gefühl Gedanken entwickeln und dass ich mich über diese Gedanken als Mensch formen konnte. Über das Rosen-Resli, über die Skandalnudel, über die Wahnsinnige zu mir.

Immer seltener griff ich zu Drogen oder Schlaftabletten, um die Wirklichkeit auszuschließen, die Gefühle zu dämpfen. Ich lernte, den Schmerz über die Trennung von meinen Kindern zu ertragen. Langsam sah ich meinen Weg klarer vor mir.

Nach der Tournee hatte ich genug Geld, um nach Kalifornien zu fliegen. Wieder zu Mae nach San Francisco. Das Geld, das die Kinder für den Flug dorthin brauchten, hatte ich auch. Hartwig begleitete mich.

Es war selbstverständlich für ihn, dass er nicht bei mir schlief, solange die Kinder da waren. Wir wohnten in einem riesigen Haus, das einem Freund gehörte, einem ehemaligen Feuerwehrhaus. Wir schliefen zu dritt im Gästetrakt.

Obwohl Hartwig sich den Mädchen gegenüber sehr rücksichtsvoll verhielt, mochten sie ihn nicht, denn ihre Mama gehörte ihnen. So überlegten sie sich ständig irgendwelche Scherze, an denen ich mich zugegebenermaßen beteiligte.

Wir kochten gern und viel. Salate waren Allegras Spezialität. Wir hatten den Tisch mit Magnolien und Kerzen gedeckt. Salat als ersten Gang. Hartwig bemerkte ein zaghaftes Lächeln um unseren Mund. Das Hausbesitzerpaar lobte das köstliche Gericht.

Von Hartwig kam ein gellender Aufschrei. Wow, dieser Salat!

Es war ungefähr ein Esslöffel Salz drin. Gewarnt, tauschte er danach immer vorsichtig die Teller aus.

Nach dem Essen nahm er eine Zigarette. Ich auch. Hartwig sah aus wie Alain Delon und hatte eine sehr laszive Art zu rauchen. Peng! Seine Zigarette explodierte mit lautem Knall. »Rache«, schrie er, doch er lachte dabei, und die Mädchen lachten mit.

Auch zum Kaffee rauchte Hartwig eine Zigarette, nahm aber vorsichtigerweise die zweite der Reihe aus seinem Etui. Peng! Ein Feuerwerk an seiner Nasenspitze!

Fortan hütete er die Zigaretten wie ein Heiligtum. Er war wirklich lieb, aber für Allegra war jeder Mann an meiner Seite ein rotes Tuch.

Der Kontakt zu Leslie und Tony war völlig abgebrochen. Ich durfte nicht mehr anrufen und konnte mir nicht erklären, warum. Meine Einstellung zu ihnen war positiv, der Kinder wegen. So war es mir recht, wenn sie Leslie mochten, und es störte mich nicht, dass sie zu ihr »Mutter« sagten. Denn ihre Mutter blieb doch immer ich. Wir liebten uns. Daran würde sich nie etwas ändern.

Eines Tages fand ich die Kinder ganz aufgelöst, ihre Stiefmutter hatte ihre Bitte, ein paar Tage länger bleiben zu dürfen, schroff abgelehnt und erbost eingehängt. Ich verstand Leslie nicht. Sie hatte doch eigene Kinder und musste wissen, dass man ihre Zuneigung nicht gewinnt, wenn man sie mit so kindischen Mitteln unter Druck setzt. Ich erklärte den Mädchen, dass manche Mütter eigentlich nichts anderes sind als alte Kinder. Von manchem wissen sie mehr, von anderem weniger.

Unsere Abschiede waren immer das Versprechen auf ein baldiges Wiedersehen. Nur dadurch waren sie zu ertragen. Die vielen Erlebnisse und Stunden inniger Liebe verbanden uns in einer Weise, dass mir im Nachhinein klar wurde, warum Leslie so eifersüchtig war.

Mir wird sie trotzdem ein ewiges Rätsel bleiben.

In Deutschland zog ich mit Hartwig zu einer befreundeten Familie. Meisy war nach wie vor mein Wahlbruder. In seinem Kreis fand ich Menschen, mit denen ich über meine Probleme der Selbstfindung sprechen konnte. Wieder war es ein Journalist, durch den ich einen Schritt auf meinem Weg vorankam. Bodo Land. Er schrieb für »HÖRZU«.

Manchmal braucht man zehn Jahre, um einen Satz zu verstehen. Für mich war es ein Satz, den J. C. gesagt hatte, der jetzt sozusagen in die Wurzel gedrungen war und etwas in mir zum Keimen brachte: »Jeder Mensch hat das Recht auf Wut.« Wut über Ungerechtigkeiten.

Wut aber muss man zeigen, wenn sie nicht selbstzerstörerisch wirken soll. Alles, was man verdrängt, macht krank – eine alte Erfahrung. Ich hatte in meinem Leben so vieles – bewusst und unbewusst – verdrängt. Bodo Land brachte all die Dinge ganz klar auf den Punkt, Dinge, die ich insgeheim wohl gespürt, an die ich mich aber nie herangewagt hatte. Wie jedem guten Journalisten ging es ihm um Wahrheitsfindung, nicht um Sensationen.

Er gestand mir das Recht auf Schmerz und Wut zu. Er räumte »den Schutt« weg und legte Kräfte frei, die mir den Mut gaben für einschneidende Veränderungen. Er überzeugte mich, dass ich sowohl als Mensch wie auch als Schauspielerin interessante Qualitäten hatte, die es nun sinnvoll einzusetzen gelte.

Ich zog nach München in eine romantische Dachwohnung und schuf ein Heim, das bei aller Bescheidenheit ein Zuhause war, in dem mich meine Kinder besuchen konnten. Ich lernte Selbstkritik positiv umzusetzen und entwickelte auch meine schauspielerischen Fähigkeiten.

Als Erstes machte ich mir eine »Kummerliste«, die ich auch heute noch oft anfertige und die mir immer wieder hilft. Ich arbeitete daran, mich selbst wieder auf Vordermann zu bringen. Ein Gymnastikprogramm war gut für die Figur und half gegen Depressionen. Die Kummerfalten verschwanden, der Ausdruck meines Gesichts wurde reifer. In mir erwachte eine positive Kraft, die die Menschen anzog.

Und vor allem: Ich kochte wieder gern.

Barbara Valentin hatte ich in meiner miesen Phase bei Dreharbeiten mit Rainer Werner Fassbinder kennen gelernt. Sie und Helmut Dietl waren meine ersten Gäste zum Abendessen. Damals wohnte ich mit Hartwig und einem Schauspieler namens Herbie zusammen. Während ich mit den Vorbereitungen beschäftigt war, sagte ich den beiden Herren: »Man kann viel gegen mich sagen, aber *kochen kann ich*.«

Barbara und Helmut aßen mit offensichtlichem Gusto und bestätigten: »*Kochen kannst du*.«

Gut, das konnte ich also. Gymnastik war auch kein Problem. Ich sah wieder gut aus, das sagten alle. Warum also nicht damit Geld verdienen?

Der erste Schritt war die Kontaktaufnahme mit einer Kosmetikfirma, die ihre Produkte in Reformhäusern verkaufte. Früher hatte ich für alle möglichen unnützen Dinge geworben, warum nicht einmal für etwas werben, das man wirklich braucht?

Es klappte.

Dieses allmähliche Zu-sich-selbst-Finden hatte auch die Trennung von meinem Freund zur Folge. Er war sehr schön, sehr nett, nur nicht das, was ich brauchte, um mich weiterzuentwickeln.

Eine der Frauen, mit denen ich mich anfreundete, war Alexandra Marischka. Sie hatte ein Kind. Als ich die Kleine einmal für ein paar Stunden bei mir hatte, fand mein Bruder mich danach vollkommen in Tränen aufgelöst. Er stellte mir die berechtigte Frage, ob ich mir denn so etwas leisten könne.

Nein.

Bei Helmut Dietl lernte ich Patrick Süskind kennen. Ich glaube, ich habe *Vom Winde verweht* zu oft gesehen und hegte romantische Gefühle für Männer, die als Ashley in Frage kommen. Fern, unwirklich und außerhalb aller Spielregeln. Patrick ist der Ashley schlechthin, und während ich wie Scarlett handfest ein neues Lebensprogramm umsetzte, war mein Verliebtsein in Patrick der ideale Ausgleich für den erdgebundenen Alltag. Oft besuchte ich die Dietls nur, um den fernen hellen Patrick schmachtend zu betrachten, und wäre die Mutter von Helmut nicht gestorben, so wäre es dabei geblieben, aber die Trauer und Verwirrung, die so ein Tod auslöst, und die Aktivitäten, die dem folgen, brachten uns näher.

Ich lebte noch mit Hartwig und dachte meine Zuneigung zu Patrick diskret versteckt zu haben, als eines Tages Hartwig wortlos die Wohnung stürmte, zu mir ins Bad kam, mit der Hand ausholte und mir eine Backpfeife geben wollte. Ich duckte mich. Das Ziel verfehlt, zog er wieder ab. Verwundert und schuldig machte ich mich im Bad weiter fertig. Nach einer halben Stunde klingelte das Telefon. Patrick hatte den gleichen Besuch bekommen, war aber, wie es Ashleys eben so tun, stehen geblieben und hatte seine Ohrfeige voll aufs Ohr bekommen. Trotzdem blieben wir befreundet, und ich bat ihn, mir bei einem Buch zu helfen, an dessen Konzept ich schon eine Weile gearbeitet hatte. Mein Bruder hatte mit dem Molden-Verlag gesprochen, ob er an einem Schönheits- und Gesundheitsbuch von mir interessiert wäre – Jahre bevor diese Art Bücher der große Trend wurden. Wir setzten einen Vertrag in Wien auf, es wurde ein beträchtlicher Vorschuss vereinbart.

Die ersten Artikel sollte ich so bald wie möglich schreiben.

Zu Hause legte ich den Inhalt der Kapitel fest, brachte das Manuskript zu Patrick und las es ihm mit blutrotem Gesicht vor. Ich hatte ihn gebeten, für die Hälfte des Moldengeldes die redaktionelle Bearbeitung der Texte zu übernehmen. Patrick hatte einen wahren Röntgenblick (ach, diese wunderschönen Augen!). Ich war immer

»ganz durch den Wind«. Er sah mich also an und sagte: »Das ist doch gut und witzig, warum schreibst du es denn nicht selbst?«

O nein, das traute ich mir nicht zu. Turnen und schminken, ja, das konnte ich, aber darüber schreiben, das musste er. Ich überzeugte ihn, und er machte ein paar wirklich gute, amüsante Kapitel aus den Fakten, die ich zusammengestellt hatte.

Bibbernd wartete ich auf die Antwort von Molden. Der Lektor schrieb, es täte ihm Leid, aber in dem Manuskript könne er keinerlei schriftstellerische Begabung erkennen. Der Vertrag müsse aufgelöst werden. Leider habe ich den Brief sowie das gesamte Manuskript weggeworfen und das Geld zurückgeschickt.

Patrick Süskind ist der Autor des erfolgreichen Buches »Das Parfum«!

Ich bekam wieder Rollen angeboten, denen ich tatsächlich Interesse abgewinnen konnte.

Brandauer engagierte mich für eine kleine Rolle in Grillparzers *Die Jüdin von Toledo* in einem Freilichttheater, wo man sich die Seele aus dem Leib schrie. Der Aufenthalt im Burgenland war nett.

Anita Lochner und Kitty Speiser waren sehr liebe Kolleginnen. Mein großer Coup war jedoch nicht die Rolle, sondern die Entdeckung eines Auktionshauses, in dem ich für lächerlich wenig Geld unglaublich tolle und wertvolle Jugendstilmöbel kaufte. Mein kleines Hotelzimmer war vollkommen überfüllt.

Brandauer erinnerte mich immer ein bisschen an meinen Bruder, vor allem durch seinen Humor. Er bekam irgendwie mit, dass meine Bindung an Hartwig sich aufzulösen begann und dass es einen potentiellen Nachfolger gab. Er war von meiner Gleichgültigkeit in Bezug auf Erfolg und Ruhm fasziniert. »Was erwartest du?« Immer so eine Frage! Vom Leben, von der Beziehung, von der Arbeit...

Er wollte wissen, warum ich mich dem neuen Verehrer entzog, den er besser fand als Hartwig.

Meine Antwort brachte ihn so zum Lachen, dass ihm die Tränen aus den Augen kullerten. Ich meinte es ehrlich: »Bei mir werden alle zum Hartwig, sooner or later.«

Nach der Theaterarbeit suchte ich in München eine Wohnung, die zu den Möbeln passte. Im Lehel. Sie war wunderschön. Obwohl ich mich innerlich von Hartwig schon getrennt hatte, zogen wir gemeinsam ein.

Die Wohnung hatte 150 qm, auf denen sich meine Phantasie austoben konnte. Geld war nie viel da, doch gerade dieser Umstand förderte die eigene Kreativität. Ich nähte Vorhänge aus echter, hauchdünner Seide, teefarben, was für gute Stimmung sorgte. Auch Couches baute ich selbst. Meine Kreativität und auch mein handwerkliches Talent waren wohl ein Erbe meiner Vorfahren väterlicherseits.

Bei der Einweihungsparty entstand eine wundervolle Farbkombination: Auf den zimtfarbenen Sitzgelegenheiten, in weiches Licht getaucht, saßen meine Freundinnen, die alle, wie verabredet, in hellen Farben gekleidet waren.

Ich besah sie mir aus dem Nebenraum. Die Stimmung war wie auf Ingres' Bild »Das türkische Bad«. Während ich den Anblick genoss, kam Mandi Hausenberger zu mir und sprach meine Gedanken aus: Er habe noch nie ein so harmonisch weibliches Interieur gesehen.

Was mir als junger Frau in der Ehe mit Tony gelungen war, wiederholte sich jetzt in München. Zu meinem Kreis zählten anregende, gescheite Menschen mit Perspektiven, Zielen und der Fähigkeit, Beruf und Leben produktiv zu verbinden.

Ich entwarf einen Tisch, der in Produktion ging, einen Musterschutz erhielt und vom mexikanischen Präsidenten gekauft wurde. Dann entwickelte ich ein Kissen gegen meine häufigen Migräneanfälle. Es entpuppte sich nicht nur als hervorragendes Therapeutikum, sondern verhinderte auch gleichzeitig Schlaffalten.

Mit der schönen großen Wohnung und meiner neu gewonnenen inneren Stabilität konnte ich meinen Kindern nun sowohl Abenteuer als auch ein schönes Zuhause im bürgerlichen Sinn bieten.

Wir hatten uns zwei Jahre nicht gesehen. Einige unschöne Dinge waren geschehen, wir hatten eine Phase durchgemacht, in der wir uns fremd geworden waren. Vielleicht hatten sie mich auch ein bisschen verachtet, all das böse Gerede über mich konnte sie ja nicht unberührt lassen, doch endlich, endlich waren meine Töchter wieder bei mir.

In diesem Urlaub verliebten wir uns wieder richtig ineinander. Die Mädchen hatten den jugendlichen Charme selbstbewusster Teenager, der auf Männer so betörend wirkt, und einige, die mich früher verehrt hatten, waren nun von ihnen wie verzaubert. Ich verstand das sehr gut. Ich war ja selbst ganz hingerissen. Sie waren nicht nur hübsch, sondern klug, warmherzig und offen. Sie gaben mir alle Zuneigung, von der ich je geträumt hatte. Jetzt, da sie selbst Vergleiche ziehen konnten und die Beständigkeit meiner Gefühle für sie erlebten, erkannten sie, dass diese innere Stetigkeit ihnen mehr Geborgenheit schenkte als aller Glanz und Reichtum in Bel Air. Ich war auch nicht, wie Leslie es offenbar war, eifersüchtig auf ihre blühende Schönheit. Eine liebende Mutter kennt keine Eifersucht.

Meinen Töchtern habe ich es zu verdanken, dass mir junge, hübsche Kolleginnen schnell ans Herz wachsen, wenn sie mir angenehm sind. Ich sehe die Jugend als Repräsentanten des Lebens und nicht als missliche Mahnung an den eigenen Verfall und den Tod.

Allerdings passierten während ihres Aufenthalts sehr viele Dinge, die wohl auch zum »ganz normalen Wahnsinn« gehören, um Helmut Dietl zu zitieren.

Als ich mich von Hartwig getrennt hatte, schrieb Paul Sahner über mich in der »Bild-Zeitung«, ich würde mehr oder weniger aus dem letzten Loch pfeifen. Das stimmte irgendwie, doch andererseits auch wieder nicht. Denn um aus dem letzten Loch herauszukommen, hatte ich Kräfte mobilisiert, die mir bis dato unbekannt waren. Mit dieser neuen Energie und meinem ganz hübschen Aussehen lockte ich die Männer an wie die Fliegen. Vor allen Dingen muss aber noch gesagt werden, dass es meine Armut war, die den Retter in den Männern hervorkitzelte.

Und da ich alleine war, nahm ich mir der Reihe nach einige Liebhaber. Ohne mich zu binden. Das haben die Männer, glaube ich, nicht so gerne. »Nicht binden«, das mögen sie lieber auf ihrer Seite verzeichnen. War nun ein Mann bei mir, so warf der Vorgänger Steine durchs Fenster. Hatte ich mich von einem getrennt, so malte er mitunter den ganzen Gehsteig voller Herzen. Manchmal gab es komische Situationen, manchmal nicht. Keiner konnte mir geben, was ich brauchte.

In der Biochemie gibt es ein bestechendes Gleichnis für Liebeskummer: Hat jemand Zinkmangel, so kann er Eisen essen, bis es ihm zu den Ohren herauskommt. Der Zinkmangel kann nur mit Zink behoben werden.

Und was ich hatte, war Liebeskummer. Liebeskummer wiederum ist in meinen Augen Lebenskummer. Ein Schritt zur Auflösung desselben war, mit den Männern als Ablenkung aufzuhören. Leider gibt es offenbar bei einer Frau wie mir nur eines, das wirksam gegen Männer im Allgemeinen wirkt: ein Mann.

In Reno hatte ich den perfekten »he-man«, den wirklich männlichen Mann gefunden. Er konnte mit einem Blick aus seinen blauen Augen sein Revier behaupten.

Ein weiterer Grund für mich, keine Affären mehr mit Männern zu haben, war ein Bericht meines Freundes Dieter Schidor. Er hat mir 1979 zum ersten Mal von Aids erzählt. Allerdings hieß es damals »gay cancer«, Schwulenkrebs.

Darauf jedoch wollte ich mich nicht verlassen. Gay oder nicht, es war für mich nicht nur ein Zeichen, sexuell die Handbremse zu ziehen, sondern gleich den eisernen Vorhang fallen zu lassen. Reno war zehn Jahre jünger als ich und mit seiner niederbayerischen Kraft der ideale Beschützer.

Ein begabter Komponist und Sänger, so sexy, dass sich zum Beispiel die Journalistin Fee Zschocke vor mir auf seinen Schoß setzte und erzählte, wie sie von ihm geträumt hatte. Allerdings erst, nachdem sie mich seinetwegen in einem »Brigitte«-Bericht in die Pfanne gehauen hatte.

Wir waren schon ein Paar, als die Mädchen zu Besuch kamen, er wohnte aber nicht bei mir.

Alex und Allegra genossen das Leben in München sehr. Im Gegensatz zu Los Angeles war hier das Ausgehen nicht gefährlich. Dort sind die Kinder sehr lange an die Eltern gebunden, denn man kann nirgendwo mit der Straßenbahn hin. Hatte jemand ein Auto, war die Rückfahrt doppelt gefährlich. Alkohol ist erst ab 21 erlaubt, und daran halten sich die Jugendlichen, weil es genug andere Drogen gibt. Mir berichteten die Mädels, wie sie um vier Uhr früh per Anhalter nach Hause gekommen waren. Dagegen ist München ein überwachter Kindergarten.

Zwischen den Zeilen hörte ich heraus, dass es in der Ehe von Tony und Leslie kriselte. Alles menschlich, nur im Gegensatz zu meiner Kommunikationsart mit den Töchtern wurden Probleme dort nicht mit den Kindern offen diskutiert, sondern die schwelende Spannung führte zu einer allgemeinen Verunsicherung.

Mein Haushalt war immer sehr umweltschonend. Frau Riess, die den schönsten Bioladen der Welt hat, war das Ziel unserer Radfahrten. Für die Mädchen war dies ein sehr reizvoller Unterschied zur reichen Öde, die derzeit in ihrem Haus in Bel Air herrschte. Als Teenager lernt man sich selbst durch die Eroberung der Umwelt kennen, und vor allem Alex verliebte sich in das Münchner Ambiente.

Für Dramatik wurde zwar bei mir auch gesorgt, die Auflösung unterschied sich jedoch reichlich vom »normalen« Umgang damit. Reno und ich hatten Streit, weil er ausging und meinte, ich würde brav bügelnd zu Hause bleiben.

Ich machte mein eigenes Rendezvous aus und ging. Die Mädchen hatten auch Verabredungen.

Ich entschwand in einem flatternden Seidenkleid auf meinem Rad. Bei dem Freund angekommen, befiel mich ein etwas flaues Gefühl, und ich rief daheim an. Allegra sagte, es wäre etwas passiert, und ich solle schnell wieder heimkommen. Ich war nur ein paar Straßen entfernt und fand zu Hause einen ominösen Zettel vor (dessen Inhalt niemanden etwas angeht). Die Mädels und ich setzten uns auf die Räder und suchten in den Isarauen nach Reno.

Was einer gewissen Komik nicht entbehrte, denn dort tummeln sich bekanntlich viele Männer, die auf Männersuche sind. Im Kegel des Radlichtes tauchte immer wieder dasselbe Bild auf: Herren in herb männlichen Posen stoben auseinander, während wir besorgt »Reno, Reno!« riefen. Wir mussten natürlich lachen. Nach ein paar Stunden ließen wir es sein, da wir den nötigen Ernst nicht aufbringen konnten.

Zu Hause war er dann doch.

Reno war der leidenschaftlichste Mensch, den ich je kennen gelernt habe. Leidenschaft bezieht sich nur für einen faden Menschen auf Sexualität.

Durch Reno habe ich mehr über mich gelernt als durch alle anderen Liebhaber zusammen. Aber wir hätten uns auch fast umgebracht. Nicht als die Mädchen da waren. Er war sehr fürsorglich und aufgrund seiner eigenen Kindheit jemand, der viel darüber wusste, wie sich Leid äußert.

Zu meinem Freundeskreis gehörte ein Rechtsanwalt namens Klaus Kähler. Ihm stellte ich Herbert Vesely vor, der seit Jahren mit einem schon fast zerfledderten Drehbuch über Egon Schiele hausieren ging. Klaus ermöglichte die Produktion, und ich bekam die Rolle der Edith, der Frau Schieles.

Durch die Beziehung mit Reno war der Abschied von meinen Töchtern nicht so schlimm. Er war der einzige Mann, der meinen Kindheitsschmerz genau dann erfühlte, wenn er mich befiel. Er nahm mich dann in die Arme, und ich wusste, dass nur ein Mann, der noch so nah am Kindsein war, diesen Schmerz ahnen konnte.

Alles dachte natürlich, wir hätten ein reines, pardon, Fickverhältnis. Das kann man meiner Erfahrung nach mit Gleichaltrigen viel besser.

Wir fuhren nach Wien, und am ersten Drehtag lernte ich einen Mann kennen, durch den ich meine Freundschaften zu Heterosexuellen weiter festigte. Ich habe ihn vom ersten Satz an geliebt und tue es noch immer.

Es war ein ungewöhnlich schöner Herbsttag. Im Garten eines Parkcafés im Wienerwald saß ein ausnehmend interessant aussehender junger Mann. Sein ganzes Wesen schien wie unter Strom. Wir stellten uns so vor:

»Guten Tag, ich heiße Mathieu Carrière. Haben Sie das Drehbuch gelesen?«

»Ich bin Christine Kaufmann; ja, ich mache den Film trotzdem.«

Ich kann Ihnen versichern, dass es sehr wenige Schauspieler gibt, die gleich zu Beginn so ehrlich sind.

Mathieu ist auch ein ehemaliger Kinderstar und hat daher eine realistische Beziehung zu dem Beruf.

Die »Ernsthaftigkeit« besteht darin, dass man im Augenblick der Arbeit ganz da ist. Sich jedoch in Sekundenschnelle wieder davon löst. Die wunderschöne Kristina van Eyck brauchte im Gegensatz zu uns immer lange Konzentrationsanläufe für ihre Darstellung, auch wenn die Szene nur darin bestand, dass drei Leute einen Film ansahen. Ich erzählte beim Einleuchten einen Witz, Kristina stand mit verhaltener Empörung auf und raunte dem Regisseur etwas ins Ohr, der uns dann aufforderte, still zu sein, Kristina müsse sich konzentrieren. Danach fiel es mir besonders schwer, ernst zu bleiben, denn ich finde die Konzentration für ein leeres, stummes Schauen an sich schon komisch.

Gleich am ersten Tag hatte sich herausgestellt, dass wir mit unserem Humor nicht auf derselben Wellenlänge lagen. Vesely hatte uns in ähnliche weiße Gewänder gesteckt. Nun ist Kristina sehr, sehr schlank, und ich bin ziemlich, sagen wir, rundlich. Als wir uns im Spiegel ansahen, musste ich lachen, weil ich fand, wir sahen aus wie Dick und Doof. Sie nicht.

Außerdem machte sie sich furchtbar an Reno ran, was mich nicht gerade begeisterte.

Reno war toll, er reagierte überhaupt nicht auf sie und nahm mich ganz fest in die Arme. Es ist selten, dass ein Mann vor einer so schönen Frau eindeutig zu seiner »eigenen Vettel« hält.

Im Laufe der Arbeit entdeckte ich aber, dass ich ihr gegenüber unfair war, denn sie suchte körperliche Wärme bei jedem. Selbst bei mir. Sie war so liebebedürftig. Sie tat mir Leid. Ein schönes, einsames Mädchen.

Reno und ich wollten nicht mehr in Deutschland leben. Die Filmarbeit war mir nicht ergiebig genug, und er wollte mit seiner ohne Zweifel großen Begabung sein Glück woanders versuchen.

Viele Menschen wollten nach Neuseeland auswandern. Wir taten es.

Ich war zwar gut im Erspähen kostbarer Möbel, aber außerstande, auch nur irgendetwas halbwegs gut zu verkaufen. Reno machte meine Möbel aus Österreich zu sehr viel Geld.

Zu Elisabeth sagte ich, ich wäre sicher bald wieder da, und ich vermisste sie schon vor der Abreise. Trotzdem war es aufregend, alle Bindungen aufzugeben und etwas vollkommen Fremdes und Neues auszuprobieren.

Die Landung in Neuseeland war so turbulent, dass Reno, selbst fast ein Orkan, im Flugzeug schon wieder umkehren wollte. Beim Aussteigen jedoch war er wieder versöhnt und ich hingerissen. Wir sind ja alle so arm in Europa! Richtiger Reichtum sind eigentlich nur saubere Luft und sauberes Wasser. Alles andere sind des Kaisers neue Kleider.

Wir kamen in der Silvesternacht an, stellten die Koffer ins Hotel und gingen durch die tropische Landschaft.
Die Luft fühlte sich so an, als würde der ganze Körper mit Katzenzungen geleckt. Dazu tausend liebliche Gerüche.

Wir waren etwa drei Monate in Neuseeland, es hätten aber auch Jahre sein können. Es gibt nichts, womit sich die Zeit im europäischen Sinne messen lässt. Auf die Uhr zu sehen ist sinnlos.
Die Gegend, in der wir lebten, bestand aus einem Meer von Hügeln mit sehr vielen Schafen. In gleichmäßiger Entfernung lagen Häuser verstreut. Wir hatten auch so einen kleinen Hügel mit Haus. Für zehn Dollar die Woche. Wir hatten auch nette Nachbarn. Die Frau unterschied sich jedoch von den anderen dadurch, dass sie keinerlei Pflichten erledigte, die man zu erfüllen hat, um ein Haus so ordentlich zu halten, um wenigstens in einer geraden Linie durchs Wohnzimmer gehen zu können. Jedes Zimmer sah aus, als wäre darin eine Bombe detoniert. Die Krönung war das Waschzimmer, in dem zwei Haufen lagen, der eine schmutzig, der andere sauber. Sie waren allerdings nur für die Hausfrau zu unterscheiden. Gelegentlich löste sich irgendein Tier aus dem Haufen, und es wunderte mich nicht, dass sie ihre

Katze in die Maschine gesteckt hatte, wo sie sauber, aber tot wieder rausgeholt wurde.

Reno war Jäger und Fischer, und mit diesen Beschäftigungen verbrachten wir viel Zeit. Die Flüsse sind tatsächlich so sauber, dass man beim Schwimmen jeden Kiesel auf dem Boden sieht.
 Trotz aller Schönheit begann ich nachts von Europa zu träumen. Speziell von Rom. Im Traum wanderte ich durch die Gassen voller Lärm und Gerüche. Ich trat in einen Feinkostladen, wo der Verkäufer mir einen riesigen weißen Mozzarella di bufala anbot. Ich drückte ihn, um die Konsistenz zu prüfen. Es floss herrlicher weißer Saft heraus.
 Das Essen hier war sehr englisch. Wir waren auch in größere Städte gefahren und sahen ein, dass wir leider im Paradies doch nicht leben konnten und das andere Ende der Welt von unseren Wurzeln zu weit entfernt war.
 Wir flogen nach Sydney.

Doch auch Australien war nicht mehr als ein Umweg. Ein Schlaraffenland, gewiss, trotzdem fehlte mir die Kraft, mich hier lange genug anzusiedeln, um Wurzeln zu schlagen. Ein neues Land, wieder neue Freunde, dafür war ich einfach schon zu alt.
 Ich brauchte alle törichten Erfahrungen der Jugend, um beständig zu sein. Hier gab es keine Läden, in denen es nach Brezen roch, keinen Jasmingeruch der kalifornischen Nächte. Es war mir nicht gelungen, all die schönen Dinge über einen Traum hinaus mit echtem Empfinden zu belegen. Eigentlich wollte ich unbedingt wieder eine Situation schaffen, in die meine Töchter passten.
 Wir flogen über Hawaii nach Los Angeles.

SCHUTZENGEL

*E*s war eine sehr gute Idee gewesen, nach Los Angeles zu fliegen.
Der Ort, aus dem ich geflohen war, bot mir wieder eine Chance. Ich ergriff sie, diesmal nicht schüchtern und verstört, sondern mit der Kraft und der inneren Sicherheit, die man erst hat, wenn man weiß, was ein Verlust ist. Und wie weit man selber für diesen Verlust verantwortlich ist.

Am Flughafen von Los Angeles holte uns meine Freundin Justine ab, die sich, dem Zeitgeist entsprechend, vom Cowgirl in eine schicke Immobilienmaklerin verwandelt hatte. Das Millionen-Dollar-Haus, das sie gerade an den Kunden bringen wollte, wurde bis zum Verkauf unser Heim. Es lag im Handcock Park, einer seltsamen Gegend von Los Angeles. Sehr reich, sehr isoliert und so durch Alarmanlagen gesichert, dass man fast täglich aus Versehen, durch das Drücken falscher Kombinationen am Tor, die zuständige Wache herbeirief.
Ich weiß nicht, was sich bei einem wirklichen Überfall abgespielt hätte, bei Fehlalarm kamen die respektgebietenden Wachmänner stets mit einem wissenden »Pearly-white«-Lächeln angesaust.
Sorry, falsche Knopfkombination!

Das Wiedersehen mit meinen Töchtern hatte diesmal nicht den leisen Anflug von Wehmut, der sich oft in die Freude einschleicht. Die Erinnerung an die schöne Münchner Wohnung, obwohl inzwischen aufgelöst, war ein Beweis dafür, dass ich imstande war, die Liebe zu ihnen mit meiner Lebensform in Einklang zu bringen. Dadurch hatten sie das Modell einer Mutter, die ohne Selbstverrat die eigene Wirklichkeit erfolgreich in die der anderen einzufügen weiß.

Mein Eintreffen war, wie sich bald herausstellte, keine Minute zu früh. Manchmal erweist einem das Leben die Ehre, Schutzengel zu sein.

Alexandra und Allegra befanden sich in jener Phase naturgegebener Schönheit, die alle jungen Mädchen durchleben. Das Knospenstadium. Ich kenne keinen Ort der Welt, wo dieses Knospenstadium gefährdeter ist als in Los Angeles.

Allegra war mehr denn je eine ungarische Zigeunerin, Alex ein echter Gainsborough. Wie mein Freund Spelman sagte: »Es ist schwer zu verstehen, wie aus dieser deutsch-französisch-ungarisch-jüdischen Mischung eine Engländerin entstanden ist.« Ihre knospende Jungmädchenschönheit forderte anscheinend das ganze puritanische Misstrauen der Stiefmutter heraus.

Als ich ankam, waren sie froh, mit mir offen über jene Dinge sprechen zu können, von denen in Los Angeles jedes Kind ab zwölf massiv bedrängt wird: Drogen und Sex.

Alexandra kam oft mit ihren Freunden oder ihrem Freund, über den sie zu Hause gar nicht richtig sprechen durfte, zu uns.

Die Jugendlichen in Los Angeles behandeln die Elternfront gern mit glasiger Höflichkeit. Mir waren aber die glasigen Augen bekannt.

Als Mutter unterschied ich mich wesentlich von der dortigen Norm. Es begannen sogar die Freunde meiner Kinder, mir über die Drogengewohnheiten der Jugend zu berichten. Es ist auch für den Europäer leicht zu verstehen, wie allein die Ausmaße der Stadt in die Beziehung der Kinder zu den Eltern eine zu große Ferne bringen können. Körperlich und seelisch. In jeder europäischen Stadt kann sich ein Teenager mit der U-Bahn oder anderen öffentlichen Verkehrsmitteln selbständig bewegen. Hier richten sich die »Beine« der Kinder nach dem Portemonnaie und der Großzügigkeit der Eltern.

In Bel Air gibt es nicht einmal Gehwege.

Deshalb schaffen sich die Jugendlichen gern ihre eigene Welt, in der die Eltern keine Macht haben. Oft mit Drogen.

Da ich bis zu diesem Zeitpunkt noch keinen Führerschein besaß, wusste ich wohl um die Hilflosigkeit und Frustration der Immobilität.

Alex mehr als Allegra war froh, wenigstens einen erwachsenen Menschen zu haben, mit dem sie über das, was sie und ihre Altersgenossen bewegte, sprechen konnte, ohne deswegen verurteilt zu werden. Oder, noch schlimmer, Heucheleien zu hören.

Sie wusste, dass ich auch Drogen probiert hatte, aber nirgends »hängen geblieben« war.

Der Grund dafür war für sie amüsant und einleuchtend: Menschen auf Drogen sind sehr langweilig. Der sich ständig wiederholende Zustand ist sehr lebensfeindlich, abgesehen von der Gefahr.

Auch als Konsument von »Pulvern« unterstützt man Menschen, deren Gesinnung ungefähr so edel ist wie die von Waffenhändlern. Ich riet ihr, bei der nächsten Party nüchtern zu bleiben und ganz aufmerksam zuzuhören, was so gesprochen wird.

Nach ein paar Tagen kam sie zu mir und erzählte, dass sie auf einer Angel-Dust-Party ihre Freunde prompt als sabbernde alte Herrschaften erlebt hatte. Natürlich lässt sich eine so weitläufige und komplizierte Thematik nicht auf einen so einfachen Nenner bringen. Aber wenigstens der Glamour des Verbotenen war weg.

Als mich Jahre später die Tochter von Vidal Sassoon anrief und mir stolz berichtete, sie wäre seit zehn Tagen drogenfrei (sie war siebzehn), dankte ich dem Schicksal, damals im richtigen Augenblick in der richtigen Verfassung das Richtige gesagt zu haben.

Ein weiteres Thema war Sex. Ich habe mit meinen Töchtern nie über ihre oder meine Sexualität gesprochen, ich finde, sie ist ein geheimes Erleben zwischen zwei Menschen. Ich bin ihre Mutter, nicht ihre Freundin.

Aber wir haben offen über Teenagersex und die Gefahren des »casual sex«, der wahllosen Sexualkontakte, gesprochen.

Dass es in L. A. mehr noch als zu meiner Zeit einen wuchernden Konsum legaler Drogen gab, erfuhr ich von Allegra. Ich hatte sie bei einer Freundin abgeholt, einer hübschen kleinen Dunklen, und Allegra erzählte mir, dass das elfjährige Mädchen dreißig Pfund abgenommen hätte.

»Wie?«

»Mit Aufputschmitteln«, kam die Antwort leichthin.

Obwohl Allegra Schwierigkeiten mit ihrer Stiefmutter hatte, die anscheinend gern herumschnüffelte, lebte sie sehr gern in Kalifornien.

Alex beschloss, zu mir nach München zu ziehen. Allegra auch, nur spürten wir beide, dass dies noch nicht ganz fest war.

Zwischen Reno und mir hatte sich in der kalifornischen Wärme ein niederbayerisches Strindberg-Verhältnis entwickelt. Der altersbedingte Unterschied der Lebensstationen führte zu ständigen Auseinandersetzungen, obwohl wir uns eigentlich im Charakter recht ähnlich waren. Zu ähnlich.

In Hollywood trafen wir Helmut Dietl und einige Freunde aus München, unter anderen Patrick Süskind, der exakt meine Gefühle über die Wohnsituation in Hollywood beschrieb: »Man hat nachts ständig Angst, dass irgendjemand in irgendeinem Drogenrausch ins Haus kommt und einen umbringt, ohne es unbedingt persönlich zu meinen.«

In Helmuts Haus wurden Reno und mir die Qualitäten von München bewusst, und wir beschlossen, die Weltreise zu beenden und »heimzufliegen«.

Die Reise führte uns über London nach Paris. Wir saßen beide mit platt gedrückter Nase am Fenster, ganz begeistert von der europäischen Landschaft, die klein und überschaubar war.

In Paris faszinierte uns die schlechte Laune der Einwohner, denn für uns in unserem Strindberg-Drama war jedes freundliche »hi, how are you« oder »have a nice day« ein Stich ins gemarterte Herz. Die Unfreundlichkeit der Pariser führte uns wieder etwas zueinander.

In der Zeitung war ein Wagen annonciert, den wir kaufen wollten. Der Besitzer sollte in unser kleines Hotel kommen. Reno war schon in der Halle, als ich hinunterkam. Passieren nur mir solche Dinge? Der Wagenbesitzer sah mich an wie nie ein Mann zuvor oder seitdem. Ich wurde vom Scheitel bis zur Sohle rot. Es war ein langer, langer Blick. Die Zeit stand still, und alle Menschen ringsum verschwanden. Seine Lippen füllten sich mit Blut und füllten den Raum zwischen uns aus.

Der Papierkrieg um den Wagenkauf zog sich über zwei Tage hin, in denen der Dicklippige es dauernd schaffte, Reno loszuwerden, um mich endlich in seine winzige Wohnung zu schleifen. Ich benahm mich wie Doris Day und konnte meine Treue bewahren.

Es war schwer.

Mit diesem Treuebeweis fuhren wir nach München. Eine schöne Reise im Frühsommer, gespickt mit vielen Picknickaufenthalten an Flüssen und Seen.

Gleich am ersten Tag fand Reno eine Wohnung am Mariannenplatz. Es war jedoch mein eiserner Wille, der sie uns gewann, denn ganz München wollte, schien's, eine Wohnung.

Alexandra kam bald aus Amerika, und ich war fast vollkommen glücklich. Fast, denn Allegra war in L. A. geblieben. Tony erzählte mir Jahre später, dass Allegra einen tränenreichen Abschied von ihrer Schwester genommen hatte. (»Ich kann ohne sie nicht leben!«) Doch als Alex zum Flughafen fuhr, rief Allegra ihr nach: »Ich hoffe, dein Flugzeug stürzt ab!«

Allegra war noch nicht so weit; sie wollte noch nicht nach Deutschland. Sie sollte erst zwei Jahre später kommen. Für Alexandra und mich war dies natürlich auch ein Vorteil. Wir hatten uns wieder, wie vor der Geburt ihrer Rivalin.

Jetzt, wo meine erste wahre Liebe wieder bei mir war und ich meine Zuwendung handfest umsetzen konnte, war weder Platz noch Zeit für eine Beziehung mit Reno.

Wir lieferten uns einen erbitterten Kampf, der eigentlich eher einem primitiven Duell Amazone gegen Wilderer denn einer Scheidung ähnelte.

Es flogen die Fetzen. Alex und ich fuhren in den »Scheidungswochen« oft weg.

Venedig, Gardasee, Verona. Alles, was man in Flitterwochen so bereist. Wir stellten immer wieder einen Energieaustausch von seltener Harmonie fest. Wir langweilten uns nie, es herrschte nie Spannung.

Alex bekam sehr bald große Rollen angeboten, ich kleine. Aber doch mit Fassbinder und später Zadek.

Alex machte die Filme, weil sie das Jahr ohne Schule, zu dem wir uns entschlossen hatten, gut nützen wollte, und ich, weil ich damit nicht nur Geld verdiente, sondern die Gelegenheit wahrnehmen wollte, beruflich weiterzukommen.

Die Einrichtung der Wohnung hatte ich mit meiner Christine-Kaufmann-Serie für die »Bild-Zeitung« finanziert, aus der Will Tremper (so hörte ich) »Christine Kaufmann und die Männer« machte.

Ich hab's überlebt. Diese Serie hatte eine lustige Geschichte zur Folge.

Rainer Werner Fassbinder, der mit mir immer unglaublich zärtlich umging, hatte mich für den Film *Lili Marleen* als »Gegenfrau« von Hanna Schygulla engagiert.

Vor Drehbeginn lief die »Bild«-Serie, und der Produzent des Films, Luggi Waldleitner, rief aufgeregt bei meiner Agentur an, es wäre ein Skandal, welche Liste von Liebhabern die Zeitung da abgedruckt hätte. (Was mich wunderte, denn ich bin äußerst vergesslich bei der Angabe von Namen. Möchte es auch bleiben.)

Um den Wahrheitsgehalt zu überprüfen, rief ich Herrn Prinz, den Chef von »Bild«, in Hamburg an und fragte ihn. Er war sehr charmant und sagte, das stimme nicht.

Meine Bemerkung an Herrn Waldleitner, die ich durch die Agentur ausrichten ließ, brachte Herrn Prinz sehr zum Lachen: »Das kann nicht sein, dafür ist die ›Bild-Zeitung‹ nicht groß genug.«

Das ist die Art von Humor, die man entwickelt, um zu überleben. Gekränkt sein nützt in unserem Metier gar nichts.

Helmut Dietl bot mir die Rolle der Olga in *Monaco Franze* an, wofür ich ihm ewig dankbar sein werde, denn wenn ich als Erwachsene einen Zugang zu dieser Art des Lebensunterhalts bekam, dann nur über diese Rolle.

Er ist ein phantastischer Regisseur. Die Olga sah ich mir selbst auch gelegentlich an, denn zu erkennen war ich kaum, auch für mich nicht.

Während der Dreharbeiten kam die letzte Phase der Trennung von Reno. Und manchmal hatte ich Fingerabdrücke an den Armen.

Ich mochte Ruth Maria Kubitschek sehr gern; ihr Herz ist so groß wie ihr Busen. Sie ist ganz prima.

Als sie meine blauen Flecken sah, kaufte sie mir Geschenke.

Alex und ich waren sehr froh, als Reno auszog. Meine Tochter brachte sehr nette junge Menschen ins Haus; vor allem die schöne Carola war ein großer Gewinn. Sie liebt Alex genau wie ich, und wenn sie fort war, konnten wir sie gemeinsam vermissen.

Wir entdeckten vielerlei Affinitäten. Eines Tages kam sie spätabends vom Tanzen zurück und weckte mich, was hin und wieder vorkam. Wir plauderten noch ein bisschen. Sie hatte Werner Schroeter kennen gelernt, das heißt, sie hatte ihn schon als Kind gekannt, aber sie war nun als junge Frau ebenso begeistert von ihm wie ich seinerzeit. (Oh, I just *love* him.)

Mathieu kam uns öfter besuchen, und wenn ich nicht da war, führte er Alex zum Essen aus.

Das Freundesnetz funktionierte.

Alex sagte: »Schade, dass wir nicht heiraten können!«

Wir harmonieren wirklich.

Dann traf die Nachricht ein, dass auch Allegra nach München kommen würde.

Am Flughafen stand ein süßes Punkmädchen mit einem lavendelfarbenen Haarschopf.

Ich musste natürlich weinen, wie immer bei Allegra. Sie war, im Gegensatz zu Alexandra, die nur mit einer großen Handtasche gekommen war, mit einigen gigantischen Überseekoffern angereist, die aber wider Erwarten keine Rasierklingen und Punkutensilien enthielten, sondern romantische Gegenstände, die in einem frappierenden Widerspruch zu ihrer Erscheinung standen.

Dass die »harmonische Ehe« jetzt etwas frischen Wind bekommen würde, war gleich am zweiten Tag klar. Eine Spur viertel und halb gefüllter Tassen und Teller lief von Allegras Zimmer in die Küche, quer rüber zum Bad und vors Klo. Da wusste ich, der Tag war gekommen, an dem ich eine Geschirrspülmaschine brauchte.

Allegra war als »L.-A.-Punk« eine kleine Sensation in München. Mit frechem Gesichtsausdruck und einem Traumkörper.

Mit Alexandra war ich manchmal tanzen gegangen. Ich glaube, sie war das einzige Mädchen in München, das nicht nur mit seiner Mutter tanzen ging, sondern auch tatsächlich mit ihr tanzte.

Alex hatte sich in einen witzig aussehenden Punktypen verliebt, trottete in der Disco an mir vorbei und raunte mir zu: »Wahrscheinlich mag er nur kleine schwarze Punkmädchen.«

So war es. Er lag Allegra zu Füßen.

Überhaupt hatte Allegra einen ganz anderen Verehrertyp als Alex. Bei Alex wurde es schnell solide. Bei Allegra brach Irritation aus. Auf jeden Fall ging ein bunter Strom prächtiger Punkkünstler Tag und Nacht durch unsere Wohnung.

Ich war begeistert. Andere kennen das nur aus der Zeitung. Die Phantasie, in der sich die Jungs gestalteten, war einfach erfrischend anzusehen. Wie Krieger vom Amazonas. Ob kleine, mit Penatencreme gedrehte Schnecken oder regenbogenfarbige Cherokee-Haarschnitte (die allerdings in der Früh etwas welk aussahen) – ich war hingerissen von der Art, wie sich diese Mädchen und Jungs Terrain schafften. Viele hatten alkoholsüchtige Eltern. Ich habe nie jemanden unhöflich erlebt. Nur ein bildschönes Junkiemädchen hat mir eine Jacke geklaut. Ich konnte ihr nicht böse sein.

Es war erstaunlich, wie viele Jugendliche in unsere Wohnung kamen und sich so benahmen, als gäbe es dort keine Elterninstanz. Ich sah dies als einen unglaublichen Gewinn und Fortschritt. Es gibt ein englisches Lied, das diese Atmosphäre gut beschreibt: »Wie are all part of the same world.«

Es gab auch ein paar andere Haushalte in München, in denen diese Stimmung herrschte. Meist allein erziehende Mütter, die aber nicht mit ihren Kindern konkurrierten, was die Jugendlichkeit anging. Sie mussten ja auch nicht um die Gunst irgendeines Ernährers buhlen.

Manchmal übernachteten so viele Kids bei uns, dass ich auf dem Weg zur Toilette im Slalom tippeln musste. Wie in dörflichen Familien spannte sich das Alter der Anwesenden beim Abendessen über vier Generationen.

Verschiedene Rassen sowieso.

Ich genoss die Sprache der Jugend, ohne sie zu meiner eigenen zu machen. Manchmal kamen ein Freund oder eine Freundin meiner Töchter alleine vorbei, um mit mir etwas zu besprechen, das sie sonst niemandem sagen konnten. Aus dieser Zeit stammt eins der schönsten Komplimente, die ich je erhielt. Alex und einige ihrer Freunde meinten: »Nach einem Gespräch mit dir fühlt man sich immer besser als vorher.«

Es war die schönste Zeit meines Lebens. Sie ist vorbei. Doch ich bin nicht traurig, denn es ist eine der wenigen Erinnerungen, die schmerzloses Glück beinhalten.

Eines Tages brachte Allegra ein junges Mädchen mit nach Hause und fragte, ob sie eine Weile bei uns wohnen dürfte, ihre Mutter habe sie rausgeworfen. Sie war vielleicht fünfzehn, und ihr Gesicht hatte eine schläfrige blonde Schönheit, die sicher viele Männer den Verstand hinter die Gier stellen ließ. Die Mutter soll Prostituierte gewesen sein.

Das Mädchen blieb ein paar Tage. Sie war still und seltsam lieb, ohne eigene Kraft. Dann war sie eines Tages weg. Sie war zu einem Mann gezogen, der ihr Obdach ohne Gegenleistung versprochen hatte, aber das Versprechen nicht hielt. Sie erschlug ihn mit einem Briefbeschwerer, während er schlief.

Als mir Allegra davon erzählte, fiel mir die Milchglasschönheit des Mädchens ein. Es ist traurig, dass solch ein Geschöpf Opfer seiner Schönheit wurde.

Allegras Punklook griff auch auf meine Garderobe über. So fand ich mich mit erstaunlich vielen kurzen Röcken, die aussahen, als ob sie mit der Gartenschere gestutzt worden wären. Tag und Nacht wurde »Siouxie and the Banshees« gespielt, was Alex an den Rand der Raserei brachte und mich erstaunlicherweise total beruhigte. Mich bringt klassische Musik auf die Palme

Eines Nachts, es war Sommer, kamen Alex und ich gegen drei Uhr morgens nach Hause. Der Hausschlüssel fiel zu Boden, und wir kauerten uns nieder, um ihn zu suchen. Plötzlich ertönten Kettengerassel und ein schwerer Schritt. Neben uns ragte ein Paar lange Beine aus der dunklen Nacht. Zerrissene schwarze Jeans mit der Aufschrift »Fick dich ins Knie«. Unsere Augen wanderten nach oben, und in etwa 1,80 m Höhe erblickten wir ein süßes Kindergesicht, das ganz höflich fragte: »Entschuldigen Sie, darf ich noch die Allegra besuchen?«

Der Auserkorene saß mit Allegra schnabelnderweise auf der Wohnzimmercouch. Meist waren sie wie Scherenschnitte vor der Lichtquelle des Fernsehapparates zu sehen, kleine stachelige Igel, die nicht aufhören konnten zu schmusen.

Für beide Mädchen war München das ideale Pflaster, denn sie integrierten sich gut in kreative Gruppen und produzierten ganz interessante Kunstwerke.

Diese Zeit war kostbar und zerrann mir nicht zwischen den Fingern. Unsere Beziehung war ein Kunstwerk, zusammengesetzt aus vielen Achtsamkeiten. Ein Kennenlernen der eigenen Kinder, wie es selten ist.

Allegra und Alex besuchten die American International School – das vorgeschriebene Soll an Normalität.

Obwohl nun ausgefüllt als Mutter und Schauspielerin, verlangte meine Vitalität ab und zu nach einem Freund. Er war geheim. Gelegentlich kam ich mit rosigen Wangen nach Hause, und Allegra fragte mich in strengem Ton, wo ich gewesen sei. Das jedoch war mein Geheimnis.

Mit den heranwachsenden Töchtern in der schönen Wohnung, in der ich jede Tasse selber verdient hatte, war es leicht, an die »Front« zu gehen. In meiner Abwesenheit führten die Mädchen den Haushalt. Mein Ziel als Mutter war es, sie trotz aller Liebe und Fürsorge zur Eigenständigkeit finden zu lassen.

Manchmal hatten wir viel Geld, dann wieder wenig. Es wurde aber nie desolat. Ich bewarb mich für eine Rolle in dem Stück *Schade, dass sie eine Hure ist*, das in Bonn unter der Regie von Jérôme Savary aufgeführt werden sollte. Natürlich wollten mich die Deutschen nicht, aber Savary fand mich gut.

John Ford schrieb *Schade, dass sie eine Hure ist* im 17. Jahrhundert, zur Zeit Shakespeares. Es war meine erste Arbeit unter richtigen Theaterschauspielern. Bei Werner waren immer auch Nichtprofis wie ich dabei, Menschen ohne die Segnung einer Ausbildung. Alex kam zur ersten Leseprobe mit, sie hatte mich nach Bonn begleitet.

In dieser Zeit begann ich zu bemerken, dass Männer netter zu mir waren als Frauen, obwohl ich für Frauen immer mehr Solidaritätsgefühle hegte.

Nach der Leseprobe lief ich mit Alex durch den tiefen Schnee. Sie hatte Zeit zum Beobachten gehabt und meinte, irgendwie wäre ich die Einzige, die wie eine Schauspielerin aussah.

Wir lernten Savarys Frau kennen, eine sehr hübsche Person. Sie, so fand Alex, sah auch aus wie eine Schauspielerin.

Die Erklärung dafür erfuhr ich später, dass nämlich Theaterschauspielerinnen, wie Fotomodelle, sich fast ausschließlich für die Zeit »im Licht« schön machen.

Alex fuhr wieder heim, und ich hatte das große Glück (oder war es Gespür?), eine Riesin von Frau mit einem Baby auf dem Bauch kennen zu lernen. Sie war mit einem Engländer verheiratet und betreute ein Mädchen, das in dem Stück ein englisches Lied singen sollte. Savary entschied dagegen, es wäre zu spät abends für ein Kind.

Die Frau hieß Renate; sie wurde eine wahre Bereicherung meines Lebens. Sie hatte ein riesiges Haus mit drei Kindern, einen attraktiven Ehemann und ein Zimmer, das ich mieten konnte. Die meisten Leute verstanden nicht, dass »die Christine« in diesem Haus, das zwar toll, aber das Gegenteil von »Schöner Wohnen« war, leben wollte.

Renate ist Steinbock wie ich, und wir sind in unseren Ansprüchen sehr ähnlich. Ich entdeckte, dass viele meiner Wertvorstellungen die ganz »normaler« Frauen der Nachkriegsgeneration sind.

Allerdings muss ich zugeben, dass Renate in den Augen vieler Leute »spinnt«. Sie dagegen meint: »Na, na, die andan san varruckt.«

Renate ist 1,86 groß, sie hatte Kinderlähmung. Trotzdem hat sie mehr Charme und Lebenslust als normalerweise erlaubt. Sie braucht keine Bühne, ihr reicht die Welt; sie beweist mir einmal mehr, wie sehr der so genannte Ruhm das wirkliche Erleben begrenzt. Renate hat genau den Lebensstil, den ich mir erträume. Ich arbeite daran.

Gleich bei der ersten Probe auf der Bühne raunte mir eine Kollegin ins Ohr: »Dreh dein Gesicht nicht zum Publikum, dann sehen sie nicht, wie schlecht du bist.«

Ich schätzte die Frau trotzdem und eroberte sie mir, denn im Laufe der Arbeit stellte sich heraus, dass ich in diese Rolle viel aus meinem Leben einbringen konnte. Savary war begeistert, denn meine Vorschläge für Szenen kamen aus dem Körperlichen, hatten nichts mit der Sprache zu tun, und es wurde immer stärker eine Sinnlichkeit spürbar, die genau auf dem Stück lag. Es wurde ein großer Erfolg, und ich liebte das Ensemble sehr.

Am Ende der Aufführung war ich immer mit Blut beschmiert, und meine Garderobiere wusch mich ab. Das war der schönste Teil des Stückes, das erinnerte mich an meine Meme.

Hier muss ich doch eine Begebenheit einflechten, die meiner (Schauspieler-)Eitelkeit schmeichelte.
In der Applausordnung kam ich zuletzt. Der Gummibauch, den ich tragen musste, machte meine Haut recht klebrig. So stand ich einmal gerade unter der Dusche, als ich vor den Vorhang geholt werden musste, weil das Publikum nicht aufhörte zu applaudieren. Und zwar wegen mir! Ehrlich. Ich weiß, es ist eitel, aber ich habe mich sehr gefreut.
Die Kritiken waren übrigens teilweise sehr schlecht.

Meine Kinder kamen zu der Vorstellung, in der ich mir die Nase brach.
Mein Partner Bill Mockridge und ich hatten einen Zweikampf auf der Bühne, der monatelang vollkommen reibungslos abgelaufen war. Aus unerklärlichen Gründen hatte jemand den gepolsterten Bodenbelag, auf den ich mich mit dem Kopf fallen ließ, entfernt. Als ich mich nach hinten warf, schlug ich so lautstark auf, dass es im ganzen Haus hallte und in meinem Kopf die Glocken von St. Peter schlugen. Nun war es in der Kampfchoreographie festgelegt, dass ich mich wieder aufrichtete, dabei stieß Bills Kopf mit meiner Nase zusammen. Eine Blutfontäne schoss heraus. Die Verwunderung des Publikums, wie der Maskenbildner so viel Blut in meiner Nase unterbringen konnte, war bis auf die Bühne zu spüren. Bill ist noch immer mein liebster Partner, in einer Viertelsekunde beschlossen wir, weiterzumachen.
Beim Szenenwechsel tat Bill dann etwas Phantastisches. Er nahm hinter der Bühne meinen Hinterkopf in die eine Hand und schlug mir mit dem Ballen der anderen kurz auf die Stirn. Das Bluten hörte sofort auf.

10 *(links oben)*
Mit meiner Mutter und meinem Bruder
zur Zeit des »Rosen-Resli«, 1954.

11 *(rechts oben)*
Mit meinem Vater, von dem ich
viel geerbt habe, 1955.

12 *(links unten)*
Mit meiner Mutter in
Palma di Mallorca, 1959.

13 *(rechts unten)*
Mit meinem Bruder im Swimmingpool
der Villa Rosa in Madrid, 1959.

14 *(oben)*
Die Filmrolle, die meine Jugend prägte, war das »Rosen-Resli« in dem gleichnamigen Film von Harald Reinl, 1954.

15 *(unten)*
Das Programm zum Film »Der schweigende Engel« von Harald Reinl, 1954.

16 *(oben)*/17 *(unten)* Für meine Rolle in dem Film »Stadt ohne Mitleid« erhielt ich den Golden Globe.

18 Als blonde »Christin«, die entweder gleich vergewaltigt oder von den Löwen gefressen wird, ca. 1959.

20 Siebzehnjährig in meinem ersten Hollywood-Film »Taras Bulba«, 1962, mit Tony Curtis. Wir heirateten 1963.

21 *(links oben)*
Mit Alexandra und
Tony in Südfrankreich,
1965.

22 *(links unten)*
Zurück aus Indien.

23 *(rechts oben)*
Alexandra und Allegra.

24 *(rechts unten)*
Mit den Kindern.

Die Gesichter meiner Kinder nach der Vorstellung!
So viel Liebe und Mitgefühl!
Wir fanden es aber typisch für mich; alles so dramatisch.

Allegra kam zwischendurch auch mal allein zu Besuch. Renate und ich sahen nachts immer nach ihr, denn sie färbte sich fast täglich den Punkschopf in einer anderen Farbe. Im Bett lag sie dann da, eigentlich noch ein Kind, die Fingerspitzen, den Haaren entsprechend, pink, grün oder blau.

Sie zog sich im Theater meinen Gummibauch an und stolzierte mit mir ins Restaurant. Sie genoss die Blicke, die sie als hochschwangere fünfzehnjährige Punkerin auf sich zog.

Nach Beendigung meiner Arbeit in Bonn wurde aus dem Dreiein Zweimäderlhaus.

Alexandra hatte einen Mann kennen gelernt, Mark. Wenn man sie ansah, wusste man, dass sie mit ihm ihre eigene Familie gründen würde.

Ich war ein wenig traurig, als Allegras Punkphase in die Rasta-Reggae-Ära überging.

Das Haus füllte sich mit Menschen von Café-au-lait- bis blauschwarzer Hautfarbe. Was mir ebenso gefiel wie Punk. Es war nur die Musik, die mich zur Verzweiflung brachte. Vorbei mit den schönen harten Tönen! Bob Marley und endloser Reggae ist für mich nur unter Palmen auszuhalten.

Bald hatte Allegra einen schokoladefarbenen Freund, und gewisse Frauen in meiner Umgebung sagten: »Christine, du machst ja etwas mit …«

Die Tatsache, dass mir die Hautfarbe von Menschen gleichgültig ist, blieb wiederum Allegras Freund ein Rätsel. Er konnte mein Verhalten ihm gegenüber, das so wie bei allen anderen war, einfach nicht einschätzen.

Allegra kam eines Nachts zu mir ins Zimmer. Sie flüsterte mir zu, dass die schönste Frau der Welt in der Wohnung sei, und machte Licht. Tatsächlich, eine schwarze Königin! Mit strahlendem Lächeln, uneitel, wie ich es bei Afrikanerinnen oft gesehen habe.

Obwohl Alex jetzt nicht mehr mit uns, sondern mit Mark verreiste, wohnte sie noch am Mariannenplatz. Wenn wir zu dritt irgendwo eingeladen waren, spielte sich oft folgende Szene ab: Jede macht sich im eigenen Zimmer zurecht. Die drei Türen zum Flur öffnen sich gleichzeitig, heraus treten drei Frauen verschiedenen Alters und Aussehens, im gleichen »Look«: schwarzes, enges Kleid, Pumps und auffällige Ohrringe. Wortlos drehen sie sich auf dem Absatz um. Man tritt verändert in den Flur, findet den Trio-look jetzt okay und geht aus.

Alex kann, im Gegensatz zu mir und Allegra, jeden Matrosen unter den Tisch trinken. Wir waren einmal bei Hubert Burda eingeladen, wo sie mit ihrem Geist und Charme viele Leute bezauberte. Und viele, viele Cocktails intus, trippelte sie beim Nachhausegehen hinter mir her und meinte in der lauen Sommernacht: »Ist es nicht schade, dass man, um diese Welt (der Superreichen) zu genießen, genauso sein müsste wie sie?«

Unser Lebensstil war stark geprägt von der Fluktuation der Geldmittel. Als Alex zu Mark zog, gab es wieder eine ziemlich schlimme Krisenzeit, denn der *Monaco Franze* hatte keinerlei Angebote nach sich gezogen, obwohl mir vom Publikum sehr viel Zuwendung entgegenkam.

Ich nahm das Angebot für eine Tournee an, über die ich nur eines sagen möchte: Ich habe nicht geglaubt, dass ich sie überlebe. Allegra, aus Protest über meine geldbedingte Abwesenheit, hatte sich den Kopf geschoren und sah aus, als käme sie aus dem Zuchthaus. Es war furchtbar. Ich war so deprimiert, dass ich mich danach durch ein eigenes, spezifisches Ernährungsprogramm körperlich stärkte und damit auch den Geist wieder hochriss.

Das Glück war auf meiner Seite, und ich bekam eine große Rolle in dem Film *Die Schaukel* von Percy Adlon. Ich habe dies seiner Frau zu verdanken, die mich auf dem Fahrrad durch die Stadt sausen sah. Sie sagte zu ihm: »Das ist deine Madame Lautenschlag.«

Der Film war kein Erfolg, aber ein paar Kritiker, wenn sie mich überhaupt erwähnten, meinten: »Sie spielte so gut wie noch nie.« Was immer das bedeuten mag.

Für mich war es die erste Rolle mit ernsthafter Auseinandersetzung; obwohl ganz anders als die Olga in *Monaco Franze*, so doch ein weiteres Steinchen in meinem äußerst seltsamen Mosaik als Schauspielerin.

In Los Angeles wurde mir dafür großes Lob gezollt, doch Lob bringt nicht die Butter aufs Brot.

Apropos Butter aufs Brot: Ich machte mit Alex gemeinsam Werbung für ein Produkt – was uns hinterher Leid tat. Den schlechten Ruf war das Geld nicht wert. Obwohl sich in letzter Instanz daraus eine Entwicklung ergab. Alex wurde vom »Playboy« ein Bilderspread angeboten. Sie bat mich, diese Bilder zu machen, denn nur dann, so fühlte sie, wäre eine Kontrolle in ihren Händen. Ich habe viele Freunde porträtiert, und selbst der Kritiker Eckhard Schmidt bestätigte mir, von seiner Frau das beste Bild gemacht zu haben.

Mit »Playboy« machten Alex und ich aus, dass auf diesen Bildern weder Brustwarzen noch Schamhaare gezeigt würden. Bilder im Sinne von Belle-Epoque-Motiven, wie etwa »La belle et la bête« (Die Schöne und das Tier). Mit Carola als Stylistin produzierten wir Bilder, auf denen die Weiblichkeit eher anbetungswürdig als verfügbar erschien.

Die »Quick«, ebenso wie »Playboy« aus dem Bauer-Verlag, brachte einen gemeinen Artikel heraus, der wohl auch ein bisschen damit zusammenhing, dass die Fotos nicht in den »Playboy« passten. Da ich aus Erfahrung wusste, dass sich ein Einzelner innerhalb der deutschen Gesetzgebung nicht wehren kann, überlegte ich, wie wir durch eine eigene Darstellung ein realistisches Bild der Tatbestände schaffen konnten. Ich rief Benjamin Henrichs an, den ich nicht persönlich kannte.

Nur ein offener Brief in einer renommierten Zeitung oder Zeitschrift würde als Forum in Frage kommen.

Der Brief wurde in der »Zeit« abgedruckt. Ich danke hier noch einmal.

Christine Kaufmann gegen »Quick«
Wenn die Stars jung sind, werden sie vergöttert: Objekte des Neides. Wenn die Stars altern, werden sie verhöhnt: Objekte der Schadenfreude. Meist spielen die Idole selber mit beim traurigen Spiel: Sie hassen den öffentlichen Rummel und brauchen ihn doch wie eine Droge. So werden sie ständig zu Komplizen jener Leute, die das Geschäft der Anbetung und der Menschenvernichtung professionell betreiben – der Journalisten. Selten, dass sich einer wirklich wehrt. Die Schauspielerin Christine Kaufmann hat es jetzt in einem offenen Brief an die Illustrierte »Quick« getan. Der Anlass: ein schmierig-flüchtiger »Bericht« des Blattes über ihren früheren Ehemann Tony Curtis (»Quick«: »zum Wrack verkommen«), in dem auch sie selber ordinär attackiert wird – als eine Frau, die, weil Curtis' Alimente für die Kinder ausbleiben, zu jedem Geschäft bereit sei: die eigene Tochter nackt für den »Playboy« zu fotografieren oder, Gipfel der Verworfenheit, in Bonn Theater zu spielen. Kein Wort darüber, dass die »Fotos« überaus harmlos sind, auch keines, dass Christine Kaufmann seit Jahren eine ernsthafte Schauspielerin ist. Und natürlich kein Wort, das den »Verfall« des Tony Curtis erklären oder gar mitfühlend beschreiben würde – wenn man ihn denn schon be-

schreiben muss. Christine Kaufmanns Brief an die deutsche Illustrierte »Quick«:

»Welcher Neid und Groll treibt Sie, solche Fotos von Tony Curtis zu veröffentlichen? In China wird man für das erreichte reife Alter verehrt, hier verdammt – und die Verdammung ist es, was es schwer macht zu altern. Sie machen Menschen, die noch leben, zu Leichen, um sie dann, noch lebend, fleddern zu können. Sie schonen dabei weder alte Menschen noch Kinder (Sarah Biasini) noch die Leichen von Kindern (David). Die Tiefen der ehemals Schönen und Funkelnden sind Ihre Höhe – der Auflage! Viele können es sich nicht leisten, sich zu wehren, und einige hat die sensationslüsterne Presse in den Tod getrieben. Sie können sich nicht vorstellen, dass eine Frau aus anderen Gründen als der Unfähigkeit, Alimente aus einem Mann herauszuziehen, arbeiten möchte. Theaterspielen – nur aus angeblicher Geldnot! Fotos, auf denen man weder Schamhaare noch Brustspitzen sieht, auf denen die Frau nicht als für den Betrachter jederzeit verfügbares Objekt dargestellt wird, werden als ›Aktbilder‹ abgetan. Manch eines Ihrer Titelbilder, auch wenn die Mädchen darauf bekleidet sein mögen, zielt im Gegensatz dazu ganz offen auf eine Reaktion unter der Gürtellinie ab. Sie sind die Inquisitoren des 20. Jahrhunderts. Die mittelalterlichen Inquisitoren projizierten auch ihre schmutzigen Gedanken auf unabhängige Frauen und verbrannten diese Frauen dafür. Auch sie brauchten immer wieder neue Opfer. Die schmutzigen Gedanken in den Köpfen sterben nicht, damals wie heute. Es gibt keine Entwicklung, es fließen statt Blut jetzt Buchstaben.«

Ich bekam ein neues Engagement in Bonn für das Stück *Der Werwolf* von Roger Vitrc. Die Arbeit machte mir große Freude, obwohl ich Bühnenbild und Kostüme idiotisch fand. Ich hatte mit dem Regisseur einige Auseinandersetzungen, die aber gut ausgingen.

Ich freute mich sehr, in der »Welt«, einem Blatt, nach dessen Geschmack ich nie war, ein Lob zu finden, das mir meinen Einsatz bestätigte. Nämlich dass ich die Einzige war, die das Surreale des Stücks richtig vermittelte. (Ah, endlich ging es nicht ums Hübschsein, sondern ums Vermitteln!?)

Ich hatte viel erreicht, war ein großes Stück auf meinem Weg vorangekommen, aber es genügte mir nicht. Ich verfasste noch einmal ein Konzept für ein Buch über Ernährung, denn zweifellos war mein Wissen auf diesem Gebiet einer der Gründe, warum ich überhaupt noch am Leben war. Diesmal klappte es, der Droemer-Verlag schloss einen Vertrag mit mir, und mein Schlafzimmer füllte sich mit handgeschriebenen Seiten.

Michael Graeter war einer der Menschen, die mich am meisten ermutigten. Auch Elisabeth. Nur Christoph Eichhorn sagte in seinem nasalen Ton: »Ich kann mir nicht vorstellen, dass dies irgendjemand kaufen wird…«

Jahre hätte ich als kochendes Zentrum unserer pastellfarbenen, vom Zeitgeist der Jugend durchströmten Wohnung leben können!
Alas, die Essenz des Lebens ist die Wandlung, und das Ende meines köchelnden Glücks kündigte sich mit Angeboten und Besuchen an, die unser Nest mitsamt seinen Bewohnern in verschiedene Richtungen blasen würden.

Tony rief im Sommer aus heiterem Himmel in einer Stimmung an, die dem bayerischen Megasommer glich. Sein Anruf war nicht nur ein seltenes Ereignis an sich; er rief an, ohne Missmut abzuladen, und bezeichnete mich zum ersten Mal nicht als »that woman«, diese Frau. »That woman« war immerhin noch besser gewesen als eine frühere Aussage, gar keine Frau Kaufmann zu kennen. Was ich so Schreckliches getan hatte, war mir nie richtig klar gewesen, bis ich aus »eheinternen« Informationen erfuhr, dass Leslie, die mich kaum kannte, Tony Dinge über mich erzählt hatte, die sie schlichtweg erfunden hatte. Die beiden waren mittlerweile geschieden, und im Gegensatz zu mir, die nur die Kinder von ihm wollte, hatte Leslie einen Picasso gestohlen und das Bild auch noch verkauft, was weder ihrem Image des ehrlichen Opfers noch ihrer Verhandlungsposition bei der Gütertrennung gut tat

Tony war nach eigener Beschreibung schwer drogenabhängig (Kokain und Alkohol) gewesen und hatte im Betty Ford Center eine Entziehungskur gemacht. Eine dort vorgeschlagene therapeutische Maßnahme war, sich aus der emotionalen Isolation zu befreien und sich mit Freunden zu umgeben. Das hätte ich ihm auch sagen können! Guter Rat ist teuer. Wie wahr muss das im Betty Ford Center sein! Auf jeden Fall war er nicht mehr mein Feind und hatte sich entschieden, uns alle zu besuchen, auch »that woman«. Ich war sehr froh, denn in seinen schlimmen Negativphasen hatte er einer Journalistin der »Bunten« gesagt, ich gehörte vergast. So verwirrt kann Kokain machen! Die »Bunte« hat das natürlich nicht gedruckt.

An einem besonders schönen Sommertag kam Tony in München an. Der Zeitpunkt war aber lediglich unter klimatischen Gesichtspunkten ideal.

Meine liebe Freundin Renate aus Bonn war mit ihren zwei kleinen Töchtern zu Besuch, und außerdem war mein kalifornischer Strandfreund, den ich seit zwölf Jahren kannte, urplötzlich nach Deutschland gekommen. Er liebte mich noch immer (so meinte er). Das Haus war voll, und ich befürchtete, dass Tony dies aus seiner Perspektive als wildes Kommunenleben bezeichnen könnte. Wir besuchten ihn also im Hotel. Es war für uns alle seltsam. Allegra hatte uns noch nie zusammen gesehen. Erst jetzt stellte sie fest, dass wir gar nicht zur gleichen Generation gehörten. Alex beobachtete das Geschehen wie immer cool mit ihrem leicht amüsierten Ausdruck im Gesicht.

Tony und Alex nebeneinander, das wiederum war für mich seltsam, denn sie sehen einander ähnlich, beide haben diesen weichen Schimmer in den Augen. Tonys Augen waren aber nicht klar, sondern ein wenig wie gekocht. Das kam von den Drogen.

Nach vielen Umarmungen und Küssen gingen wir durch die Hotelhalle, um mit einem Taxi ins Restaurant zu fahren. In der Halle drehte das Bayerische Fernsehen gerade *Ein kleines Etwas*. Tony hatte nicht nur seine gute Laune, die ja allein schon Säle füllen kann, er trug auch einen strahlend weißen Anzug. Obenauf einen Cowboyhut, der J. R. in den Schatten stellte.

Die Menschen in der Halle starrten den blütenweißen Hollywoodstar an wie eine Fata Morgana.

Ich würde bei solchen Blicken am liebsten wie ein eingerolltes Blatt davonkugeln. Nicht Tony!

Er schritt durch die Halle und winkte herablassend wie die Queen den »Sterblichen« zu. Die Mädchen und ich trippelten schnellstmöglich unsichtbar hinterher. Uns platzte fast der Bauch vor Lachen. Der Diskretion halber hatte ich ein kleines Restaurant im Lehel für unser Abendessen ausgesucht. Ein Fehler. Diskretes Einschleichen gab es nicht. Tony und mich vereint mit den Kindern hautnah vorbeiziehen zu sehen ließ auf den Gesichtern der Gäste einen merkwürdigen »Träum-ich-oder-wach-ich«-Ausdruck erscheinen.

Allegra hatte als Beweis ihrer Eigenständigkeit einen milchschokoladefarbenen Freund mitgebracht.

Keiner von uns kam zu Wort.

Tony war so froh, der Drogenhölle entkommen zu sein, dass er nur von sich redete, von seinen neuen Zielen und der Malerei. Wir hörten mitfühlend zu.

Gerne hätte ich ihn nach dem Essen zu uns eingeladen. Zugegebenermaßen war ich stolz, ohne ihn ein eigenes Heim geschaffen zu haben, das unseren gemeinsamen Häusern in Geschmack und Wohnlichkeit in nichts nachstand. Nur ohne goldene Wasserhähne und Werte, die Alarmanlagen notwendig machen. Aber leider saß der vor Eifersucht kochende Freund im Wohnzimmer, und ich wollte keine delikate Situation hervorrufen. Wir brachten Tony ins Hotel.

Männer schaffen es immer, einem Leid zu tun!

Nach allem, was er und seine Frau mir angetan hatten, hätte ich ihn auch noch gern als Gast bei uns willkommen geheißen! Gut, dass ich es nicht tat, denn die Nacht barg noch eine Überraschung.

Renate schlief mit ihren Kindern im Gästezimmer. Allegra in ihrem Zimmer und George bei mir. Mein Zimmer lag zum Mariannenplatz hin. Gegen vier Uhr morgens hörte ich jemanden rufen, ein bisschen wie eine klagende Katze. »Frau Kaufmann!«

»Frau Kaufmann, bitte, machen Sie auf!«

Vor meinem Zimmer lag ein kleiner Erker, von dem aus ich gut zur Eingangstür sehen konnte.

Unten stand inmitten einer riesigen Wasserlache, mit einem unerklärlichen Grünzeug behangen, der hübsche Punk, den Alex mochte und der seinerseits Allegra verehrte.

Ich öffnete das Fensterchen.

»Frau Kaufmann, mir ist so kalt, ich bin in die Isar gefallen!«

Durch Mutterinstinkte beflügelt, öffnete ich schnell die Tür, und bald stand er im Flur, tropfnass und zitternd. Er sagte immer wieder, es täte ihm so Leid und er wüsste auch nicht, wie das passiert sei. Der Flur war vom Neonlicht der Straße beleuchtet. Alles wirkte wie eine Vision.

Während ich heißes Wasser in die Badewanne laufen ließ, ging ich zu Allegra und erzählte ihr von unserem Besuch.

»I won't get up, he is crazy!« (Ich stehe nicht auf, der spinnt.) Mit diesem Kommentar drehte sie sich um und schlief weiter.

Er stand immer noch völlig hilflos und ungeborgen dort, wo ich ihn verlassen hatte. Unter großen Anstrengungen zog ich ihn aus, denn Punkkleidung ist so eng wie angemalt. Vor allem wenn nass!

Seine Eltern hatten ihn rausgeschmissen. Ein Wegwerfkind. Ich machte ihm ein Bett auf der großen englischen Couch im Wohnzimmer. Ein Bett mit großem Plumeau, das aussah wie in einem Märchenbilderbuch. Als sein kleines stachelhaariges Köpfchen darauf lag, ballte sich so viel Mitleid in mir. Mir ist sogar jetzt noch traurig zumute, wenn ich daran denke. Er zitterte immer noch. Nicht vor Kälte, sondern vor Einsamkeit. Das Gefühl kannte ich. Ich nahm seine Hand, und wir unterhielten uns stundenlang. Die Eifersucht meines Freundes war durch alle Wände zu spüren, denn eigentlich ist es ja mütterliche Zuwendung, worauf die Männer eifersüchtig sind. Als es hell wurde und sich der Junge wieder in ein vertrauensvolles Kind verwandelt hatte, fragte ich ihn, ob ich jetzt gehen könne und was er fühle.

»Liebe.«

Damit schlief er ein.

Weder George noch Tony waren begeistert, als ich ihnen die Geschichte erzählte.

Die Mädchen und ich brachten Tony am nächsten Tag zum Flughafen, und er meinte, er hätte auch gerne auf der Couch geschlafen.

Er war aber nicht in die Isar gefallen.

Dann fragte er mich, ob ich mit ihm nach Paris fliegen wollte, und Alexandra meinte, sobald er aus dem Auto gestiegen war: »Wenn du das tust, rede ich nie wieder mit dir.«

Der Abschied war tränenreich, und ein Wiedersehen in Amerika wurde vereinbart.

Beide Mädchen beschlossen, es wieder eine Weile mit Amerika zu versuchen.

Für mich war George eine riesige Verführung, denn meine Pflichtzeit als Mutter war vorüber. Er bot mir an, wieder nach Kalifornien an den Strand zu ziehen und das »Kaufmann« von der

Christine abzuwerfen, wieder als eine von vielen Frauen das Leben in L. A. zu genießen.

Mein Buch »Körperharmonie« sollte im Frühjahr erscheinen. Und da weder der *Monaco Franze* noch *Die Schaukel* irgendwelche schauspielerischen Angebote nach sich gezogen hatten, gab es keinen Grund, nicht auch mein Lager in der Bundesrepublik aufzulösen.

Alexandras beste Freundin Carola hatte im Sommer ein Baby bekommen. Carola ist halb Westafrikanerin, und ihr Kind hatte eine goldene Hautfarbe. Es war das hübscheste Baby, das ich je gesehen habe. Mark, Alex' Freund, hatte eine Art, mit der Kleinen zu spielen, dass ich mir dachte, wir würden wohl bald selbst Nachwuchs haben.

Mir hätte dies sehr gefallen, denn als ich Alex mit neunzehn bekam, hatte ich mir ausgerechnet, dass ich mit achtunddreißig Großmutter sein könnte. Nun war ich schon neununddreißig Jahre alt, und es war immer noch nichts da! Gelegentlich wagte ich einen Wink mit dem Zaunpfahl, dass ich mit einundzwanzig schon zwei Kinder gehabt hätte. Und ...

Im Oktober erfuhren Allegra und ich, dass Alex schwanger war, im Dezember, dass sie Zwillinge bekommen würde. Somit würde sie mit einundzwanzig auch zwei Kinder haben!

Ich war gerade dabei, meine Reise nach L. A. vorzubereiten, als mich Hans Neuenfels anrief und mir eine Rolle mit Elisabeth Trissenaar anbot. Ich finde sie phantastisch. Aber es war in Berlin, und da konnte man nur hinfliegen. Seit die Kinder bei mir waren, hatte ich große Angst vor dem Fliegen entwickelt.

Ich sagte ab. Mein Bauchgefühl hatte ebenfalls gesagt: »Tu 's nicht!«

Zwei Tage vor dem Abflug bekam ich ein Telegramm von Peter Zadek mit einem Angebot nach Hamburg, und mein Bauch sagte »ja«.

Im Sommer hatte ich das Buch geschrieben, und ich fühlte, dass sich aus der Mischung von Theater und Buch etwas Positives ergeben würde.

Zadeks Assistentin Corinna kam. Der Vertrag wurde unterschrieben, und ich hatte etwas, worauf ich mich freuen konnte. Ich mochte Zadek gut leiden.

Der Aufenthalt in Kalifornien war sehr durchwachsen! Mein Freund löste seine Versprechungen nicht so ganz ein. Die angeblich so wunderbare Familie war für mich nur auf Distanz zu ertragen. Als allein stehende »Künstlerin« repräsentierte ich, auch ohne ein Wort zu sagen, eine einzige Attacke auf ihren Lebensstil, der sich, wie so oft in großbürgerlichen Familien, aus Heuchelei, Angst und verlächeltem Hass zusammensetzt.

Für mein Empfinden war hier eine ganze Wüste unter den Teppich gekehrt. Ich floh zu meiner Freundin Justine nach Santa Barbara. Ich liebte sie sehr, nur trennte uns ein wenig die Art der Lebensbewältigung. Ich hatte mich in der Zwischenzeit sehr weit von der Gras rauchenden Träumerin entfernt, die ich am Beginn unserer Freundschaft gewesen war. Ich rauchte gar nichts mehr, sie hingegen griff noch ein bisschen tiefer ins Drogentöpfchen. Trotzdem, wenn man jemanden liebt, muss viel passieren, um dieses Band zu lösen. Wenn wir zusammen waren, tranken wir nur etwas Wein.

Jetzt, wo meine Kinder flügge waren, ließ ich wieder mein Frausein etwas in den Vordergrund. Körperlich fühlte ich mich nicht sehr wohl. Es war etwas mit einem Zahn.

Gleich nach meiner Rückkehr nach Deutschland ging ich in Stuttgart zu einem Zahnarzt. Das Röntgenbild wies eine Zyste im Oberkiefer aus, der Zahn und die Zyste mussten raus. Ich sah mir den Arzt, Dr. Kirsch, genau an, und mein Gefühl sagte: Dem kannst du vertrauen. Ich ließ ihn gleich operieren.

Gesundet fuhr ich zu den Proben von John Websters *Die Herzogin von Malfi* nach Hamburg, während Allegra noch in München die Schule besuchte. Hamburg war immer eine meiner Lieblingsstädte in Deutschland. Die Arbeit dort war auf verschiedenen Ebenen sehr interessant. Die Titelrolle war mit Jutta Hoffmann besetzt. Im Laufe der Monate lernte ich sehr viel über die Menschen, vor allem durch sie. Ich meine: Hier war eine Kollegin, die vor meiner ersten Einzelszene mit Hermann Lause laut gackernd sagte: »Jetzt kommt die Pornoeinlage!«, später, während einer anderen Probe, laut auflachte, als ich in der Szene eine Ohrfeige bekam, und so weiter und so fort ...

Sie machte auch mit anderen Darstellern Dinge, die ich nicht unbedingt als kollegial bezeichnen kann, aber das war es nicht, was mich schmerzte. Ich konnte nur nicht verstehen, warum Zadek dies alles zuließ und offensichtlich genoss.

Jutta Hoffmann ist allerdings die Verkörperung von dem, was an manchen deutschen Bühnen als Höhepunkt der Darstellungskunst gilt. Die »Welt« beschreibt gerne ihr reines deutsches Gesicht. Ich war während der schier endlos wirkenden Probenzeit auch sehr von ihr beeindruckt. Sie ist die coolste Frau, die ich je in meinem Leben gesehen habe. Es gab Zeiten, in denen kaum noch ein Kollege mit ihr sprach. Ein bekannter Schauspieler soll öffentlich gesagt haben, er würde nie wieder eine Bühne mit ihr betreten, und als man sie um einen Kommentar bat, meinte sie dem Sinne nach nur: »Wirklich?«

Inmitten all dieser wunderbaren, in ihrem Beruf wohl trainierten Menschen kam ich mir immer vor wie die Promenadenmischung, die ich wohl auch bin. Christian Redl war lange Zeit der Einzige, der mich richtig nett behandelte, wie einen Menschen eben. Mit ihm ergaben sich in der Arbeit interessante Szenen, denn wir fanden, dass Zadek uns als Pausenclowns einsetzte, was uns gefiel. Peter Zadek sagte, meine Kinderstimme ginge ihm auf die Nerven (mir auch), und stellte mir einen Lehrer zur Verfügung, Manfred Andree.

Innerhalb weniger Unterrichtsstunden verschwand meine Atemlosigkeit, und Zadek wird nie wissen, wie dankbar ich ihm für Manfred bin, denn er war in meinem Leben bestimmt der wichtigste Mann.

Es gibt Menschen, für die andere offensichtlich durchsichtig sind. Manfred machte ein paar Übungen mit mir, sah mich lange an, und mit einem gezielten Griff auf die Beckenpfanne meinte er: »Sie müssen nicht immer alles mit Willenskraft machen. Es geht auch mit Freude.« Dann, etwas menschlicher: »Aber Sie haben eine sehr schöne Skelettmuskulatur!«

Ein Strom von Wasser aus meinen Augen. Mein kleiner Rosen-Resli-Panzer war aufgebrochen.

Was ich dadurch für meine Arbeit gewann, muss reichlich gewesen sein, denn die Szenen klappten fast von alleine. Natürlich waren meine Partner phantastisch. Mit Christian Redl entwickelte ich eine sehr ungewöhnliche Szene, und er bestätigte mir, dass er erst durch meinen Mut zu seinem gefunden hatte. Er war herrlich waghalsig!

Es war etwas in der Phantasie Zadeks, womit ich viel anfangen konnte. Kränkte seine Regieanweisung andere, so beflügelte sie mich. Aufforderungen wie: »Mach doch während deiner dämlichen Szene einen Ausdruckstanz wie Mary Wigman!« verstand ich als Anregung, nicht als Beleidigung. Und doch gab es Zeiten, in denen ich auf der Bühne des Hamburger Schauspielhauses zwischen zerquetschten Melonenköpfen lag, die Kinderleichen darstellen sollten, und nur an mein Kind (Alex) denken konnte. Ich lag in der Theatersauce, und draußen verfloss die Zeit, die sich im Gegensatz zum Theater nicht wiederholen lässt. Trotz aller Sympathie für Zadek und meines Mangels an bedingungsloser Hingabe an diese Arbeit wurde mir immer klarer, warum Zadek mich für diese Rolle engagiert hatte. Jutta Hoffmann, die reine, goldene

Herzogin, und ich, die grün beschmierte Nutte. Das war schon an den Kostümen zu sehen, besonders deutlich stand es aber in der von Zadek konzipierten Theaterzeitung, wo über einem hübschen Porträt von mir das fiktive Zitat zu lesen war: »Natürlich bin ich eine gute Nutte.«

Als ich das Heft sah, dachte ich: Wenn ich das wäre, müsste ich nicht in diesem Scheißtheater arbeiten.

Nach einem Besuch beim Anwalt wurde der Satz geändert in »Natürlich bin ich eine gute Nonne.«

Man kann nicht gewinnen!

Der Sommer rückte näher und damit die Geburt meiner Enkel und die Ferien. Zwei Tage vor dem Abflug nach L. A. wurde mir noch im Theater die Handtasche mit absolut allem gestohlen. Ich bekam in Rekordzeit von den Behörden sämtliche Dokumente und schaffte es, ein paar Tage vor dem Geburtstermin in Los Angeles zu sein.

Mein Freund holte mich ab, und wir fuhren in das berühmte »Cedars of Lebanon Hospital«, in dem ich Alex 1964 geboren hatte. Allegra war auch dort. Wir waren beide fasziniert von Alex' Zwillingsbauch und wollten wissen, wie sie sich fühlte.

»Full, but not fulfilled.« (Voll, aber nicht erfüllt.) Ihr trockener Humor hielt aber nur bis zur tatsächlichen Ankunft der Babys an.

Alexandra mit Kindern! Es gibt niemanden, dem Mütterlichkeit natürlicher steht als ihr. Die beiden Mädchen, eineiige Zwillinge, unterschieden sich nur dem Gewicht nach. Dido wog zwei Pfund mehr als Elisabeth.

Dido war, als wollte sie ihrem Namen Ehre machen, die Dickere. Sie lag zufrieden wie eine Made im Speck mit den anderen im Säuglingszimmer, während die dürre kleine Elisabeth in den Brutkasten musste. Brutkastenbabys sehen erbarmungswürdig aus. Alex weinte immer, wenn sie Elisabeth ansah.

Nach einigen Wochen hatte sie sich aufgefüllt. Sie ist immer etwas zarter geblieben, aber zäher. Von den beiden hat Dido merkwürdigerweise »näher am Wasser gebaut«.

Die Familie – Alex, Mark, Allegra und die Babys – zog in Tonys neues Haus nach Palm Springs, ich ging für ein paar Wochen zu meiner Freundin Justine nach Santa Barbara.

Da ich nun für meine Kinder nicht mehr »lebenswichtig« war, fühlte ich mich zum ersten Mal richtig frei. Ich fand mich oft am Strand sitzend, ohne irgendwelche Gedanken an Pflichten, durch die ich meine Existenz zu rechtfertigen hätte.

Ich war zum ersten Mal unbeschwert.

Mein Freund George und ich hatten uns vorerst getrennt. Er tat mir Leid, denn er war, wie ich zu meinen Kindern, voller bedingungsloser Liebe. Etwas, das wenige Frauen erleben. Vor allem über vierzig.

Rilkes Satz beinhaltet viel – oder sogar alles – zu diesem Thema: »Was kümmert 's dich, dass ich dich liebe ...«

Justine und ich machten Radtouren, ritten am Strand und tanzten die Nächte durch.

Santa Barbara ist für mich der schönste Ort der Welt. Ich könnte ihn mit verbundenen Augen erkennen. Wie sich die Luft auf der Haut anfühlt, die Duftmischung aus Pinien, Eukalyptus und Meer!

Am Ende meiner Ferien bot die Stadt einen flammenden Anblick. Seit Wochen waren die Temperaturen auf »Hitzewelle« angestiegen. In diesen Zeiten weiß man erfahrungsgemäß, dass Feuerteufel umgehen. Diesmal wurden an zwei verschiedenen Stellen in den Hügeln Feuer gelegt, und zu dem rötlichen Licht des Abendhimmels kam ein echtes USA-Pink. Beide Farben spiegelten sich im Meer, an das viele geflohen waren.

Die Stelle, an die Justine und ich meistens gingen, hieß Butterfly Beach. Eine kleine Bucht mit Überresten eines tempelartigen Gebäudes, das im Lauf der Zeit immer mehr in die See bröckelt.

Als wir abends in Justines weißes Holzhaus gingen, waren wir froh, dass es noch stand. Man kann nie so ganz sicher sein in Kalifornien. Das bebende Paradies!

Justine ist die einzige Frau, von der ich weiß, dass sie mich liebt, und es gibt keine, mit der Ausgehen so viel Spaß macht wie mit ihr.

Gegen elf Uhr abends kühlte es genug ab, um den Gedanken an Essen ertragen zu können. Unser Stammlokal war ein »Cajun«-Restaurant mit der typisch ländlichen Küche der Südstaaten, mit feurigen Scampi und scharfen Kellnern, denen es Spaß machte, flirtend das Menü zu deklamieren. Es war so heiß, dass ich nur einen cremefarbenen Unterrock aus den fünfziger Jahren trug, mit einem Gürtel darüber, um ihn als Kleid zu tarnen. Im Restaurant schwitzten alle, bis sich Kleider, Hemden, Hosen untrennbar mit der Haut verbanden.

Am Nebentisch zwei Männer. Bei dem Dunkelhaarigen saßen die Augen bald wie bei einer Flunder, und seine Aufmerksamkeit war störend. Endlich sprach er mich an. Nicht dass ich mich danach gesehnt hätte, nur seine Anspannung versengte fast eine Tischhälfte.

Welches Parfum ich trug?

»Cartier«, et cetera et cetera...

Ich war nicht in der Stimmung, um mich auf irgendjemand einzulassen. Nur tanzen wollte ich; dafür hatte ich Justine und ein paar Jungs in unserem Lieblingslokal. Dort gingen wir nach dem Essen hin, und er verfolgte mich, völlig fasziniert. Er wollte wissen, wie alt ich bin. Vierzig und Großmutter, my dear! Eine erwachsene Frau! Er fand es toll. Wir fuhren an den Strand, wo der Mond die Schatten scharf zeichnete.

Wir liefen um die Wette, und ich gewann. Sein Angebot auf mehr lehnte ich ab. Zu erwachsen, um die Magie des Augenblicks zu zerstören...

Am nächsten Tag fuhr ich mit dem Wagen nach Palm Springs, um noch einige Zeit mit der Familie zu verbringen, bevor ich nach Hamburg ans Schauspielhaus zurückmusste.

Irgendwie hatte ich sogar Lust, wieder in diese muffige Theaterwelt einzutauchen. Doch kaum bei meinen »Nachfahren« angekommen, wünschte ich mir wieder, einen Beruf zu haben, der mich nie auch nur eine Nacht von ihnen wegführen würde.

Tonys Haus in Palm Springs war ganz mit den Dingen eingerichtet, die ich als Achtzehnjährige gekauft hatte. Einer seiner Söhne öffnete. Nicolas sieht aus wie eine schöne Fassung seines Vaters aus der Zeit von *Trapez*. Wenn man sich so etwas vorstellen kann, ohne dabei in Ohnmacht zu fallen!

Und so wahnsinnig nett.

Mark, mein gut aussehender, skurriler Schwiegersohn, empfing mich mit einem aufgeschlagenen Kinderpass. Darin sein Bild – und tatsächlich, die Mädchen sehen ihm so ähnlich, dass man fast an Klonen glauben könnte. Abends saßen Tony und ich vor dem Kamin. Eines der Babys schlief auf meinem Arm. Es kann natürlich sein, dass ich nur mutmaße, aber ich meinte seinem Blick zu entnehmen, dass wir uns viele Dummheiten hätten ersparen können. Trotz aller notwendigen Änderungen unseres Lebens. Da lag unser Enkelkind. Es war so viel geschehen seit unserem Kennenlernen. Hier war ein kleines Zeugnis dafür, dass wir uns einmal lieb hatten.

Komisch, wie dick Wehmut im Zimmer sitzen kann!

Wie üblich weinten Allegra und ich beim Abschied. In Los Angeles traf ich noch einmal George, der mitten in einem manischen Schub war.

Sein Vater, der zusammen mit seiner Frau eifrig an den geistigen Störungen seines Sohnes gearbeitet hatte, holte mich ab, und wir gingen zu dritt essen.

In Palos Verdes, wo mein Freund im Haus seiner Eltern lebte, ist es paradiesisch und höllisch zugleich. Innerhalb eines Häuserblocks waren vier Töchter heroinsüchtig, bei George drei von fünf Brüdern emotional gestört, und im putzigsten Haus hatte der einzige Sohn die Mutter umgebracht und dann sexuell missbraucht.

Dagegen war das Schauspielhaus in Hamburg geradezu ordentlich, und ich war froh, wieder im regulierten Wahnsinn zu arbeiten.

Nur noch wenige Wochen trennten uns von der Premiere der *Herzogin von Malfi*, und Zadek arbeitete bis zur letzten Minute sehr intensiv mit Jutta Hoffmann. Die Premiere am 10. Oktober 1985 war kein Erfolg und doch ein Erfolg. Mir hat das Stück die Jahre, in denen es gespielt wurde, immer Spaß gemacht, zuzusehen. Wenn Theater interessant ist, dann so.

Ob Wildgruber, Voss oder Lause, Heinz Schubert und auch Jutta Hoffmann, alle hatten in der Regie lediglich eine Bahn, auf der sie die tollsten Spiele trieben. Zadek ist ein genialer Regisseur. Deswegen ist er nicht im üblichen Sinne gut.

Am Schauspielhaus arbeitete ich drei Jahre; lange genug, um zu wissen, dass es mir an allem fehlt, was man braucht, um das Theater als das Wichtigste der Welt anzusehen. Die Arbeit bei Zadek trug mir gelegentlich den Titel einer »ernsthaften Schauspielerin« ein, und ich stieg in der Gesellschaft als »erfolgreiche Frau« auf.

Gott sei Dank kam Allegra nach Hamburg. Kalifornien war ihr zu uferlos, und für mich war die Erdung, die ich aus unserer Beziehung immer wieder erfuhr, in jeder Hinsicht ein Labsal. Mit Allegra konnte ich meine eigenen Beobachtungen relativieren. Außerdem gibt es kaum eine Position, die so einsam ist wie die der erfolgreichen Frau. Günter Amendt und Meisy, die Einzigen, die als Mitglieder meiner Wahlverwandtschaft immer an mir als Mensch Interesse zeigten, waren vor dem Erfolg da und würden es auch danach sein.

Bald trafen Fernsehangebote ein. Die Frauenfiguren widerten mich an.

Mein einziger Erfolg war die NDR-Talkshow mit Wolf Schneider.

Er hatte mich eingeladen, als Schauspielerin über den Film *Egon Schiele: Exzesse* zu plaudern.

Am Ende der Talkshow sagte er: »Wir haben hier einen Menschen gesehen.«

Durch diesen Satz passierte etwas: Ich wurde tatsächlich immer mehr als Mensch behandelt. Ich frage mich, was ich vorher war.

Ein Unmensch, ein Untermensch, ein Monster?

Die Rollen, die ich im Fernsehen bekam, hatten nicht jene Spanne an Emotionen oder solche Texte, die menschliche Figuren ermöglichen. Es ist üblich, einigermaßen hübsche Frauen so zu typifizieren, dass sie lediglich die tiefste Schwingung der Weiblichkeit darstellen. In Amerika kann ein bekannter Schauspieler, der jahrelang mit eineinhalb Gesichtsausdrücken nur Sätze wie: »Ich will das Öl im Chinesischen Meer« oder »Colbyco wird mein, ich habe alle Anteile hinter deinem Rücken gekauft«, sagen muss, 40 000 Dollar die Woche wert sein. Das tröstet sicher über die Stupidität der Arbeit hinweg.

In Deutschland ist das etwas anders. Man wird weder so gut bezahlt wie in den USA, noch so geliebt wie in Frankreich. Der deutsche Star hat 's schwer. Er muss durch das Fernsehsieb oder ins ernsthafte Theater. Das gilt nicht nur für mich. Ich bin ja kein Star, sondern lediglich sperrig.

In Hamburg kommt man schnell auf eine Liste, die bei Umfragen durchtelefoniert wird. Einmal rief eine reizende Journalistin an und fragte mich, was ich an meinem Beruf am meisten schätzte.

»Geld.«

Lange, lange Pause am anderen Ende.

»Sie sind aber ehrlich.«

Ihr Kommentar verblüffte mich.

Während der Arbeit am Hamburger Schauspielhaus begann ich an einem neuen Buch zu arbeiten. Der englische Arbeitstitel lautete »Surviving Fame«, der deutsche »Das Gespenst des Ruhms«. Ich machte Interviews mit Menschen, die mir persönlich bekannt waren. Mein Vater meinte, nachdem er einen Teil meines Manuskripts gelesen hatte: »Berühmt kann man eigentlich nur auf dem Schlachtfeld werden.«

Nun, Hitler oder Napoleon sind tatsächlich berühmter als Hölderlin oder Rimbaud.

Wenn ich das Buch auch nicht fertig stellte – vielleicht weil ich nicht fand, was ich suchte –, so ergaben sich doch aus den Gesprächen viele Einsichten, die meine Beobachtungen, Gefühle, meine kindliche Abwehr bestätigten.

Ich fand es immer interessant, warum Menschen Schauspieler werden.

Männer antworteten oft auf meine Frage mit einer Gegenfrage: »Was hätte ich denn sonst werden sollen?« (Sogar ein so genialer Schauspieler wie Ulli Wildgruber.) Von den Frauen gab Rosel Zech die komprimierteste Antwort: »Ich wollte immer jemand anders sein.«

Bei den meisten war die Triebfeder der Glaube und der Wunsch, mehr zu erleben als im tatsächlichen Leben.

Im Laufe der Gespräche stellte sich immer mehr heraus, dass ich nie ein Buch über dieses Thema machen könnte. Wie Elizabeth Taylor (wenn auch in Mini-Ausmaßen) wusste ich nicht, wie es war, »nicht berühmt« zu sein.

Wie ein Blinder, der nicht weiß, was Rot für den Sehenden ist. Er hat sein eigenes Rot im Kopf.

Wenn ich nur nach Dänemark fuhr, war ich schon unbekannt, aber im Hintergrund stand doch die Erfahrung des Ruhms. Daher war mir das Lechzen nach Ruhm unverständlich. Er war mir einfach in den Schoß gefallen.

In meiner Heimat war ich nie normal, das bedeutet, dass man an dem Ort, wo man berühmt ist, nie normal sein kann, sondern höchstens »ent-rühmt«. Mir blieb in Deutschland einzig die Möglichkeit, in die Normalität zu »verblassen«. Das kann man nur mit genug Geld.

Meine Familie war nun in New York und Los Angeles. Allegra hielt das deutsche Wetter nicht aus. Ich wollte das Hamsterrad des deutschen Schauspielerdaseins nicht weitertreten. Nach vielen Ferngesprächen mit den Kindern entschloss ich mich, wieder nach Los Angeles zu ziehen – in einem weiteren Versuch, eine normale Frau zu werden.

JALTA — MOSKAU

*D*as Schönste an Kalifornien ist umsonst: der Duft des Jasmins, der nur nachts blüht, und die Farbe des Morgens über dem Meer.

Doch um in den Genuss dieser Geschenke zu kommen, muss man eine Menge Geld für die Miete zahlen. Ich hatte eine wunderhübsche Wohnung, das obere Stockwerk eines taubengrauen Holzhauses, früher Hippie, jetzt Yuppie, mit entsprechender Mieterhöhung.

Für mich gab es jedoch weiteren kostenlosen Luxus. In der Früh wusch ich mich, zog irgendein einfaches T-Shirt-Kleid an und lief barfuß um die Ecke, Croissants holen. Auf dem Weg dorthin musste ich mich nicht in mich selbst verkriechen, aus Abwehr gegen die stumme Überprüfung, ob ich denn identisch sei mit irgendeiner Papierfetzeninformation. Anonymität ist ein Luxus, wenn man das Gegenteil kennt, aber nicht liebt oder braucht.

Für die Menschen, mit denen ich schnell Kontakt geknüpft hatte, war ich Designerin. Das stimmte sogar ein wenig und verursachte keine Verhaltensstörungen, die unweigerlich die Berufsbezeichnung »Schauspielerin« auslöste.

Der kleine Küstenstreifen von Manhattan Beach bis Marineland ist wie Santa Barbara oder teilweise auch San Diego wirklich das Paradies auf Erden. Dahinter hechelt schon die Hölle. Viele höllische Alltäglichkeiten beherrschen das Leben dort. Dem Klima nach ist es mehr eine »Mañana«-Gegend. Die Industrie verlangt von den Menschen in diesem paradiesischen Milieu, sehr auf Zack zu sein. Das formt seltsame Typen. Je näher man dem Big Business kommt, desto hektischer und arbeitsamer werden die Leute, denn sie müssen ja hier gegen eine ganze Klimazone antreten.

Probeweise teilte ich mein Quartier noch mit dem Freund aus meiner Hippiezeit vor vierzehn Jahren. Er hatte sich wenig verändert und litt darunter, tagtäglich zu erleben, dass ich mich innerlich wesentlich mehr geändert hatte, als äußerlich zu sehen war.

Ich war nicht mehr das Mädchen, das zufrieden war, bei Mondenschein zu den Klängen seiner Gitarre in einem Orangenhain zu tanzen. Ohne jeden Gedanken an die Zukunft.

Während er noch im Bett lag und vermutlich musikalischen Träumen nachhing, saß ich an meinem toskanischen Schreibtisch und verfasste Konzepte für einen Broterwerb fernab schauspielerischer Tätigkeiten. Merkwürdigerweise gab es viele Frauen, die gern sofort ein Schönheitsprogramm von mir kaufen wollten, nachdem sie erfahren hatten, dass ich nicht geliftet und mit Freude Großmutter war.

Allegra war sehr froh, mich da zu haben. Wir hofften beide auf eine Phase, in der ich Mama sein konnte, ohne ständig finanzielle Quellen weit weg von ihr zu erschließen. Mein Bruder hat immer gesagt, ich wäre die ideale Hausfrau, nur ohne Mann. Als mein eigener Mann musste ich immer an die Front, um als Mutter am Herd meinem Wunsch, die Küken zu pflegen, nachzukommen.

Allegra wollte nicht mit mir am Strand wohnen, es war ihr zu ereignislos. Alles passierte in Hollywood, und ich konnte sie gut verstehen. Sie musste sich ja mit Gleichaltrigen treffen und in ihrem eigenen Kreis ihr Leben aufbauen.

Wir hadern beide ein bisschen mit dem Schicksal. Es fehlt uns eine Schmusephase, was an der zu plötzlichen Entwöhnung liegt.

Als sie ein Baby war, trug ich sie immer bei mir auf dem Rücken. Das Abstillen dauerte ewig, weil wir ständig nach dieser

Kommunikation lechzten. Erst nachdem sie vier Zähne hatte, hörte ich auf – so groß war die körperliche Sehnsucht nach einander. Wir vermissten die wortlose Nähe. Durch die Hysterie des Schauspielerberufes konnten wir sie nur strähnenweise erleben.

Wann immer sie mich brauchte oder sehen wollte, fuhr ich in ihren Stadtteil. Ein einfaches Abendessen konnte zu einer lebensgefährlichen Angelegenheit werden. Los Angeles wuchs immer mehr in die Beschreibung des Zukunftsromans *Blade Runner*. Die Zulassung des freien Verkaufs von Waffen ist in meinen Augen ein krimineller Akt der Regierung gegen die Bürger. Gepaart mit Beispielen aus Film und Fernsehen verwundert ein kleines Beispiel aus Allegras Leben nicht: Auf der Heimfahrt nach dem Essen mit ihrer koreanischen Freundin überholte sie ein Auto. Der Fahrer ließ ein Fenster runter und schoss. Das Mädchen war geistesgegenwärtig und duckte sich. Die Kugel war durch das hintere Fenster gezischt.

In der Gegend, wo beide wohnten, wurden häufig nachts die Radkappen abmontiert – wenn man Glück hatte. Manchmal fehlte das ganze Auto.

In Amerika kann jeder Job fristlos gekündigt werden, und als ob dies nicht zur Verunsicherung reichte, wurden gerade die »gangshootings«, die bewaffneten Banden, Mode. Bei jeder Fahrt konnte man zufällig erschossen werden. »Sorry, es war nicht persönlich gemeint ...«

Die Fahrt vom Strand zu Allegra war ein Wagnis.

Den Höhepunkt einer bizarren »Anmache« erlebte ich von einem Mann in einem grünen Saab, der mich fast von der Straße abdrängte. Dass Männer das Fenster öffnen und sagen »Sie sind hübsch«, ist normal, aber dieser fuhr bis auf wenige Millimeter an meinen Wagen heran. Es war lebensgefährlich!

Die Verfolgung inmitten des dichten Verkehrs dauerte über eine halbe Stunde. Als ich vom Freeway abfuhr, schnitt er mich, und es stellte sich heraus, dass er mich unbedingt zum Essen einladen wollte. Ich hätte die schönsten Augen, die er je gesehen habe.

Diese absurde Ansammlung von hysterischen Angeboten kann nichts mit Hübschheit zu tun haben. Ich bekam erstaunlich viele Angebote.

Nach einer gewissen Integration und durch die Möglichkeit, andere Frauen zu studieren, wurde mir klar, dass es wohl auch an mir liegen musste. In L. A. gibt es kaum Frauen in meinem Alter und darunter, die Verletzlichkeit ausstrahlen. In Deutschland war ich immer gleich gewappnet und gepanzert und holte den »Kumpel« aus dem Schrank, um mich dahinter zu verstecken. Hier konnte ich schauen und aufnehmen. Die hiesigen Frauen hatten längst ihr eigenes Schema, nach dem sie die Mann-Frau-Spiele abspulten.

Zu Hause mit meinem Freund wurde es unerträglich. Ich war mit ihm zusammen, weil er mich mit seiner seltsamen psychischen Verfassung an die Grenzen meiner Gefühllosigkeit dem Liebhaber gegenüber brachte. Lust ist nicht Liebe!

Er missachtete alle grenzverweisenden Signale, wodurch ich mich immer besser kennen lernte. Hätte er nicht parallel dazu alle langweiligen alltäglichen Männerspiele draufgehabt, hätte ich mich ihm nicht entzogen. Die gesellschaftlich akzeptierte Halbherzigkeit war bei ihm nicht anzubringen, und in seiner Verrücktheit lag eine Intensität, die jene Leere auffüllte, welche das Prominentsein in meinem weiblichen Empfinden geschaffen hatte.

Obwohl er in seinen tausend Persönlichkeitssplittern immer ungreifbarer wurde, verband die Ähnlichkeit unserer Haut.

Eines Morgens saß ich wie üblich am Schreibtisch und sah, als Vorboten des Tages, die Yuppiepaare vorbeijoggen. Die meisten sahen einander ähnlich. Wenn auch der echte Kalifornier in der

Tiefe seines Herzens am liebsten quietschende Penthouse-Blondinen vögelt, so vollzieht sich der Alltag mit seinen Ritualen doch am besten mit der Jugendfassung seiner eigenen Mutter.

Als das Telefon um sechs Uhr dreißig klingelte, mutmaßte ich einen Anruf aus Deutschland, aber eine seltsam klingende Telefonistin sagte: »Ein Anruf für Mrs Kaufmann aus Jalta.«

Jalta?

Es stellte sich heraus, dass es sich um ein Angebot für eine Mammutcoproduktion handelte. Ich versuchte, so cool wie möglich zu bleiben und nicht gleich Ja zu sagen. Wenigstens nicht, bevor ich mir (wenigstens der Form halber) das Thema und eine Beschreibung der Rolle angehört hatte. Dass die Umstände der Filmarbeit, vorsichtig ausgedrückt, chaotisch sein mussten, konnte ich mir an zwei Fingern abzählen. Ich war für die Hauptrolle vorgesehen und sollte in zwei Tagen in Jalta sein.

Nach meiner geheuchelt zurückhaltenden Zusage wurde ein zweiter Anruf angekündigt, der des Regisseurs Peter Fleischmann. Er erzählte mir den Inhalt der russischen Science-fiction-Geschichte *Es ist nicht leicht, ein Gott zu sein* in seiner eigenen, pfälzischen Wildwestart so originell, dass ich eine sehr skurril-spannende Arbeitssituation auf mich zukommen sah.

Zunächst wollte man eine amerikanische Schauspielerin für die Rolle, und ich wurde eher als Ersatz für sie engagiert. In Deutschland hatte ich Wohlwollen und Nettigkeit nur vom Publikum erfahren, so dass mich diese Arbeitskonstellation nicht kränkte.

Mit meiner Agentin, Frau Frank, besprach ich die Vertragsbedingungen. Sie ist eine faire, gescheite Frau, die mir nicht verheimlichte, dass es über dieses Projekt nicht nur positive Berichte gegeben hatte.

Die Chance, eine Zeit in dieser für die damalige Sowjetunion so wichtigen Phase dort zu verbringen, appellierte zu sehr an meine Erlebenslust. Ich schlug alle Bedenken in den Wind. Außerdem, wann hatte mich Chaos je gestört? Von meinem Freund wurde ich nun all der Dinge bezichtigt, die man normalerweise Männern vorwirft.

Allegra freute sich über das Angebot, auch wenn es schon wieder eine Trennung bedeutete. (Sie hatte mein Versprechen, sobald ich es mir leisten konnte, nur für sie zu kochen, immer in ihrer Nähe zu sein und mindestens zwanzig Pfund zuzunehmen. Bis dahin war es ihr lieber, ich verdiente Geld wenigstens mit etwas Interessantem.)

Wir verabredeten uns für den Abend mit einer Freundin: Frances Schoenberger, die Königin der Hollywoodkorrespondenten. Mit Recht. Eine tolle deutsche Nachkriegsfrau, stark und verwundbar. Ihr »Hof« lag streng und gläsern auf einem der Hügel Hollywoods. Die Nacht verwandelt den windigen Stadtteil zu ihren Füßen in eine funkelnde Illusion.

Jan Niklas war gerade ihr Hausgast. Er passt so gut nach Hollywood. Ein Mann der Tradition der dreißiger Jahre. Ein einsamer Erbe. Das Gesicht voll gut aussehender Sehnsüchte. Er kam nicht mit zum Abendessen. Wie ich Jan kenne, war ihm alles zu irdisch, obwohl er, wenn man mit ihm allein ist, saukomisch sein kann.

Frances und ich fuhren in ein italienisches Restaurant auf der Melrose Avenue. Dies ist eine der wenigen Straßen, auf der im europäischen Sinne Leben herrscht. Die Stadt ähnelt außer am Strand fast einer Hochburg von Beinlosen mit luxuriösen Rollstühlen. Melrose ist ein wenig wie die Münchner Leopoldstraße. Man trifft Menschen zufällig, eine Welt weg von der organisierten Gettokultur. Mit einem Unterschied: Alles ist bis aufs Zahnfleisch geschminkt. Viele sind beseelt von dieser diffusen Gier, dieser merkwürdigen Krankheit, dem Gefühl, erst dann »jemand« zu sein, wenn man in irgendeiner Form festgehalten, abgebildet ist.

Das Lokal war voll von »I-want-to-be-somebody«-s, von Leuten, die gerne »jemand« sein wollten.

Auf Frances wartete eine hübsche Hamburger Journalistin, die über Tom Selleck klagte.

Die amerikanischen Schauspieler tragen ihr Herz nicht auf der Zunge, und wenn sie es tun, wird es nicht missbraucht. Da helfen ihnen die Gesetze. Es gelten andere Spielregeln. Die freie Marktwirtschaft durchzieht auch die kleinsten Kreise. Prominenz und Journalisten arbeiten zusammen an ihrer Verdienstquelle. Den Illusionslosen gehört die Welt, nur sie können ihre Wünsche durchsetzen. Während des Abendessens sagte der Psychiater, den Francis als Gast eingeladen hatte, ein brüderlicher Freund, beiläufig zwischen Salat und Hauptspeise, einen Satz von mir kommentierend: »Das ändert sich, sobald wir verheiratet sind.« (?!)

Na gut, übermorgen flog ich nach Moskau, da war so ein Satz ungefährlich. Für ihn.

Allegra kam, und ihre vibrierende Ausstrahlung füllte den Raum. Als sie mich wie immer auf den Mund küsste, zeichnete sich in den Gesichtern der anderen Gäste Empörung ab. Das kennen wir schon! Man hält uns für enthemmte Lesbierinnen.

Nach dem Essen mussten wir noch auf Schlüsselsuche gehen (ihre Freundin hatte den Schlüssel verloren). Was natürlich drei Stunden Fahrt bedeutete. Danach brachte sie mich noch an den Strand. Ein wehmütiger Abschied mit ein wenig Wut über das Schicksal, das uns immer wieder trennt, woran wir uns aber aktiv beteiligen. Sie ist wie ich auch nomadisch veranlagt. Ich hätte sie gerne mitgenommen, aber es ging nicht, es hätte ihren Lebensfluss aufgehalten. Ich liebe sie zu sehr, um sie in ihrer Entwicklung, weg von »der Tochter von ...«, zu hemmen.

Im Blütenduft der Nacht schlief ich neben meinem mittlerweile ungeliebten Freund ein. Bald weckte mich meine Kindheitsbegleitung, die Angst, auf.

Allein in Russland, ob das gut geht?
Schlimmstenfalls ist es ein Erlebnis.
Mein Gegenargument ließ mich beruhigt einschlafen.

Am nächsten Morgen, wie um den Abschied schwerer zu machen, zeigte sich die Stadt von ihrer schönsten Seite. Am Schalter der Lufthansa kannte mich fast das gesamte Personal. Vor allem die Frauen meines Alters. Wir waren gemeinsam älter geworden, und sie hatten viel von meinem bewegten Leben aus der Flughafenperspektive miterlebt. Viele Ankünfte, viele Abschiede. Viele Zustände.

Auf dem Weg zum Flugzeug ein kleines Rudel deutscher Mädchen. Eine drehte sich um und sagte: »Sie kenne ich doch?!«

Sie guckten und lachten, aber nett. Das mochte ich gerne, wenn ich behandelt wurde wie eine vertraute Person. Es ist anders als das »Berühmtsein«, das sich wie ein Schatten über einen stülpt.

Im Flugzeug gab ich mich meinen Phantasien über die Sowjetunion hin. Wie sehr würde sich dieses große Land von dem unterscheiden, in dem ich gerne lebte! Die Sowjetunion entbehrte doch jeglichen Glamours, dessen Schattenseiten die Wirklichkeit in immer weitere Ferne rücken und Trauer, Schwäche, Alter aus dem Alltag verbannen.

Nach achtzehnstündigem Flug hatte sich mein Kleid merkwürdigerweise in einen Mini verwandelt, und nach dem Umsteigen in Frankfurt schien es mir, als ob meine Haare gewachsen wären. Überhaupt beschlich mich das Gefühl, außer den Stewardessen die einzige Frau zu sein.

Zwei ausnehmend nette Herren, die schon »sowjeterprobt« waren, verwickelten mich in ein Gespräch. Daraus erkannte ich, dass ich absolut nichts wusste, was mir den Weg zu meinem Bestimmungsort bahnen würde. Weder das Hotel in Moskau noch das in Jalta. Eigentlich wusste ich nur, dass ich mit Peter Fleischmann einen Film drehte. Am Flughafen würde mich jemand abholen. Wahrscheinlich.

An sich wäre leichte Panik angebracht gewesen, es geschah jedoch nichts dergleichen.

Der Moskauer Flughafen ist unglaublich schick. Von italienischen Architekten erbaut. Das flirrende, halbdunkle Neonlicht machte es fast unmöglich, die Koffer zu unterscheiden. Ich nahm einfach die übrig gebliebenen. Alles dauerte ewig. Doch mein Visum, das ein absurd glamouröses Bild von mir enthielt, muss einen magischen Inhalt gehabt haben, denn ich kam wie durch einen Windstoß durch die Kontrollen, nur um zu bemerken, dass kein Abholer mit dem Zeichen »Mrs Kaufmann« oder Ähnlichem ausgestattet war.

Während der Wartezeit Beobachtungen, frei von jeglicher politischer Relevanz.

Nach 45 Minuten trat ein Herr mit dem Namen eines Wodkas auf mich zu. Herr Smirnoff.

Mein Abholer.

Das hier waren die männlichsten Männer, die ich je gesehen habe. Die Frauen, bis hin zu einem gewissen Alter, waren von kapriziöser, aber unverkäuflicher Schönheit. Sie waren auf eine besondere Art reizend, die ich im Westen noch nie gesehen hatte. Woher dies kam, würde ich sicher im Laufe der Arbeit herausfinden.

Herr Smirnoff und ich fuhren durch das nächtliche verschneite Moskau. Nachdem ich Bulgakovs *Meister und Margarita* vierzehnmal gelesen hatte, war dies auch eine Fahrt durch verwirklichte Buchseitenträume. Wie oft bin ich mit Margarita auf dem Besen durch den Arbat geflogen!

Ich fragte Smirnoff, wo der Patriarchenteich sei. Er lächelte mich an. Das Buch war bis vor kurzem verboten gewesen.

Er hätte auch eine Figur aus diesem Roman sein können. Mit Schiebermütze und Schlitzaugen.

Es liegt vielleicht an der Kälte, die keinen Hautkontakt zur Außenwelt zulässt, dass hier die Empfindungen über ganz andere

Kanäle rutschen. Nicht nur die Farbe der Luft, der rote Stern am Nachthimmel und die stabile, sich durch die Stadt windende Mauer ... Später, später wird es sich erklären.

Aus der Nacht in eine neonbeleuchtete Hotelhalle aus weißem, auf dem Boden mit schmierigen Schneespuren durchzogenen Marmor. Während Smirnoff mit meinen Papieren endlos mit putzigen, runden Frauen verhandelte, merkte ich, dass sich eine Art Rausch meiner bemächtigte. Ausgelöst durch die im Neonlicht irrwitzigen Farben der Telefone. Schrill ist gar kein Ausdruck. Wie auf LSD. Das Hotelzimmer hingegen hat die Muff-Farben einer deutschen Wohnstube schlimmster Art.
    Das Muffzimmer hatte aber eine Sicht auf die Kremlmauer, und der große Fernsehapparat zeigte lauter Menschen, die so fest in sich ruhten wie ein Kind im Bauch der Mutter.

Ich schlief schlecht.
    Am nächsten Morgen um fünf Uhr im Taxi zum Flughafen. Ohne Begleitung. Mit nur wenigen Rubel in der Tasche.
    Merkwürdigerweise verstand ich viel. Das war mir beim ersten Besuch vor zwanzig Jahren auch so gegangen. Meine Russischkenntnisse basierten auf einer Woche Berlitz in London, wo mir mein Lehrer (das fiel mir erst jetzt auf!) eigentlich nur »Sie haben schöne Augen« beigebracht hatte. Das würde mir aber kaum den Weg zum Flughafen bahnen.
    Ich zeigte dem Fahrer das Ticket. Es gibt zwei Flughäfen. Auf dem richtigen angelangt, setzte ich mit der Simplizität eines Höhlenmenschen meine Reise fort. Wie die Stadt hieß, in die ich soll, wusste ich auch nicht. Sei's drum.
    Ich gelangte doch irgendwie in die richtige Aeroflot-Maschine. Dort lernte eine sehr hübsche, mit dem Fuß stampfende Stewardess meinen eisernen Willen kennen. Sie wollte nämlich, dass ich mich nach hinten setzte.

Meine Flugangst ließ das aber nicht zu. Hinten wackelt es am meisten. Eine klassische Babuschka und ich saßen ganz vorne. Sie weinte während des ganzen Fluges. Ich durfte sie nicht ansehen, schon kullerten auch bei mir die Tränen. Die Müdigkeit hatte meinen Panzer aufgeweicht. Erst gegen Ende des Fluges wandte sie sich mir zu, weil ich sie am Arm streichelte. Ich verstand ein bisschen von dem, was sie sagte, konnte aber nicht antworten, höchstens mit »Sie haben schöne Augen«, das stimmte aber im Moment nicht, eher »Sie haben rote Augen«, doch fiel mir das Wort für »Rot« nicht ein. Außerdem wusste sie das sicher selbst. Vielleicht vermisste sie ihre Enkel. Ich meine auch.

Wir landeten nach dem völlig ruhigen Flug so elegant auf dem mit unglaublichen Schlaglöchern durchsetzten Rollfeld, dass ich sofort in dieses Land ziehen wollte. Wie dies möglich ist, wird mir ein ewiges Rätsel sein.

Sewastopol hieß der Ort. Aha. Wieder niemand da, der mich abholte. Eine Horde russischer Taxifahrer umzingelte mich aufgrund meines ratlosen Blickes. Zum »Intourist« muss ich!
Das Ganze spielt sich in einer Art gefrorener südamerikanischer Kulisse ab. Endlich, nach einer Stunde erschien jemand, der mich abholte. Auf dem Weg zum Intouristbüro begegnete ich einem Mann, der aussah wie ein Schauspieler. Richtig. Filipenko hieß er. Ein tolles Gesicht, wie ein Totenkopf mit gelben, gesprenkelten Augen, aus denen Humor und Wissen strahlten.
Thomas, der wunderschöne ungarische Regieassistent, unser Abholer, stellte uns vor. Wir hatten dieselbe Art von Humor.
Das Hotel war wie fast alle modernen Gebäude in kommunistischen Ländern extrem hässlich. Das berühmte Jalta (Roosevelt usw.) ist, denke ich, der einzige Ort der Welt mit Tannen am Strand. Er hat etwas von einer tristen Fassung des Gardasees.

Mir ging noch das Gespräch mit Filipenko durch den Kopf. »Wer ehrlich ist, braucht keine Sprache.« Mit fünf Worten Englisch und Russisch besprachen wir alles, von Kindererziehung bis zum russischen Theater der Gegenwart.

Wir trafen uns in der Früh am Set. Das ganze Team faszinierte mich, weil die Menschen eine Form der Kommunikation hatten, die der meinen hundertprozentig entsprach. Abwartend und vibrierend irgendwie.

Dann der Vorhang runter.

Einige Vorhänge waren schon sehr eisern, wie ich bemerkte. Der Regisseur war den Sowjets in seiner Art nicht verständlich.

Die Frauen waren warm. Die Chefmaskenbildnerin Galia erinnerte mich an meine Großmutter. Ihre Augen hatten schon viel gesehen.

Die Frauen standen ihren Mann, und deshalb bestand eine authentische Solidarität unter ihnen. Ich komme aus derselben Tradition, Mutter und Meme waren auch so. Darin fühle ich mich zu Hause.

Die Eigenartigkeit der Hübschheit klärte sich auf: Erstens war es nicht so wichtig. Zweitens galten viele Dinge als hübsch. Es gab ja nicht diesen Standard, der sich bei uns aus der Werbung entwickelt hat. Man maß Frauen nicht an der Werbewelt. Es gab keine Plakate an allen Wänden, auf denen das (bedrohliche) »ideale Paar« prangte: Sie, sehr jung, sehr blond, sehr langbeinig. Er, schlank, sportlich, vom Sonnenbett in den Porsche!

Es existierte also nicht die parallele Welt der Werbung, die einen ständig daran erinnern soll, was man nicht hat oder nicht ist.

Der Drehort selbst war abenteuerlich. Durch die Gegenwart der Soldaten verstärkte sich der Eindruck einer Kriegssituation. Das Science-fiction-Gebäude mit all den Komparsen beeindruckte mich. Die Realitäten waren allerdings, praktisch gesehen, sehr desolat. In Eiseskälte bis zu den Knöcheln im Schlamm, keine Garderoben, von Wohnwagen ganz zu schweigen. Das Kantinenessen bot Suppen, Geschmacksnote »gekochte Socken«. Es gab eigentlich gar keinen Komfort.

Nur eines hat mich süchtig werden lassen, weil ich es in dem Maß vorher noch nie erfahren habe: menschliche Wärme!

Richtig! In den Drehpausen war immer jemand da, der mir die Hände rieb, mir Handschuhe überstülpte und so weiter. Sie machten das auch untereinander. Die Frauen umarmten sich, die Männer auch.

Es hatte nichts mit dieser frustrierenden, sexualfixierten, gefühllosen, blöden Flirterei zu tun, die sonst auf Sets herrscht. Ich fühlte mich wie bei meinen erwachsenen Töchtern und ihren Freunden, da war auch so eine Kommunikation. Wortlos und direkt.

Filipenko und ich spielten eine Szene, er russisch, ich englisch. Er ist ein toller Schauspieler, und wir hatten keinerlei Probleme. Wir fingen die Situation bioelekrisch ein. Über die zu spielenden Texte beschwerten wir uns vergeblich.

Schon vom ersten Tag an war mir klar, dass mir das Weggehen von hier sehr schwer fallen würde. Zum ersten Mal in meinem Leben wurde ich nicht als »Person des öffentlichen Interesses« registriert, sondern als Frau, die innerhalb eines Arbeitsprozesses ihren Platz behauptete.

Ich hatte keinen sonst üblichen »Illustrierten-Rattenschwanz« im Gefolge. Glück und Ruhe sind für mich eins, daher war ich seit langer Zeit wieder einmal glücklich.

So eine Reise war für eine allein stehende Frau schon ein Wagnis. Aber es hat sich gelohnt. Die Amis und Russen haben etwas gemeinsam: Die Größe und Weite ihres Landes macht sie toleranter. Beide sind offen.

Beim Abendessen saß ich am West-Tisch. Fleischmann war sympathisch, konnte jedoch sicher tückisch sein. Ein schöner, lästiger Georgier saß bei uns. Er war so in sich und seine sonore Stimme verliebt, dass er jede Frau bedrängte, um sich in ihr zu spiegeln. Er war aber die Ausnahme.

Die Männer waren sehr souverän und aus ihrer Ruhe heraus männlich.

Die nächsten Tage vergingen wie im Traum.

Mein Jetlag verzerrte und verschärfte zugleich meine Wahrnehmung. Dennoch fühlte ich mich wohl. Meine französische Kollegin gab mir eine Schlaftablette, anscheinend litten hier alle an Schlaflosigkeit.

Bevor das ganze Team nach Kiew übersiedelte, flog ich mit Birgit Doll über Wien nach München. Sie ist mir so angenehm. Eine aparte Frau, die mit samtweicher Stimme Kluges und Witziges sagt.

Ein paar Tage in München. Ich wohnte bei meinem Jugendfreund Frank Burger. Er gab ein Essen, bei dem ich wieder meine europäischen Freunde traf. War ganz stolz, sie zu kennen. Sie haben Niveau und sind sehr herzlich.

Leider endete der Abend mit einer sexuellen Bedrängung, von der ich einen Magenkrampf bekam. Ich war durch die schmerzliche Erfahrung noch immer zu empfindlich, um mich auf so etwas einzulassen.

Ich vermisste meine Kinder.

Meine Erscheinung auf dem Moskauer Flughafen war die eines schicken Packesels. Schminke von Lauder für Galia (Marie von der Leyen hatte sie gestiftet), Cassetten, Senf, Zigarren, Zeitschriften.

Ich kam mit blauen Striemen auf den Schultern an. Herr Smirnoff holte mich ab. Diesmal ausgeschlafen, war ich ganz kirre.

Es tobte ein Schneesturm. Ich wollte nicht nach Kiew, also musste ein Hotel besorgt werden.

Prächtiger Bau, aus der Stalinzeit.

In der Halle lauter Bulgakov-Erscheinungen.

Smirnoff stellte mich einem in die USA emigrierten Russen (Vladimir) vor, der sich anscheinend zwischen den Sälen dieses Monumentalhotels durchs Leben wand.

Er lud mich zum Essen ein.

Mein Zimmer war traumhaft, wunderschönes Holzparkett. Wie in letzter Zeit immer häufiger hatte ich Schönheitsutensilien vergessen, meine Haare daher in einem sehr extremen italienischen »Vogue«-Stil frisiert.

Im braunen Alaia in die Halle, wo Vladimir bereits wartete.

Ich erklärte ihm, um alle Missverständnisse zu beseitigen, dass ich Enkel hätte, und kehrte die Kumpelfrau heraus. Er sagte, wie übrigens den Rest des Abends auch: »You 've got to be kidding.« (Du machst wohl Scherze.) Im gigantischen Speisesaal, wo zwischen Prachtsäulen wunderschöne Stoffe mit naiven Rosenmustern hingen, gab es Perestroika-Entertainment. Das sagte Vladimir, ich verstand den Inhalt der Lieder nicht.

Am Morgen weiter nach Kiew, ich fühlte mich bereits als Sowjet-Reiseexpertin. Ein lästiger Mann saß neben mir. Er starb, schien 's, vor Neugierde, weil nur Deutsche hinter uns im Flugzeug saßen. Eine Reisegruppe, die Bilder von mir machte und Autogramme wollte. Sie waren nett, vor allem die älteren Damen.

Den Mann wurde ich los, indem ich in meinem Wörterbuch verbissen den Satz »Ich bin verheiratet« suchte und fand.

Wieder beim Team, konnte ich mit den Geschenken viel Freude bereiten. Meine geliebte Galia reagierte genau wie ich in solchen Fällen. Sie zeigte nichts nach außen.

Die Kostümfrauen waren ganz froh über die schöne weiße Seide, aus der sie phantastische Kleider schufen.

Das Kiewer Studio war viel mehr Science-fiction-Ort als die Ausstattung des Films. Zum Beispiel regnete es rein. Auf dem Boden wuchs Moos. Eine Hundefamilie lebte in verschiedenen Dekorationen. In der Kantine trugen die Frauen turmhohe, weiße Mützen aus steifem Windelmaterial. Es gab nie ein falsches Lächeln, was mir sehr gefiel. Bis man sich nicht als würdig erwiesen hatte, wurde nicht gelächelt. Wunderbar!

Es gab hier einen Mann, mit dem ich seit einigen Wochen arbeitete. Der Assistent von Pascha, in den ich verliebt war. Mischa. Ich wurde bei seinem Anblick fast ohnmächtig, weil er eine Figur aus meinen Kindheitsträumen war.

Er löste in mir das aus, was sich vermutlich als romantische Liebessehnsucht beschreiben lässt. An sich ist mir so etwas fremd. Vielleicht kommt es »extra« bei einem Rußlandaufenthalt. Ich wurde nie müde, ihn anzusehen. Er beachtete mich nicht. Galia lächelte über meine Verfärbung, wenn er an mir vorbeiging. Er war stolz, ohne eitel zu sein. Es muss ihm sehr lästig gewesen sein, meine Augen – wenn auch im Rahmen des Anstands – auf sich zu spüren.

Er hatte mich nur ein einziges Mal angesehen. In Jalta, wo er neben der Kamera das Licht auf mich richtete. Ich bin in diese Augen gefallen. Später, in Kiew, musste ich weggehen, wenn er einen der Aufenthaltsräume betrat. Ich konnte nicht einmal in einem Zimmer mit ihm sein.

Dann kam eine Szene, die wahrscheinlich im Film einen unerklärlichen Reiz ausgestrahlt hat. Eine Frau in Pein!! Wir drehten eine sehr witzige, aber auch leidenschaftliche Liebesszene. Leidenschaftlich, weil Edward, mein Liebespartner, eine Rüstung trug und mir die Eisenhaken teilweise tief in die Haut drangen. Die Szene war ungewöhnlich konzipiert. Eine seltsame Verführungsszene, die bis zu einem gewissen Punkt Spaß machte.

Fleischmann wollte zwar, dass wir Karnickelbewegungen machten, aber ich lehnte dies ab. Edward und ich waren gut befreundet. Es machte mir nichts aus, wenn er an meiner Brust leckte. Er war wie ein Kind. (Ein Teil der Szene musste in München nochmal gedreht werden.) Die Einstellung von oben auf mich. Ich sollte die Kamera ansehen wie einen Partner, mit dem ich schlafe. Direkt neben der Kamera Mischas königliches Gesicht. Rätselhaft. Fleischmann wollte mit gutem Recht auch einige Bewegungen und dass Edward mir die nackten Brüste streichelte. Ich konnte es nicht und starb vor Scham. Stand auf und hielt einen Vortrag, dass dies nicht sein müsste. Es musste reichen, wenn wir uns küssten und wälzten. Ich konnte nicht auch noch meine Augen preisgeben. Die Szene wurde etwas geändert. Mischa sah mich selten an, doch wenn er es tat, war es überprüfend. Nicht das Aussehen, sondern das Wesen.

Seitdem ich ihn das erste Mal gesehen hatte, waren sechs Wochen vergangen.

Am ersten Drehtag hatte ich auch Burt kennen gelernt. Ich ging zu ihm, und meine Zuneigung strömte ihm wie heiße Lava entgegen. Er konnte sich gar nicht entziehen. Ich sagte zu ihm: »Ich will dich als Freund. Nicht Sex. Wir werden immer Freunde bleiben, ich spüre es. Sag Ja.«

Burt, ein Amerikaner russisch-jüdischer Herkunft, ist mir wesensverwandt. Seine Antwort war »Ja«.

Er wurde zum untrennbaren Teil meines Lebens. Ihm konnte ich meine Gefühle für Mischa mitteilen. Er verstand auch, dass ich nicht mit Mischa »gehen« wollte, sondern mir das Magenflirren und Aufsaugen seines Anblickes reichte. (Jedenfalls, solange Mischa sich mir nicht zuwandte.)

Im Film wird mir die Kehle aufgeschnitten, als Strafe für den Verrat, den ich aus Liebe begehe.

Das surreale Kiewer Studio war voller Schutthaufen. Wenn eine Kulisse aufgebaut werden sollte, so kehrte man einen Teil des Schutts etwas weg. In den ausgekehrten Freiraum wurde meine Sänfte gestellt, die meiner Rolle der Mätresse entsprechend prächtig war. In ihr lag ich nun, tot, sehr spärlich bekleidet, mit aufgeschlitztem Hals und großzügig mit Blut getränkt, was die Kleidung durchsichtig machte. Totenstarre.

Mein Halspuls war aber nicht abzustellen, und mit drapiertem Haar wurde das letzte Lebenszeichen abgedeckt. Es war kalt, und die Einstellung dauerte ewig. Während ich professionell das Leben aus mir weichen ließ, fühlte ich mich verdammt ungeschützt. In diesem Augenblick der Verlassenheit legte Mischa seine Jacke auf mich, an der sein Geruch haftete. Kein Parfum. Erst nachdem er die Jacke und seinen Geruch wieder weggezogen hatte, bekam ich Sehnsucht nach seiner Berührung.

Es vergingen wieder Wochen. Dann passierte etwas, das den Bann auf lustige Weise brach. Eine große komplizierte Massenszene war geplant. Eine Art Gelage (wie *Ben Hur*), in dem 70 Komparsen, Gesang, Tanz und all die komplizierten Abläufe (die jeder hasst) mühsam in die Reihe gebracht werden müssen.

Ganz am Ende der Szene hatte ich einen Auftritt, musste Edward etwas ins Ohr flüstern und mit mehrdeutigem Blick in die Kulisse verschwinden. Mein Auftritt war von rechts. Die Sklavinnen hatten getanzt, die Ansprache – ein Streitgespräch schwierigster Art – war gehalten worden und mein Zeichen für den Auftritt gefallen.

Nur Mischa hatte mich angesehen, ganz lange, und ich vergaß alles. Es gab keinen Film, keinen Auftritt, es gab gar nichts mehr, nur das Gesicht des Mannes, den ich liebte.

Fleischmanns Geduld war sehr groß. Normalerweise bekommt der Regisseur bei solch einer Gelegenheit einen Tobsuchtsanfall.

Die Dreharbeiten bekamen durch die Ankunft von Pierre Clementi einen zusätzlichen surrealen Reiz. Pierre ist durch den Film *Belle de Jour* bekannt geworden. Er hat eine eklige Schönheit. Aber auch eine verletzte Seele, die er mit Verdorbenheit panzert. Er war lange Zeit heroinsüchtig. Unser Hotel in Kiew glich während seines Aufenthaltes einem Hochspannungsrevier.

Pierre behauptete, mich schon seit Jahren zu lieben. (Was mir Werner Schroeter schon berichtet hatte.) Ich fand ihn lieb und rührend.

Während der Arbeit war er umwerfend. Sein Spiel von seinem eigenen Lebensschmerz gezeichnet. Mehr ein Happening als eine gespielte Szene.

Im Hotel konnte man wie überall damals in der Sowjetunion beim Essen tanzen. Es ist nicht sentimental, wenn ich sage: Ich habe mich immer nach dieser Art gesellschaftlicher Kommunikation gesehnt. Dort tanzten alle Menschen miteinander. In Paaren und Gruppen. Die Babuschkas, die Kinder, die Hochzeitspaare. Alle. Hat man eine Art zu tanzen, die gefällt, vermittelt man diese und gibt die Schritte weiter. Es ist liebevoll. Keiner wird verachtet für seine Art der Freude. Die Frau fordert auch mal den Mann zum Tanzen auf, der ihr gefällt.

Burt und ich tanzten oft Indianertänze. Wir wurden nur einmal strafend angesehen und mit blöden Kommentaren verurteilt. Es waren Deutsche. West oder Ost weiß ich nicht, aber Deutsche waren es.

Es gab eine Live-Band mit einem Sänger, der eine wunderbar ausgebildete Stimme hatte.

Abgesehen vom Tanzen gab es abends eine Aufgabe, die wir erfüllen mussten: Pierre Clementi einzuschläfern, weil er sonst, verrückt vor Einsamkeit, vollkommen nackt durch die riesigen Flure des Hotels wanderte. Die französische Schauspielerin Anne hatte ein großes Depot von Rohypnol, das nun von uns (Thomas,

Burt und mir) in Eiscreme zerdrückt wurde. Achtsame Augen überprüften, ob Pierre sein Eis auch brav aufaß. Wenn er den beruhigten Blick bekam, führte ihn meist Thomas ins Zimmer, wo er ruhig einschlief.

Werner Herzog traf ein, und es wurden komplizierte Szenen gedreht, die viel Disziplin erforderten.

Trotz der vielen Probleme mit der Filmarbeit hatte ich das Gefühl, dass sich Magie entfaltete. Nichts würde glatt sein. Wie gut!

Eines Tages, völlig unerwartet und vermutlich etwas angetrunken, kam Mischa mit Lena, der jungen Übersetzerin, wie ein Stier auf das rote Tuch auf mich zu. Ich fühlte mich »gestellt«. Er wollte mich sprechen. Oh.

Ich entschuldigte mich, rot und haspelnd, ihn so angestarrt zu haben, aber er sei ein früher Kindheitstraum von mir. Am nächsten Tag lagen zum ersten Mal seit zwanzig Jahren echte Rosen, in Zeitungspapier gewickelt, auf meinem Schminktisch. Alle meine Frauen grinsten.

Für mich?«

»Da!«

»Mischa?«

»Da, da!«

Großes Lächeln.

Es war Ostern, und Victor, ein wunderbarer Freund, Übersetzer, fragte mich, ob ich Lust hätte, ihn zur Messe zu begleiten. »Ja«, und könnte er bitte fragen, ob Mischa auch mitkommt?

Peter Fleischmann, Pierre und ich saßen im Restaurant. Pierre fragte nach dem Grund meiner Unruhe.

Meine Augen durch die Scheiben auf den Platz vor dem Hotel gerichtet, wollte ich den Mann nicht verpassen, auf den ich wartete.

Einer Vorahnung folgend, lief ich hinunter.

Er war da. Das war kein Ashley, kein Imitat eines männlichen Vorbildes. Das war ein Mann mit Würde. Er sprach plötzlich etwas Deutsch.

Als wir zusammen an Fleischmanns Tisch erschienen, meinte Pierre: »Ah, *ihn* liebst du!«

Victor, Mischa und ich fuhren in eine wunderschöne Kirche, wie man sie von Bildern kennt. Weniger oft fotografiert sind die Nonnen, die wie schwarze, wehende Vierecke ihre Bahnen durch die andächtige Menge ziehen. Ihr Gesichtsausdruck zeigt, dass es für sie keine Auflehnung gibt. Die russischen Bäuerinnen trugen ihre traditionellen Kopftücher mit Rosenmustern, und im matten Kerzenschein sahen sie von hinten wie ein wogendes Blumenfeld aus. Eine unerbittliche, vom reinen Geist inspirierte junge blonde Frau intonierte zweieinhalb Stunden lang liturgische Gesänge.

Victor sagte plötzlich: »Oh, ich habe vergessen, meine Uhr umzustellen. Es ist noch eine Stunde bis zur Messe!«

Im Gegensatz zu den hiesigen Großmüttern war ich nicht faltig, aber meine Standfestigkeit konnte ihnen nicht das Wasser reichen. Ich war mit Mischa und Victor zu einem Osteressen bei einem polnischen Regisseur eingeladen. Victor blieb in der Kirche, Mischa und ich gingen. In der Wohnung der Gastgeber herrschte die wunderbar trunkene, großzügige Stimmung, die jeder Besucher Russlands, der dort willkommen ist, kennt.

Die Frau des Regisseurs, eine wunderschöne ältere Frau, sehr elegant, sehr wissend, sah Mischa und mich lange an und meinte, wir sähen aus wie Geschwister. Ich traute mich nicht, dies aus nächster Nähe zu überprüfen. Victor kam von der Messe zurück, und es wurde spät. Ich fragte Victor, ob wir zusammen ins Hotel fahren wollten. Die wissende Polin schaltete sich ein: »Vergessen Sie nicht jemanden?«

Oh, alle wussten, wie es um meine Sehnsucht stand. Trotzdem wand ich mich aus dem Taxi und ging in mein Hotel.

Am nächsten Morgen stand Mischa, als hätte er alle Mauern durchschritten, in meinem Zimmer.

Ein geliebter Mann löscht die Erinnerung an alle Vorgänger. Er hatte sich für mich entschieden, verhielt sich nie banal und nahm mir die Notwendigkeit, ständig die Kontrolle zu behalten. Weder himmelte er mich an, noch verachtete er mich für meine Hingabe.

Wir erlebten viel. Er war immer normal in seiner Reaktion. Wenn ich mich entzog und zickig wurde, sagte er mir so direkt seine Meinung, dass ich völlig begeistert war.

Nun war also zu den beiden Menschen, nach denen ich mich sehnte, ein dritter gekommen.

Alex in New York. Allegra in Los Angeles. Mischa in Moskau.

Wie soll eine einfache Frau das alles auf die Reihe kriegen? Meine Sehnsüchte überspannten die Kontinente. Zeit, Liebe und Geduld müssten mir helfen.

Als die Dreharbeiten vorbei waren, verabschiedete ich mich von niemandem. Ich hätte die Stadt mit Tränen überschwemmt. Ich flog nach Hause. Redondo Beach.

Eines Abends saß ich mit meinem amerikanischen Freund vor dem Fernsehapparat. Wir schauten uns das Video *Heartburn* an. Zwei Wochen nach meiner Rückkehr aus der UDSSR. Unsere Beziehung war zu Ende. Ich hatte ein echtes Gefühl für einen Mann erlebt. Da mein Strandfreund mich jahrelang durch vorsichtig geplante, kleine, aber tückische Seitenblicke auf Frauen verunsichert hatte, war der Film *Heartburn* etwas, das er gerne vermieden hätte. Das Thema Untreue und Betrug ordnete er in seiner sehr primitiven Form von Machismo der Phantasie der jeweiligen Partnerin zu. Seine Anspannung zu Beginn des Films wandelte sich über Verwunderung zu Empörung. Ich fand den Film höchst komisch.

Er sah mich lange an und fragte plötzlich: »Warum hast du jeden Tag geweint, seit du von deinem russischen Film zurückgekommen bist?«

»Weil ich mehrere Leute liebe und mich dort völlig normal gefühlt habe.«

Er meinte, das würde schon vergehen, hier bei ihm.

»Du verstehst nicht. Ich liebe auch einen Mann. Er heißt Mischa.«

Allegra war von der Geschichte begeistert. Sie konnte meinen Freund nicht ausstehen. Wir bekamen gleichzeitig Angebote aus Europa und nahmen an. Ich besuchte noch Alex in New York.

Das war mein erstes Ziel: sie dort mit Mann und Kindern wegzuholen!

In Europa lebte ich monatelang aus Koffern, bis mich Otto Schenk ins Theater in der Josefstadt nach Wien holte. Er und seine Frau sind reizende Menschen. Leider war ich in dem von ihm inszenierten Stück nicht sehr gut. Ihn und die Stadt mochte ich von Tag zu Tag mehr.

WIEN UND AFRIKA

*I*n der Piaristengasse, meiner prachtvollen Wiener Wohnung gegenüber lag ein Plissierladen. Das Geschäft spiegelte das typische Wien, wo Zeiten stehen bleiben. Diese Wohnung war unweit vom Theater an der Josefstadt. Auf das Engagement am Theater folgte eine Fernsehserie, und ich blieb, da ich anfing mich heimisch zu fühlen, soweit es als Nomade möglich ist. »Life is, what happens while you are busy planning other things«, so John Lennon. Es gab später Gründe, die mich dazu brachten, auch diese geliebte Wohnung aufzulösen. Doch diesmal war es eine Flutwelle, die meine Seele überspülte: Die Wiener Sinnlichkeit, die Zwischentöne, die ständigen Menschenströme aus Süden und Osten machten mich unglaublich kreativ. Ich schrieb zeitgleich Bücher, spielte Theater, machte einen Film. Ich erfand eine Haarklammer, für die ich ein technisches Erfinderpatent erhielt. Der Vorgang verlief seltsam, weil mein Patentanwalt keine Haare hatte, und es schien ihn zu ärgern, dass ich tatsächlich das Patent erhielt. Meine Haarklammer sollte mir die übliche Kombination aus Erfolg und Missgunst bescheren. Doch in diesem Fall erst mal Missgunst. Ich schrieb eine Kolumne für den »Kurier«, woraufhin in den gehobenen Wiener Kreisen die Behauptung kursierte, ich würde das nicht selbst schreiben. Natürlich ist so was immer ein guter Grund, Wohnungen, Länder und Freunde zu verlassen, wenn das Ableugnen so unverhältnismäßig zur Tatsache steht. Trotzdem hatte ich in Wien – weil meine Tochter Alex, ihr Mann und ihre Kinder da waren – alles, was man sich nur wünschen kann. Alexandra, die Kluge, die Gute, die Grausame, denn sie hat die Erbkrankheit aller Frauen meiner Familie. Man verlässt die Mutter, denn sie ist so stark, dass man sie für gefühllos hält. Soweit ich mich erinnern kann, war es bei uns so. Die Mütter suchten sich im Alter noch ein neues Leben und fanden es. Auch nicht schlecht. Mein Vater hatte in seinem weichen, sächsischen Dialekt gesagt: »Man versteht die Eltern erst, wenn es zu spät ist.« Man ist stark, solange man nicht die Erfahrung endgültiger Trennung gemacht hat.

Ich hatte in Wien ein Karrierehoch. In einem »stern«-Interview machte ich eine Bemerkung, die sich auf skurrilste Art und Weise mehrfach bewahrheiten sollte. Ich sagte, ich wolle »wohlhabend und unbekannt« werden.

Nicht nur als Schauspielerin war ich nie etabliert, immer auf der Achterbahn, auch andere Schöpfungen sollten erst mal in einem Strudel verschwinden, um dann mit Hilfe meiner merkwürdigen Zähigkeit wieder aufzutauchen und einen Erfolg zu ernten.

In Wien hatte ich dank meiner Enkel Dido und Lizzie zum ersten Mal in meinem Leben das, was ich brauchte, und nachdem mein Leben ja sehr früh auf angenehme und doch erschreckende Weise schief gewickelt war, genoss ich etwas, das ich mit vielen Frauen auf diesem Planeten teilen kann: die Freuden des Großmutterseins. Im Gegensatz zu anderen Schauspielerinnen, die schon die Vorstellung, Großmutter zu werden, entsetzt. Es verträgt sich für meine *Forever-young-Generation* schlecht mit der Selbstwahrnehmung. Schon der Gedanke macht nervös.

In diese Zeit fiel ein Gespräch mit Christiane Krüger. Wir unterhielten uns bei einer Sendung, die sie moderierte. Sie meinte: »Du hast ja jetzt Enkel.«

Ich erwiderte: »Ist dein Sohn nicht auch schon groß?«

Sie, irritiert: »Ja, aber er hat noch keine Kinder.«

Ich entgegnete: »Das macht dich aber nicht jünger.«

Christiane Krüger ist eine ungewöhnlich nette Frau, und ich meinte das nicht böse. Nur in diesem Fall zeigte sich etwas typisch

Westliches: Frauen kriegen viel zu spät Enkel. Ich war vierzig, und es war in meinen Augen höchste Zeit. Die Frauen bekommen heute spät ihre Kinder und spät ihre Enkel und glauben irrigerweise, dass sie deshalb noch jung sind. Meine Einstellung, so erfuhr ich im Lauf der Zeit durch den Kontakt mit dem Publikum, hat es für viele Frauen leichter gemacht, sich auch als Großmutter noch liebenswert zu finden.

Die Kinder lagen nachts bei mir im Bett, und ich erzählte ihnen wie früher meinen Kindern Märchen. Ich habe eine größere Sammlung an schönen alten Büchern, die kostbarsten sind nummerierte Ausgaben, von Arthur Rackham und von Edmund Dulac illustriert. Bücher, die ich für etwa hundert Mark während der Dreharbeiten zu einer TV-Serie in Bukarest gekauft hatte, die aber sehr viel mehr wert sind. Ich sammle alles für meine Enkel. Aus diesen Büchern las ich vor, und ich danke dem Schicksal, mir diese Zeit geschenkt zu haben.

Wir lebten mit wenig Geld im Luxus. Eine schöne Wohnung, in der die Kinder von europäischer Kunst geprägt wurden, aus den Wänden wuchsen Stucktiere, die Fenster zeigten in farbigem Glas Szenen aus dem Mittelalter, das Essen wurde von einer Biohändlerin geliefert.

Im Sommer nach ihrer Ankunft nahm ich Dido oft hinten auf dem Rad mit. Wir fuhren durch die morgendlich leere Wiener Innenstadt über den Ring an der Burg, der Hofburg und den Museen vorbei.

Dido sah auf die Häuser und erzählte mir später, dass Wien für sie nur aus Engeln, Pferden und Flügeln bestand. Die richtigen Pferde »rochen zwar schlecht«, aber es gefiel ihr. Ich werde durch diese Fahrten immer in ihr leben, so wie meine Großmutter mich durch die liebevolle Art, mich zu waschen, immer ein Teil meines Selbst sein wird. Man erfährt eben durch diese von den Vorfahren gestellten Weichen das Leben. Nur das bleibt.

Hätte ich eine andere Kindheit gehabt und hätte ich nicht von meinen Kindern getrennt leben müssen, ich hätte das Großmuttersein niemals so genießen können. Allerdings, das sollte ich vielleicht an dieser Stelle erwähnen, war ich in Wien hübsch, das fiel sogar mir auf, und das hing einzig und allein mit meinem Afrodance zusammen. Einmal ging ich mit meiner Tochter und einem Produzenten aus. Als ich mich anzog, sagte Alex schnippisch: »Ziehst du dich wieder als *sex temptress* an?« (Das lässt sich schwer übersetzen, vielleicht am besten mit Sexbombe.) Mir war das bislang nicht aufgefallen. Aber sie hatte Recht. Ich war eine hübsche Oma. Die Buddhisten sagen, man müsse die Phasen des Glücks genießen, denn sie gehen immer vorbei. Mir gelang es, dieses Glück, während es da war, zu genießen; meist ist es ja so, dass man es erst im Nachhinein würdigen kann. Ich habe es nicht als selbstverständlich genommen.

Für eine Frau ist Wien ganz anders als vergleichbare Städte in Deutschland. Mich hat immer gewundert, wie dieser große Unterschied bei gleicher Sprache möglich ist.

Ein paar Momente sind haften geblieben, obwohl so viel Zeit vergangen ist. An einem Nachmittag im August lief ein Mann an mir vorbei und fragte: »Glauben sie an die Magie des Moments?«

»Ja«, antwortete ich, und wir liefen aneinander vorbei. Wie schön es hier war, damals. Sehr oft ging ich mit den Enkeln in einen Park, und gelegentlich war da ein junger Mann, der uns beobachtete. Er kam irgendwann zu mir, beugte sich vor und fragte mich: »Sind Sie die Mutter?«

»Nein, die Großmutter.«

»Na, so was. Früher hat man sich in die Mütter verliebt, jetzt verliebt man sich in die Großmütter.«

Ernst Fuchs besuchte mich, wir saßen im Salon an meinem Toskana-Tisch, der schon viele Umzüge hinter sich hatte. Die Zwillinge liefen nackt in größerem Abstand hintereinander her, durch den Flur, den Salon, das Zimmer. Die Gespräche mit dem

Meister sind immer sehr interessant. Plötzlich blickte er auf und unterbrach sich: »Das sind doch zwei, oder?«

Es gab in dieser Zeit ungewöhnlich viele Liebesgeschichten. Ich glaube, es lag an Wien und am Afrodance. Dieses Tanzen füllte mein Leben, die Möglichkeit der wortlosen Kommunikation, aber auch der Ausgleich, die Begegnung mit der afrikanischen Seele, mitten in Wien, das war eine Besonderheit. Ich habe schon erwähnt, dass ich nie begeistert war von meinem Anblick im Spiegel. Für meine Schönheitsbücher habe ich viel mit Frauen gesprochen, und eigentlich sehen fast alle nur Fehler im Spiegel. Als ich nun nach Wien kam, erinnerte ich mich an den erotischen Sog der Stadt, das »Heurige im Inneren«, die Lust an der Widersprüchlichkeit des Lebens, das Satte an der Wiener Luft. Aber all dies muss wohl auch eine Kehrseite haben. Zwei von mir sehr geliebte Männer, Peter Vogel, mein erster Freund, und ein schottischer Fotograf waren in Wien viel zu früh gestorben. Brian, der wie ich gerne ein bisschen Gras rauchte oder Weißweinschorle trank, ist später mit einem Fotomodell auf Heroin gekommen und daran gestorben. Ich wollte mir die Möglichkeit eines bekömmlichen Rausches beschaffen, und der liebe Gott meinte es gut.

An einer Wand sah ich eines Tages ein Plakat mit Werbung für Afrodance und habe damit das beste Vergnügen entdeckt. Unser Lehrer Michelangelo kam aus Los Angeles. Er füllte einige Jahre mein Leben mit dem Tanzen. Er ist faszinierend und unersetzlich. Er kann sich in alles verwandeln. Streng genommen habe ich nur gearbeitet, um die Familie zu unterstützen und um mich in rauschhafte Zustände zu tanzen. In der Tanzschule tobte ich drei- bis viermal die Woche und entdeckte plötzlich Anmut und Kraft an mir, was ich schön fand. Leider hielt dieses Gefühl nie lange an. Das Tanzstudio im siebten Bezirk war immer voll, insbesondere die Klasse von Michelangelo. Er machte das Neonlicht aus, zündete Kerzen an, stellte Räucherstäbchen auf. Trommler waren ebenfalls da. In der ersten Stunde geschahen zwei bemerkenswerte Dinge. Erstens konnte ich African Dance, als ob ich mit Fäden an Michelangelo hing. Das ist eine jener Kuriositäten, die das Leben bringt. Zweitens standen während der Unterrichtsstunde Leute am Fenster des Saals und deuteten auf mich. Zwischen Wollust und Wut hin und her gerissen, gab ich mich dem Tanz hin und rauschte gleich danach zum Empfang, um mich zu beschweren: »Es kann doch nicht sein, dass man hier angegafft wird!«

Die gelassene Empfangsdame süffisant: »Na, die kennen di net, die woien di als Dänzerin füa aene Bänd.«

Das schmeichelte. Für die *Bänd* habe ich nie getanzt, aber die Tanzabende wurden mein Lebenselixier. Da mich Michelangelo gerne neben sich nahm, verliebte ich mich in meine tänzerische Anmut, und natürlich bekommt man vom Tanzen eine gute Figur. Nie in meinem Leben war ich in so guter Form – und das mit Mitte vierzig. Ich verwandelte mich in das, was Alexandra als *sex temptress* bezeichnete. Der Spagat von der devoten Großmutter zur Verführerin war sozusagen ohne mein Zutun geschehen.

Ich verliebte mich in einen jungen Mann, den ich im Flugzeug kennen lernte. Es ging ein paar Monate. Er war ziemlich groß und ein begabter Art Director. Wir trafen uns immer irgendwo, und ich war aufgeregt und rotwangig wie ein junges Mädchen. Wir hatten uns in der ersten Klasse auf einem Flug München-Wien kennen gelernt. Später war ich wegen irgendeines Unsinns böse auf ihn. Er hatte in Hamburg zu tun, ich in München. Abends musste ich nach Wien zurückfliegen. Als ich in den Flieger einstieg, saß er überraschenderweise am gleichen Platz wie bei unserer ersten Begegnung. Ich setzte mich auf der anderen Seite auf meinen Platz und starrte bockig vor mich hin. Es gelang mir aber nicht lange. Nach ein paar Minuten sahen wir uns an, und ich war wenige Sekunden später in seinen Armen, ganz klein fühlte ich mich und geborgen. Die Stewardessen müssen gestaunt haben, wie schnell »so was« ging. Die zwei Fremden allein in der ersten Klasse – und während sie die Getränke holen und servieren wollten, saß die Frau schon auf dem Schoß des jungen Mannes, und sie küssten sich. Was sie sich wohl gedacht haben? Diese Affäre hatte ein bemerkenswertes Ende. Für eine Omi sowieso, aber auch ohne den Großmutterstatus. Vor dem jungen Art Director hatte ich ein Affärchen mit einem Schauspieler, der in Berlin lebte und mit dem ich am Schauspielhaus *Zero Positiv* spielte. Auch er war jung. Die Männer in meinem Alter waren wohl vergeben.

Zur Premiere meines Filmes *Der Geschichtenerzähler* flog ich mit dem »Neuen« nach Berlin, aber der Schauspieler sagte bei der Premiere, er würde einen Wahnsinnsaufstand machen, wenn ich nicht mit ihm ging. Es war Presse da. Also gingen wir ins Hotel, und es kam zu einem Eklat zwischen dem einen »zu jungen« und dem anderen »zu jungen«. Der junge Schauspieler nahm meine Pässe mit und sagte, ich müsse jetzt so lange in Berlin bleiben, bis wir uns einigen oder so was. Ich war etwa drei Tage gefangen, muss aber sagen, dass wir uns gut verstanden. Er gab mir schließlich die Pässe zurück, und ich flog nach Wien. Die Beziehung mit dem jungen Art Director war dann auch vorbei.

Thomas Kretschmann war in der Inszenierung *Zero Positiv* mein Partner. Es war ein »Aids«-Stück. Der erste Golfkrieg fand statt, einer meiner besten Freunde, Franz Spelman, starb. Er hatte mich noch in Wien besucht und meinte über den Krieg: »Jetzt kann man wieder sehen, wie dumm die Menschheit ist.«

Und mein Vater starb!

Der Tod meines Vaters war der Grund für alles, was danach passierte. Alles wurde von dieser Erfahrung durchtränkt. Alex, ihr Mann und die Kinder waren in eine eigene Wohnung gezogen. Damit waren mir das Großmutterdasein und dessen Freuden entzogen. Mir blieb quasi nur noch die *sex temptress* übrig. Mittlerweile hatte ich in der Tanzschule eine Frau aus der Karibik kennen gelernt und andere Afrikaner; es dauerte nicht lange, bis ich eine Art Gral in der Wohnung hatte und mich das Land Afrika rief. In der Zeit ging mein Vater erneut nach Afrika. Er war sehr afrikaerprobt, als ich ihn anrief, um zu fragen, ob ich einer Einladung nach Ghana folgen könne, meinte er: »Ghana, ja, die sind sehr freundlich dort, die Nachbarländer nicht.«

Er starb, kurz nachdem ich aus Ghana zurückgekehrt war, in Lesotho. Jahrelang war er in Afrika gewesen, um dort Radarstationen einzurichten. Er war sehr gerne dort und starb, so wird gemunkelt, nach einem Discobesuch im Schlaf. Mein Vater war Pilot, und ich habe sicher die Sehnsucht nach Ferne und Weite von ihm geerbt. Meine innigste Erinnerung an ihn hat mit einem Flug zu tun. Als Zwölfjährige nahm er mich mit zum Segelfliegen. Es war wunderschön, so leicht, mächtig und ohnmächtig zugleich habe ich mich nie wieder gefühlt. Am Abend dieses Flugtages erzählte er mir von der Ozonschicht, die von den schnellen Flugzeugen durchlöchert wird. Daher sind der Golfkrieg, sein Tod und die kleinen Blätter, die im Frühjahr zusammengerollt überall auf den Gehwegen nutzlos herumliegen, ein Bündel der Erinnerung. Jeder Krieg, in dem die Flugzeuge durch FCKW gekühlt werden, ist ein totgeschwiegener Ozonkiller.

Im Sommer davor hatte man bei mir ein Myom entdeckt, und ich ließ mir die Gebärmutter herausnehmen. Der Arzt hatte gemeint, er könne auch nur das Myom entfernen oder ich könne mit einer Hormonbehandlung in die Wechseljahre gebracht werden. Viele Frauen scheinen ihre Gebärmutter und das monatliche Bluten zu vermissen. Ich überhaupt nicht. Jedoch sollte diese OP der Anfang einer wahnsinnigen Reihe von Malheurs sein. Wobei es nicht um Krankheiten, sondern eher um Unfälle ging.

Im Laufe meiner Afrodance-Phase fing ein Knie an zu schmerzen, und es stellte sich heraus, dass ich das Band beim Versuch, einen unliebsamen Freund aus dem Auto zu schieben, gerissen hatte. Die gute Verfassung meiner Skelettmuskulatur hielt mein Bein, so dass mir dieser Kreuzbandriss nicht sofort auffiel. Diese Operation empfand ich als ganz schrecklich, weil meine Beweglichkeit, die Kraft, sieben Stunden am Stück zu tanzen, die Zwillinge samt einem Rucksack ohne tiefes Schnaufen die spiralförmige Treppe hinauftragen zu können, eingeschränkt war. Aus meinem Körperbewusstsein ergab sich meine Identität. Vier Wochen nach der OP sagte ich dem Arzt, wenn ich nicht wieder Afrodance machen könnte, würde ich mich aus dem Fenster stürzen. Ich lebte im ersten Stock, aber das wusste er nicht. Er ließ mich tanzen.

Ein besonderer Lehrer aus Ghana bot einen Kurs an. Ich war die einzige Frau mit Schiene. Der Lehrer, ein etwa fünfzigjähriger Gentleman, wirkte wie ein Sog, an dessen Ende ich mich in Ghana fand. Er erzählte über das Tanzen, hatte eine wunderbare Stimme, sprach ebenso viele Sprachen wie ich. Die Vorbereitungen für den Flug waren heftig, man bekommt so viele Impfungen, dass man meint, man wird bald zum Sieb. Die Reise nach Ghana ist klar in meiner Erinnerung verankert, weil es die erste Reise war, die ich allein und quasi mit unbekanntem Ziel antrat.

Der Gastgeber hieß Annan, aber ich hatte weder seine Telefonnummer noch Adresse. Eigentlich kann ich mich nur an die Vielsprachigkeit erinnern und die Verbindung durch das Kosmopolitische. Auch erinnere ich mich an seinen Anblick, als ich nach dem Tanzkurs wie eine nasse Maus mit Schiene aus dem Ankleidebereich kam und er auf einem Sessel im Foyer saß. Er sah mich an, legte den Kopf etwas zurück und lachte. Sein gewölbter breiter Hals und das tiefe afrikanische Lachen müssen die Sehnsucht nach diesem Kontinent in mir ausgelöst haben.

Im Flugzeug saß ich neben einem amerikanischen Missionar, ihm vertraute ich an, dass ich mir irgendwie doch Sorgen machte: Wie sollte ich meinen Gastgeber erkennen, denn einen Ghanesen in Wien auszumachen, das ist leicht, aber in Ghana am Flughafen? Der Missionar sagte: »Keine Angst. Er wird Sie erkennen.«

Am Flughafen herrschte selbst im Vergleich zu Marokko ein unglaubliches Durcheinander, kein Zollbeamter, der die Tasche nicht untersuchen wollte, immer mit der Frage, die ich nicht verstand: »Dollar?« Nein, ich hatte keine Dollars. Sie wollten alle bestochen werden.

Der Missionar hatte Recht. Die weißen Passagiere verloren sich im Flughafengelände wie Wassertropfen im Sand. Mein ghanesischer Gastgeber erkannte mich sofort.

In den nächsten Wochen durchstreifte ich oft allein die Stadt. Accra steht in Kontrast zu fast jeder europäischen Stadt. Die Bäume sind hoch und die Häuser klein. Vor dem Haus waren ständig Leute. Kinder kamen, um zu waschen und zu bügeln. Es war natürlich idyllisch für so kurze Zeit. Ich hatte ja die ganze Familie des Gastgebers zur Verfügung. Einmal ging das Licht aus, aber es war besonders komisch, mit acht Menschen zu essen, die man nur sieht, wenn sie lachen. Daher kommt vielleicht auch die Angst vor dem schwarzen Mann, er hat im Dunkeln bessere Karten. Es war gespenstisch. Ich war die Einzige, die man im Dunkeln sah.

Meist wurde ich irgendwohin mitgenommen. Einmal waren wir auf einer Beerdigung in einem Dorf ein paar Stunden von Accra entfernt. Dieses Erlebnis hat bei mir einen starken körperlichen Eindruck von Afrika und den Frauen hinterlassen. Beerdigungen sind Feste, auf denen getrunken und gelacht wird, Parfüm wird verstreut, es wird gesungen und getanzt. Doch vor allem eine Impression ist geblieben: In einem flachen, kleinen Haus wurde ich der Reihe nach von etwa fünfzehn Frauen begrüßt. Sie gaben mir die Hände und küssten mich auf die Wangen. Ihre ungewöhnlich schönen, heiseren Stimmen klingen mir noch in den Ohren. Ihre Haut – ich hatte das Gefühl, Bauchgefieder von Vögeln zu berühren. Sie hatten eine unglaublich weiche und schöne Haut. Außerdem hat die Afrikanerin ein Selbstbewusstsein, das sich aus anderen Bausteinen zusammensetzt. Der Mann ist ein »Lügner und Betrüger«, aber man hat Spaß mit ihm.

Während eines Mittagessens mit meinem Gastgeber sah ich eine Frau, die ich schön fand, und machte ihn darauf aufmerksam. Er lächelte mich mitleidig an:

»Ach, ihr Weißen habt ein seltsames Schönheitsempfinden. Bei uns setzt sich die Schönheit einer Frau auch aus ihren Bewegungen und der Schönheit ihrer Stimme zusammen. Bei euch zählt nur das Bild.«

Eines Morgens begegnete mir eine junge Frau, bei der nicht nur das Bild stimmte. Die Straßen sind nicht asphaltiert und die Erde ist rot. Die Pflanzen wachsen über die Mauern. Sie rief mir zu: »Hello, I love you, won't you tell me your name?« (eine Zeile aus einem Lied der *Doors* aus den Siebzigern). Diese junge Frau hat sich mir ganz intensiv eingeprägt. Auf ihrem Kopf trug sie eine Aluminiumschale mit einem Berg gewrungener Wäsche. Mit einer unglaublichen Anmut näherte sie sich mir, fragte, woher ich käme. Rechts und links ihrer Taille baumelten die weißen Sohlen eines Kindes. »Is that your baby?«, fragte ich, sie war so jung, es könnte auch ihr kleiner Bruder gewesen sein. Ihre ganze Körpersprache zeigte Stolz, und während sie mit einer Hand die Wäscheschale hielt, schälte sie einen prächtigen kleinen Jungen von ihrem Rücken und stellte ihn vor mich hin. Er war wohl gerade ein Jahr alt. Natürlich fragte ich mich, warum er nicht schreiend bei dem Anblick einer Weißen davonlief. In seinen Augen muss ich doch ausgesehen haben wie ein Geist. Die Menschen in Ghana haben eine fast blauschwarze Haut, eine Haut, auf der sich Licht spiegelt. Doch die Kinder sind nicht ängstlich, auch der kleine Junge hatte keine Angst vor mir.

Später in Wien fragte ich verschiedene afrikanische Freunde, was sie aus Afrika vermissen. Und jeder, ob jung oder alt, antwortete: »Meine Mutter.« Wie stark muss diese Bindung sein, dieses Gewiegtwerden auf der weichen Haut, im Gegensatz zu fast allen Kulturen, die ich kenne, in der die Mutter abgestreift wird. Diese Ausschließlichkeit, diese Dankbarkeit ist etwas, das mich sehr berührte. Im Laufe der nächsten Jahre lernte ich zwei Frauen kennen, die eine in Venedig, die andere in Marokko, beide waren auch einmal in Ghana gewesen und beide sagten über das Gefühl zu dem Land genau das, was auch ich empfand: Sie fühlten sich zu Hause.

Ich verstehe meine Empfindungen als Mischung verschiedener Eindrücke. Es ist, wie das Leben früher war. Wenig Autos, viele Pflanzen und Düfte, Zeit ... und vor allem fehlt der Klang der Neurosen. Sicher ist in Afrika vieles schrecklich, und das Schreckliche ist sichtbar, Korruption an allen Ecken. Doch es gibt auch ein großes Gemeinschaftsgefühl.

Einmal beobachtete ich, wie in einem Dorf am Meer die Fischer ihren Fang einholten. Die Menschen liefen zusammen, einer gab einen Ton an, und innerhalb weniger Augenblicke wurde das Netz rhythmisch eingeholt. Ohne dieses gemeinschaftliche Atmen und Singen hätte man dieses Netz nicht herausgebracht. Während ich diese Szene betrachtete, fiel mein Blick auf ein Bein. Als ich genauer hinsah, bemerkte ich, dass das, was ich zunächst für eine Täuschung hielt, stimmte: Nicht nur dass das entzündete Bein, wie ich es aus Indien schon kannte, groß wie ein Elefantenfuß war, aus den Wunden schwirrten auch noch Fliegen heraus. Auf den Straßen werden Schlangen zum Essen angeboten, man kann auch seltsame haarige Tiere kaufen.

Die schönste Begegnung mit Tieren hatte ich mit einer Rinderherde. Ich bin ganz nah an sie herangegangen, um ein Polaroid-Foto zu machen. Sie sind so unglaublich schön, schlank und anmutig. Man versinkt in der Vergangenheit.

In den höheren Regionen wird die Luft kühl. Es gibt eine Gegend, die aussieht wie hinter Biarritz. Da stehen französische Häuser, deren Innenräume in der größten Hitze kühl bleiben. Das Merkwürdigste war jedoch, die einzige Weiße zu sein und sich dessen nicht bewusst zu sein; diesen Sachverhalt nicht zu empfinden. An sich wollte ich über diese Reise schreiben, aber das Papier, das ich zu Beginn meines Aufenthaltes in die Schreibmaschine gespannt hatte, fiel im Laufe der folgenden Tage ganz langsam, leer und feucht in Ohnmacht. Ich habe auch kaum Bilder gemacht. Manchmal meine ich, dass sich durch das Fotografieren das Erleben reduziert.

Ein paar Tage nach meiner Ankunft fing das Festival, für das ich hergeflogen war, an: das Pan-afrikanische Musikfestival. Ein Dirigent mit Taktstock dirigierte bekannte afrikanische Musiker, die auf unglaublichen Instrumenten spielten. Es gefiel mir, es war so einzigartig, wie ganz Afrika.

Im Meer, aber noch in Ufernähe, wäre ich fast ertrunken, weil mich niemand darauf hinwies, dass es so eine starke Unterströmung gibt. Außerdem konnte mein Begleiter nicht schwimmen. Das hätte fast eine Phantasie von mir befriedigt, weit weg zu sterben, ohne irgendein Aufsehen. Niemand hätte je erfahren, was passiert ist.

Nach dem Schwimmerlebnis gingen wir für einen Drink in ein schönes Hotel. Es gehörte einer Deutschen. Ein Mann kam auf dem Fahrrad daher, einige Musiker spielten, er fing an zu tanzen. Mein Gastgeber lachte, als der Mann mit dem Fahrrad ebenso plötzlich wieder verschwand, wie er angekommen war. Sein Tanz, so wurde mir erklärt, war der Ausdruck für seine Stärke. Alles hier gehört ihm, das Meer, die Bäume und Blumen – und ich auch. Leider habe ich dies nicht verstanden, sonst wäre ich bestimmt ein Stück mitgefahren.

Mein Gastgeber hatte einen großen Bekanntenkreis. Jeden Tag gab es Besuch, oder er nahm mich mit, andere zu besuchen. Eine Frau erzählte mir ihre Geschichte. Sie war sehr hell, das lag daran, dass ihr Vater ein belgischer Fabrikant war, der vor sechsundzwanzig Jahren tief im Urwald in einem Dorf von dem Häuptling eingeladen worden war. Zum Dessert gab es die klassische Nachspeise, eine Nacht mit der Tochter. Ihren belgischen Vater hat sie nie gesehen, aber er hat ihr ein Studium in London finanziert. Sie erzählte mir auch, dass es dort im Dschungel, wo ihre Familie lebt, immer noch Sklaven gibt. Mich hat ein Besuch in dem berühmten Fort, von dem aus man Sklaven nach Europa und Amerika brachte, etwas unwirsch werden lassen. Es mag ein heikles Thema sein, aber ich finde, es wäre an der Zeit, zu bemerken, dass Sklaverei schrecklich ist, aber nicht nur von den Weißen betrieben wurde, und bei uns nicht mehr stattfindet! Während der Führung war ich die einzige Weiße. Nur ich hatte gewagt zu fragen, wer denn Sklaven verkauft hätte.

Das Schönste an dieser Reise war die völlige Abwesenheit von Touristen. Sicher ist das jetzt anders. Es gab wenig Komfort und keine Infrastruktur. Alles war ein Abenteuer, Geld wechseln, Einkaufen, Spaziergänge. Aber für mich gilt: Wer reisen will, muss leiden. Vertraute Gemütlichkeit findet man zu Hause.

Als ich zurückkehrte, konnte ich meinen Enkeln von dieser Reise erzählen, und Dido versprach, mit mir nach Afrika zu reisen.

Ihre Eltern entschieden sich wieder nach Florida zu gehen. Die Mutter meines Schwiegersohnes lebte dort. Sie war dreißig Jahre älter als ich, und ich dachte, es ist schön, wenn sie noch was von den Kindern hat. Aber die Gleichzeitigkeit aus Golfkrieg, Tod meines Vaters und das Entfernen der Kinder war ein bisschen viel, sogar für mein Herz aus Kruppstahl. Ich entschied mich, alles aufzulösen. Eine vertragliche Vereinbarung mit einer großen Firma in Amerika machte es möglich. Ich bekam die Reise bezahlt und flog bald in die USA. Doch vorher kaufte ich ein Haus in der Nähe von Dijon.

DIJON, USA UND ZURÜCK

*D*as Wiener Domizil befand sich in Auflösung. Alex zog mit ihrer Familie nach Amerika, nach Florida zu den Schwiegereltern. Sie entsprachen mehr dem Bild der Großeltern. Sie siebzig, er achtzig. So konnte ich mir einreden, dass es gerecht war, ihnen, obwohl wir nicht blutsverwandt sind, die Enkel zu überlassen.

Zur Beerdigung meines Vaters in München begleiteten mich Alex und Lizzie. Wir fuhren mit dem Zug. Diese von mir viele Male zurückgelegte Strecke erinnerte mich schon immer an meinen Vater. Diesmal war es ein endgültiger Abschied. Diese Landschaft hatte er mir als kleines Kind so deutlich beschrieben, dass ich immer meinte, ich wäre bei ihm gewesen, mit ihm gereist. Er beschrieb seine Zugreise aus der Kriegsgefangenschaft Richtung Steiermark, und er erzählte, wie er nur eines im Sinne hatte, seine kleine Christine zu sehen, denn ich war während seiner Abwesenheit auf die Welt gekommen. Er reiste im Güterzug ohne Komfort und Bänke. Wann immer der Zug für länger hielt, nutzte er die Gelegenheit, um sich zu waschen. Frühmorgens verwendete er seine Kleinodien, ein winziges Stück Seife und ein Rasiermesser, das er an seinem Gürtel schärfte, sein Bart gab schnell einen Schatten. Ich glaube, er hatte Angst, verwahrlost auszusehen. Immer war er sauber und sehr gepflegt. Später schlichen sich bei mir während Zugreisen durch Österreich oft meine Kindheitsphantasien zu seiner Erzählung ein. Ich sehe beim Vorbeifahren einen jungen, dunkelhaarigen Mann, der sich an einem Brunnen rasiert. Er ist vorsichtig und besonnen, die Rasierklinge schimmert vor dem dunklen Holz des ausgehöhlten Baumstammes.

Er roch immer gut. So wie es vielen Menschen geht, kenne auch ich meinen Vater nicht wirklich. Aber ich erkenne ihn in mir. Wenn ich schreibe, sehe ich seine Hände.

Zu seiner Beerdigung in München waren viele Menschen gekommen, unglaublich viele Menschen. Ich kannte fast niemanden. Mein Bruder und seine Frau hatten die Beerdigung organisiert. Hinter der Betroffenheit und Trauer der Anwesenden war doch ein gelegentliches Gaffen in meine Richtung nicht zu übersehen. Jemand wie ich, der schon alleine kaum weint, hat überhaupt keinen Wunsch, sich in diesem Zustand der Verletzlichkeit in der Öffentlichkeit zu zeigen. Alex, Lizzie und ich hielten uns daher hinter anderen Menschen versteckt. Plötzlich tauchte eine mir unbekannte Frau auf. Sie drängte sich durch die Menschen, stellte sich vor mich, zerrte mich am Ärmel und stieß hysterisch hervor: »Sie müssen nach vorne, Sie müssen ans Grab, Sie dürfen sich hier nicht verstecken!«

Alex reagierte schnell und hielt mich zurück. Sie wusste, dass ich auf jede körperliche Bedrängung mit Fausthieben reagiere. Da ich als Kind in den Fünfzigern als kleine Schwester meines Bruders in einer »Blase« – später als »Gang« oder »Clique« bezeichnet – aufwuchs, war ich nie ein Mädchen, das im Petticoat daneben steht, sondern immer diejenige, die man würgend am Hals hat.

Bei Angriffen reagiere ich schnell und treffsicher. Da wäre aus einer gediegenen Trauerfeier fast ein Fest für die Presse geworden: *Christine Kaufmann verprügelt Trauernde.* Niemand hätte den Übergriff auf mich ernst genommen, denn ein Promi hat quasi keine Menschenrechte.

Der Vorfall bei der Beerdigung war nicht auslösend für die kommende Veränderung, aber bestärkend. Er war, da der Tod so abstrakt und einzigartig ist und er keine Regeln kennt, eine heftige Begegnung mit der *Twilight Zone,* die sich bei Begegnungen von Promis mit »Normalos« gelegentlich auftut. Sicher wäre diese

Frau bei einer Beerdigung, bei der die Tochter nicht berühmt ist, nie auf die Idee gekommen, ihr das Recht auf eigenes Trauerverhalten nicht zuzugestehen. Als meine Mutter Jahre später in Frankreich starb, erlebte ich den Unterschied deutlich, da ich dort weitgehend unbekannt bin. Das unbehelligte Leidenkönnen ist wirklich das große Privileg der »Normalos«.

Die Entscheidung, Wien und mein Promidasein zu verlassen, schien wie eine Welle der Unvernunft, doch selten tat ich etwas Vernünftigeres. Ich befand mich ohne Zweifel in einem Karrierehoch. Der Film *Der Geschichtenerzähler* ging nach Kanada zum Filmfestival, und ich war eingeladen. Ich spielte am Schauspielhaus in Wien, schrieb eine Kolumne für den »Kurier«, hatte viele Verehrer und einen interessanten Freundeskreis. Es war aber immer noch ein Leben in Abhängigkeit mit der Scheinwelt. Wieder überfiel mich die Sehnsucht nach der Wirklichkeit. Schon einmal hatte ich mit achtzehn eine ähnliche Entscheidung getroffen, damals habe ich geheiratet und Kinder bekommen. Diesmal wollte ich mich im echten Leben testen.

Es wundert mich nicht, dass diese Welle mich nach Nordafrika trieb. Dieser Kontinent übt einen Liebessog auf Teile der Familie aus. Die beste Freundin von Alex, Carola, ist Halb-Westafrikanerin. Die beste Freundin der Zwillinge in Florida, Heirut, stammt aus Somalia. Mein Vater schlief in Lesotho im Hotelzimmer ein und wachte nie wieder auf. Das scheint mir die größte Liebeserklärung an dieses Land zu sein. Meine Tochter Allegra hat mir einen *Café-au-Lait*-Enkelsohn geschenkt. Wenn er lächelt, sehe ich das Lächeln meines Vaters. Mehr kann man sich nicht mit Afrika vermischen.

Als Dido und Liz nach Florida zogen, hinterließen sie ein großes Loch. Dazu der Tod meines Vaters und der eines guten Freundes – schließlich musste ich mehr bewältigen als nur das *empty nest syndrom*. Ich hatte keinerlei Lust, meinen sicher bald zu erwartenden Nervenzusammenbruch dort zu erleben, wo er Anlass für Häme und Diskussionen liefern könnte. Die beste Idee war, alles aufzulösen und mich selbst verschwinden zu lassen.

Es begann mit einer Reise nach Dijon. Die Region des Burgund ist für seine Weine bekannt und die Stadt für den Senf. Was weniger bekannt ist, sind die Landschaften, die Lebensart und das Märchenhafte dieser Gegend, die sich kaum für Tourismus eignet, nur kleine Orte, wo sich ein bisschen was ansammelt. Meine Mutter hatte dort Bekannte und schickte mir ein paar Fotos. Eines der Häuser traf mich ins Herz, und so nahm ich das Flugzeug nach Genf und den Zug nach Dijon. An einem sonnigen Nachmittag stand meine immer runde Mutter mit ihrem immer ekstatischen Hund, der Shi-Tzu-Hündin Lola, am Bahnhof. Der Weg von Dijon nach Vitteaux führt durch eine märchenhafte Landschaft. Frankreich ist dort am prachtvollsten, wo kaum jemand hinkommt. Die Bourgogne, ein ehemaliges Königreich, ist von Kanälen durchzogen, was der hügeligen Gegend einen besonderen Reiz verleiht. Das ermöglicht Beförderung ohne viel Lärm. Früher wurden alle Waren übers Wasser transportiert, ein Teil des Reichtums entstand daraus. Außerdem hat die Bourgogne phantastische Weine. Diese Provinz ist nicht provinziell, immer findet sich nach dem nächsten Hügel wieder ein Schloss oder ein zauberhaftes Dorf, und der Ort, in dem mein Haus steht, ist nicht nur märchenhaft schön, sondern verfügt auch über ein märchenhaft schönes Schloss. Vor allem durchtränkt das ungebrochene französische Selbstbewusstsein alles; das ist eine Identität, eine Lebensart, die sich überall fühlen, schmecken und riechen lässt. Selbst in dem abgelegenen Städtchen Vitteaux hängt am Sonntag der luxuriöse Geruch von Baguettes und frisch gebackenen Brioches in der Luft.

Jedoch nicht nur das Brot ist verführerisch. Der Franzose hat eine Eigenart: Er ist beseelt und beflügelt von seiner Fähigkeit, an jeder Frau etwas Schönes finden zu können. Nur im Französischen gibt es dafür einen Begriff. *La belle Laide*, die – grob übersetzt – schön Hässliche oder hässlich Schöne. In Frankreich fehlt der angelsächsisch-germanische Perfektionstrieb, daher empfindet der französische Mann: »Ich liebe, also bin ich.« Das kann jeder Frau unerwartete Leidenschaftsanfälle bescheren, auch wenn er zu viel wiegt oder ihm ein paar Zähne fehlen. Ich erlebte auch dies, doch die angenehmen Seiten überwogen.

Mein Haus, ein *Maison de Maître*, ein Herrenhaus von vierhundert Quadratmetern, steht am Ende des Ortes, dahinter Weidelandschaften, Laubwälder und weiße Kühe. Vor dem Haus ist der Dorfplatz, auf dem zweimal täglich eine Parade der Gänse und Enten stattfindet – riesige Tiere, die ohne ersichtlichen Grund wütend fauchen. Es gibt auch eine kleine Kirche, zu der Madame Germaine, meine Nachbarin, den Schlüssel bewahrt. Ganz am anderen Ende der Ortschaft steht das besagte Märchenschloss.

Mein Haus streckte die Arme nach mir aus. Ich hatte gar kein Geld, doch ich begehrte es, wie ein Mann eine Frau begehrt. Ich wollte rein und mich geborgen fühlen. Ein Freund lieh mir das Geld zur Anzahlung, und meine Mutter und ich gingen zum Notar. Ich unterschrieb den Kaufvertrag, und wir gingen in das beste Lokal im Ort. Es ist klein, mit echten Blumen auf dem Tisch und ungewöhnlich herzlichen Wirtsleuten. Völlig beschwipst und so glücklich wie meine Mutter und ich immer waren, wenn wir uns nicht gerade bekämpften. In diesem Zustand der Exaltiertheit fuhren wir die sich windende Straße Richtung Dijon. Für das letzte Stück Weg gibt es eine Autobahn. Innerhalb kürzester Zeit fing ein Riesenhupspektakel an. Meine Mutter blickte in den Rückspiegel und meinte empört: »Ich weiß gar nicht, was die haben, ich fahre doch in der Mitte. Da können sie rechts *und* links vorbeifahren!«

Selten war ich so froh, in der Sicherheit eines Zuges von Dijon nach Genf zu reisen. Das Flugzeug, wo ich mich dann erstaunlicherweise noch mehr entspannte, erzitterte ohne erkennbaren

Grund. Es war wie von Gottes Faust getroffen. Gerade als ich den damenhaften Steward fragen wollte, beantwortete er meinen fragenden Blick: »Ach, das war nur ein Blitz«, und schlenderte weiter.

Nach all diesen, immerhin überlebten Verkehrsgefahren kam ich abends in der Wiener Wohnung an, die mittlerweile die unerklärlich beleidigte Ausstrahlung hatte, die alle Wohnungen bekommen, wenn man vorhat, sie zu verlassen. Das hat mich, die viel Umziehende, immer fasziniert. Warum sehen Wohnungen, die man verlassen will, immer beleidigt aus? Man könnte da Esoterisches hineininterpretieren, doch sicher liegt es an den unterlassenen Liebeserklärungen. Man besorgt keine frischen Blumen mehr, lädt keine Gäste mehr ein. Oder ändert sich schlicht der Blick, den man auf die Wohnung hat?

Es gab ein Angebot der Firma Aveda, die mich als Belohnung für meine Bücher, den Ansatz der ganzheitlichen Pflege und den Erhalt meiner noch jugendlichen Haut nach Amerika engagiert hatte. Diese neue Dimension meines Lebens war unwiderstehlich. Es begann lange vor der attraktiven, älteren Frau. Lange bevor sich das auch durch meine Mitarbeit etabliert hatte. Schön mit über vierzig, fünfzig und so weiter. Das Angebot von Horst Rechelbacher, später als europäische Repräsentantin von Aveda engagiert zu werden, war erfreulich und schmeichelhaft. Dieses zweite amerikanische Engagement konnte ich mehr genießen als das erste. Auch wenn die Jugend es nicht wahrhaben will: Älter sein lässt mehr genießen. Wegen der Kürze der verbleibenden Zeit.

Diese First-Class-Reise sah ich mit wertschätzendem Blick. Ich flog von London nach New York. Der Sitz im oberen Stockwerk des Flugzeuges, das lässt alles andere zur Holzklasse werden. Denn oben gibt es nur einzelne Plätze, und die Stewardess beantwortet alle Fragen. Bei meiner Flugangst immer zuerst: »Wird es unruhig?«

Alles andere war nicht so wichtig, man hat viel Platz. Man

kann sich quasi mit ausgestreckten Armen und Beinen hinlegen. Da ich prinzipiell Überseeflüge nur mit Rohypnol und einem Glas Champagner überstehe, schien der Flug kurz, und ich wachte ausgeruht in New York auf. Zahnpasta und Kamm, alles war bereitgestellt. So kam ich besonders sauber und manierlich an. Wie immer ein adretter Hut, ein Kostüm von Romeo Gigli. Niemals hätte ich angenommen, dass gerade ich von der Zollbeamtin in die Zange genommen würde. Es dauerte etwa eine Stunde, in der sie mit verbissener Miene mein Gepäck durchwühlte. Im Nachhinein war mir klar, dass manche Amerikanerinnen eine unangenehme Seite haben: Sie mögen keine ausgeruhten Transatlantik-Fliegerinnen. Als sie endlich fertig war, begleitete mich ein großer, schwarzer Zollbeamter. Ich hatte schon Angst, dass ich wegen scheinbarem Reichtum eingebuchtet würde, da meinte er: »Sorry, I have to apologize for her, hope you enjoy your stay.«

Ein Chauffeur holte mich ab. Ich war eingebettet in Luxus, fast noch mehr als bei meiner ersten Amerikaerfahrung. Damals war ich sechzehn Jahre alt und seitdem nur selten in New York gewesen. Die Veränderungen der Stadt sind bei seltenen Besuchen ganz klar. Nur längere Aufenthalte verschleiern den Blick. Mir schien vor allem abends diese Welt wie ein Gemälde von Hieronymus Bosch.

Diese Atmosphäre bricht überall durch. Zwischen der Emsigkeit lauert das Mittelalter. Die Ähnlichkeit mit dieser Zeit wird von vielen Menschen registriert. Vivienne Westwood sprach bei einem Interview von »some kind of dark age«. Es kam mir vor, als ob diese Atmosphäre des Wegsehens, wenn Leichen oder Junkies auf dem Boden liegen, während Frauen in teuren Sandalen vorbeilaufen, eine Ähnlichkeit mit Indien hatte, wo mir vor Jahrzehnten eine Inderin sagte: Die Armen, die Kranken, das ist eben ihr Schicksal. Es war alles irgendwie überschattet. Ständig ging mir der deutsche Satz im Kopf herum: »Wenn das mal gut geht...«

Das Hotel, in dem ich untergebracht wurde, spiegelte eine gewisse Sinnlosigkeit im Styling wider. Es war eines dieser neuen Hotels, superschick, modern und cool, von Philippe Starck ohne Zweifel sehr elegant eingerichtet. Dieser Stil, eine Art Nouveau Chic hat wahrscheinlich Folgen wie die Nouvelle Cuisine, da gibt es wenig Essen für viel Geld, und dick macht es trotzdem. Das Hotel hatte eine stilsichere und völlig funktions*un*tüchtige Einrichtung. Typisch für den Zeitgeist. In Jetlag und Resten von Rohypnol eingebettet, schärfte sich meine Wahrnehmung, und wie im Traum bemerkte ich, dass bei meinem Reinigungsritual in dem coolen, schönen Waschbecken von der Größe einer Vogeltränke der Boden sofort überschwemmt war. Dieser wiederum war spiegelglatt und für Nässe nicht gemacht. Im Flur paarte sich Grausames mit Schönem. In schummrigem Licht standen in regelmäßigen Abständen gut aussehende, junge Asiaten. Sie waren platziert wie plastische Reliefs, wohl zum Aufpassen gedacht. Auf meinen Versuch, etwas zu erfahren, bekam ich keine Antwort. Ich bin sicher, sie sprachen kein Englisch, und wahrscheinlich wurden sie in einem Container geliefert und hatten keinen blassen Schimmer, wo sie waren.

Für den Abend meiner Ankunft verabredete ich mich noch waghalsig zum Essen mit einigen Bekannten, die ich anlässlich des Theaterstückes *Zero positiv* in Wien kennen gelernt hatte. Unter ihnen war ein Journalist, der mit Candy Darling liiert gewesen war, ein berühmtes, transsexuelles Subkulturwesen, mit dem ich vor langer Zeit in einem Werner-Schroeter-Film in Wien gespielt habe. Jetzt ist Candy an Krebs gestorben wie Magdalena Montezuma. Diese Verabredung war waghalsig, weil ich im Jetlag war, was für mich immer bedeutet: Schlafen wie die Maus in der Zuckerdose in *Alice im Wunderland*. Sie waren verständnisvoll. Irgendwie brachten sie mich zurück ins Hotel, wo ich prompt um vier Uhr morgens erfrischt aufwachte und mich gedulden musste, bis der Rest der Welt in Form eines Frühstücks erschien.

Die Reise führte mich weiter nach Minneapolis. Am Flughafen holte mich eine Angestellte von Horst Rechelbacher ab, eine Deutsche in meinem Alter. Sie zeigte mir die Stadt, das beeindruckende Aveda-Gebäude, die Angestellten mit makelloser Haut. Alles roch nach Natur und *sophistication*. Horst Rechelbacher ist ein herrlich duftender Titan. Er erzählte mir, wie es zu seinem Imperium gekommen war. Er ist ursprünglich ein Friseur aus Kärnten. Vor etwa zwanzig Jahren hatte er in Minneapolis einen Autounfall. Um die Rechnungen zu bezahlen, fing er an, ökologische Haarshampoos in der Küche herzustellen. Er und ein Inder, so habe ich seine Erzählung im Gedächtnis, waren auf die fruchtbare Idee gekommen, ayurvedische Heilmethoden mit Kosmetik zu verbinden. Gelegentlich sind in der Küche, wie es sich gehört, ein paar Mischungen explodiert. Einige Jahre nach meiner Erfahrung mit Aveda verkaufte er die Firma für dreihundertsechzig Millionen Dollar an Estee Lauder. Er blieb aber trotzdem der Chef.

Neben Aveda ist Prince ein weiterer Energiefaktor in Minneapolis. Einmal hatte er das Aveda-Gebäude, in dem es auch ein schönes Theater gibt, gemietet. Man mochte ihn nicht. Die Aveda-Mitarbeiter erzählten mir, er sei klein und arrogant, aber ohne Zweifel sehr begabt.

Im Laufe meines Aufenthaltes, der sich mit Unterbrechung auf einige Monate erstreckte, hatte ich nicht nur Zeit, mein Wissen zu überprüfen und zu erweitern. Horst hatte die Zusammenarbeit mit mir aus verschiedenen Gründen erwogen, einer davon war mein Ansatz der ökologischen ganzheitlichen Schönheitspflege, den er aus meinen Büchern kannte. Ich sollte später für den deutschsprachigen Raum als Repräsentantin engagiert werden. Das aber lief anders, ich machte meine eigene Linie, er verkaufte sein Imperium an Estee Lauder.

Mein Aufenthalt innerhalb der Firma, Gespräche mit Horst und einigen seiner Angestellten gewährten mir einen Einblick in die Treibkraft des *american business* und in den Unterschied zu

Deutschland. Es ist nicht nur die *Hire-and-fire*-Devise, die selbstverständlich Angestellte emsiger werden lässt. Daran krankt Amerika mehr, als es gesundet. Der größte Unterschied ist die Identifizierung mit der Möglichkeit des Erfolges. Trotz Klatsch und Intrigen, die dort genauso wie in Deutschland vorkommen, wird Erfolg anerkannt. Ob der Erfolgsbringer aus dem gleichen Stall kommt oder nicht, spielt dabei keine Rolle. Der Erfolg gehört zu einem als Möglichkeit. »Wenn er es schafft, dann kann ich es auch«, scheinen die Amerikaner zu denken. Sie haben die Einstellung, der Erfolg des anderen könnte auch abfärben. Er ist ein Treibstoff. Das ist in Deutschland anders. Missgunst lässt alles abflachen, und daher herrscht die Diktatur der Mittelmäßigkeit. Eine Öko-Firma wie Aveda so glamourös schalten und walten zu lassen, sich bei Fehlern nicht wie Geier auf sie zu stürzen, das verhindert in Deutschland die Schadenfreude, ein Wort, das nur auf Deutsch existiert. Es gibt keine adäquate Übersetzung in andere Sprachen.

Da viele im Haus dachten, ich wäre die Mätresse von Horst, fanden sich schnell auch Frauen, mit denen ich mich über diesen Verdacht amüsieren konnte. Selbstverständlich wunderten sich die Angestellten, denen nichts über mich bekannt war, warum Horst ausgerechnet eine Siebenundvierzigjährige ausgewählt hatte. Aber die Beziehung zu Horst bestand aus unserem großen gemeinsamen Interesse an ökologischer Pflege. Seine Mätresse war, wie es sich gehört, jung und hübsch.

Den nachhaltigsten Eindruck seines Imperiums hinterließ bei mir seine berühmte SPA in Wisconsin. Er hatte das Anwesen für wenig Geld gekauft, es durch und durch ökologisch restauriert und bestückt. Es gab dort kein Handtuch aus gebleichter Baumwolle, keine Putzmittel mit Tensiden, keinen Kaffee aus schattenloser Monokultur, kein Bohnerwachs mit chemischen Zusätzen, kein T-Shirt mit ungesunden Färbemitteln – alles bis zum Klopapier war völlig ökologisch. Dies löste Assoziationen bei mir aus, die nur Menschen meiner Generation verstehen können. Ich bin kurz vor Kriegsende in der Steiermark geboren. Die Luft fühlte sich damals anders an. Als ich mich in Wisconsin abends duschte und ins Bett ging, kam ich mir vor wie damals als Kind. Der Unterschied in den Düften von damals und heute entwickelte sich nach und nach. Es war und ist ein schleichender Prozess, in dem sich die moderne Welt immer mehr entsinnlicht. Horst bezeichnet diese andere Welt als petrochemische Diktatur. Der Unterschied ist nicht zu erdenken, sondern nur zu erfühlen. Den Aveda-Level zu erreichen ist schwer, aber es ist ziemlich erstrebenswert.

Nachdem ich einige Pflichten erledigt hatte, Fototermine absolviert, Konzeptionen ausgearbeitet, und nachdem ich Duftunterricht erhalten hatte, flog Horst nach Indien, und ich nützte die Pause, um Allegra in Hawaii zu besuchen. Ein ewig langer Flug, aber wieder im ersten Stock, wo man meint, in einem Privatflugzeug unterwegs zu sein. Nachdem jedoch kurz vor meiner Reise beim Anflug auf Hawaii ein Flugzeugunglück passierte, wo einem Flieger das Dach abriss und eine Stewardess im wahrsten Sinne des Wortes davonflog (die Leiche wurde nie gefunden), war ich wieder sehr dankbar, Boden unter den Füßen zu haben. Mein Vater, der Pilot, sagte immer, jede Landung sei ein kontrollierter Absturz, daher ist der verpönte Applaus bei Billigfliegern im Prinzip angebracht. Mein geistiger Applaus ist bei jeder Landung schlichtweg frenetisch.

Allegra hatte mich in Tonys Haus eingeladen. Er war nicht da, und so lebte ich eine Woche in seinem Haus als halbgebetener Gast in Allegras Zimmer. Das Haus, hell und mit vielen Gegenständen möbliert, die ich während unserer Ehe angeschafft hatte, war durch die Erinnerung an viele schöne Zeiten gemütlich. Es gab signierte Louis-seize-Stühle in olivgrün, Bilder und Lampen, wie zum Beweis, dass es manchmal gut ist, nicht um Dinge zu streiten. Alles war gepflegt und wohlbehalten. Außerdem habe ich mir in der Zwischenzeit längst selbst schöne Möbel gekauft. Allegra fand immer, dass Tony und ich gleich sind. Wir tanzen gerne, haben einen ähnlichen Geschmack, sind kreativ. Irgendwann wird sie verstehen, dass es genau dies ist, was uns auseinander getrieben hat.

Während meines Aufenthaltes auf Hawaii gab ich Afrodance-Unterricht. Wie immer macht es Freude, Dinge, die ich konnte, anzubieten ohne vorab generell die negative Einstellung der vermittelnden Presse als Fallbeil zu spüren. Das »Sich-nirgendwo-Erholen-Können«, wie Tony es als Weltstar ständig erfährt, ist für ihn sicher auch schwierig. Nicht nur während unserer Ehe ist mir der Unterschied aufgefallen. War ich in Deutschland ein Kinderstar, so bedeutete dies einen besonderen Druck, doch für einen schönen jungen Mann wie Tony, der bis zum heutigen Tag an dem Problem zu kauen hat, wer er ist, was er kann, wer er war, ist der Druck noch viel stärker. Seine Kunst wird nicht so ernst genommen, wie es ihr zusteht. Wäre er nicht Tony Curtis, sondern nur das, was er ist, ein typischer Ungar, lebenslustig und depressiv, aber eben ein hochbegabter Mensch, wäre sicher vieles leichter.

So sind beide Töchter von ihm mit vielem ausgestattet. Während unsere ältere Tochter viel von meiner Großmutter hat, was sie zu einem sehr ausgeglichenen Menschen macht, ist Allegra mit einer Unruhe und Hypersensibilität ausgestattet, mit denen sie sich das Leben schwer macht. Ist sie geborgen, blüht sie auf, jener ungarische Charme der Familie Schwarz bricht durch. Vor allem ist es schön, durch die Kinder erinnert zu werden, warum man den Vater geliebt hat.

In meinen alten Möbeln Zeit zu verbringen war ein Eintauchen in eine Vergangenheit ohne Schmerz, ein seltenes Vergnügen. Wie immer konnte ich auch in Hawaii meine Kreativität nicht drosseln und produzierte einen kleinen Afrodance-Film, aus dem ich später in Deutschland eine Videokassette machte.

Was in Hawaii schön ist, ist die Landschaft natürlich, doch vor allem die Freundschaften, die Gruppen. Alle Farben sind gemischt, man trifft sich zum Musizieren, geht in Konzerte, teilt die Sorge um die Kinder, die barfuß und mit Blumenduft in der Nase aufwachsen. Kurz vor meiner Ankunft war gerade eine Frau aus diesem Freundeskreis gestorben, und man hatte abwechselnd Wache gehalten. Es ist also nicht so, dass nur der Spaß geteilt wird. Trotzdem war Hawaii kein Ort, an dem ich bleiben wollte. Schön waren die vielen ruhigen Abende mit Allegra, die mich nach ihrer Arbeit zu verschiedenen Buchten brachte und mir Geschmack am polynesischen Wasser vermittelte. Es kann dort so sein, als ob man in Luft schwimmt. Den stärksten Eindruck hinterließ der Mond, den ich einmal voll erwischte. Ganz nah, schien er viel größer als sonst und sogar ohne Fernglas dreidimensional. Ich betrachtete ihn zusammen mit einem der Trommler, die in meinem Video spielten. Er war ein kleiner Ire, und es war sehr lustig, ihn Hawaii kommentieren zu hören, angesichts des dreidimensionalen Mondes. Er sagte: »It's beautiful, but Hawaii is hell.«

Einige Tage danach flog ich nach Florida, um Alex zu besuchen. Auf dem Weg zum Flughafen passierte etwas, das wohl eine kleine Prise Hölle in meine Erinnerung packen sollte. An sich hatte ich mir in Amerika schon lange abgewöhnt, sexy Kleidung zu tragen. Ich passte mich dieser pornografisierten Welt, wie sie nur im Schatten des Puritanismus entstehen kann, an. Ich trug eine weiße Bluse, Hosen, Sonnenbrille und keine aufregende Lippenstiftfarbe. Nachdem ich mich von Allegra bei ihrer Arbeit verabschiedet hatte, verfuhr ich mich vor lauter Schmerz. Wir haben immer das Gefühl, uns nie wieder zu sehen, was uns nicht hindert, zumeist getrennt zu leben. Statt Richtung Flughafen war ich irgendwo auf der verwirrenden Autobahn unterwegs, fuhr schließlich irgendeine Ausfahrt heraus. Vor mir stand ein Häuschen mit einem Schlagbaum, davor ein Soldat mit Gewehr. Auf meine Frage, wie ich zum Flughafen komme, sagte er mit gepresster Stimme, ich solle seitlich ranfahren.

Schon beim ersten Ton legte sich eine Spannung auf mein Herz, so wie sich eine Spritze in den Kiefer anfühlt. Eigentlich spürt man nichts, aber es fühlt sich lebensgefährlich an. Er schob das Gewehr oben an die Öffnung meiner Bluse und fuhr *sotto voce* fort: »Don't scream, but I am going to open your blouse.«

Ich, die zweitschlechteste Autofahrerin der Welt (die schlechteste war meine Mutter) drückte aufs Gas, nachdem ich den Rückwärtsgang eingeschaltet hatte. Wie ich dort weg und zum Flughafen gekommen bin, weiß ich nicht mehr, aber mir klopfte das Herz bis in die Ohren. Sein ekelhaftes Weißmehlgesicht erscheint mir oft, wenn ich an Amerika denke.

Ich flog nach Tampa. In Florida hatte ich vor allem meine Zwillinge wieder. Auf allen Bildern habe ich diesen verklärten Blick, wie ein Trunkenbold. So ist es, wenn man Omi ist. Egal, was sie anstellen, eine Woge des Entzückens folgt – und das reißt nicht ab. Auch Florida ist kein Ort, an dem ich gerne bin. Alle Gegenden, in denen man nicht zu Fuß gehen kann, verursachen Panik in mir. Ein Land, dem die Voraussetzung für das Elementarste im Leben, die Bewegung aus eigener Kraft, fehlt, kann nur ein seltsames Lebensgefühl bergen.

Das Motel, in dem ich wohnte, verwandelte sich nachts in einen Ort, an dem die Außengeräusche bedrohlich waren. Autos, die durch die dünnen Holzwände Abgase durch die Ritzen bliesen, die passiv aggressiven Töne, die sich durch das Kaugummi-Floridianisch wie Messerstiche bohren, das ganze Umfeld der Freundlichkeit, hinter der sich der nächste Serienkiller verbirgt, löste bei mir nur Panik aus. Das war das Einzige, was ich fühlen konnte. Die Motelbesitzer waren Inder, und allein die Spannung des Sprachgewirrs beim Einchecken neuer Gäste, der angespannte Ton, wenn Menschen gezwungen sind, lediglich auf einem Niveau relativ großer Missverständnisse zu kommunizieren, das machte einen ruhigen Schlaf unmöglich. Das alles kam mir vor wie der

Film *Falling down*: Nur ein dünnes Holzwändchen trennt von der sonnigen Verzweiflung.

In diesem Viertel wurde Jahre später ein Freund meiner Enkel angeschossen. Er war im Auto, wollte fliehen, fuhr in einen anderen Wagen und starb. Nach meiner Erfahrung mit dem Soldaten erschien mir alles unter dem Licht der Bedrohung hinter freundlicher Maske. Eine einzige Erinnerung nahm ich mit aus diesem Aufenthalt, in die sich kein unangenehmer Beigeschmack mischt.

Alex und ihr Mann hatten eine Wohnung in einer sehr schönen Anlage. Aus silbergrauem Holz, rund und dörflich, eine jener Bauweisen, die in Amerika von intelligenten Menschen gebaut und bewohnt wird. Sie haben begriffen, dass die *splendid isolation*, das Nicht-Kommunikative mehr Nach- als Vorteile hat. Dort im Kreis konnte das afrikanische Sprichwort »It takes a village to raise a child« umgesetzt werden. Die Nachbarn beobachten die Kinder und teilen die Verantwortung.

Es gab auch ein Schwimmbad, und die Zwillinge wollten, dass ich abends mit ihnen dorthin ging. Dido und Liz hatten wie viele eineiige Zwillinge eine robuste und eine zarte Seite. Je nach Bedarf wurde die eine Hälfte vorgeschickt, und Dido, die Kräftige, planschte im Becken, während Lizzie unbewegt hin und her schwamm. Ich war gerade dabei, in mir zu vermerken, wie rührend, dass die im Bauch schon doppelt so große Dido auch jetzt die Stärkere war, als ein Mann am Pool auftauchte, ein jüdischer Intellektueller wie Woody Allen, der Lizzie verwundert nachsah, mich anlächelte, sich näherte und fragte: »Does she always swim with her legs tied together?«

Schwimmt sie immer mit zusammengebundenen Füßen?

Lizzie lachte auf meine Frage:

»Ich bin Arielle, die Meerjungfrau!«

Die Kleine, Dünne, »Schwache« war seelenruhig mindestens vierzig Minuten mit zusammengebundenen Füßen hin und her geschwommen, ein Kraftakt, der auf künftiges Leben schließen ließ.

Am nächsten Tag flog ich nach Minneapolis. Es ist immer leichter, sich von Alex zu trennen, weil sie fest im Sattel des Lebens sitzt. Es gibt ruhige Liebe und unruhige. Die ruhige verträgt Trennung. Das muss man kennen, um es zu verstehen. Alex ist immer bei mir, ich weiß, dass sie ihr Leben meistert. So war der Abflug von Florida nach Minneapolis nicht tränenreich.

Minneapolis und das Anwesen von Horst Rechelbacher in Wisconsin erschienen mir wie die Verbindung aus Hippie-Ideologie und Geschäftssinn. Das Erfolgsrezept war die Kosmetik. Ökologie und Nachhaltigkeit schienen mir nach dem flachen Florida besonders schmackhaft. Ein Stadtteil von Minneapolis heißt *dinky town,* und dort gab es noch all das, was mich bei meiner ersten Reise nach New York 1962 in Amerika so begeisterte. In der Studentenstadt kann man sich auf den eigenen Beinen fortbewegen, es ist dort sehr international, nicht rassistisch, sehr wach und sehr gebildet. Das aufmerksame, junge Amerika ist dort ungebrochen.

Das merkt man überall, so machte ich Fotokopien von Briefen, die ich in meiner Jugend von Joseph Cornell bekommen hatte. Der Junge, der sie kopierte, wusste sofort, wer das war. Ich verkaufte diese Briefe danach in New York und gab das Geld den Kindern. Sie brauchten das Geld jetzt, und warum sollten sie warten, bis ich tot bin, um zu erben.

In dem Landhaus von Horst lernte ich eine Angestellte von ihm kennen, Moonstar, eine schöne Indianerin, die mit nichts als langem seidigen Haar bekleidet morgens ihre Zufahrt fegte. Sie machte mit mir einige Expeditionen durch Wisconsin und zog sich eigentlich nur fürs Autofahren an.

Es gibt auch ein schönes Amerika mit engagierten Bürgern, einem stabilen demokratischen Selbstverständnis, großartige Abendessen, in denen offen kommuniziert wird. Dabei wird über die Politik und die Regierung grundsätzlich kritisch gesprochen. Man geht davon aus, dass es sich immer nur um ein kleineres Übel handeln kann. Die Firmen regieren das Land, einer der Gäste in Moonstars Haus hatte eine Firma, die nur traditionelles Saatgut verwendete und Rückzüchtungen machte. Es ist so, dass die großen Firmen der Erdölindustrie Samen von Bauern aufkaufen, um ihnen dann Zuchtsaat anzudrehen, die wiederum nur mit ihrem Düngemittel heranwachsen kann. Es ist, wie mein Freund Günter A. sagt: Die Industrienationen verachten den Junkie am meisten, weil er sie am deutlichsten spiegelt.

Ich gebe zu, dass die Abende zum Teil recht hippiehaft waren. Da ich vor langer Zeit aufgehört hatte, Marihuana zu rauchen, genoss ich als Zaungast die entspannte Atmosphäre, ging im Windschatten der Berauschten nachts am Fluss entlang, um ein einzigartiges Naturereignis zu genießen. Die Paarung der Glühwürmchen, was auch ohne high zu sein äußerst psychedelisch wirkt. Es sah auf den ersten Blick wie eine tief fliegende Milchstraße aus. Wenn man die Würmchen näher betrachtet, so strahlen sie nicht ununterbrochen, sondern geben das Licht pulsierend ab. Das sieht aus der Nähe sehr seltsam aus, als ob sie wie Loriotfigürchen mit Anstrengung das Licht pressen.

Moonstar fuhr mit mir morgens immer durch eine bestimmte Ausfahrt in die Hauptstraße. Ein Jahr nach unserem gemeinsamen Sommer ist sie an dieser Stelle tödlich verunglückt.

Der ganze Aufenthalt bei Horst und Aveda hat für mich die Weichen in die Welt der Naturkosmetik gestellt. Danach sammelte ich alles unter dem Aspekt der Schulung durch Horst.

Er ist sehr großzügig gewesen, in New York wohnte ich in seiner Penthousewohnung, die meinen *Blade-Runner*-Eindruck von New York verstärkte. Vor dem Rückflug nach Paris verbrachte ich noch ein paar Tage in der Stadt. Der Freund von Candy Darling, eine geistreiche jüdische Galeristin und der Bruder einer schwarzen Freundin aus Wien verbrachten mit mir meinen letzten Abend in der Stadt. Wir waren in einem italienischen Restaurant verabredet. Der Bruder meiner Freundin holte mich ab, er arbeitete für die Polizei als Trainer für Schäferhunde. Wir waren früher als die anderen im Lokal und wurden nicht bedient. Erst als meine schwulen Freunde und die Galeristin kamen, wurden wir bedient. Es wurden viele Themen gestreift, was mich am meisten verblüffte, war, dass man sich einig war, ohne Drogenhandel würde die amerikanische Wirtschaft kollabieren. Nach dem Essen ging ich mit Candy Darlings Freund, äußerlich eine Mischung aus Orson Welles und Michael Moore, zu Fuß in Richtung jenes Prachtturms, in dem Horsts Penthousewohnung, meine Unterkunft, lag. Mein Begleiter schien unberührt von der Umgebung, die ich als abstoßend und lebensbedrohlich in Erinnerung habe. Neben eleganten Brownstones-Ruinen, über und über mit Müll besät, schon vor dem Tor des nächsten Turms ein uniformierter Wachmann, die Straßen voller Risse. In der Dunkelheit verstärkte sich mein Gefühl, vor allem in der Sommerhitze. Es kam mir vor, als wären wir in Kalkutta, wo man sich sagt, die anderen da, die auf der Straße liegen, »well, it's their karma«.

Auf dem Weg zum Flughafen diesmal mit Chauffeur, musste ich wie üblich über schlafende oder tote Körper steigen, um vom Glaspalast zur Limousine zu gelangen. Ich wollte nie wieder nach Amerika und freute mich auf Frankreich. Andre Gidé hat gesagt, Amerika sei das einzige Land, in dem man von der Barbarei direkt zur Dekadenz ohne den üblicherweise eingeschlagenen Weg der Zivilisation gekommen ist. Mit diesen Eindrücken auf der Haut meines Gedächtnisses – viele Eindrücke bei kurzen Reisen sind wie Träume – war ich glücklich, New York hinter mir zu lassen, und unglücklich, meine Kinder hier zu haben, doch nichts ist ungesünder für Körper und Geist, als sich über Dinge aufzuregen, die man nicht ändern kann.

In Paris angekommen, nahm ich den TGV nach Dijon, wo mich meine Mutter mit der wie immer ekstatischen Lola erwartete. Meine Mutter hatte unser Herrenhaus in der Zwischenzeit ein bisschen aufgeräumt und hergerichtet.

DRACY

*I*n dem großen aus Stein bebauten Haus erlebte ich Stille wie noch nie zuvor. Das lag zum großen Teil an dem lädierten Stromnetz, das wie das Haus selbst aus dem Jahr 1918 stammte. Im Laufe der Zeit waren die Kabel im Gegensatz zum Haus selbst instabil geworden. Da ich durch den Zeitunterschied zu Amerika unter dem bekannten Jetlag litt, war ich fast die ganze Nacht wach und schlief erst gegen vier Uhr ein. Die Nächte in der idyllischen Landschaft um mein Haus waren ein Eintauchen in eine andere Zeit, bevor man die Nacht mit Strom und Fernsehen vertreiben konnte.

Länder haben nicht nur ihre eigentümlichen Landschaften, Pflanzen, Gerüche und Geräusche, sie haben auch eine eigene Art der Stille. Die Nächte in dem kleinen Ort Dracy waren so samtig ruhig, dass ich im unteren Stockwerk unsere Hausmaus am Brot knabbern hörte.

Im oberen Stockwerk gab es auf der einen Seite einen großen unausgebauten Raum, der sich als Atelier eignete. Auf der anderen Seite waren die Schlafzimmer, zwei davon mit Kamin, ein paar Pseudo-Louis-quinze-Stühle und provençalisches Mobiliar. Das kleinste Zimmer bezog ich, es war wie ein Mantel, so kuschelig proportioniert. Der Raum war in Gauloise-Blau tapeziert, ein heller Spannteppich, auf dem man lautlos gehen konnte, lag auf dem Boden. Ein Einbauschrank, hinter dessen Tür fast so viel Platz war wie im Zimmer selbst, verdoppelte unsichtbar den Raum. Mit wenigen Gegenständen richtete ich das Zimmer so ein wie alle Schlafräume meines Lebens. Ein dicker Futon auf dem Boden, darüber ein Moskitonetz, nicht aus synthetischem Material, sondern aus weicher Baumwolle. Auf dem Boden eine kleine Lampe, die ich in der Werkstatt gefunden hatte, daneben eine Glasvase mit Heckenrosen gefüllt, die ich direkt aus meinem Schlafzimmerfenster pflücken konnte. Denn das Haus war auf dieser Seite über und über mit Kletterrosen bewachsen.

Das große Fenster in meinem Raum hatte einen soliden Rahmen, und so verbrachte ich viele Nächte im Fensterrahmen sitzend mit der Betrachtung des nächtlichen Panoramas. Meine langen Batisthemden fanden hier das ebenbürtige Milieu. Im hellen Mondschein, in dieser Stille und mit den alten von Rosen überwachsenen Mauern schien es mir, als ob ich in die Seiten eines Märchenbuches gerutscht sei. Fern von Städten funkeln die Sterne besonders klar im dunkelblauen Himmel. Die dunkelgrüne Landschaft, das Flirren der Blätter des großen Lindenbaumes, alles war sehr beruhigend und besänftigend. Umso mehr erschreckte mich das weiße Gespenst, das ganz nah an meinem Gesicht vorbeiflog. Hell und lautlos. Es war die weiße Eule, die im Stall nebenan wohnte, meine Nachbarin sozusagen.

Es gab soviel in diesem Haus, das sein Flair ausmachte, dass mir der Umbau, die Modernisierung ein gewisses Unbehagen verursachte. Aber elementare Dinge, wie funktionierende Leitungen und ein richtiges Bad, waren dringend notwendig.

Wie ein Zauberer Kaninchen aus dem Hut holt, präsentierte meine Mutter zwei Arbeiter für die Umbauten. Einen Elektriker, der sehr dünn war, immer hing ihm eine Zigarette im Mundwinkel. Diese behielt er im Mund, bis man zusehen konnte, wie die lang gewordene Asche abbrach, zu Boden fiel und sich dort verteilte. Er trug jeden Tag den gleichen Anzug und war ständig in eine Alkoholfahne gehüllt. Er schaffte es, seine Arbeit so zu verrichten, dass exakt fünf Minuten nachdem sein Auto hinter den Hügeln verschwand, das Stromnetz im ganzen Haus zusammenbrach.

Der zweite Arbeiter, ein Jean-Gabin-Typ, verlegte Rohre (was sonst). Er sollte den großen Raum neben der Küche, in dem hinter einer kleinen Pappwand eine wacklige Toilette stand, in ein schönes Badezimmer verwandeln. Nachdem wir eine schöne antike Wanne installiert hatten, entstand eine große Nasszelle. Ich glaubte, es wäre nur eine Frage der Zeit, bis mich eine ungünstige Fügung zwischen undichten Kabeln und Wasserrohren zu einem leuchtenden Ende bringen würde. Jedes An- und Ausschalten des Lichts bedeutete einen eventuellen Tusch, eine finale elektrische Erfrischung, ein mögliches Ende.

Die ländliche Idylle und das friedliche Nebeneinander meiner Mutter und mir hatten Streit und Trennung im Programm wie im Theaterstück die Pause. Anfänglich herrschte die schöne Seite unserer Beziehung vor. Es wurde viel gelacht und guter Wein getrunken, es wurden Träume gesponnen. Bis zum Jahr ihres Todes spielten meine Mutter und ich gerne Karten. Am liebsten Streitpatience. In den letzten Jahren gewann ich immer, nur kurz vor ihrem Tod fing sie an zu gewinnen, und ganz typisch für sie war eine Bemerkung: »Ich bin so klar, so hell, so wach. Ich glaube, in meinem Kopf findet ein letztes Feuerwerk statt, bevor dann alles verglüht.«

In Dracy ärgerte sie sich aber noch grün, wenn ich gewann. Dauernd versuchte sie zu mogeln. Ich ließ es nicht zu, sie wurde zwanghaft, und es war nur eine Frage der Zeit, bis sie wütend entfleuchte.

Manchmal hatte ich das Gefühl, Stellvertreterin meines Vaters in unserem Konflikt zu sein. Es war wie ein Kampf der Blutbeschaffenheit. Mein Vater war definitiv schwerblütig, und wie er bevorzuge ich eine einzige gute Ware statt vieler billiger und schlechter Sachen. Mein Vater und ich lieb(t)en gute Schuhe. Lieber ein handgefertigtes Paar ein Leben lang als zwanzig modische, die gleich kaputtgehen. So war es mit dem Herrichten des Hauses von Anfang an problematisch. Mutter neigte zu den geheimen

26 (links oben) *27 (rechts oben)*
In der Rolle der „Salome" in Bochum, 1977.   Mit Werner Schroeter.

28 (unten)
In Ghana.

29 *(links oben)*
Mit Kristina van Eyck in Herbert Veselys Film
»Egon Schiele – Exzesse«, 1980.

30 *(rechts oben)*
Rainer Werner Fassbinder holte mich für seinen
Film „Lili Marleen", 1981, vor die Kamera.

31 *(unten)*
Helmut Dietl bot mir in seiner Fernsehserie
„Monaco Franze", 1983, die Rolle der Olga an

32 In der Garderobe des Hamburger Schauspielhauses bei meinem letzten Auftreten in Shakespeares »Julius Caesar«, Juni 1987. Ich spielte die Calpurnia in der Inszenierung von Peter Bogdanov.

33 *(oben)* 34 *(unten)*
Überfahrt nach Tanger im Winter. An meinem 50. Geburtstag.

35 *(oben)*

36 *(unten)* Mit Salah in Tanger.

37

38 Mit meinem besten Freund.

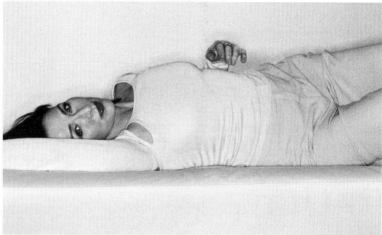

39/40 In meiner Münchner Wohnung.

Tipps, zur Schnäppchenjagd, zum Geführtwerden durch mystische Eingaben. Manchmal hatte sie Recht, das Haus hatte schließlich sie gefunden. Doch die Kleinarbeit, das war problematisch.

Im Kleinen lässt sich viel erkennen, in den Nebensachen. Wie der Gang über die Befindlichkeit eines Menschen viel aussagt, so lässt der Umgang mit Pflanzen tief in die Seele blicken. Und letztendlich ist die gemeinsame Idylle an dem unüberbrückbaren Unterschied im Umgang mit Pflanzen gescheitert. Es gab praktisch keine Pflanze, die meine Mutter nicht zu einem schnellen Ende bringen konnte. Ohne Schulung hatte ich auf dem Land gelernt, mit Blumen und Pflanzen umzugehen. Sie haben tatsächlich eine eigene Sprache. Meine Kletterrosen verwandelten sich in ein zyclamfarbenes Blütenmeer. Ich pflanzte am Eingang Glyzinien an, eine davon schlängelte sich binnen kurzer Zeit zum Balkon und rahmte diesen bald mit ihrer grünblauen Pracht ein. An die Pforte stellte ich zwei duftende Rosenstöcke, die mich nach einer kurzen Reise als mumienhafte Vorwürfe empfingen. Ihre Trockenheit, ihr Tod lösten bei mir nicht nur Tränen aus. Sie riefen etwas in mir wach, eine Art Unmut-Schluckauf. Ich fühlte, dass meine Mutter mich als Kind auch so behandelt hatte. Sie fand mich schön und liebte mich. Sie war stolz auf meine Leistungen, aber sie hatte vergessen, mich zu gießen.

Nach dem Rosentod stiegen die Spannungen, wir entschieden uns, eine kleine Pause einzulegen. Sie fuhr wieder nach Paris und ließ mir ihren Wagen. Die nächsten sechs Wochen verbrachte ich allein, sofern dies für eine Frau in Frankreich möglich ist. Der französische Mann hat nämlich außer dem Descartes-Bewusstsein »Ich denke, also bin ich« noch ein zweites: »J'aime, donc je suis« (ich liebe, also bin ich), und dies sollte auch in meinem Haus der Sprachlosigkeit und genießerischen Einsamkeit Folgen haben.

Da ich wenig Geld hatte und ich nicht glaube, dass Luxus eine Frage des Geldes ist, suchte ich aus den aufgefundenen Möbeln die brauchbaren heraus und investierte sorgfältig ins Restaurieren und Ergänzen. Eine der französischen Besonderheiten sind richtig große Flohmärkte. Es gibt dort echte Fundstücke. Da das Land im Krieg nicht zerstört wurde und das Wort Bourgeoisie etwas Urfranzösisches widerspiegelt, sind Nachlässe oft mit Gegenständen bestückt, die im Antiquitätengeschäft das Zehnfache kosten würden.

Ich hatte eine wunderbare Nachbarin, Madame Germaine. Sie hatte nichts gegen Deutsche. Schließlich bin ich aus französischer Sicht ein Kind der Schande. Französische Mutter, Vater deutscher Offizier, nicht gerade eine ehrenhafte Eintrittskarte ins Leben. Doch Germaine, eine jener Raritäten in Frankreich, eine Frau mit unverspielter Schönheit, erzählte, dass sich im Krieg auch deutsche Soldaten im Dorf aufgehalten hatten, die sich vorbildlich benommen hätten. Also konnte ich diesen Soldaten danken, dass man mich fünfundvierzig Jahre später gut behandelte.

Ich erlebte jeden Morgen das Eintauchen in etwas, was meiner Vorstellung von Luxus entsprach. Es war Frühsommer, der erste, in dem ich die Klimaveränderung deutlich wahrnehmen sollte. Die große Linde verlor im Laufe des heißen Sommers einen riesigen Ast. Er brach einfach so ab, so wie der Garten von Madame Germaine entweder am Regen ertrank oder an der Sonne verbrannte.

Jeden Morgen gegen sieben stieg ich aus dem Wohnzimmerfenster, barfuß nur mit einem meiner langen Batistnachthemden bekleidet, und ging den kurzen Weg rüber zu ihrem Haus. Dieser Weg war zum Teil mit blank polierten runden Steinen gepflastert, mit etwas Gras und Blumen dazwischen. Meistens liefen irgendwelche Katzen herum, ich klopfte an die Tür und begrüßte Germaine. Ihre Küche war aus dem gleichen blank polierten Sandstein wie der Weg. Sie schöpfte die Sahne mit einer Metallkelle aus einem Steinguttopf und goss sie in mein mitgebrachtes Honigglas.

Ich gab ihr umgerechnet etwa zwanzig Pfennige und ging wieder, stieg durchs Fenster in mein Haus. Dort empfing mich schon der Kaffeegeruch aus der Küche.

Meine Küche war geräumig und sehr hell mit vielen hohen Fenstern, durch die ich das Dorfleben betrachten konnte. Für die meisten Menschen ist die Vorstellung, über Monate hinweg quasi gar nicht zu sprechen, eher bedrückend. Ich fand und finde es erholsam. Aber am schönsten war es, niemand zu sein, außer ich selbst. Nie begleitete mich der Promischatten.

Ich konnte kindische Gelüste nachholen. Aus dem Fenster steigen, obwohl es regnete, und im Nachthemd mit Gummistiefeln, ungewaschen nach Mensch riechend, exquisiten Rahm ohne Verpackung holen und in meiner Küche mit einer großen Tasse Kaffee genießen. Wer nicht weiß, wie sich leichter Sommerregen in einem hauchdünnen Batistnachthemd anfühlt, vermisst eine wesentliche kindliche Erfahrung. Außerdem ist es herrlich, als normal verrückt eingestuft zu werden.

Obwohl das Städtchen von meinem Dorf aus gut mit dem Fahrrad zu erreichen war, nahm ich meist das Auto, um zu üben. Mein Führerschein stammt aus Florida, wo es reicht, mit dem Prüfer an seiner Seite keinen gefährlichen Unfall zu verursachen – und schon kriegt man ihn.

Ich besorgte Stoffe zum Überziehen des Sofas, Tapeten für das Wohnzimmer, gelbe Biofarbe für die Küchentüren und bekam über holländische Nachbarn einen fachkundigen Handwerker, der sich um Schadensbegrenzung bei den Stromleitungen und dem damit verbundenen Pfusch seines Vorgängers bemühte. Bei meinen Besorgungen kam es vor, dass ich in einem Geschäft etwas kaufte und es mir nach Hause liefern ließ. Wenn der Besitzer des Ladens dann entdeckte, dass ich allein in diesem großen Haus lebte, und das ohne Mann, schlug die »Ich-liebe-also-bin-ich«-Einstellung hohe Wellen. Es war völlig egal, ob mit Ehefrau oder ohne, ob mit Zähnen oder ohne, es galt meiner Einsamkeit ein Ende zu bereiten, ob ich wollte oder nicht. Zum Teil wurde das telefonisch erledigt. Das waren die Kateranrufe nach Mitternacht. Das hieß, kurz nachdem ich eingeschlafen war, meine weiße Eule ausgeschwärmt war und ich im flirrenden Rauschen der Lindenblätter anfing zu träumen, klingelte im unteren Stockwerk das Telefon. Da es hauptsächlich dazu diente, für die Kinder erreichbar zu sein, stellte ich es nie ab. Unten angekommen, gab es französische Verbaldelikatessen der erotischen Art, oft wegen fehlender Zähne oder auch dem entsprechenden Quantum an Alkohol schwer zu verstehen. Sicher waren sie gut gemeint. Nach diesem Sommer, als man im Dorf wusste, was für eine ich war, hörten die Anrufe auf; allerdings zog ich dann bald nach Marokko.

Die Telefonate sind die sanfte Variante. Eine heftigere, aber amüsant-skurrile Art passierte mir auf dem Weg nach Paris. Ein deutscher Millionär hatte mich zu einer Kunstausstellung eingeladen. Die Fahrt von Vittaux nach Paris dauerte etwa zweieinhalb Stunden, die Geschwindigkeitsbegrenzung auf der Autobahn liegt bei 130 Stundenkilometern. Der Wagen meiner Mutter schaffte 110 Stundenkilometer, wenn es bergab ging. Wenn man so schlecht fährt wie ich, ist Artigkeit angesagt. Etwa eine Stunde nach Beginn der Reise fiel mir auf, dass nach Überholmanövern von Lastern ständig entweder wie verrückt geblinkt oder gehupt wurde. Natürlich nahm ich das als Rüge, ich wusste, dass ich nicht den geschmeidigsten Fahrstil mein Eigen nannte. Dann tauchte ein Mann in einem Geländewagen auf, überholte und schnitt mich, schließlich fuhr er so langsam, dass ich ihn überholen musste. Nach etwa einer halben Stunde war ich schweißgebadet. Haare und Bluse klebten, ich war verzweifelt. Vor allem, als ich feststellte, dass der dauergewellte Raubritter mir zuwinkte. Ich war – zunächst kriegte ich mal wieder nichts mit – der Annahme, mein Auto stünde in Flammen, bis man es mir erklärte: Nicht mein Auto brannte, sondern er war entflammt. Wie vom Himmel gesandt, kam nämlich ein Polizeiwagen vorbei, ich winkte und fuhr auf einen Parkplatz. Sie folgten. Auf meine Frage, was denn wohl mit meinem Auto sei, ein Mann mache mir seit dreißig Minuten Zeichen und winke ständig, brachen sie in höfliches Gelächter aus. Im Ton größter Selbstverständlichkeit beruhigten sie mich: »Mais, non, il vous fait juste la cour!« (Aber nein, er macht Ihnen nur den Hof.)

Es war nur eine kleine »Ich-liebe-also-bin-ich«-Demonstration, und im Prinzip, so der Unterton, sollte ich mich darüber freuen.

Als ich mich nachmittags bei einem Freund, einem amerikanischen Maler, im Spiegel betrachtete, bemerkte ich, dass mein Look »Verschwitzte Tänzerin mit nasser Bluse« zwar leicht unaufgeräumt, aber vielleicht auf einer schlichten, männlichen Ebene einladend wirkte.

Da ich in Wien viel Geld für Kleider ausgegeben hatte, war mein Fundus an Dolce e Gabbana, Romeo Gigli und Sybilla groß. So konnte ich innerhalb weniger Minuten aus mir, dem Landei, eine Paris-adäquate Erscheinung zaubern. Der Millionär mit Limousine holte mich ab. Mir fiel auf, wie anders man als Frau Blicke genießen kann, wenn man nicht bekannt ist. Sie machen mehr Spaß. Man wird nicht auf Fehler taxiert.

Am nächsten Tag fuhr ich mit meinem amerikanischen Freund aufs Land, ich überließ ihm das Fahren, was mir die Möglichkeit gab, gewisse Dinge zu registrieren. Ungefähr vierzig Minuten nachdem man den Stadtrand von Paris verlässt, hört es auf, nach Stadt zu riechen. Etwa zur gleichen Zeit verändert sich das Licht, denn man entfernt sich noch mehr vom Meer und dadurch auch von der Lichtspiegelung.

Weder Adam noch ich waren große Trinker, aber es fiel uns auf, dass man auf dem Land in der Bourgogne trinken konnte, ohne sich schlecht zu fühlen. Mit seiner Anwesenheit und Hilfe war das Haus bald verschönt. Nachdem er wieder nach Paris gefahren war, kamen die ersten Besucher aus meinem anderen Leben. Die Entschlüsselung des Rätsels für die Dorfbewohner.

Zuerst besuchte mich ein blonder Freund aus Wien mit seiner karibischen Ehefrau. Dann eine Regisseurin mit ihrer Lebensgefährtin. Sie brachten wie die anderen viel gute Laune mit. Alle arbeiteten im Garten, und Madame Germaine, die liebe Nichtverurteilende, fragte mich bei einem morgendlichen Sahnekauf: »Dieser eine Mann, das ist doch eine Frau, oder?«

Wir hatten durchgehend schönes Wetter. Die Ausflüge zu verschiedenen Sehenswürdigkeiten endeten fast immer in einem Schloss mit Weinkellerei. Da zwar genossen, aber nicht gesoffen wird, haben die Besuche in einer Degustation etwas Sakrales. Man bekommt winzige Schlückchen in dunklem Gewölbe. Draußen im Tageslicht flirrt und flattert das Leben, drinnen trinkt man Traubenblut. Welcher ist besser, welcher weicher, runder, aromatischer ...?

In diesem Sommer gab es einen Sternenregen, die Plejaden. Aus dem Himmel regnete es Licht. Madame Germaine, die Lesben, das gemischte Pärchen, die Dorfbewohner und ich, wir saßen nachts alle in Decken gehüllt zusammen auf Baumstämmen und beobachteten, wie am Himmel die Funken flogen. Das einzige Geräusch zwischen den gemeinsamen »Uhhs« und »Ohhs« war das Flirren der Lindenblätter. Schon oft hatte mich an dem Ort das Gefühl einer anderen Zeit berührt, diesmal war es wie bei Asterix und Obelix, die mit ihrem Chef, dem Gallier Vercingetorix, ganz in der Nähe angesiedelt sind.

Wann immer ich die Mensch-Himmel-Beziehung außerhalb einer Stadt erlebe, stelle ich fest, dass man manche Dinge nur verstehen kann, wenn man nicht versucht, sie in Worte zu fassen.

Nach dieser schönen Nacht fuhren beide Paare weiter in den Süden, und einer meiner besten Freunde, M., kam mit dem Zug aus Hamburg nach Dijon. Wir kennen uns schon lange, es war Liebe auf den ersten Blick, die Kategorie romantische Freundschaft. Wie immer klopfte mein Herz vor Aufregung, wenn ich ihn sah.

Blond, schmal, klug und kritisch. Mein Dauerritter kam in Dijon an, und wie immer sollten sich andere Menschen in ihn verlieben.

Wie immer war es, als ob wir uns vor fünf Minuten verlassen hätten. Die große Magie der Verbundenheit und Freundschaft ist das Einzige, was Bestand hat.

Es mag wenig Menschen geben, die bei dem Anblick meines romantischen Dörfchens ohne große Einkaufs- oder Ausgehmöglichkeit oder sonst etwas in der Richtung begeistert wären, außer eben meine Freunde. M. war perfekt für die Aufregungen des Landlebens, die so gar nichts mit denen der Spaßgesellschaft zu tun haben. Wir kochten, malten, schrieben und unterhielten uns. Ein Mensch mit Kultur und Herzensbildung ist ein Geschenk. Während seiner Anwesenheit veränderte sich das Haus wieder ein wenig. Wir bauten an der Seite des Hauses eine kleine Terrasse aus. Er zeigte mir in dem riesigen Stall die Spuren meiner weißen Eule. Sie selber war dort nie zu sehen, sie hielt sich gut versteckt. Eines Abends während der Zubereitung des Abendessens flog eine riesige Fledermaus in die Wohnküche. Ich versteckte mich unterm Tisch, er gab feldherrische Anweisungen: »Mach das Licht aus, stell dich nicht an!«

Er ist in einem Schloss aufgewachsen und mit solchen Situationen vertraut. Wir gingen nach nebenan und konnten sehen, wie seine Maßnahme wirkte: Die Fledermaus flog mit ihren eigentümlichen schwankenden Flatterbewegungen aus dem Fenster und scharte sich zu den anderen um eine Laterne.

Die Hausmaus wurde immer dreister, was sonst, wenn man gefüttert wird. Ursprünglich hielt sie sich nur in unserer Abwesenheit in der Küche auf, dann raste sie in unserer Anwesenheit schnell hin und her; schließlich krabbelte sie sogar auf dem Tisch herum, während wir aßen. Ich wartete auf den Tag, an dem sie zum Abschluss der Mahlzeit wie M. nach einer Zigarette verlangte.

Etwa eine Woche später kamen Günter A. und sein Freund an.

Er sagte, es dürfte nur wenige Frauen geben, die sich damit rühmen können, einen Mann zu empfangen, der vierhundert Kilometer mit dem Fahrrad gefahren ist, um sie zu sehen. Die beiden waren von Zürich mit dem Rad in die Bourgogne gefahren. Günter und ich, wir sind uns einig, dass es keinen Sinn hat, schnell zu reisen, man kommt quasi nicht an, denn ohne Weg gibt es auch kein Ziel. Der Satz »Der Weg ist das Ziel« lässt sich auch so interpretieren.

Umgeben von drei Intellektuellen, gab es natürlich viel von dem, was ich als Luxus empfinde. Gemeinsam kochen, einander respektieren, respektiert werden, ein Austausch von Gedanken, Spaziergänge, Fahrradtouren, die Schönheit der Kühe bewundern, aber vor allem eben auch jene Art der Heiterkeit, die ich vielleicht mit einer Szene beschreiben kann.

Dieser Sommer bescherte uns sechs Wochen Sonne ohne Unterbrechung. Jeden Morgen versuchte ich die große, dunkle Eichentreppe möglichst lautlos nach unten zu gehen. Ich bin Frühaufsteherin, meine Freunde arbeiteten nachts. Ihr Rhythmus ist meinem entgegengesetzt, da ich meist gegen zweiundzwanzig Uhr einschlafe. Also versuchte ich mich so leise wie möglich nach unten zu schleichen. Alte Treppen jaulen geradezu auf, wenn man sie betritt, meine besonders. Unten angelangt, setzte ich den Kaffee auf, stieg durchs Fenster, holte Sahne bei Madame Germaine. Auf dem Land wird in Frankreich alles mit kleinen Lieferwagen herangekarrt, Brot, Käse, Fisch, und was es sehr gemütlich macht, es ist völlig normal, alles im Morgenmantel zu erledigen. Meine Küche war mittlerweile mit einem recht passablen Stromnetz versehen. In der Mitte des Raumes stand ein großer Tisch, es gab stattliche Einbauschränke aus den zwanziger Jahren mit großen Flügeltüren.

Meiner Gewohnheit, jeden Morgen etwa eine halbe Stunde zu tanzen, frönte ich hier, mit der Möglichkeit, bei offenem Fenster frische Landluft zu atmen, mit besonderer Ekstase. Sicher für die Dorfbewohner nicht das, was sie von einer Deutschen erwarten.

Langes, dunkles Haar, ein Arsch wie ein Brauereipferd, afrikanische Trommelmusik und tribale Tänze im Batisthemd. Es sah sicher merkwürdig aus. Mein Freund M. sagte immer, und dies bezog sich auf einen elementaren Teil des Tanzes, eine Art Flügelschlag beider Arme: »Du versuchst ja schon seit Jahren endlich abzuheben.«

Gestärkt durch Kaffee und Sahne, tanzte ich meinen Afrodance in der geräumigen Küche. Nach einer Weile schlich sich trotz meiner Isadora-Duncan-Ekstase das Blickfeld in mein Bewusstsein: Meine drei Freunde waren aufgereiht wie die Tillergirls oder wie *La cage aux folles* und begleiteten mich mit erstaunlicher Anmut als *chorus line* der besonderen Art.

Es dauerte nicht lange, bis unser Quartett auch Besuch vom Schloss anlockte. Eines Morgens war ich mit dem Fahrrad auf dem Weg zum Dorf und musste auf dem Rückweg das Rad aus der kleinen Senke, die vor dem Schloss einen Teil des Weges ausmacht, hochschieben. Wie aus dem Nichts tauchte vor dem Schloss eine ausgesprochen ungewöhnliche Person auf. Ein erwachsener Mann, etwa fünfundvierzig, etwas kleiner als ich. Er sah jemandem ähnlich, es fiel mir nur nicht ein, wem. Doch dadurch schien er mir vertraut. Er trug einen Pfadfinderanzug aus exklusivem Tuch. Nach wenigen Sätzen war klar, er gehörte zum Schloss und sprach jenes Französisch, das ich als junge Frau bei Jean Renoir kennen gelernt hatte. Eine Sprache, aus einer anderen Welt, einer anderen Art des Seins. Jean hatte seine Frau gesiezt. Dieser hier war eines von sieben Kindern und, wie es bei französischen Adelsfamilien oft der Fall war, siezte er seine Mutter und sprach von »Madame ma Mère«. Ich lud ihn ein, doch mal vorbeizuschauen, sagte ihm, dass ein formelles Essen noch nicht möglich sei, da wir noch dabei seien, das Haus einzurichten. Ein paar Stunden später war er da. Sicher waren meine Freunde und ich schon lange Gesprächsthema in der Gegend.

Meine nächste Begegnung mit dem Grafen entbehrte nicht der Komik. Ich durchstöberte den oberen Teil meines Stalles. Ein riesiger Bau mit einem herzförmig geschwungenen Giebel. Ich studierte Ausbaumöglichkeiten, plante einen Garten im Innern des Stalles, als ich seine Stimme hörte. Der Pfadfinder war mit seinen kleinen krummen Beinchen (»J'aime, donc je suis«) die Leiter hochgekrabbelt, er muss von unten wie ein beigefarbener Marienkäfer ausgesehen haben, und fing an Konversation zu machen. Er stand im schiefen Fensterrahmen, hielt sich mit beiden Händen am Ende der Leiter fest und erzählte von seiner Familie. Er sei nicht verheiratet. Er wäre das vierte von sieben Kindern. Eines ist in der Kindheit an Röteln gestorben. Er arbeite im *Ministère de culture* und habe eine geräumige Wohnung in Paris. Ich, die ich jenseits der normalen Welt aufgewachsen bin, merkte nicht, dass es sich hier um eine Art Eheantrag handelte, sondern war völlig gebannt vom Anblick dieses reizenden, gebildeten Käfers, der mir durch das Fenster unter Einsatz seines Lebens Bilder seiner Welt schilderte. Ich entschied, dies an M. weiterzugeben, und erklärte, runterzuwollen. Er blieb ganz dicht hinter mir beim Runterklettern, gab vor, mich zu schützen, doch wahrscheinlich wollte er unter meinen geblümten Rock sehen.

Meine Männer entschieden, ihn mit in unser italienisches Restaurant zu nehmen. Er war begeistert von der Bildung und dem Witz meiner Gefährten, auch der Adelsstand von M. ließ ihn Vertrauen fassen, er legte seine Vermögensverhältnisse dar, aber auch die Beschreibung seines Lebens in Paris. Alles war sehr Maupassant, sehr neunzehntes Jahrhundert. Während meine Gedanken sich mit seinen Bildern füllten, fiel mir jäh ein, an wen er mich erinnerte, was ich auch sofort aussprach: »Sie sehen aus wie Marguerite Duras!«

Es folgte ein Moment der Stille, dann brach er in Gelächter aus und erwiderte, gar nicht gekränkt: »Ah, oui?« Nicht jeder Mann würde so positiv reagieren, wenn man sagt, er sähe wie eine Schriftstellerin aus, aber man ist da anders in Frankreich. »Ich liebe, also bin ich …«

Er gab uns seine Telefonnummer, aber trotz des ruhigen Landlebens wurde er bald von einem anderen ersetzt.

Günter und sein Gefährte fuhren wieder nach Zürich, und mein Herzensfreund und ich blieben eine Weile allein.

In Paris hatte ich über einen ungewöhnlichen Journalisten eine wunderhübsche Opernsängerin kennen gelernt. Sie und ihr Mann, ein berühmter Herzspezialist, der aus Korsika stammte und Napoleon ähnlich sah, besaßen ein hübsches Anwesen in etwa vierzig Kilometer Entfernung. Der korsische Herzspezialist war sehr charismatisch. Er fing an, M. und mich öfter zu besuchen. Es entwickelten sich intensive Gespräche. Seiner Frau gefiel das nicht. Unsere Beziehung, die nicht ohne eine gewisse Spannung war, gipfelte in einem ungewohnten Austausch von … wie soll ich es nennen … Fachwissen.

Eines Tages stand unser Napoleon mit einem großen in Papier gewickelten Strauß vor der Tür. Wie immer waren M. und ich hocherfreut, ihn zu sehen. Seine Intelligenz, sein Charme und die Ähnlichkeit mit dem jungen Napoleon, dazu das Wissen, dass es sich bei ihm um eine der größten Herzkapazitäten der Welt handelte, ließen unsere Herzen höher schlagen. Für wen war der Strauß bestimmt?

Wie immer herrschte bei seinen Besuchen eine Art verliebte, andächtige Stimmung. Wir setzten uns in den Salon, er packte seinen Strauß aus, und sicher fror das Lächeln auf unseren Mienen. Es waren Analirrigatoren (medizinische Spülapparate), die er erfunden hatte. Diese längliche Form, ein langer roter Stab mit einer weißen Kappe, konnte man schon mit Blumen verwechseln. Da ich nun wegen meiner Bücher sehr viel Wissen über die meisten Körperteile angesammelt habe, entfachte sich nun eine Fachsimpelei über die Vorteile des durchspülten Enddarms, was wenig Romantisches in sich barg, mir aber einen Einblick in die dunklen Seiten verschaffte, wenn man so will. Seine Frau und er, das muss man sagen, tranken, rauchten und aßen wie typische Franzosen, sahen aber blendend aus, und vielleicht lag es an den liliengewächsartigen Irrigationsgeräten. Diese waren jedenfalls schlecht zu bewerben.

M. nahm seinen Irrigator mit nach Hause, und bald nach seiner Abreise flogen Alexandra, die Zwillinge und ihr Freund von Florida nach Paris, wo ich sie abholte.

Unser Treffen am Flughafen war wie eine weitere »Buchbinder-Wanninger«- oder »Dick-und-Doof«-Anekdote von meiner Mutter und mir.

Sie informierte mich über die Ankunft meiner Familie. Sechs Uhr dreiundzwanzig am Vormittag des Soundsovielten. Für die kostbare Fracht mietete ich einen Megan Scenic. Mit diesem Walfisch und meinem floridanischen Führerschein war ich *like hell on wheels*, aber irgendwie schaffte ich es, um sechs Uhr morgens am Terminal zu sein, das Walfischauto eingeparkt, ich selbst gewaschen und parfümiert, und erwartete meine geliebte Sippe. Etwa eine Stunde später ging ich zum Informationsschalter, denn weder Flugnummer noch -zeit standen auf der Anzeigetafel.

»Ah, non... le vol arrive que demain.« (Aber nein, der Flug kommt morgen an.)

Der Gedanke, nochmals mit dem Wagen irgendwohin zu fahren, erschien mir wie ein Kamikazeplan. So übernachtete ich im Hotel und ließ alle am nächsten Tag von Alex' Freund zurück in die Bourgogne kutschieren.

Das Haus, die Gänse, das Umfeld war für Amerikaner interessanter als Disneyland. Madame Germaine und die hausgemachte Sahne ein *Atout*. Die lautlos fliegende Eule, die zahme Hausmaus, der ganze Urlaub war ein großes Europabad. Für mich als leidenschaftliche Europäerin wahrscheinlich ein unabsichtlicher Schachzug, um meine Enkeltöchter an mich und meinen Kontinent zu binden.

Harmonie lässt sich kaum beschreiben, daher ist über diesen Sommer, den auch meine Mutter genoss, wenig zu sagen. Es war schön, und wir werden ihn nicht vergessen.

Nachdem die Kinder wieder nach Amerika geflogen waren, entschied ich mich, in Marokko einen Freund zu besuchen. Diesmal brachte meine Mutter mich zum Bahnhof in Dijon. Kurz davor besuchten wir noch eine Bekannte in einem anderen Ort. Ich trug Sandalen und hatte am rechten Fuß eine offene Blase. Als ich aus dem Auto stieg, trat ich in einen Misthaufen, was zu Gelächter führte. Ich wusch den Fuß ab, nahm den Zug und dann in Paris das Flugzeug nach Casablanca, wo ich fast an einer Blutvergiftung sterben sollte.

TANGEROUS

*I*m Laufe meines Lebens bin ich oft und auf verschiedene Arten nach Marokko gereist. Mit Boot, Fähre und Flugzeug. Im Land selbst war meine allererste Wegstrecke eine Busreise von Tanger nach Marrakesch. Es fuhren auch Tiere mit.

Bei allen Reisen gab es eine Konstante: wenig Geld. Beziehungsweise wenig Geld für eine Europäerin. Geld haben, ist für mich schwierig, denn ich habe kein Verhältnis dazu. Sobald ich mehr als das Nötigste besitze, versorge ich andere. Anders verhält es sich bei mir mit Gegenständen. Sie werden gehegt und gepflegt. Ich lebe oft als Nomadin mit einem Minimum an Geld, trotzdem lagern immer irgendwo schöne Bilder, Möbel und andere Dinge und warten auf Wiedervereinigung mit mir.

In einem TV-Bericht über einen mongolischen Stamm sah ich eine Frau, die ihre Wertgegenstände verstaute, bevor ihr Stamm seine Zelte abbrach. Wir sahen uns ähnlich. Ihre Art, Gegenstände einzupacken, wie man Kinder in Decken wickelt, das erinnerte mich an etwas – ich sah mich in ihr. Angeblich soll es unter den Vorfahren mütterlicherseits auch eine Tscherkessin gegeben haben. Wenn man seine Ahnen nicht kennt und in einem gewissen Nirgendwo geboren ist wie ich, dann kann man zum Tummelplatz für Angewohnheiten seiner Vorfahren werden.

Der Flughafen, von dem aus man die Flüge von Paris nach Marokko antritt, ist wie ein Bahnhof. Dort gibt es kein modernes, cooles Ambiente wie an den anderen Pariser Flughäfen, dort fängt schon die andere Welt an. Im Flugzeug selbst herrscht eine ausgelassene Atmosphäre. Wenn man so sehr an Gott glaubt wie die Mohammedaner, ist Fliegen scheinbar gar kein Problem. Ich saß wie immer im Flugzeug und schloss mit dem Leben ab, ein Eiszapfen zwischen sonnigen Gemütern.

Als ich endlich ankam und den Zoll passierte, war mein Freund Claude nicht da. Er wäre auch schwer zu übersehen gewesen, denn er ist groß, rund, mit einer dicht gelockten Haarpracht, außerdem mit einer buddhahaften Ausstrahlung. Wir hatten uns über Allegra in Los Angeles kennen gelernt. Er besaß ein In-Lokal in Venice Beach, außerdem war er der Liebhaber einer Freundin von mir. Sie ist blond, schwedenstämmig und drall. Sie meinte, wenn sie zusammen »Love« machen, wäre es wie »two pigs in heat«. Er und ich, wir wurden Freunde, zumindest aus meiner Sicht war es so.

Am Flughafen in Casablanca sind europäische Frauen, die nicht abgeholt werden, sicher an der Tagesordnung. Ich war für alles gerüstet mit meiner Standardkleidung: Leinenanzug, Hut, Sandalen, einer Kamera und einer großen, grünen Reisetasche. Während ich meinen The à la Menthe trank, fiel mir auf, dass meine rechte Leiste schmerzte.

Endlich tauchte Claude auf und brachte mich mit dem Jaguar seines Vaters in sein Elternhaus. Vor einiger Zeit war ich schon einmal für ein paar Tage dort gewesen. Claudes Vater ist ein geachtetes Mitglied der jüdischen Gemeinde Casablancas. Meine Freundin Marie Claude, die ich vor dreißig Jahren kennen lernte und die zu Tonys und meinem Freundeskreis zählte, gehörte auch zu dieser Gemeinde. Ich habe in meinem Leben davor und danach nie wieder eine ähnliche Atmosphäre erlebt. Denn die Häuser, das Klima, das kosmopolitische Ambiente, eine Ruhe und Gelassenheit, die nur dort entstehen können, wo Geld durch alle Kanäle und Etagen fließt, wo alle Menschen innerhalb des Hauses gut versorgt sind; es erinnert ein bisschen an die Atmosphäre, in der ich mit Tony in Kalifornien lebte. Wobei es in Casablanca, in dieser Gemeinde nicht die Bedrohung durch die Kurzlebigkeit der Filmwelt gibt. Das Geld im Showbusiness ist ein anderes, es ist *silly money* (verrücktes Geld). Natürlich spielt die religiöse Zugehörigkeit, die jüdische Kontinuität auch hier in Casablanca eine Rolle, aber es gibt nicht den Kitt des Erfolges, der zählt, der in der Scheinwelt Hollywoods zu einer bröckeligen Scheingemeinsamkeit führt. Hier in Casablanca setzen sich Beziehungen anders zusammen. Die Akzeptanz des anderen baut auf einem Gespür, auf einem Empfinden für Zugehörigkeit. Das besitzt eine andere Festigkeit.

Dort aufgenommen zu werden erinnert mich an einen Film von Fellini, in dem Sandra Milo ein Schlafzimmer in einem Haus bewohnt, das mit einer Rutsche versehen ist, durch die sie in ein Becken gleitet. Genau so einen Traumaspekt hatte es auch hier, es war wie ein Becken mit warmem Wasser, die Wände voller Gold. Etwas vollkommen Geschütztes und Abgeschlossenes. Das war lange vor dem 11. September.

Mir wurde berichtet, dass die heile Atmosphäre aus dieser Zeit nicht mehr besteht. Der König von Marokko hatte damals unter anderem einen Mann aus diesem jüdischen Kreis zum Freund und Berater. Man lebte ganz nah an der Macht und unter dem Schutz des Königs.

Am ersten Abend fand ein kleines Fest statt. Ich fühlte mich ein wenig schwach, meine Leiste schmerzte, aber die eigenartige Pracht dieses Abends ließ meine Aufmerksamkeit gegenüber den Signalen meines Körpers schwinden. Mit meiner reduzierten Wahrnehmungsfähigkeit konnte ich kaum noch unterscheiden, ob eine der dunkelhaarigen Schönheiten echt war oder Teil eines sich bewegenden Bildes aus dem neunzehnten Jahrhundert. Die Materialien aus den schwülstigen Bildern der Orientalisten flossen quasi über die goldenen Schultern der davor sitzenden Frauen. Es blieb der Eindruck, mich in einem Gemälde von Gustave Moreau zu befinden: der gedeckte Tisch, das Neben- und Übereinander exquisiter Tücher, Schalen, Teller, Gläser und Blumen, die Mischung aus orientalischer Pracht mit westlichen Feinheiten, wie zum Beispiel dem Porzellan aus Limoges und den Baccarat Gläsern. Ich registrierte nur noch Fragmente, denn das Taubenei in meiner Lende wuchs. Am frühen Morgen des nächsten Tages brachte mich Claude zum Hausarzt, der entsetzt »Mon dieu« ausrief und mir eine Antibiotikaspritze in die Hüfte jagte. Eine Blutvergiftung. Der Kuhmist aus der Bourgogne war durch die Öffnung meiner Blase am rechten Fuß hochgewandert und war dabei, mich zu vergiften. Zur geplanten Rundreise durch Marokko sagte er zunächst: »Mais, non, impossible.«

Die folgenden Tage müsste ich jeden Abend eine große Spritze mit Antibiotika verabreicht bekommen. Ich müsste in Casablanca bleiben! Allerdings räumte er ein, er könne mir auch zeigen, wie man intramuskulär spritzt. Trotz meiner Vorfahren mütterlicherseits, die ja gerne operieren und die viel medizinische Erfahrung haben, ekle ich mich vor allem, was mit Spritzen zu tun hat. Aber jetzt, wo es um eine schöne Reise ging, ließ ich mir zeigen, wie man es macht, und nahm einige der Spritzen mit, um sie meiner Hüfte mit Todesverachtung zu verpassen. Die Lymphknoten verkleinerten sich mit dieser Behandlung schnell.

Die Reise war sehr schön, doch aufregender als erwartet, denn Claude fuhr wie eine »gesengte Sau«! Anfänglich lenkte mich die herrliche Landschaft ab, bis wir auf eine Straße kamen, die wohl den Spitznamen *Route Kamikaze* haben musste. Oder waren nur Blinde unterwegs? Nein, es handelte sich hier vielmehr um eine Strecke, auf der Lastwagenfahrer und PKW-Fahrer überprüfen, wer »die größeren Hoden hat«. Nach einigen Überholmanövern mit Todesgefahr drohte ich Claude: »Wenn du das nochmal machst, steige ich aus.«

Er machte es nochmal. Ich bat ihn zu halten, stieg aus, und er fuhr weg. Es war gerade die schönste Tageszeit. Die Straße eingesäumt von riesigen Eukalyptusbäumen, bekommt spät am Tag einen dunklen Goldton. Es machte mir gar nichts aus, allein zu sein. Ich bemerkte, dass auf dem Straßenschild in arabischer Schrift 1,5 Kilometer stand. Bis zum nächsten Ort konnte ich laufen, die Tasche war nicht schwer, sollte mich jemand überfallen wollen, könnte ich ihn mit der Antibiotikaspritze abwehren. Nach etwa zwanzig Minuten tauchte Claude wieder auf. Er schwor, nun langsamer zu fahren, und als wir wenig später in einem kleinen Hotel ankamen, war die Freundschaft wieder gekittet. Beim Abendessen, das bei uns wie immer in Franglesisch ablief, meinte er: »Du wärst wirklich alleine weiter gegangen!?«

»Ja.«

Er meinte, ich wäre eine richtige *Femme sauvage*, die wildeste Frau, die er je kennen gelernt hat.

Der nächste Tag, wir wollten nach Marrakesch, sollte schon klimatisch schnelles Fahren verhindern, denn wir kamen in einen Sandsturm. Wir sind irgendwie durch Marrakesch gekommen, haben die Stadt aber nicht gesehen. Zum Glück kannte ich sie schon von meiner ersten Reise.

Ein Sandsturm hat etwas ungeheuer Aufregendes. Der Sand ist innerhalb weniger Minuten in den Zähnen, Ohren, Haaren und Augen. In diesen goldenen Nebel zu fahren ist spannend und lebensgefährlich zugleich. Wir sahen hinterher aus wie Wesen aus *Star Wars*. Am Abend in Casablanca bildete sich in der Dusche zu meinen Füßen ein kleiner Sandkreis.

Bevor wir am nächsten Tag nach Cabo Negro zu Claudes Haus aufbrachen, besuchte ich noch den Arzt. Er war beeindruckt von meiner schnellen Genesung und wiederholte, dass ich Glück hatte, nicht an der Blutvergiftung gestorben zu sein. Knapp vorbei ist auch daneben – und in diesem Fall sehr positiv.

Die Fahrt nach Cabo Negro, dem St. Tropez von Marokko, führte erst mal über die normale Autobahn. Jedes Lokal, egal wie einfach, hat immer gutes, frisches Gemüse, und wenn man will und kein Vegetarier ist, auch gut gewürztes Fleisch. Hinter Tanger werden die Straßen schmaler und definitiv gefährlicher. Einer der Gründe dürfte sein, dass diese Strecke auch eine Drogenroute ist. Gras und Haschisch kommen aus dem Hinterland. Berauscht wird das Autofahren zum Spiel mit dem Tod. Dies macht mir keinen Spaß. Es wird dort wie in Indien *Chicken* gespielt, wer zuerst ausweicht, ist feige. Nicht unbedingt etwas, durch das meine Reiselust erhöht wird.

Nach dieser Fahrt verstand ich, warum jeder Einwohner dieses Landes, wann immer etwas gelingt, *Hamdullilah* (Gott sei Dank) seufzt. Im Nachhinein verstehe ich auch, warum ich traumwandlerisch andächtig während der folgenden Jahre beschützt wurde und alle Unfälle und Malheurs erst in Deutschland und auf Mallorca passierten. Ich habe nie *Inshalla* oder *Hamdullilah* gedacht und »Hochmut kommt vor dem Fall«. In einer sicheren Welt wird man unvorsichtig.

Jedes Erleben einer anderen Kultur erweitert nicht nur den Horizont, die Lebenszeit intensiviert sich. Marokko wurde nie vertraut für mich, es wurde zu meiner persönlichen Lebensteilung. Es war die einzige Zeit in meinem Leben, in der ich mich als Frau fühlte, weich und ohne Panzer, weder Ehefrau noch Mutter, weder Kind noch Ware und vor allem: Ich war kein Star oder Promi. Ich war nichts, außer ich selbst.

Etwas betrachten zu können, ohne angegafft zu werden, mich allein in ein Lokal setzen zu können, ohne Getuschel zu befürchten, nicht das Gefühl zu haben, unter einer Art Verkrüppelung zu leiden, nicht taxiert zu werden, das war eine wichtige Lebenserfahrung. Konnte ich bestehen? Konnte ich mir Respekt, Anerkennung und Raum schaffen? Würde ich Liebe finden (nicht Sex, das ist überall leicht)?

Liebe in Marokko ist leicht, denn die Menschen und vor allem die Frauen lieben die Liebe in den verschiedensten Formen. Schon mit meiner ersten marokkanischen Freundin Marie Claude hatte ich das Besondere an der Orientalin erlebt, die Wärme, den Humor, das Vergnügen an der anderen.

Bei Claude arbeitete eine junge Frau, und die vielfältigen Muster, aus der die Beziehung Herr und Diener gestrickt ist, waren für mich vergnüglich zu sehen.

Da jeder Allah dient, ist zwar der eine der Sklave des anderen, doch alle sind nur bei Gott angestellt.

Die Mädchen, meist Fatima oder Aysha genannt, sind fast immer gut gelaunt und bereit zu kommunizieren. In diesem Fall mit Zeichensprache oder mit Lautmalerei. Claudes Mädchen war sehr hübsch – wie viele Frauen in Marokko. Sie haben fast immer eine gute Grundausstattung: ein schöner runder Po, schmale Taille, gerader Rücken, dichtes Haar, strahlende Augen und kräftige Zähne. Unsere »Aysha« war als Kind von einem Baum gefallen und ein wenig behindert. Sie hinkte, aber da sie dies nicht als Manko für ihre Lebenslust empfand, gab ihr das sogar einen gewissen Reiz. Sie hatte ein klitzekleines Kind, das Claude in die Arme sprang. Er war nicht der Vater, aber er behandelte es wie sein eigenes Kind. Er hatte Aysha die Möglichkeit gegeben, ihren Mann zu verlassen, den sie sonst – das bekam ich mit einer Kombination aus Gesten und Worten erklärt – »umgebracht« hätte. Ihre Tochter, das »Flöhchen«, war von einem anderen.

Auf Claudes schönem, modernem Haus war eine wunderbar geräumige Dachterrasse, von der aus man sowohl die Hügel zur rechten als auch zu linken Seite das Meer und nachts die Lichter der spanischen Küste sah. Jeden Morgen tanzte ich dort meine Afrogymnastik, und Aysha samt Flöhchen sahen zu. Ich tanzte für sie. Wenn ich aufhören wollte, machte sie mir Zeichen zum Weitermachen. Ich verstand erst nach einer Weile, warum sie mein Tanzen so mochte. Sie konnte es wegen ihres Beins nicht. Das war meine erste Erfahrung beim »Dienen für die Dienerin«. Später bei meiner Fatimah durfte ich das Haus nur verlassen, wenn ich mich fein gemacht hatte. Schließlich war ich ja ihre Visitenkarte. Auf der Terrasse gegen sieben Uhr morgens zu tanzen hieß, das Vergnügen meiner Kindheit zu wiederholen. Mit Flöhchen und Aysha als Publikum, das war wie früher, als ich mit meiner Tanzlust anderen Vergnügen bereitete.

Ich langweilte mich nicht, obwohl Cabo Negro außerhalb der Ferien ein ziemlich toter Ort ist. In dem Haus gab es viele kleine Slukis, Windhunde, die sich wie ein lebendes Gewand um Claude bewegten, die Bezeichnung Windspiel wäre treffender. Aysha führte mich von Haus zu Haus. Die Bediensteten konnten uns ohne störende Herrschaft empfangen. Die Kultur, das Leben, der Alltag ist ganz anders, als der Westen es darstellt. Das Bild der unterdrückten, gefangenen Frau ist zumindest in Marokko nicht gültig. Sie sind, glaube ich, auf eine Art frei, in der Frauen im Westen es nicht sind. Schon die Kleidung befreit vom Modediktat. Es gibt nicht den Wahn des Angesagtseins. Das Junkiehafte im Umgang mit sich selbst fehlt. Röcke hoch, Röcke runter, Chicheringrün tragen, auch wenn es schrecklich aussieht, langes, glattes Haar und möglichst blond, um *in style* zu sein – diese ganzen Lächerlichkeiten gehören nicht zum Gewebe des Weiblichen. Beziehungsweise, die Weiblichkeit wird nicht in den Maßeinheiten von Trend und Angesagtsein gemessen und ist demnach wesentlich unkomplizierter. Überhaupt kann ich, nachdem aus ein paar Wochen ein paar Jahre in Marokko wurden, feststellen, dass Weiblichkeit durch Mode zerstört werden kann, ebenso wie die Vielfalt des Wesentlichen durch Mode unterdrückt werden kann. Begrenzt sich das Weiblichsein nur auf die Hülle, bleibt das Innerliche zwangsläufig auf der Strecke. Später, als ich wieder in Europa war und öfter belehrt wurde, wie schlimm der Islam doch sei und dass »die« doch wollen, »dass wir alle verschleiert gehen«, so erntete meine Antwort »Wir wollen dafür, dass alle nackt gehen« immer den gleichen empörten Blick, den der Normale dem Verrückten entgegenbringt, egal wie wahnsinnig das Normale in der Zwischenzeit geworden ist.

Der Anblick der traditionell gewandeten Mädchen, das Majestätische, Exotische in der Tracht Marokkos verleiht den Trägerinnen etwas Besonderes, Würde und Erotik, eine ziemlich angenehme Mischung. Wie bereits erwähnt, begleitete ich unsere Aysha mit dem Flöhchen oft zu ihren Besuchen in die anderen Villen. Befreit von der lästigen Herrschaft, wird der Winter zur Urlaubszeit, und man empfängt in der Küche. Das Klima, die Nahrung und die Absenz von Alkohol verleihen den meisten Gesichtern eine straffe Haut und ein Strahlen. Das größte Kompliment ist eine kleine Geste mit der Hand, die Fingerspitzen schließen und öffnen sich zu kleinen Strahlen. Alles, was mit »schön« bezeichnet wird, strahlt wie Gold. Das ist typisch für die einfachen ländlichen Schönheiten – sie strahlen. In der hügeligen Umgebung konnte ich morgens von meiner Terrasse die Mädchen in ihren farbigen Gewändern sehen, mit ihrem schlendernden Gang. Jeder Windstoß zeichnete für einen Moment den Körper ab, verwandelte ihn in einen farbigen Akt. Im nächsten Augenblick hing der Stoff wieder formlos herunter.

War mein Aufenthalt in Tanger die erste und beste Zeit meines Lebens, in der ich mich als Frau fühlte, so lag das, wie gesagt, an zwei Dingen. Ich war nur Frau, ohne das Gespenst der Promifigur, das ansonsten über mir schwebt und mir oft wie eine Taube etwas auf den Kopf fallen lässt. Nicht nur die Abwesenheit dieses Phantoms spielt eine Rolle, das Frausein an sich ist anders.

Hier vergleichen sich die Frauen nicht mit einer Bilderwelt. Das wirkt sich auf das Selbstwertgefühl aus. Liebenswert zu sein hat nichts mit einer vermeintlichen Makellosigkeit zu tun. Das hat im Westen bedenkliche Ausmaße erreicht. Es schlüpft in unseren Alltag, diese Wahnvorstellung und die Konflikte zwischen Orient und abendländischer Kultur haben mehr damit zu tun, als diskutiert wird. Unsere Welt schmälert das erotische Empfinden.

Die ersten Wochen tröpfelten so vor sich hin, es war angenehm, weder zu kalt noch zu heiß. Claude brachte mich zu einem Mann, der fürs Wochenende mit seinen Enkeln nach Cabo gekommen war. Er gehört zu einer der angesehensten Familien Marokkos. Gut aussehend, reich und total mein Typ. Der schöne Opi lud mich auf seine Yacht ein, um mit seinen Enkeln Delfine zu suchen. Es war ein schönes Boot. Selten habe ich das Meer so angenehm ruhig empfunden, wir flogen über die Wellen, die klaren Wasserspritzer belebten. Es entstand eine Atmosphäre des Übermuts, und gelegentlich merkte ich, dass der Kapitän mich ansah. Ich habe schon erwähnt, dass ich in Marokko das erste Mal in meinem Leben wirklich nur Frau war. Ich konnte mich ganz dem Streicheln seiner Blicke hingeben, ich war ja gemeint, nicht Christine Kaufmann.

Bald tauchten auch Delfine auf, es war so schön, wir waren ganz allein in der großen Bucht mit Sonnenschein und kristallklarem Wasser. Die Delfine spielten etwa eine halbe Stunde mit uns, dann verschwanden sie. Nach der Heimkehr holte Claude mich ab und überraschte mich ein paar Tage später mit einer bemerkenswerten Geschichte. Die schöne Frau des schönen Opis hatte ihn angerufen und berichtet, was die Kinder ihr erzählt hatten. Nämlich, dass Opi eine hübsche Frau (vielen Dank!) mit ins Boot genommen hat, und an Bord haben die beiden sich geküsst. Aber das stimmte überhaupt und GAR NICHT.

Woher nahmen die Kinder das? Es war erstaunlich. Vielleicht können Kinder Gedanken spüren.

Abgesehen von solchen Ausnahmen war mein Aufenthalt von einer herrlichen Langeweile. Wunderbare, schöne, beruhigende Langeweile. Claude entschied sich, mit mir nach Tanger zu fahren. In der Stadt gab es in einem Hotel eine gute Galerie. Da war eine Vernissage, die übrigens in Marokko genau die gleiche summende Atmosphäre der Hysterie hatte wie überall in der Welt. Ich mag das nicht so; da ich in einem hysterischen Beruf aufgewachsen bin, vermeide ich solche Gelegenheiten normalerweise.

Ich machte mich fein und war sehr überrascht, wie jungmädchenhaft ich auf Komplimente reagierte. Denn wo man berühmt ist, hat jedes Kompliment etwas Seltsames, oft sind sie ja bösartig, häufig wird signalisiert, dass man auf jeden Fall schlechter aussieht als das Bild, das man sich von einem gemacht hat.

An diesem Abend in Tanger lernte ich den Mann kennen, der einen Teil meines Lebens okkupieren sollte. Mir erzählte er später, er habe im Büro gesessen, als ihm jemand gesagt habe: »Komm in die Galerie, da ist eine Frau, die hat die schönsten Augen der Welt.« (Man neigt dort zu Übertreibungen, aber ich habe es trotzdem gerne gehört.)

Merkwürdigerweise traf ich in der Galerie einen jungen, blonden Mann, der mit einer wunderbaren Fotografin aus Hamburg liiert war. Sie hatte ein kleines Kind von ihm, und er sagte mir, dass sie bald nach Tanger käme. Es war Roswitha, für mich eine der schönsten Frauen der Welt. Der junge Mann hatte aber eine Affäre mit der Galeristin. Das war nur einer der *Tangerous Twists*, die in der Stadt zum Alltag gehören. Er fragte mich, ob ich nicht Lust hätte, meine Nase zu pudern. »Glänze ich?«, war meine peinlich naive Rückfrage, aber er meinte Kokain. Nun habe ich in meiner Hippiephase Verschiedenes ausprobiert, aber Kokain fand ich eklig. Vor allem die Kokainsüchtigen sind mir zuwider. Gerade diese Droge hatte sich wohl in gewissen Kreisen ausgebreitet, aber dass es nach Marokko schwappte, damit hatte ich nicht gerechnet. Mir war er unsympathisch.

Als ich mit Claude aus dem Hotel auf die große Straße trat, sah ich das nächtliche Panorama und wusste, dass ich hier bleiben würde. Tanger ist eine Stadt, die einen ungewöhnlichen Sog hat. Man nennt ihn den *Virus de Tanger*. Vieles, was diesen »Virus« ausmacht, hat mit Drogen, kleinen Buben und Prostitution zu tun. Dies sind nun keine attraktiven Dinge für mich, aber es gab das magische andere. Die Lebenslust, das Klima und vor allem eine Art des Frauseins, das dort ungewöhnliche Bedingungen hat. Es hat mich neu auf die Welt gebracht. Nachts fuhren wir schweigend durch die hügelige Strecke von Tanger zurück nach Cabo. Der warme Wind streichelte meine Haut. Ich wollte hier bleiben.

Über meine Zeit in Tanger habe ich ein kleines Buch mit dem Titel *Der Himmel über Tanger* geschrieben. Darin geht es um die Welt, in der ich lebte, dabei habe ich wenig über mich geschrieben. Es gibt Bereiche von Liebe und Leidenschaft, die ich nicht erzählen will, daher wird auch in dieser Autobiografie der Detailbericht fehlen, mit dem sich vielleicht viel Geld verdienen ließe. Worüber ich aber schreiben möchte, ist der große Unterschied in allem, was man unter Erotik versteht. Die erotische Anziehung ist im Westen schon ziemlich erloschen. Von weitem lässt sich das Vertraute besser erkennen; es ist immer so, dass man in einem Haus die Außenwände nicht sieht. Ich kann sagen, dass ich nach meinem Leben in Marokko auch den Kampf des Schleiers gegen das Nackte verstehe und dass ich die Seite gewechselt habe.

Dabei war ich früher nicht so dezent. Als Madonna und Michael Jackson sich skandalträchtig an die jeweilige Intimzone griffen, musste ich an die *Salome*-Inszenierung denken, bei der ich während des Tanzes als Teil der Choreografie mir auch an Busen und Bär fasste. Allerdings war es der Tanz einer mechanischen Puppe. Damals gab es immer Szenenapplaus, obwohl es eine umstrittene Inszenierung war. Da ich die ganze Zeit quasi nackt auf der Bühne war, entfiel das Schwülstige am Tanz der sieben Schleier; im Nachhinein hatte ich jedoch gelegentlich eine monomanisch angehauchte Sorge über diesen Tabubruch.

Sicher ist, dass die westliche Nacktheit, der Standard der Silikonbrüste, die Hochglanzeinebnung der Schönheit und das Entblößen der Frau im Alltag zu einer Einschmelzung der Erotik geführt hat. Wie das Leben in einer Welt ohne unsere buntblättrige

Scheinwelt sich anfühlt, war für mich eine belebende und schöne Erfahrung. Es fing mit meiner Flucht aus Claudes Traumhaus an, dieses Eintauchen in ein Lebensgefühl, das wirklich beneidenswert war; diese Erfahrung war so satt, dass ich mich, nachdem ich die letzten Jahre in einem Zustand der ständigen Leistung verbracht habe, selbst beneide. Ich frage mich: War es wirklich so schön? Habe ich mich bis in die Haarspitzen lebendig gefühlt? Habe ich mit aufregenden Männern geflirtet und anderes? War ich mit siebenundvierzig so jung wie noch nie? Oder habe ich es nur geträumt?

Eines schönen Tages ärgerte ich mich über Claude, wir wissen heute beide nicht mehr warum, aber sobald er das Haus verließ, nahm ich meine Reisetasche, setzte Hut und Brille auf und stellte mich an die Kreuzung, wo die kleine Sandstraße in den Ort mit Telefon und Taxi führte. Bald tauchte ein Mann mit einem unglaublich lauten Moped auf. Er würde mich fahren, sagte er, und ich setzte mich hinter ihn, schlang meine Arme um seinen festen Bauch, und wir fuhren mit großem Lärm auf dem Gefährt, das wie eine Ziege hoppelte. Er schaute bei der Ankunft in Cabo beleidigt, als ich ihm etwas Geld anbot. Ich hatte nicht viel, lebte von Erspartem und schaffte es in den folgenden Jahren mit etwa eintausend Mark im Monat, in Luxus zu leben. Ich rief den Hoteldirektor an, den ich in der Galerie kennen gelernt hatte. »Yes, we have rooms, yes, I will give you a good price.«

Kaum war ich mit einem extrem wackligen Taxi die *Route de Kamikaze* entlang in Tanger angekommen, rief ich im Hotel einen zweiten Mann an, Salah, der Mann mit den Augen wie traurige Seen, und fragte, ob er Lust hätte, mit mir zu Abend zu essen. Nicht nur das, wie könnte ich im Hotel wohnen! Wo doch sein »kleiner Palast« mein sein könnte! Flugs ließ er mich von seinem glutäugigen Chauffeur abholen. Dieser sah wirklich aus wie Omar Sharif. Nun denn, er brachte mich in den kleinen Palast auf einem der vielen Hügel Tangers.

Fast jede Fahrt in Tanger beginnt oder endet auf dem Boulevard. Er ist die Hauptschlagader der Stadt, gesäumt von Cafés, in denen nach Anbruch der Dunkelheit nur Männer sitzen und das ein oder andere Touristenopfer. Meist blond, blauäugig und das im mehrfachen Sinn des Wortes. Jugendliche, die den *Macrobinern* auf den Leim gehen. *Macro* heißt Halunke und Maghrebiner ist der Begriff für Nordafrikaner.

Ich habe mir oft vorgestellt, dass für manche junge Mädchen so eine Begegnung wie die einer Fliege mit einer Fleisch fressenden Pflanze ist. Angezogen vom süßen Tau, klebt sie bald fest, und in einem Schwindel aus Rausch und Lust verliert sich das zerbrechliche Eigenleben, man schmilzt ins Unglück und löst sich auf.

Gottlob habe ich diese Erfahrung nie gemacht. Es zu erleben hat sicher auch seinen Reiz, aber die Chance, eine reife, starke Frau mit Enkeln zu werden, ist sehr gering …

Allerdings ist es unmöglich, sich in Tanger ganz den rauschhaften Beziehungen zu entziehen. Sie sitzen einem auf der Schulter, wie ein Raubvogel, der auf seine Beute späht. Schon die Fahrt in der schwarzen Limousine durch die Stadt, das Schwinden der lauten Geräusche und das schwüle Licht, wenn man die Hügel hochfährt, verändert einen. Plötzlich setzt ein anderer Ton ein, hier kommen Platz und Geld. Der Palast von Salah, seine Großzügigkeit und seine Diskretion, diese ungewöhnliche Erfahrung war eine weitere Visitenkarte in meinen marokkanischen Erlebnissen.

Ich weiß, dass es bei allem und jedem Schattenseiten gibt, aber (Hamdullilah!) ich habe sie in diesem Land nie erleben müssen. Die Gaunereien erlebte ich später in Deutschland, wo ich es nicht erwartet hatte.

In meiner Kindheit hatte ich oftmals den gleichen Traum: Ich sitze in einem Raum voller aufgerollter Teppiche und rutsche mit den Füßen am Stapel herab. Ich spüre die weichen Rillen am Rücken. Später, als ich lesen konnte, liebte ich »Tausendundeine

Nacht« über alles. Noch später kaufte ich während Dreharbeiten in Bukarest für wenig Geld antike Märchenbücher, nummerierte und sehr wertvolle Ausgaben von »Tausendundeiner Nacht«, illustriert von Edmund Dulac. Die ganze Zeit in Tanger entdeckte ich Landschaften und Gesichter aus den Zeichnungen und kam irgendwann auf des Rätsels Lösung: Dulac hat sich hier aufgehalten.

Im Palast von Salah war nun das Eintauchen in die Seiten des Märchenbuches komplett. Sein Palast war von Steward Church eingerichtet, jenem legendären englischen Innenarchitekten, der wie Rübezahl aussieht, in einer Hütte ohne Licht und Strom im großen Pinienwald hinter Tanger lebt und gelegentlich für viel Geld die schönsten Häuser geschmackvoll einrichtet.

Ich bezog eine der Gästesuiten und lebte so, wie man sich das im Film vorstellt. Wie schon in Dracy sammelten sich schnell Menschen an, die mich kennen lernen wollten, und innerhalb weniger Tage schloss ich Freundschaftsbande mit einigen der spannendsten und hübschesten Frauen Tangers. Man nahm an, ich sei Salahs Gefährtin, oder auch nicht, das ganze Gerede, ob Menschen miteinander schlafen oder nicht, wird gelegentlich mit einem Satz aus dem Koran versehen: »Nur wenn man zwischen zwei Menschen keinen Faden ziehen kann, weiß man, dass sie miteinander ...«

Das Gebäude mit Kuppel, Rosengarten, Schwimmbädern und drei in verschiedene Seidenstoffe ausgekleideten Salons war wesentlich prachtvoller als irgendetwas, das ich vorher gesehen hatte. Salah war mit einer Frau verheiratet, von der er sich getrennt hatte, oder sie sich von ihm. Sie hatten ein adoptiertes Kind, einen Sohn. Sowohl der Vater als auch der etwa zweijährige Sohn hatten wahnsinnig traurige Augen. Später erfuhr ich, dass auch Salah adoptiert ist; seine Mutter ist eine attraktive Französin. Die eigenartige Mischung in Tanger, der Stolz auf die marokkanische Identität gepaart mit einer definitiv französisch geprägten Sprache und Lebensart, das Verbinden der Kontraste ist vielleicht eines der Geheimnisse der dortigen Atmosphäre. Nie fühlte ich mich dort fremd. Jeder hat die Chance, ein Teil der Gesellschaft zu werden. Es ist eine Heimat für Heimatlose. Selbst das Außergewöhnlichste ist nicht außergewöhnlich und wird daher nicht angefeindet.

Jeden Abend kamen Gäste, oft auch am Mittag. Der Rhythmus aller wird durch das Mittagessen, den Schlaf, duschen, sich parfümieren und den Tag ein zweites Mal beginnen, bestimmt. Daher kommt sicher auch meine Empfindung, mehr als fünf Jahre dort verbracht zu haben.

Der Tag wird eingeteilt in Mittagessen, Schlaf und meistens *faire l'amour*, wobei man die Ekstase auf Französisch *la petite mort* (der kleine Tod) nennt, so ist die zweite Hälfte des Tages, nach *petite mort*, quasi eine Auferstehung.

Wie bei Claude, meinem ersten Gastgeber, fing ich ohne es zu wollen an, mich integriert und heimisch zu fühlen. Aber die großen Mauern waren ein wenig zu hoch, und ich begann, mich in der Stadt nach einem Quartier umzusehen.

Dabei half mir der Hoteldirektor A., in dessen Charme und Anzüge ich mich verliebte. Es gibt in Europa kaum noch Männer, die der Prägung meiner Kindheit (gut riechender Mann in gut geschnittenem Anzug) entsprechen. Marokko ist für meine Geschmacksrichtung ein Schlaraffenland. Kashmirjacken, Nadelstreifen, englische Schuhe, das entspricht bei mir wahrscheinlich den Phantasien, die Strapse bei Männern auslösen. Da mein Vater immer sorgfältig gekleidet war, verbindet sich bei mir auch Vertrauen in diese Erscheinung. Weit gefehlt bei meiner Liebe zu A., der zwar die Anzüge trug, aber ohne die innere Entsprechung zu haben. Er war ein chronischer Betrüger, doch brachte er mich auch zum Lachen, weil er so klein und delikat war. Ich nannte ihn Jimmy Cricett, eine Heuschrecke mit krummen, kleinen Beinen, die aber im Anzug nicht zu sehen waren. Zusammenfassend wäre zu sagen: Ich bevorzuge einen Mann, der mich wie er zum Lachen bringt, auch mit der Vorstellung seiner Eskapaden, gegenüber einem vermeintlich Treuen, der Depressionen verursacht.

Ich zog erst in eine kleine Suite bei ihm ins Hotel, dann in seine Suite, wo ich mich aufgehoben und geborgen fühlte, trotz seiner Putzfrau, die mich hasste und bestahl, und trotz seiner vielen Tiere. Abgesehen davon hatte ich eine gute Zeit.

Das Apartment war im obersten Stock. Es gab einen Rundblick auf Tanger; wir hatten immer Personal, viel Spaß und anfänglich viel Liebe. Es dauerte nicht lange, bis wir Streit bekamen und ich mir andere Unterkünfte suchte. Allerdings wie bei jeder Leidenschaft zog ich fast wie die Gezeiten wieder ein und aus. Ich nahm ihn ja auch nicht so ernst. Das Leben in seiner Wohnung war mehr als kurios, es war wie in einem Zirkus, mit großen und kleinen Hunden. Die Krönung war sicher der Papagei, dessen große Liebe ich wurde und der, bald nachdem ich endgültig auszog, vor Kummer starb. Der arme A. muss gedacht haben, dass sich katholische Flüche erfüllen, denn nach unserer endgültigen Trennung starb nicht nur der Papagei, auch der Schäferhund und der Chihuahua. Letzterer wurde auf der Landstraße überfahren, als er zu meiner Nachfolgerin lief. Und als ob das nicht reichte, starben A.'s Eltern kurz nacheinander. Er heiratete dann eine hübsche Marokkanerin und fing an, mich gleich danach wieder regelmäßig zu kontaktieren; für manche Männer sind Beziehungen nur für das Vergnügen des Betrügens da. Wir sind jetzt befreundet, und wie mit vielen Männern ist das die beste Beziehung.

Den Papagei vermisse ich, denn er hatte eine Angewohnheit, die schwer zu toppen war. Kurz nachdem ich eingezogen war, beobachtete er mich morgens bei meiner afrikanischen Tanzgymnastik, wie ich Arme werfend, hüftschwingend, grätschend durch die Räume hin und her turnte, mit seinem wissenden und argwöhnischen Blick. Nachdem er sich das eine Weile angesehen hatte, kletterte er mit der üblichen Kombination aus Krummbein- und Schnabelakrobatik an seiner Stange herunter und stellte sich vor mich hin. Er bekam dabei fiebrige und wache Augen. Dann lief er, wenn ich nach vorne schritt, nach hinten – und umgekehrt. Wer Papageien kennt, weiß, dass es kluge Tiere sind, die meistens wie Hans Moser im Federkleid aussehen. Coco, so hieß er, entwickelte sich nicht nur zu einem ekstatischen Afrodance-Kavalier, er fing an, die diebische Magd Fatima wie wild anzugreifen, wenn sie uns beim Tanzen störte.

Meine Auszüge führten in immer prachtvollere Quartiere. Von Gästetrakts zu einem Gästehaus in der Kasbah, letztendlich zu einer anderen Deutschen. Sie hieß auch Christine und bewohnte das Anwesen mit der schönsten Landschaft. Anders als bei Salah war es mit wenig orientalischen Bediensteten ausgestattet. Nur ein Mädchen hatte sie. Menana, sie war die *belle laide* (schön Hässliche) an sich. Eine aus ästhetischen Widersprüchen zusammengesetzte Schönheit, eine *beauté des ambivalences*. Sie war von ihrem Mann wegen Unfruchtbarkeit verstoßen und von Christine aufgenommen worden. Diese wiederum hatte ihr Anwesen angeblich durch die Pflege eines sterbenden alten Amerikaners ergaunert. Das behauptete zumindest sein Sohn. Dieser lebte im Gästehaus, während Christine immer mehr Gäste im Haupthaus ansammelte, eine biblische Plage wie die Heuschrecken im Auge des Erben. Er schaffte erst nach Jahren, uns alle zu vertreiben, indem er entdeckte, dass der Wasserhahn für Garten und Haupthaus auf seinem Teil des Grundstückes lag. Das hatte unter anderem zur Folge, dass der Gärtner seine Arbeit nicht verrichten konnte und ich nach einer Einwirkzeit von eineinhalb Tagen eine sehr seltsame Tönung in den Haaren hatte. Ich hätte mich als Marilyn-

Manson-Chorsängerin betätigen können. Eine Magentafarbe in den Haaren sieht, wenn man älter als fünfundzwanzig ist, sehr seltsam aus. Nun, sie passte zumindest zum Ruf meiner Gastgeberin. Angeblich war sie auch Drogenhändlerin, aber das ist vom Hörensagen her fast jeder in Tanger.

Kurz nachdem die scheinbar unfruchtbare Menana ein Kind von einem Mann bekommen hatte, mit dem sie sich in den Pinienwäldern geliebt hatte, und dieses Kind von deutschen Oberbekleidungsindustriellen adoptiert wurde, zog ich aus dem Haus am Meer in die Residenz, in der ich seitdem in Tanger immer wohne.

Waren auch fast alle meine Freundinnen Marokkanerinnen, so war mir auch eine blonde, dralle Amerikanerin ans Herz gewachsen. Durch ihre Mitarbeit kam mein Schönheitskissen endlich in seine endgültige Form. Auch eine Parfümmischung ließ ich vor Ort herstellen. Meine Aveda-Erfahrung gesellte sich nun zu anderen Informationen, nämlich landestypischen Behandlungen.

Meine Freundin Maria ist Apothekerin und hatte in Montpellier ihr Studium abgeschlossen. Ihre Mutter und Großmutter hatten aber für den eigenen Haushalt und das eigene Wissen immer von Bäuerinnen Informationen gesammelt, wie sich welche Kräuter und Blumen, aber auch Erde als Behandlung anwenden lassen. Die ganze Tausendundeine-Nacht-Magie hat im Wissen über Heilen und Berauschen ihre Wurzeln. Viele einfache Männer fürchten das Wissen ihrer Frauen, denn, so sagt man, mit einigen Kräutern wird aus der Mahlzeit ein Gift, mit dem die Frau den Mann erblinden lassen kann.

Es gibt ein Restaurant, in dem der Chef nur Essen serviert, das gesunden lässt. Er sieht einen an und bringt einem den Tee und versetzt die Mahlzeiten mit jenen Gewürzen, die man braucht, um dieses oder jenes Problem zu beheben. Es macht ihm natürlich auch Spaß, einen zu entblößen. So sah er mich manchmal an und meinte: »zu viel Liebe« oder (noch schlimmer): »zu wenig Liebe, ich würde mich auch opfern …«

Tatsächlich hatte er immer Recht.

Es gab viel von dem, was ich später in einem Buch als Klugheit der Sinne bezeichnete. Eine Berührung, das Ertasten der Befindlichkeit, das Gespür, welches Kraut welche Disharmonie ausgleicht, das ist in Marokko ein Teil des Alltags, Teil des Lebens, Teil der Freundschaft.

Diese Lebensart und ihre Auswirkung hatte ich gleich in den ersten Wochen gesehen und erlebt, denn bei meinem ersten Ausflug in die Stadt war ich in ein Restaurant in einer Nebenstraße Mittag essen gegangen. Draußen stand auf einer Schiefertafel ein appetitliches Menü. Mein Hut erregte Gefallen, ein älterer Herr saß mit einer Engländerin in einer Ecke und rief ganz begeistert: »Oh, what a lovely hat, come here.«

Schnell entspann sich eines jener flirrenden Gespräche, die typisch in Tanger sind. Der ältere Herr war David Herbert, ein Cousin der Königin von England und der Entdecker von Tanger für die *beautiful people* der Zeit, als Tanger noch Tanger war. Vor allem in den frühen Fünfzigern muss es surreal schön gewesen sein. Ich kannte eine Zeitzeugin, die sagte, dass man damals tagsüber viele Europäerinnen mit dem offenen Cadillac und einem livrierten Chauffeur ausfahren sah. Herbert meinte, dass seitdem auch die Frauen keine Hüte mehr trügen. Er war froh, vierzig Jahre später endlich wieder eine Frau mit Hut zu sehen.

»Oh, you must come and have a tea.«

Er ist leider gestorben, bevor ich den Tee bei ihm haben konnte, doch sein Haus, eine legendäre Villa, habe ich besucht. Ein Schmuckkästchen in den Hügeln, sein »Sekretär« wohnte mit Frau und Kindern in dem Haus (er hat es geerbt), man konnte es mieten.

Dieses Nebeneinander von Homo- und Heterosexualität, dem Liebhaber, der aber Frau und Kinder hatte, ist eine der Besonderheiten, die ich noch nirgendwo sonst gesehen habe, es ist auch ein Geheimnis, das niemanden etwas angeht.

David Herbert sah überhaupt nicht aus, als ob er bald sterben würde. Das ist wahrscheinlich auch eines der Geheimnisse des *Virus de Tanger*. Das Mikroklima verleiht eine Lebendigkeit, ein prickelndes Lebensgefühl, das sich bei alten Männern in strahlenden Augen bis zum Schluss äußert.

Meinen zweiten berühmten Expatrioten, Paul Bowles, lernte ich durch meine Freundin Rabea kennen. Es regnete, und sie fuhr gerade in eine Kurve und sagte »Ah, da ist Paul Bowles«, wir nahmen ihn mit im Auto und fuhren ihn in das Apartmentgebäude, in dem er lebte. Beim Aussteigen sah ich, dass er auch so strahlende Augen hatte, und just da meinte er: »You have beautyful eyes.«

Das hat mir gut getan. Auch ihn sollten wir zum Tee treffen. Auch er starb, ohne dass ich Tee mit ihm getrunken habe. Aber so ist das in Tanger, es ist immer etwas, was einen zieht oder verführt, so dass manche Teeparty zu kurz kommt.

Immer wieder ist das Nebeneinander von zärtlichen Begegnungen und im Dunkeln schimmernden Leidenschaften dieser Welt überraschend und erschreckend. Es lässt einen aber das Leben spüren.

Einige Nächte bevor ich das Domizil meines zweiten Gastgebers verließ, wachte ich gegen zwei Uhr morgens durch den Ton eines weinenden Kindes auf. In der Dunkelheit kommen solche Geräusche aus weiter Ferne an das Ohr jeder Mutter. Ich stand auf und folgte dem Weinen. Aus meinem Quartier ging ich den Flur entlang, der an prachtvollen Foyers vorbeiführt. Im Halbdunkeln schimmerten die mattvergoldeten Treppengeländer. Hinter einer Tür wurde das herzzerreißende Wimmern deutlicher. Ich dachte, das Kind muss alleine sein. Hinter einer weiteren Tür war das große Kinderzimmer. Der Fernseher lief, einige Bedienstete sahen fern, das Kind war wach und sah eine der grausamsten Szenen der Filmgeschichte. Ein Schwarzweiß-Film von Buñuel, in dem in einer Szene ein Auge mit einem Rasiermesser aufgeschnitten wird. Man hat in dem Film das Auge eines Stieres verwendet, *Un Chien Andalou* (Der andalusische Hund) ist ein berühmter Cineastenstreifen, ganz bestimmt nicht kindertauglich. Ich traute mich nicht, das fremde Kind da rauszuholen. Schnell lief ich wieder in mein Gästequartier. Der Kleine hörte bald auf zu weinen, und ich schlief wieder ein.

Trotzdem sind die Kinder in allen Familien, die dort zu meinem Freundeskreis gehörten, das, wofür man lebt. So einfach ist es. Eine kleine kosmopolitische Stadt wie Tanger, mit einem großen Anteil von »gay« und »sex, drugs and rock n' roll« kann nur funktionieren, wenn die Bourgeoisie intakt ist. Vielleicht fühlte ich mich deswegen dort zu Hause. Wenn alles um einen herum mit dem glamourösen Abgrund flirtet, wirkt das Gutbürgerliche wie eine Oase.

Das Bürgerliche in Tanger ist, durch das Personal und die Art und Weise, wie dieses Personal als Teil des Clans behandelt wird, etwas Besonderes.

Die ungewöhnlich schönen Frauen, mit ihren Häusern, ihren Kindern, geliebt, gehegt und gepflegt, das Erleben dieser intakten muslimischen Welt hat mich mit einem Eindruck versehen, der sicher nur einen Teil dieser Welt ausmacht. Nach dem 11. September, das ist deutlich zu merken, wird jede pro-islamische Weltäußerung als verblendet eingestuft.

Manchmal betrachte ich meine Erinnerungen wie einen Fächer. Auf einzelnen Falten sehe ich Rabea, die grünäugige Araberin, deren Sohn so schön ist, dass es einem den Atem verschlägt. Sie hat sich mit dreizehn verlobt, weil ihre Mutter sich immer über sie beklagt hatte, dann entlobte sie sich, um später einen Spanier zu heiraten, der viel älter als sie war, aber sehr sexy. Ihr Haus ist voller

Kunstwerke, sie trägt moderne Kleidung, doch darüber die schönsten Kaftans. Ihr Lachen ist so erotisch, dass sie sogar von ihrem eigenen Dienstmädchen so begehrt wird, dass es einmal zum Eklat kam, als diese in den Kaffee ihrer Herrin urinierte, um – der Gebrauchsanweisung einer Zauberin folgend – sich die Herrin gefügig zu machen.

Eine meiner anderen Freundinnen hatte einen Mann, der sich eine Geliebte hielt. Sie wusste von jeder Begegnung, da die Freundinnen zusammenhalten. Jedes Treffen wurde beobachtet und registriert, und so informierte sie ihn eines Tages. »Ich weiß alles, wo, wann, wie oft. Ich habe das Recht, das Gleiche zu tun.« Seitdem lebt der Arme mit dem Damoklesschwert der Rache, aber sie lieben sich und behalten die Familienbande. Eine Mätresse ist doch kein Grund, sich scheiden zu lassen.

Mit A. hatte ich eine recht eigenartige, intensive Beziehung. Da er nicht wusste – wie wahrscheinlich die meisten Orientalen –, was die Abendländer mit »treu« meinen, erlaubte ich noch andere Affären.

Es wäre schade, dem Unterschied im erotischen Verhalten zwischen dem Orientalen und dem westlichen, christlichen Mann nicht ein paar Zeilen zu widmen. Nie wird etwas offensichtlich gemacht. Es wird wie mit einem Radar abgetastet, wie mit einem Echo erfühlt, wie sich die Frau eventuell öffnen lässt. Ihr Herz, ihr Körper, ihre Gedanken.

Öffne ich den Fächer weiter, so sehe ich eine junge deutsche Frau durch die Straßen der Kasbah gehen. Sie läuft zielstrebig von nirgendwo nach irgendwo. Ihr Gesicht ist leer, man kann sie nicht ansprechen, nichts scheint zu existieren, keiner weiß, wo sie wohnt, irgendjemand hat sie bei sich aufgenommen, wie ein Tier.

Eine andere finstere Begegnung hatte ich in den ersten Tagen mit einem kleinen Mädchen. Ich saß in einem der schönen Cafés aus den vierziger Jahren mit großen Kristallgläsern in den dunklen Türen, die Wände mit feinsten Arabesken versehen, auf dem Teller ein paar Gazellenhörner, die marokkanische Variante von Vanillekipferln. Hinter dem Teller lächelte mich ein etwa sechsjähriges Mädchen an. Sie hatte ein verschlagenes Lächeln, in ihren Locken war Staub. Ich bot ihr ein Gebäck an. Nein, irgendwie schien sie ungeduldig mit mir. Plötzlich macht sie eine kleine obszöne Geste. Später, als ich diese Szene meiner Freundin Carla beschrieb, erklärte sie mir, dass außerhalb von Tanger Familien in Zelten lagerten, die ihre Kinder anboten. Das ist die Schattenseite. Ebenso wie Säuglinge, die, von kindlichen Müttern in Papier gewickelt, auf der Straße entsorgt werden. Maria, die Apothekerin hat eine Krippe gegründet, in der Kinder versorgt und Adoptionen arrangiert werden und Aufklärung betrieben wird.

Gegen Ende meiner Zeit in Tanger wohnte ich bei einem Ehepaar, das alle Besucher Tangers kennen. Sie haben einen Laden in der Altstadt, Mohammed und Karla. Ganz oben, Kasbah Nummer 1, ist ihre Adresse. Man sieht dort auf den Hafen und das Meer. Ständig fahren Boote rein und raus. Die Küste Spaniens leuchtet nachts. Von hier aus sieht die Stadt romantisch und friedlich aus. Nachts in den Räumen fühlte ich nur die Schwingungen: den ganzen Abgrund, Schritte, Gelächter, Schreie. Die Exzesse sind körperlich zu spüren. Wenn ich hinter den schön geschnitzten Holzgittern stand und die Menschen beobachtete, die sich nachts herumtrieben, sorgte das gelbe Straßenlicht für Zeitlosigkeit. Sprache mag sich ändern, Töne und Gerüche nicht.

In unserer Nähe wohnte der berühmteste Drogenhändler der Stadt. Früher war er wohl bei der Polizei. Er war ein Mann von finsterer Schönheit. Von seiner Art gab es einige.

Meine Begegnungen mit Männern waren ausnahmslos durch das, was man nicht zeigt, geprägt. Blicke, die das Umfeld still werden lassen, das langsame Annähern eines Knies unter dem Tisch, riesige Körbe mit Rosen, die einem zu Füßen geschüttet werden, die bedufteten Räume, frisch rasierte Wangen, das Verführen mit Worten, die Spannung der Wohlerzogenheit.

Es sind mehrere Erfahrungen gewesen. Eine betraf einen Mann, zu dem, das erfuhr ich später, Frauen aus ganz Marokko pilgern.

Ich war mit meinem Freund in Fez, der erstaunlichsten Stadt Marokkos, denn sie ist kaum von Touristen »zerstört«. In den Straßen der Altstadt fahren keine Autos, sie würden stecken bleiben. Wir wohnten in einem schönen Hotel, einem modernisierten Palast. Ein großer Pool schimmerte bei unserer Ankunft im Abendlicht, das Wasser war von unheimlicher Lebendigkeit, dahinter die weiße Stadt mit kleinen Häusern, in denen allmählich die Lichter angeschaltet wurden. Ich hatte beim Empfang ein *Hamman-*Schild gesehen und meldete mich telefonisch an.

Meine Vision von Odalisken verflüchtigte sich, als ich von einem kleinen, knorrigen Mann in Empfang genommen wurde. Er deutete barsch auf eine Tür, hinter die ich gehen sollte, nachdem ich – seinem Befehl folgend – »alles« ausgezogen hatte. Der Raum war groß, mit dunkelblauen Mosaiksteinchen ausgelegt. Was folgte, sollte eines meiner seltsamsten erotischen Erlebnisse werden.

Nach Betreten des Raumes dampfte wie in der Unterwelt eine große Wolke aus den Mauerritzen und hüllte mich ein. Der Mann, der die Schönheit eines Gewitters hatte, massierte, wusch und hantierte an mir etwa eine Stunde lang. Seine Hände waren magisch, dennoch hatte ich das Gefühl, dass es sich hier nicht um eine »normale« Hamman-Behandlung handelte. Zwischen ihm und meinem Körper entspann sich ein Zweikampf, bei dem ich wortlos nur durch ein Zucken der Muskeln den Weg zu meinem Innern bremste. Später erfuhr ich, dass Frauen zu ihm kommen, um sich befriedigen zu lassen. Er und ich, wir wussten beide nichts voneinander. Ich nicht, dass ich an ein erotisches Heiligtum geraten war. Er nicht, dass ich es nicht wusste. Schlussendlich war ich froh, dort rauszukommen – ich werde ihn nicht vergessen, diesen Fürsten der Unterwelt.

Meine Zeit in Marokko wurde durch ein Ereignis in München beendet. Ich hatte einen Unfall, der mich entstellte, und so war die einzige Zeit, in der ich mich schön fühlte, kurz, doch vielleicht deshalb so kostbar.

MÜNCHEN TELESHOPPING

*A*ngeblich läuft beim Sterben das Leben wie in einem Film im Zeitraffer ab. Das könnte bei meinen vielen Leben recht lange dauern. Ich ahne folgende Szene. Meine Nachfahren stehen ums Bett, der Film läuft und läuft. Eine flüstert der anderen zu: »Ist es schon vorbei?«

Die Antwort: »Nein, ihre Miene ist so finster, sie ist wahrscheinlich noch in der Teleshoppingphase.«

Meine Verbindung mit der Geschäftswelt in Form von Teleshopping entstand, nachdem ich fünfzig geworden war. Bis dahin, kann ich behaupten, war ich naiv. Dafür danke ich Gott, falls es ihn gibt, denn nichts über die Gesetze dieser Welt zu wissen ist zwar gefährlich, aber es macht Spaß. Bis dahin war es mir gelungen, mich den Konsequenzen, die durch mein Schaffen entstanden, zu entziehen. Meine Mutter hatte mir schon erzählt, wovor sie mich immer beschützt hatte, aber wenn man es nicht erlebt hat, kennt man es nicht. Die Folgen meines Erfolges lösten Dinge aus, die man am besten nicht erfährt. Meine Tochter Alex hatte vor langer Zeit gesagt: »Mami, du hast alles überlebt, weil du so GAR NICHTS mitkriegst.«

Ich denke, man sieht es mir vielleicht nicht an, aber ich bin ein richtiger Freak. Ich konnte lange Zeit etwas hegen und pflegen, was man auf Englisch *blissfull ignorance* nennt und mit »gesegnetes Nichtwissen« übersetzen kann, darin ähnle ich meinem Vater, der ja mit achtundsiebzig nach einem Discobesuch in Lesotho im Bett gestorben ist. Ich kann mich daran erinnern, wie er, wenn ihm etwas nicht zugesagt hat, es gerne mit einem leicht sächsisch klingenden »Aber nein« quittierte. Daher noch der Elan mit achtundsiebzig als Discodancer. Jeder ältere Mensch weiß, dass man verdammt lange braucht, um sich selbst kennen zu lernen. Und die Mischung Sachsen mit dem *vive la France*, die ich in mir trage, macht jede Identität mit anderen unmöglich – daher setze ich mich aus Eigenarten zusammen, die ich erst jetzt identifizieren kann. Also, dieses Ignorieren der unangenehmen Teile des Lebens und die Lust, sie einfach wegzutanzen, kommt von Papa.

Die Zusammenarbeit mit dem Sender und der große finanzielle Erfolg aus dem Nichts (das bin ich in den Augen vieler, außer denen, die mich lieb haben und unterstützen, die mir vertrauen) – also, mir gelang, nachdem ich aus der Ferne zurückgekehrt war, so mit links ein Erfolg. Das löste etwas aus, eigentlich ein Déjà-vu, nur dass ich es früher nicht wahrgenommen hatte. Eine hautnahe Vertreibung aus dem Paradies wurde initiiert. Nicht unkomisch das Ganze und nur zu beschreiben, weil ich diesmal blieb und mir jetzt zum ersten Mal die Bedeutung des Satzes »Ich sitze am Flussufer und sehe die Leichen meiner Feinde vorbeischwimmen« klar wird.

Der Erfolg bei dem Shoppingsender erfüllte auch den vor vierzehn Jahren ausgesprochenen Wunsch, »wohlhabend und unbekannt« zu sein, auf eine denkbar ungewöhnliche Art. Wieso der Geldregen, den ich auslöste, dann eine Hexenjagd auf mich in Gang brachte, hat mich allerdings verblüfft. Man sieht sich ja nur in der Spiegelung, und als ich den Film *Der Herr der Ringe* sah, identifizierte ich mich mit Frodo, dem kleinen Hobbit, und das nicht nur wegen der großen Paddelfüße. Mir war durch Erfolg Macht zugefallen, und so wie viele Frodo den Ring wegnehmen wollten, wollten mir einige innerhalb und außerhalb des Senders diese Macht wieder entreißen.

Was war da eigentlich passiert? War ich nicht davor eine mittellose Künstlerin gewesen, die sich in Nordafrika aufhielt?

Plötzlich erschien ich im Teleshopping, nicht gerade in körperlicher Hochform, und machte für den Sender mit meinen Schönheitsprodukten einen Umsatz von über vierhunderttausend Mark in etwa vierzig Minuten.

Es muss den anderen wie ein Albtraum vorgekommen sein. Diese Vagabundin ... kommt daher, sie muss Verbündete haben, welcher Partei gehört sie an? Ohne viel Lärm und Medienpräsenz hatte ich ja zu jener Zeit mein Leben gelebt und Wissen jenseits der Christine Kaufmann angehäuft, Bücher geschrieben und habe ganz allein meine Bahnen gezogen. Die Frauen, die meine Produkte kauften, waren wohl zum großen Teil jene, die das *Rosen-Resli* und den schweigenden Engel in der Erinnerung ihres Herzens aufbewahrt hatten. Eines kann ich sagen: Für jeden Menschen, der einen liebt, hat man in Deutschland eintausend, die einen dafür beneiden und hassen. Denn, unter uns gesagt: Was ist wertvoller, als geliebt zu werden und zu lieben? Das ist ganz unsentimental die Basis des Lebens.

Wie dem auch sei, meine Frauen, die mit mir Kind, Mädchen und Frau wurden, dann Mutter und eventuell sogar Großmutter geworden sind, entschieden sich, mir durch den Kauf meiner Produkte ihr Vertrauen zu zeigen.

Der Blick auf das Räderwerk aus Gier und Intrigen, aus dem die Geschäftswelt zum Großteil besteht, die Unwillkürlichkeit des Neids, diese Zusammenhänge versteht eine Frau meiner Art normalerweise erst, wenn sie im Altersheim für obdachlose Künstler versucht, die Puzzlestücke ihrer Vergangenheit zusammenzufügen.

Das Erkennen der Zusammenhänge löste erst Trauer aus, dann eine Art fidele Wut, doch letztendlich Distanz und vor allem neue Perspektiven. Erwachsen werden ohne hängende Mundwinkel ist ein Kunststück. Denn was ist schon schlimmer, als sich mit Lächerlichem auseinander setzen zu müssen? Und meine Belohnung lag ohnehin woanders.

Alle meine Berufe sind einsam. Durch das Teleshopping war ich nicht mehr isoliert. Auf der Straße bekam ich viel Feedback. Das Beste ist, wenn das, wodurch man sich unterscheidet, nicht als negativ bewertet wird, sondern wenn sich auch der Andere dazu findet. Es passierte mir oft, dass ich auf der Straße umarmt wurde. Was sind fünfzig Jahre, gemessen an der Ewigkeit? Bei mir hat es fünfzig Jahre gedauert, bis ich, die innerliche Ausländerin, aufgenommen wurde. Nichts ist besser, als für etwas Wirkliches angenommen zu werden. Dieser Luxus kam für mich durch das seltsame Medium des Teleshopping, im »Spiegel« als »unterste Stufe« des Fernsehens bezeichnet.

Die Allianz mit dieser Welt begann mit meinem Kissen. Nach einer Anlaufzeit von siebzehn Jahren (gut Ding will Weile haben?!) hatte ich in Marokko die Gelegenheit, an der Form und der Verzierung zu arbeiten. In Tanger hatte ich eine lodernde Beziehung zu einem Mann, und gelegentlich floh ich zur Abkühlung nach München. Leidenschaften sind spannend, aber man ist auch gern etwas derangiert, und so nahm ich Angebote aus Deutschland wahr, um durchzuatmen. Dabei lernte ich eine Frau kennen, die mir ans Herz wuchs. Sie gehört zur Münchner Schickeria, von mir »das Tal der Plapperschlangen« getauft, doch sie und ihr Mann sind anders.

Auf einer meiner Stippvisiten arrangierte sie einen Empfang, was man ja heutzutage *event* nennt. Wir boten meine in Marokko hergestellten Kissen an. Mit ihrem Geschick verkaufte es sich gut, und es gab viel Presse. Bald darauf rief ein Mann mit sanfter Stimme und österreichischem Timbre an und fragte, ob ich mir vorstellen könnte, mein Kissen auch im Teleshopping zu verkaufen. Und ob ich mir das vorstellen konnte! Nicht nur war ich arm wie eine Kirchenmaus, wenig machte mir mehr Freude als der Gedanke, meine *Florence-Nightingale*-Seite auch einmal lukrativ einsetzen zu können. Die Sendung lief gut an, und wir verkauften mit Erfolg. Es kam auch ein Angebot für eine TV-Serie in Hamburg, aber da sollte die Klimaveränderung bei mir eine ganz persönliche Auswirkung zeigen.

Mir war bei verschiedenen Gelegenheiten aufgefallen, wie populär Face Liftings während meiner Abwesenheit von Deutschland geworden waren. Ich finde die Gesichter sehr oft zwar glatter, aber nicht jünger. Junge Gesichter sind schön leer. Adorno schreibt: »Phantasien werden ausgelöst von Frauen, denen Phantasie abgeht.« Daher finde ich die Gesichter, die im Alter glatt sind, oft »unschön leer«. Wie bei Berlusconi zum Beispiel. Es war für mich recht merkwürdig, in der Abendzeitung als flotte Globetrotterin mit dem Schönheitsrezept »Männer« bezeichnet zu werden. Eine Frau kann also in dieser Welt nur glatt gestrafft oder glatt gevögelt werden.

Kein Wunder, dass ich nicht nur wegen des leeren Bankkontos nicht zur Schickeria gehöre. In der Scheinwelt werden die Sachen so verdreht, dass meist die Idee verbreitet wird, es gäbe ein Geheimnis, das sich hinter einer Begabung oder einem Naturgeschenk verbirgt. Ich scheine den Eindruck von Luxus zu vermitteln. Das liegt wahrscheinlich an meiner Erziehung. Der einzig wahre Luxus ist Fürsorge. Und in der Konsumkultur wäre so etwas altmodisch und gefährlich. Auf Grund meiner Lebenserfahrung weiß ich, dass Geld und Luxus quasi nichts miteinander zu tun haben.

Meine Großmutter hat nämlich in der Zeit vor dem *Rosen-Resli* meine Kindheit so gestaltet, dass wir zwar zu fünft in einem Keller gewohnt haben, aber nie eine Atmosphäre der Verwahrlosung herrschte. Es gibt Menschen, die mit allem, was sie haben, fürsorglich umgehen. Wenn man das gelernt hat, gestaltet sich alles anders.

Mein Unfall war die Abwesenheit dieser Fürsorge, das Resultat einer nachlässigen Minute mit mir selbst. Diese Vernachlässigung war bestimmt ein »Instant Karma« (so der Titel eines

Songs von John Lennon, in Deutsch etwa: Die Strafe folgt auf dem Fuße).

Meine Münchner Gastgeber hatten sich zu einer Ayurveda-Kur entschlossen, die in Starnberg gemacht werden sollte. Nicht nur, dass ich schon bei dem Wort »Kur« Lust auf Zigaretten bekomme (dabei bin ich Nichtraucherin, kann aber gelegentlich auch mal rauchen), auch Rotwein hat plötzlich einen gefährlichen Reiz (dabei mag ich sonst nur Weißwein, gespritzt). Da aber beide wie Eltern zu mir waren, machte ich trotz meiner inneren Abwehr mit. Ich erinnere mich gut an den Abschluss, den Höhepunkt der Kur, die Synchronmassage. Auf dem Weg zum Hexenhäuschen, das romantisch lag, bemerkte ich, dass, obwohl es Dezember war, ein recht warmer Wind wie ein unsichtbarer Riese Bäume und Sträucher bewegte. Türen knallten zu, bedenklich viele Dinge flogen in der Luft herum. Es war ein Föhnsturm, aber das hörte ich erst später. Die Warnsignale, die mich auf meinen Abenteuerreisen doch vor vielem bewahrt hatten, wurden gerade verdrängt von blödsinnigen Racheplänen und Mordgedanken wegen meines marokkanischen Freundes. Nichts ist dämlicher als solche Gedanken, und normalerweise halte ich mich mit so etwas nicht auf. Rache hat gar keinen Sinn, alles rächt sich selbst. Im Nachhinein weiß man mehr, und da ich in kürzester Zeit genau jene Körperteile ramponierte, über die ich mich an mir selbst mokiert hatte, war es ein Unterricht in Demut. Ein altmodisches Wort, aber sehr wichtig, wenn es echt ist.

Nach dieser wunderbaren Synchronmassage, die von zwei kräftigen Bulgarinnen an mir vorgenommen wurde, wickelte die eine mich mit Kräuter und Folie wie eine Mumie ein. Die andere öffnete ein Klappfenster direkt hinter meinem Kopf, ein starker Wind wehte über Gesicht und Körper, deswegen schloss sie schnell und fahrig das Fenster wieder. Über meinen mumifizierten Körper legten die beiden Frauen bis zum Kopf eine durchsichtige Schale, nur das Gesicht blieb frei. Sekunden später spürte ich einen starken Schlag, als würde mir ein Holzbalken mitten ins Gesicht fallen. Ich muss im Bruchteil einer Sekunde nach unten gerutscht sein, fühlte, wie ganz dicht an meinem Kopf »das Beil« wieder aufschlug. Ich sah alles unscharf, setzte mich auf, nachdem ich irgendwie den Sargdeckel geöffnet hatte, und wischte mir die Augen. Gott sei Dank, ich konnte sehen. Man merkt in so einem Moment, was wichtig ist. Ich fasste an meine Nase. Sie war weg. Dort, wo sie gewesen ist, fühlte ich, wie warmes Blut floss und im Herzschlag pulsierte. Gleichzeitig sah ich ganz nah die Bulgarinnen, wie im Fischauge, weit geöffnete Augen, Laute des Entsetzens, aber ziemlich leise ... Die Nase, das war mir klar, war weg, und wie John Lennon sagte: »You don't know what you've got until you lose it.«

Meine Freunde tauchten auf, ich stand da, die Kräuter bröselten zu Boden, und ich sagte: »Anwalt und Chirurg.«

Meine Freundin, die schon Schlimmeres erlebt hatte, fuhr mich mit dem Auto in die Klinik und meinte mit ungebrochener Eleganz: »Dir hat deine Nase doch sowieso nie gefallen.«

In der Klinik kümmerte sich ein äußerst galanter Professor um mich. Er meinte, die Nase wäre ohnehin schief, sie hatte ja auch schon einige Unfälle hinter sich. Aber sie war eben früher da.

Das Ganze ließ mich seltsam unberührt. Ich wusste eben noch nicht, was alles folgen sollte. Von dieser Nasenoperation wurde später behauptet, ich hätte mich liften lassen. Ich war sozusagen für die Presse erst mal das prominenteste Orkanopfer, und später, nachdem ich trotz meiner Hässlichkeit erfolgreiche Schönheitsbücher schrieb, was andere Schauspielerinnen dann auch taten, wurde ich dann neben sie als geliftet hingestellt. Ich habe schließlich einen Prozess gegen diese Behauptungen geführt und gewonnen. Doch wo Missgunst so ein großes Forum hat, ist die Wahrheit nur ein Loch im Netz der Lügen. Ein besonders dämlicher Friseur verfasste neckische Artikel, die an Breitbanddummheit wenig zu wünschen übrig ließen. Ich empfinde dieses Aufkeimen der Zerstörungslust in Deutschland als

Renaissance der Vergangenheit, es ist durchaus als Rosa Faschismus zu verstehen.

Aus der TV-Serie wurde also nichts. Ich kratzte mein Geld zusammen und flog mit meiner Gipsnase zu meinen Kindern nach Florida und musste lachen, als eine Stewardess sagte, ich würde ganz anders aussehen als auf den Fotos, nona ...

»You look weired«, sagten die Enkel an Weihnachten, es war Zeit für Demütigung und Demut, Zeit sich zu besinnen, auch die Liebschaft in Marokko und den Mann hinter mich zu bringen. Ein neues Leben kratzte an der Tür. Eingebettet in den Schutz meiner Fähigkeit, das Alleinsein zu genießen, plante ich einen Schritt, bei dem mich das Leben wie so oft mit seiner Vielschichtigkeit überraschte.

Allegra hat immer interessante Frauen um sich, und ich lernte eine von ihnen kennen, ich glaube, sie kam ursprünglich aus Österreich. Jedenfalls war sie anscheinend mit einem Spanier aus der Bourbonenfamilie verheiratet, denn als ich nach ihrem Namen fragte, antwortete sie: »Bourbon«. Sie empfahl mir Mallorca, um mich zu erholen. Wer wenig Geld hat, braucht ein gutes Netzwerk, und ich organisierte einen günstigen Flug nach Mallorca, lernte ein wunderbares schwedisches Ehepaar kennen, bekam eine Wohnung am Meer in Soller zur Verfügung gestellt. Sie kostete nichts, war perfekt, um mit Verspätung wochenlang über den Tod meines Vaters zu weinen.

MALLORCA

*I*m Januar 1996 flog ich von Miami nach Mallorca. Mit meinem floridanischen Führerschein mietete ich mir ein kleines, weißes Auto. Im Winter zahlt man nur die Versicherung. Als ich das Auto abgab, sah es aus wie ein Zebra; ich muss bei jeder Einparkaktion schwarze Streifen verursacht haben.

Aus den Staaten hatte ich Kontakt mit Per, meinem schwedischen Vermieter, aufgenommen, wir trafen uns in einem Fischrestaurant in Puerto de Soller. Ich war sicherlich ein seltsamer Anblick. Die Kleidung farblich abgestimmt, ein hübscher Hut, darunter eine strahlend weiße Gipsnase. Die Spanier sind im Beäugen viel diskreter als die Deutschen, doch mir fiel einmal mehr auf, dass meine These, Berühmtsein wird von den Betrachtern gehandhabt, als sei der Betrachtete entstellt, stimmt. Es ist wirklich so. Es wird getuschelt, mit dem Ellenbogen gestupst und dann verschämt weggesehen.

Per nun war leicht zu erkennen, er war der einzige Wikinger im winterlichen Soller. Sehr groß, ein Büschel silberner Haare und, das sah ich mit einem Seitenblick, eine vor Jahren gebrochene Nase, die damals aber höchstens mit Tesafilm angeklebt worden war, so deutlich war die Bruchstelle zu erkennen. Wir unterhielten uns sofort wie alte Freunde, ein paar Stunden später war ich in einem der Fischerhäuser untergebracht. Die Wohnung gehörte einem engen Freund Pers, einem Kapitän, der soweit ich es richtig verstanden habe, in China auf einem großen Frachter hin und her fuhr, gelegentlich von Piraten überfallen wurde, aber sonst guter Dinge war. Ich musste nichts für die Wohnung zahlen. Das Besondere an ihr war der nächtliche Blick auf das Hafenbecken einer fast kreisrunden Bucht, von den Bergen wie eine Mondsichel umsäumt. Vor allem nachts, wenn das dunkle Wasser die farbigen Lichter vom Land widerspiegelt, war die Aussicht unglaublich. Es war sehr schön, was mich aber nicht abhielt, zwei Monate durchzuweinen. War es die nicht zugelassene Trauer über den Tod meines Vaters, oder waren es die Wechseljahre? War es das Trauma des Unfalls, den ich so seltsam lakonisch hingenommen hatte?

Der Nasenbruch war in eine günstige Zeit gefallen, denn in Deutschland ist es mit den Versicherungen so: Nicht genug, dass man durch den Unfall entstellt wird, man muss beweisen, dass er einem geschadet hat! Deshalb war die Tatsache, dass ich gerade einen Vertrag für eine Fernsehrolle unterschrieben hatte, ein Glück. So musste die Versicherung zahlen. Das Versicherungsgeld und ein paar andere Kleinigkeiten ergaben eine Summe, mit der ich in Palma eine »Prise« machen konnte.

Im Laufe der nächsten Monate sollte sich ein Tagesablauf ergeben, der in der Erinnerung viele Tage zu einem einzigen zusammenschnurren lässt.

In der Früh stand ich auf und sah nach, welche Nase wohl heute im Spiegel zu sehen war. Wer glaubt, eine gebrochene Nase wächst einfach so an und wird wie vorher, der irrt. Sie inkarnierte sich jeden Tag neu. Sie sah aus wie ein Gebirge, das sich aufbäumt. Kurioserweise regte es mich nicht besonders auf, jeden Morgen Bubi Scholz im Spiegel zu sehen. Das Abspalten meiner Erscheinung von mir selbst hatte definitiv Vorteile. Der Satz »Ich kenn dich nicht, aber wasch dich trotzdem« bekam eine neue Dimension. Ich wusch und pflegte meine Hülle. Die von mir früh entwickelte Distanz zu meinem Äußeren hatten mir vielleicht nicht unbedingt die lustigste Kindheit gebracht, schuf aber ein Bewusstsein, das sich nicht vom Äußeren nährt. Das ist definitiv ein Vorteil beim Älterwerden.

Ich meine, es ist schon eigenartig, in einem Beruf aufzuwachsen, bei dem jede Kritik sehr persönlich gemeint ist. Kein Mensch würde ja auf die Idee kommen, einem Gemüsehändler zu sagen: »Sie haben aber Ringe unter den Augen.« Oder: »Mein Gott, können Sie ›Braeburn‹ nicht deutlicher aussprechen?« Nach Jahrzehnten persönlicher Kränkungen war die Abspaltung unerlässlich, um zu überleben.

Ich könnte ein ganzes Lexikon an Kritik, eine Enzyklopädie an Kränkungen herausgeben. Nicht hübsch, dann wieder zu hübsch, aber natürlich unbegabt. Die andere, die Hässliche, die ist begabt. Meine einzige Anerkennung in Deutschland bekam ich als Brillenschlange mit Zahnspange. In Percy Adlons Filmen erhielt ich gute Kritiken in Amerika, wurde aber in Deutschland nicht erwähnt. Es ist schon merkwürdig, was sich da abspielt, doch um dieses Thema zu erörtern, um dieses Verhalten zu untersuchen, bräuchte es ein Buch in Bibelformat. Nur so viel sei festgehalten: Die Deutschen sind nicht missgünstiger als andere, sie sind nur systematisch, daher ist ihre Missgunst gut organisiert.

Ich hatte meine Fehlerhaftigkeit so akzeptiert, dass ich nach den Unfällen – es sollte noch ein gebrochenes Bein dazukommen –, eine Hochleistung in Schizophrenie vollbrachte, indem ich meine Schönheit, die in meinen Augen nie vorhanden war, restaurierte. Ich war gezwungen, eine von mir nicht wahrgenommene Hübschheit wiederherzustellen. Es war eine Übung in Demut und eine Wiedergeburt.

Diese persönliche Erfahrung erhöhte meine Kompetenz in Sachen Schönheitspflege zu einer Art Weisheit im Kosmetischen – und führte zu weiteren Büchern.

Natürlich wurde behauptet, ich schreibe meine Bücher nicht selbst. De facto aber hatte ich durch die Unfälle die Möglichkeit erlangt, mein Wissen an mir selbst auszuprobieren. Das Ergebnis sollte zu einem Goldregen führen. Man weiß nie, wozu etwas gut ist.

Sicher hatte die Wendung zum Vorteilhaften auch mit der Wahl meiner Freunde zu tun, für den guten Fährmann ist der Wind immer günstig. Ulla, die ein eigenes Kapitänspatent besaß, war die ideale Frau, um die sonderbaren Verwicklungen des Lebens zu beobachten und zu besprechen. Jeder Tag in der Zeit von Januar bis Ende Februar endete mit einer abenteuerlichen Einparkaktion meinerseits und einem freundlichen Empfang ihrerseits. Skandinavische Frauen sind schön, und meine Vorliebe für Bergman-Filme fand hier ihre sinnliche Entsprechung. Die Abendessen im Kerzenlicht füllten sich mit Bildern aus ihrer südschwedischen Heimat, einer Gegend, die später mich und den Rest der Welt in einen Henning-Mankell-Rausch versetzte. Ulla und ich waren in den fünfziger Jahren schon einmal gleichzeitig auf Mallorca gewesen. Sie als schwedische Fremdenführerin, ich als Hauptdarstellerin eines Filmes mit dem Titel *Un Trono Para Christy* (Ein Thron für Christine). Ich glaube, dass ich wegen dieses Filmes Berühmtheit in Spanien erlangte. Auf jeden Fall erinnerte man sich an mich. Per mochte mich, er meinte: »Dich kann man überall mit hinnehmen, zum Bürgermeister oder zu Gitanos.«

Er hasste Weibchen. Unsere Abende hatten definitiv Abenteurergeschmack. Per hatte etwas Seeräuberhaftes mit seiner gebrochenen Nase und durch eine Brille mit Augenklappe. Eine Weile lebten die beiden in Dubai, wo er goldene Wasserhähne für Scheichs installierte und Ulla sich mit den Islamisten anlegte. Ulla und ich haben uns immer etwas zu sagen, wenngleich es vielleicht nicht die typischen Frauengespräche sind. Einmal stand sie auf einer Leiter, malte ungewöhnlich schöne Fresken im Salon (Malen konnte sie auch, nicht nur In-See-Stechen) und überlegte laut und ernsthaft, dass es bei den vielen, wohlhabenden, allein stehenden Frauen doch lukrativ sein könnte, Per zu vermieten. Auch ihre Thesen übers Sterben waren ungewöhnlich. Sie meinte – und ich stimme ihr zu –, dass es für unorganisierte Menschen schwerer ist zu gehen, denn sie wissen nicht wohin. Einige Jahre später wäre sie fast an einem seltsamen Virus gestorben, auch darüber spricht sie heute gelassen mit einem Augenzwinkern.

Ein Thema war, dass man für mich doch einen *husband* finden müsste. Als sie eines Abends den Tisch deckte, erklärte ich Per, dass ich bei meiner Lebensweise vielmehr auch *a wife* bräuchte. Er meinte, wir könnten sie uns teilen. Fortan hieß sie *our wife,* und das klang so: »How is our wife?« Bei Krisen: »Our wife is mad at me.« Oder, als sie anfing zu makeln: »I am worried, our wife leaves with fluffy hair the house, smelling of perfume.«

Ihr Leben sollte sich meinetwegen ändern. *Our wife* und ich diskutierten nach dem Essen auch über die künftige Form meiner Nase, und wir entschieden uns, sie richten zu lassen. Mittlerweile trug ich nämlich den Mount Everest im Gesicht. Meine Nase war wie ein zweiter Gast, und Ulla und ich fanden einen schwedischen Arzt, der den Berg abtragen sollte. Die Folgen dieser OP haben mich zum Feind der leichtfertigen Schönheits-Operationen und zur Verehrerin der seriösen Chirurgie gemacht. Der Schwede trug den Höcker ab, und ich wunderte mich noch, soweit man sich mit Narkose im Blut überhaupt wundern kann, ich wunderte mich über ein kleines Fädchen, das über die Nasenscheidewand (was für ein Wort) gebunden war.

Nach der OP hatte ich wieder einige Wochen mit Gipsnase durchzustehen. Wieder war ich jeden Abend bei Per und *our wife* und hatte Gelegenheit, das insulanische Leben zu studieren.

Ich lernte verschiedene zugereiste Dauermallorquiner kennen, so genannte *Residentes,* und machte so meine Studien über die »Vertreibung aus dem Paradies«. Auf jeden Fall gilt »Gleich und gleich gesellt sich gern«. Auch wenn es zu kosmopolitischen Treffen und Freundschaften kam, so bleibt in der Regel das Gesetz »birds of a feather stick together« bestehen. Vor allem bei den schweren Trinkern, diese stürzten in regelmäßigen Abständen Böschungen hinunter. Viele brachten einen inneren Winter mit, der dann mit Sangria aufgewärmt wurde. Vor allem das Nationale schlägt durch, die Meinungen lauten:

Der Deutsche ist nett, glaubt aber alles besser zu wissen und zeigt das auch unverhohlen.

Der Schwede weiß alles besser (sie haben ja auch Amerika entdeckt und reden nicht viel darüber), aber sie geben damit nicht an.

Die Mallorquiner sind klein, und man versteht sie schlecht.

Die Italiener verwandeln sich in Spanier, sprechen weder Spanisch noch Italienisch, sondern ein Kauderwelsch, das sie zwingt, unter sich zu bleiben.

Die Franzosen bleiben in Frankreich, oder Frankreich kommt mit! Einige sind vor langer Zeit nach Soller, nicht aber nach Mallorca umgezogen, so sprechen sie wie die Tauben Spanisch, tief gurrend, mit einem seltsamen Rachen-R.

Die Engländer trinken.

Mit Per und Ulla sowie einem Schwulenpaar, das später hinzukommen sollte, verband mich – wie mit allen meinen Freunden – eine fulminante Liebesfreundschaft. Meine Beziehung zur Insel ist aus vielen Erlebnissen, Begegnungen und Projekten mit ihnen gefüllt. Diese Bindungen bauen natürlich auf ähnlichen Perspektiven. Es regiert eine Atmosphäre der Fürsorglichkeit und das Bewusstsein, dass NICHTS selbstverständlich ist. Weil ich in der Scheinwelt aufgewachsen bin, entwickelte ich einen besonderen Sinn für die Wirklichkeit, ein Gefühl für die Flüchtigkeit des Lebens, deswegen brauche ich Freunde, die auch fähig sind, die Zeit zu nutzen und nicht so zu leben wie manche, die glauben, man würde dreihundert Jahre alt. Die schönen Seiten Mallorcas, jenseits der Betrüger und des reichen Plebs, bestehen für mich wie in Tanger aus dem gemeinsamen Essen, aus Kochen, Tisch decken und Geschichten erzählen. Man nimmt ja an, dass ein Kosmopolit nirgends zu Hause ist, aber wenn ich mein Gefühl beschreibe, so ist es wohl eine Fähigkeit, überall ein Zuhause zu schaffen. Es gibt da eine Selbstverständlichkeit, etwas, das nicht signalisiert, wo man herkommt, ist es besser.

In Soller gab es Mittagessen mit einem wunderbaren, verarmten Prinzen aus der afghanischen Königsfamilie. Ein ehemaliger Spion machte mir den Hof, aber bevor es ernst wurde, starb er an einem Herzinfarkt. Er hatte das schönste Anwesen in Mallorca mit einem unglaublichen Gebäude voller Quellwasser, türkisfarben, wie im Märchen. Ließ man einen Stein ins Wasser fallen, konnte man beobachten, wie er zu Boden sank. Ein deutscher Millionär war da, der seltsame Dinge machte und angeblich seine Frau abgemurkst hatte. Doch der Anfang meiner Mallorca-Episode war der Lohn für meinen Unfall, das Geld, das ich über einen Anwalt erklagt hatte. Viel war es nicht, aber es reichte, um meine Immobiliengelüste zu befriedigen.

Eines Morgens saß ich wie immer am kühlen Hafen, trank Milchkaffee und studierte den Immobilienteil der englischen Tageszeitung. Eine meiner irritierendsten Eigenarten ist es, ständig und überall Häuser zu suchen, und wenn ich endlich ein Zuhause gefunden habe, sofort ihn Panik über die drohende Sesshaftigkeit zu geraten. Die mich anlächelnde Annonce lautete: *Schönes dreistöckiges Haus in der Altstadt, Terrasse mit Blick auf die Kathedrale, Preis 85000,– DM.*

Ich wusste, das wird mein Haus. Dieser Teil der Altstadt war verrufen, *Gitanos y Junkies*, das klang nach einer Prise Verkommenheit. Der entzückende Kapitän, dem das Haus gehörte, war angetan, als ich ihm sagte: »Hello, I'm buying your house.« Er war froh, das Haus war der Rest seiner Liebesgeschichte, und für mich war das Haus wie eine Eheschließung. Ich verliebte mich, erfuhr Geborgenheit und ergab mich dem Zores, den man akzeptieren muss, damit das Haus nicht unter oder über einem einstürzt.

Mein Einzug in diese Gegend war wohl zufällig mit den Sanierungsplänen der Regierung Hand in Hand gegangen. Innerhalb eines halben Jahres waren keine Junkies mehr um vier Uhr morgens in der schmalen Gasse, vielmehr war oft das perlende Gelächter höherer Töchter im Urlaub zu hören. Die Zeitschrift »Gala« ließ Jacques Schumacher eine gelungene Reportage über mein Altstadthaus fotografieren. Er fing die Atmosphäre gekonnt ein. Ich fing gerade an, mich nach der ersten Panikphase heimisch zu fühlen, als etwas passierte, das Öl auf die Mühlen von Trinkern gießen müsste.

Per und Ulla hatten mich zu sich nach Soller zu einem Schwedenfest eingeladen, das hieß natürlich auch dort übernachten. Ich machte gerade eine Kur zur Ausleitung der Narkose und trank als Einzige keinen Alkohol, daher wurde es für meinen Geschmack etwas zu lustig. Gegen ein Uhr nachts lief ich Richtung Puerto, zum Haus meiner Gastgeber. Wie immer wollte ich über das kleine Hundegatter steigen, als sich mein Hosensaum verhedderte und ich zu Boden fiel. Ich stürzte mit dem mediterranen Duft von Blüten, Zypressen und Meeresluft in der Nase. Im Halbdunkeln sah ich etwas, was ich zunächst nicht glauben wollte. Mein Bein war gebrochen. Mein Fuß lag verdreht und folgte nicht auf die Signale, die Befehle: »Umdrehen, aufstehen, hallo?!«

Etwa vierzig Minuten verbrachte ich mit Matrosenflüchen, schrie: »Fuck, shit, verdammte Scheiße, ich glaub es nicht!«, hatte mich aber noch unter Kontrolle, um dazwischen damenhaft in fünf Sprachen um Hilfe zu flöten: »Au Secour, Ajuto, Hilfe, Help, Ajudo!« Zwei Kinder habe ich auf die Welt gebracht und etliche Zahnbehandlungen überlebt. Alles Honigschlecken im Vergleich zu einem gebrochenen Bein. Nach einer Weile fruchteten die Hilfeschreie, und eine Gruppe junger Spanier fand mich. Natürlich ist in einem Moment der Hilflosigkeit jede Zuwendung ein Labsal, aber die Wärme der jungen Mädchen war unglaublich. Sie streichelten mich, während die jungen Männer die Ambulanz anriefen. Diese besteht in Spanien aus freiwilligen Helfern, die so ungeschickt waren beim Versuch, meinen Fuß, der ja nur noch durch die Haut am Bein hing, in eine dafür gedachte Schale zu legen, dass ich es selbst machte und kurz darauf in Ohnmacht fiel. Sie nahmen meine Personalien auf, in dem ganzen Tohuwabohu tauchten Ulla und Per auf, beide schlagartig nüchtern. Per blieb bei mir im Ambulanzwagen, während Ulla mit ihrem Auto folgte. In der Ambulanz amüsierte Per sich über das, was die jungen Helfer auf Mallorquin sagten. Ich sei wohl völlig durcheinander, ich hätte gesagt, ich sei fünfzig!

Was folgte, war eindeutig die seltsamste Konfrontation mit dem Resultat meiner Schönheitspflege. In dem spanischen Krankenhaus, in das man mich brachte mit meiner schicken, hautfarbenen Korsage, den weiten, fatalen Palazzopants, kam ein nächtlicher Mitarbeiter nach dem andern, und abwechselnd wurde zum einen der Bruch mit *Muy complicado* diagnostiziert, zum anderen die Frage nach meinem Alter erörtert. Als Krönung kam ein höher gestellter Arzt, der offensichtlich high war, alles brachte ihn zum Kichern, vor allem mein Alter, aber er wollte unbedingt wissen: »Was für eine Kosmetik verwenden Sie?« Ich muss wohl einen guten Tag gehabt haben, doch ich empfand keinerlei Freude, denn ich sah, dass mein Fuß sich seltsam verfärbte. Als alle weg waren, entschied ich mich, nicht auf ihren Rat zu hören und bis morgen zu warten. Ich rief in der schwedischen Klinik an, dort sprach man Deutsch. Ich wurde abgeholt, und der zuständige Arzt erblasste beim Anblick meines dunklen Fußes. »Ein Splitterdrehbruch.« Aha, natürlich, wie hätte es bei mir ein glatter Bruch sein können. Mit einem ewig langen Nagel verband man Fuß und Bein.

Mein Haus in der Altstadt mit seinen Hühnerleiter-Treppen war in den Monaten danach eine echte Prüfung.

Viele führen so eine Geschichte auf Pech oder Unglück zurück. Sicher kann man das tun, wenn man nur die negative Seite sieht. Aber ich habe diese »Für-einen-guten-Fährmann-ist-der-Wind-immer-günstig«-Einstellung. Man kann aus allem lernen, und ich war bei den Unfällen mit meinen Gedanken woanders gewesen. Ich weiß, sie passierten, weil ich versuchte, vor der Trauer über den Tod meines Vaters wegzulaufen. Ich wollte mir nicht eingestehen, dass ich mit ihm – wie jede Frau – meine erste große Liebe verloren hatte. Er hatte mich als Kind aus dem Kinderheim geholt, er hatte mich beschützt, als ich noch klein war und nicht der Kinderstar, was mich vor allem meiner Familie entfremdet hat. Er hat mich »großgepusselt«, wie er sagte. Mein schöner Held, der wehmütige Pilot, dem die mutterlose Kindheit eine anziehende Trauer in die Augen gezaubert hatte.

Aber vor allem bewirkten diese Unfälle das Ende eines verrückten Selbstverständnisses. Es ist albern, sich nicht »schön genug« zu fühlen. Es ist vor allem undankbar. Ich war durch das gebrochene Bein und die Erfahrung extremer Hilflosigkeit besonders dankbar, beide Beine zu haben und mit ihnen wieder laufen zu können.

Zwischen den beiden Unfällen war ich in Florenz, um einen Zweiteiler fürs ZDF zu drehen. Das Team war in einem schönen Hotel untergebracht. Mit zwei meiner Kollegen verbindet mich eine Art Freundschaft. »Art« nenne ich es, weil Freundschaften zwischen Schauspielern, dadurch dass man so viel unterwegs ist, anders strukturiert sind. Rosemarie Fendel und Miguel Herz-Kestranek waren da und halfen mir. Miguel ist ein Mann, mit dem ich über alles reden kann. Er stand mir auch nahe, als mich Allegra anrief, nachts, weinend, ihr Bruder Nikolas hätte versucht, sich das Leben zu nehmen, und als sie Tony anrief, hätte dieser schroff reagiert. Dieser Bruder Nikolas ist dann einige Monate später an einer Überdosis Heroin im Haus seiner Mutter Leslie gestorben. Er wurde nur zweiundzwanzig oder dreiundzwanzig Jahre alt ...

Es war ein trauriges Beispiel für die seltsame Belastung, unter der viele Prominenten-Kinder leiden. Auch schön, auch begabt, doch ohne den Wind des Zufalls, der immer bei dem Entstehen eines Stars eine Rolle spielt. Außerdem klafft die Wahrnehmung des eigenen Elternteils, sei es Mutter oder Vater, die berühmt sind, mit den Reaktionen der restlichen Welt stark auseinander: Die Außenwelt nimmt den Mann oder die Frau, die über Glamour verfügen, ganz anders wahr als das Kind, welches sehr oft lange braucht, um zu begreifen, dass die Außenwelt das Elternteil anbetet und dies so gar nichts mit dem Menschen zu Hause zu tun hat. Bestenfalls haben die Stars eine Distanz zum Schein, doch oft geht so viel Arbeit in die Erhaltung des Scheins, dass für das Sein gar nichts übrig bleibt. Doch das Ärgste ist die Behandlung der Klatschpresse, die den Kindern widerfährt. Machen sie Unsinn, wird es hochgespielt. Machen sie etwas Sinnvolles, werden sie nicht beachtet. Viele der Freunde, mit denen Alex und Allegra in Bel Air aufwuchsen, sind frühzeitig gestorben. Als ich hörte, dass Nikolas gestorben war – dass seine Mutter, die schlimmste Hexe, die mir untergekommen ist, diese Frau, die verantwortlich war, dass man mir meine Kinder wegnahm, die behauptete, ich wäre ein Junkie gewesen, dabei war sie selbst Alkoholikerin, die Tony ein Bild von Picasso gestohlen hat, die alle gegen alle aufhetzte, so gestraft wird –, war ich traurig. Sie hatte so viel Leid verursacht, aber das hat sie nicht verdient. So eine Strafe fühlt sich selbst aus der Ferne bitter an.

Tony war verzweifelt, er ist das Beispiel für einen Patriarchen, der nie das Kleingedruckte im Vertrag liest, diese unausgesprochene Vereinbarung zwischen Kind und Eltern. Ihn traf es sehr schwer, seinen ersten Sohn wegen Drogen zu verlieren. Leslie allerdings reitet weiter auf ihrem Besen, nimmt keinerlei Mitschuld auf sich und erzählt nach wie vor Lügen, mit denen sie ihre Intrigen rechtfertigt.

Sie ist so gestraft worden, dass man permanent den Satz, man wünsche dies nicht seinem ärgsten Feind, vor Augen hat. Bis zum heutigen Tag versucht sie in der Fortführung ihrer Lügen eine Wahrheit zu behaupten. Sie ist im Vorstand der »Anonymen Alkoholiker« und behauptet Allegra gegenüber, sie hätte meine Kinder zu sich genommen, weil ich ein Junkie sei. Sie, deren Kind an dieser Droge gestorben ist, schiebt dies auf mich, noch Jahrzehnte später. Sie hat ein behindertes Kind, wahrscheinlich in Folge ihres Trinkens. Sie, die behauptet hat, ich würde mich nach der Scheidung von Tony Mrs Tony Curtis nennen (dabei habe ich schon während der Ehe immer meinen Namen behalten). Sie nennt sich noch immer Leslie Curtis, obwohl sie längst mit einem anderen verheiratet ist. Außerdem versucht sie sich immer noch als Mutter zu profilieren, nennt sich Mami, vier Enkelkinder später. Scheinbar hat sie jetzt auch die Haut eines Krokodils, das ist nur eine kleine Strafe, denn nichts spielt eine Rolle, außer dass Nikolas nie wieder lebendig wird. Selbst das hindert sie nicht daran, Rechtfertigungen zu fabulieren, und alles, was mir ins Herz kriecht, ist Mitleid. Ich glaube, ich bin zu katholisch erzogen.

Während ich in Florenz war, baute Per das Haus in der Altstadt um. Es zeigte sich, dass wir sehr gut miteinander planen konnten, aus Küchen entstanden Bäder, Kammern wurden in Küchen verwandelt, und mit dem Geld des Fernsehfilms wurde aus einem antiken Haus ohne richtiges Bad ein im englischen Sinne *two bedroom, two bath*. In jedem schwedischen Haus, das auf sich hält, erzählte Ulla, gibt es einen Standard, der mittlerweile auch Teil des modernen Spaniens ist: Man muss mit niemandem die Toilette teilen.

Als ich aus Florenz zurückkam, besuchte mich meine Freundin Elisabeth. Wir kennen uns seit dreißig Jahren. Unsere Liebesfreundschaft hat vieles überlebt. Die erstaunliche Tatsache, dass plötzlich all die modernen, neuen Toiletten nicht funktionierten, ist eben nur mit so einer guten Freundin kein Drama. Jemand hatte das städtische Abwasserrohr zugedreht oder zugemacht. Es gab eine große Aufregung. Alle standen vor dem Haus und waren erst zufrieden, als im Hause der *Actriz* alles wieder im Fluss war.

Nach Elisabeths Abreise brach ich das Bein, Allegra kam mit ihren Hunden und versuchte sich von dem Trauma und dem Verlust ihres Bruders zu erholen.

In Anbetracht der traurigen Umstände war ich froh, in Mallorca ein Haus zu haben, denn Allegra verließ Miami, und anfänglich war sie zufrieden, in Mallorca zu sein. Alex und die Enkel folgten. Wir erlebten einen Bilderbuchsommer.

Für Dido und Liz sind die Sommer mit ihrer Nana, überhaupt die Großeltern (Tony und ich), ein Quell des Amüsements, aber auch eine Inspiration. Beide sind hoch begabte Künstlerinnen. Sie sind großartige Malerinnen. Bei ihnen hat sich Tonys Begabung durchgesetzt, und sie wurden sehr durch ihr Umfeld geschützt. Alex, ihre Mutter, unterrichtet Kindererziehung, und die Tatsache, dass sie sich für die Wirklichkeit entschieden hat, führt zu erstaunlichen Menschen. Mein Haus aus dem vierzehnten Jahrhundert, die Straßenfeste, bei denen Vierjährige Zarzuela tanzen, die Zugreise von Palma nach Soller, die Möglichkeit, nachts allein zur Plaza zu gehen und Mineralwasser zu holen (unsere Augen folgten ihnen vom Balkon aus, aber sie konnten den Weg durch die Altstadt alleine gehen). In Florida wird man immer gefahren, allein irgendwo hinzugehen ist für Kinder unmöglich – für die beiden Enkel waren das die Traumferien schlechthin.

Ich war immer glücklich darüber, früh Kinder bekommen zu haben. Dass es mir gelungen ist, eine halbwegs ordentliche Großmutter zu werden, empfinde ich als Leistung. Diese Reisen zu finanzieren, Widrigkeiten zu überwinden, ein stabiles Gerüst für ganz normale Familienverhältnisse zu bieten, das bedeutet mir viel. Dieser Sommer mit Allegra, Alex, ihren Zwillingen und dem Freund von Alex war wie immer, nur mit meinem gebrochenen Bein war ich zum ersten Mal richtig Omi. Alex bemerkte spitz, nachdem meine Haut nicht faltig wird, müsste ich wohl die Omi anders beweisen. Sie hat ein gespaltenes Verhältnis zu mir, trotzdem liebt sie mich, und die wenigen Briefe an mich sind Liebesbriefe.

Es gibt dafür einen Grund. Ich glaube, dass die Menschheit immer in Gefahr schwebt, sich im Wahn der äußerlichen Merkmale zu verlieren. Wenn diese äußeren Scheinmerkmale nicht da sind, spielt das Wesentliche eine Rolle. Das heißt, wenn die modischen oder angeblichen Merkmale von Stabilität oder Verantwortung nicht da sind, kommt es auf das Innerliche an. Meine Beziehung zu meinen Kindern und Freunden ist darauf gebaut, dass ich immer bereit bin, anderes der Beziehung zu opfern. Liebe verändert ihre Form. Manchmal ist es eine Umarmung, oft ein Gespräch, manchmal Geld und meist Aufmerksamkeit.

Meine frühe Verbindung zu der Welt des Scheins, die ja auch eine Realität hat, formte einen sehr scharfen Blick und ein Bewusstsein für die Flüchtigkeit des Lebens. Es ist klar, dass Menschen, die nie erfahren haben, wie es ist, eine Szene zu spielen, in der man stirbt, einen anderen Bezug zur Vergänglichkeit haben. Die vielen Trennungen in meinem Leben haben das Zusammensein unendlich kostbar gemacht.

Im Frühling, noch bevor Allegra kam, besuchte mich eine hübsche Frau, die Theatergastspiele veranstaltet. Sie war so gütig, mir trotz der ramponierten Nase und dem Hinkebein (es war prompt falsch angewachsen) ein Stück anzubieten. Mein Lieblingsautor Marivaux, *Das Spiel von Liebe und Zufall*. Bei dieser Arbeit lernte ich einen Mann kennen. Obwohl wir nun seit Jahren zusammen sind, werde ich kein Wort über ihn schreiben. Nur, dass er ein guter Mensch ist und wir uns nicht kennen.

Diese Tournee war ein großer Erfolg. Neunzig Vorstellungen, gelegentlich Standing Ovations. Die Inszenierung war Teamarbeit. In den Kritiken wurde immer erwähnt, dass ich wohl in einen Jungbrunnen gefallen sei.

Ich nehme diese Gelegenheit wahr, meine These übers gute Altern festzuhalten. Ich glaube, das schlechte Altern liegt an der Verstellung, die in unserer Gesellschaft wohl üblich ist. Wilde Frauen, also ungezügelte, altern anders. Da ist zum Beispiel Uschi Obermaier, die auch nicht geliftet ist. Sie bekam in Deutschland dafür sogar Anerkennung. Das Geheimnis scheint zu sein, dass sie nicht am Alltag sterben und nicht darin schrumpfen. Doch nicht jeder hat die Stärke, diese besondere Verrücktheit zu leben.

Bald nach der Tournee vermittelte mir mein Bruder einen Auftrag für den Weltbild Verlag. Ich nannte mein Buch »Schönheitsgeheimnisse«. Mir offenbarten sich in der Folge all jene Geheimnisse, auf die ich gerne verzichtet hätte. Besonders jenes, wovor meine Mutter mich geschützt hatte, das ich vorher so GAR NICHT mitgekriegt hatte.

ENDSTATION SCHÖNHEIT
ODER DIE MARX BROTHERS IN DER OPER

Als Kind hatte ich Angst, mich in der Außenwelt zu verlieren, so ging ich in meiner Innenwelt verloren. Erst spät, mit über fünfzig, einem langen Eisenstab im Bein, einer lädierten Nase und mindestens vier Kilo Gewicht zu viel, musste ich meine Innenwelt verlassen. Ausgerechnet jetzt, wo ich in meinen Augen so scheußlich aussah, wie ich mich immer gefühlt hatte, fing ich an, mit »Schönheit« mein Geld zu verdienen. Während ich mich »verscheußlicht« hatte, legte ich mir aber ein handfestes Wissen über Verschönerung zu. Klar, denn wer weiß mehr über Schönheit als eine Frau, die sich nicht schön fühlt? Meine spezielle Krankheit ist die überdimensionale Fassung einer allgemein gültigen Wahrnehmung, ein Phänomen der weiblichen Identität. Frauen sehen im Spiegel nur Fehler. Sie fokussieren sich darauf.

Ich erwarte nicht, dass man es in meinem Fall, da ich doch als schön galt, versteht oder glaubt. Trotzdem ist es so. Oder zumindest war es so. Diese kindliche Prägung ist eine eingeschnürte Wahrnehmung, sie verschwindet nicht mit dem Entfernen der Schnüre, es bleiben Einkerbungen.

Wenn ich alte Bilder betrachte, sie können auch nur ein Jahr alt sein, so wundere ich mich, wie es möglich ist, dass ich mich immer nur auf Fehler kaprizierte. Nach den Unfällen (Nase und Bein) kam es mir vor, als wäre mir eine Schicksalsgöttin mit schief sitzender Brille und Hängebusen erschienen, die sagte: »Ach, Christine, du findest Nase und Beine nicht schön – ich zeige dir, was wirklich hässlich ist.«

Wieder einmal erinnerte ich mich an die Antwort meiner Mutter auf die Frage, warum sie mich immer nur auf Dinge an mir aufmerksam gemacht hatte, die nicht stimmen. »Ich wollte nicht, dass du eitel wirst.« Aber Eitelkeit oder die Lust zu überleben sucht sich immer einen Weg. Bei mir führte das zu einer männlichen Identität. Wie bei einem *white hunter*, der sich im Urwald die eigenen Backenzähne zieht, entwickelte sich bei mir eine allein auf Leistung aufgebaute Selbsteinschätzung. Es war schließlich die Vernichtung, das Totschweigen meiner Leistung, was mich zum Auszug aus meiner Innenwelt zwang. Meine Teleshopping-Erfahrung könnte ich mit »Memoiren einer Totgeschwiegenen« betiteln.

Allerdings stellt diese Zeit für mich eine der intensivsten Selbsterfahrungen meines Mottos »Das Leben ist eine irrsinnig amüsante Tragödie« dar. Ich habe gut lachen, denn das Füllhorn, das sich über mich ergoss, darf es streng genommen in unserer Welt, die sich fast ausschließlich über Medienaufmerksamkeit definiert, gar nicht geben.

Finanzieller Erfolg im Teleshopping findet ohne die normalerweise unbedingt nötige Unterstützung der entsprechenden Printmedien statt. Teleshopping ist nämlich der natürliche Feind der Frauen- und Modemagazine, die ja von den Anzeigen leben. Wenn man sie studiert, kann man genau betrachten, wie die redaktionellen Empfehlungen sich nach den Anzeigen richten. Alles baut auf das »Eine-Hand-wäscht-die-andere«-Prinzip. Für eine Weile kam die »Kreissäge- und Raspel«-Welt des Teleshopping ohne die normalen medialen Verbindungen aus. Der von mir ausgelöste Goldregen kam, wie Regen eben kommt. Ohne Marktforschung, ohne großartige Unterstützung der entsprechenden Medien. Warum sollte die Presse auch über mich schreiben? Wer nicht in einer TV-Serie spielt, existiert für sie quasi nicht.

Wie weit entfernt Beliebtheit und die Behauptung von Beliebtheit voneinander sind, diese Erfahrung war für mich nicht nur überraschend, sondern hat mich sehr berührt. Aber ich bin Halbfranzösin – allein dieses Wort ist in Deutschland oft Anlass zur Häme –, und in Frankreich ist das Einzige, was dort zählt, das Berühren. Meine damalige Moderatorin Edith Maria Ploner – eine warmherzige Frau, die zum großen Teil mit verantwortlich war für den Erfolg und den Goldregen – hat mich während der Show immer aufgefangen, denn Zuneigung zu erhalten und Geld, das kam so unerwartet, dass ich immer in Gefahr schwebte zu weinen. Und ich hasse es, vor anderen zu weinen.

Nun, wir erwirtschafteten viele Millionen, wovon ich, weil ich den Vertrag nicht richtig verstand, die ersten Jahre recht wenig zu sehen bekam, und Edith Maria war es, die mich auf Ungereimtheiten aufmerksam machte. Sie starb ganz unerwartet. Später erzählte man mir, dass ihr gesteckt wurde, ich möge sie nicht. Nachdem etwas Ähnliches kürzlich wieder geschah, musste ich wieder anfangen, aus meiner Innenwelt auszuziehen, und mich der Konfrontation stellen.

Wirtschaftlichen Erfolg zu erzielen, sollte man meinen, müsste doch auf irgendeine Anerkennung stoßen. Das Totschweigen und die Angriffe aus dem eigenen Haus zwangen mich, eine Definition zu erarbeiten und die Rolle zu übernehmen, die meine Mutter früher innehatte. Strategisches Denken und Intuition sind gute Partner. Sie ersetzten das *blissfully ignorance* (gesegnetes Nichtwissen). Ich bin froh, dass ich erst spät diesen Zustand verließ.

In einem Alter, in dem viele Frauen schon Mitglieder der »Hängende-Mundwinkel«-Partei sind, fing ich an, mich zu definieren, meine Leistungen zu verteidigen und das zu pflegen, was als »Der liebe Gott hat es gut mit dir gemeint« verstanden wird. Diese Motivation hat mir weit über das in meinen Büchern zusammengefasste Wissen zu einer kosmetischen Weisheit verholfen. Es ist erstaunlich, wie im Allgemeinen mit Scheininformation Wissen durchlöchert wird. Meine persönliche Situation, ein

Anspruch auf Daseinsberechtigung jenseits der Makellosigkeit, eine Pflege von Geist und Körper, das war ja schon das Motiv meines ersten Buches. Die Begegnung mit der Kombination »Ausbeuten und Negieren« fing mit einer Zusammenarbeit zu dem Buch *Schönheitsgeheimnisse* an. Zunächst verfasste eine junge Lektorin das erste Kapitel – in meinem Sinne, oder wie sie sich meinen Sinn vorstellte. Es war wie alles, was in Frauenmagazinen steht, voller gut formulierter Sinnlosigkeiten. Ich bemerkte mit Erstaunen, dass man davon ausging, dass ich nie eines meiner Bücher selbst geschrieben habe. Obwohl es in ihnen, wie bei allen Menschen, die zweisprachig aufwachsen, immer sprachliche Besonderheiten gab. Es war wie mit dem technischen Erfinderpatent, als mich eine aufgeregte Journalistin der *Bildzeitung* angerufen hatte. Sie fragte ganz unverhohlen, wie das denn ginge, andere müssten Jahre auf die Erteilung des Patents warten. Ich bin denselben bürokratischen Weg gegangen. Meine Haarklammer war eben eine technische Erfindung.

Diese Empörung mit Verschweigungseffekt, diese Wegradierungstaktik, die kannte ich schon. Vor ein paar Jahren zeigte Johannes B. Kerner in seiner Sendung ein Bild, wo ich auf der Golden-Globe-Verleihung mit Warren Beatty und dem Golden Globe abgelichtet bin. Am folgenden Tag gab es eine zweite Sendung, an der neben mir auch Paul Sahner teilnahm. Vor laufender Kamera sagte er mit einem süßen, vollkommen kindlichen Ausdruck: »Was, du hast einen Golden Globe gewonnen?« Er ist Starreporter bei der »Bunten«.

Nun, all diese Geschichten hatte ich eben ignoriert – versteckt in den warmen Höhlen meiner Innenwelt. Ich frage mich nur, wer die große Unbekannte sein soll, die an meiner statt arbeitet, Bücher schreibt, Erfindungen macht, einen Golden Globe gewinnt und so weiter. Was ist das verdammte Problem?

Nach der Begegnung mit Teleshopping lernte ich die Welt kennen und verstehen. Gewisse Haftelmacher können den amorphen Lohn des Erfolgs anderer nicht akzeptieren. Es sind dieselben, die nichts betrachten können, ohne sich selbst damit zu vergleichen.

Eines Tages meldete sich wieder der sanft klingende Österreicher. Der Anruf war sicher auch als Echo auf die Publicity zu dem Buch *Schönheitsgeheimnisse* zu verstehen. Eine besonders attraktive Frau, die Leiterin der PR-Abteilung, hatte für große Resonanz gesorgt. Trotz meiner Gurkennase und dem Hinkebein fand man mich hübsch und lebhaft. Mein Wissen – immerhin hatte sich in den letzten zwanzig Jahren viel angesammelt, auch ein Training bei der größten Naturkosmetikfirma in den USA und Jahre der Belehrung in Marokko, dem Land, in dem der natürliche Umgang mit Essenzen, Ölen und Kräutern zum alltäglichen Leben dazugehört – dieses Wissen wurde angenommen. Der Verlag, in dem mein Buch erschien, gehört der katholischen Kirche. Ich war grün, bevor es die Grünen gab. Eigentlich habe ich schon immer politisch naiv gedacht. Zuerst muss man für den Erhalt des Planeten sorgen, dachte ich, und das ist naiv. Wie die Verbindung von Kirche, Politik und Publikationen sich auswirkt, darauf wurde ich durch den sympathischen Friedrich Küppersbusch aufmerksam gemacht. Ich war an meinem dreiundfünfzigsten Geburtstag bei ihm in der Sendung, er ist supergalant. Auf seine Frage, wie ich denn von der Skandalnudel zum Liebling der *Bild am Sonntag* avanciert wäre, antwortete ich: »Na, der Verlag gehört doch der katholischen Kirche, und irgendwie gibt 's da eine Verbindung.«

Mein Mann klärte mich auf, dass man so etwas nicht sagt.

Jedenfalls bekam das Buch nur in gewissen Kreisen Publicity. Viele der in dem Buch zum ersten Mal zusammengefassten Aspekte der Schönheitspflege und viele der Bilder wurden in anderen Büchern nachgestellt und abgekupfert. Gelegentlich treffe ich auf die eine oder andere Person, bei der ich mich nicht zurückhalten kann: »Sie haben geklaut«, sage ich ihr auf den Kopf zu, und ausnahmslos folgt die Behauptung: »Nein, wir haben eben die gleichen Gedanken.«

Na klar, vor allem, wenn mein Buch Jahre vor den anderen erschien. Das Teleshopping jedoch, das Revier von Kreissägen und Gemüseraspeln, sollte ein kleines Paradies der Akzeptanz und Unterstützung für mich werden. Aber auch da dauerte es nicht lange, bis die »Ausradierer« zum Angriff bliesen.

Bevor ich davon erzähle, habe ich noch dem Mann zu danken, der den Erfolg ermöglichte. Soweit ich weiß, hat er sich auf seinen Bauch verlassen. Ihm hatte die Firma den Geldregen zu verdanken, leider ging er bald. Das, was sich später zusammenbraute, dieser Sturm aus Hochmut und Vergewaltigungsphantasien, war eine Lektion für mich. Ich bin überzeugt, dass gute Geschäfte aus Intuition und Disziplin entstehen, nicht aus Gier und Willenskraft. Aber das klingt so teutonisch. Was sich – zumindest aus meiner Sicht – abspielte, war viel eher *Die Marx Brothers in der Oper*. Eine Götterdämmerung mit Schelmeneinlage.

Besagter Mann hatte mich gefragt, ob ich mir vorstellen könnte, bei dem TV-Sender HOT (Home Order Television) meine eigene Kosmetiklinie zu verkaufen. Er hatte später verstanden, dass ich nur die Produkte verkaufen konnte, hinter denen ich sowohl von meinem Bewusstsein wie von meinem Wissen hundertprozentig stand, und er drückte auch seine Verblüffung darüber aus, dass jemand über TV Parfüm verkaufen kann. Doch auch er und die Radiergummibrigade hatten außer Acht gelassen, dass ich ja mit meinen Büchern schon Vorarbeit geleistet hatte. Und die »Vorarbeit der Gene« ist auch nicht zu unterschätzen: Urgroßmutter, Großmutter und Mutter, alle in der Welt zu Hause, die sich mit dem Heilen und Reparieren des Menschen beschäftigten.

Ich hatte keinen blassen Schimmer von der Geschäftswelt, das war zwar gefährlich für eine Frau meines Alters, doch ein wesentlich heiterer Zustand. Ich lernte diese Welt mit ihren Regeln, ihrer ständigen Lust auf Betrug, ihrem ewigen Gerangel um Gewinn, ihrer Reduktion des Lebens auf Ware kennen. Für einen Menschen, der als Kind zur Ware wurde, ist die Weigerung, diese Welt verstehen zu wollen, sicher verständlich.

Wer als Kind zur Ware wird, will nichts übers Verkaufen lernen.

Als ich von Tanger nach München kam, mit einem Bein noch in Mallorca, wollte ich das Mediterrane nicht ganz aufgeben. Man fragte mich häufig, ob ich denn als »weiße Frau« unter den »Kameltreibern und Drogenhändlern« keine Angst gehabt hätte. Nein, eher hier in der »Konsum-ist-Kultur«-Gesellschaft. Hinter und unter den Nadelstreifenanzügen, zwischen den Prada-Taschen und Guccipucci-Fähnchen, hinter dieser Maskerade verbergen sich die Menschenfresser. Und da ich mich täuschen ließ, war ich überrascht, wie schnell man im Kochtopf landet. Der unerwartete Erfolg mit meiner Kosmetiklinie ließ mich mit der Welt der kalten Leidenschaft zusammenrempeln. Hinter dem freundlichen Blick, dem polierten Lächeln, dem gefährlich wohlmeinenden Interesse lauerte ein Gral von Eingeborenen, die einzig an einem Ziel arbeiteten: meinen Überraschungserfolg zu vernichten und ihn mit etwas eigenem Zusammengerührten aus Diebstahl, Opportunismus und Fleiß zu ersetzen. Andere Kosmetiklinien schossen wie Pilze aus dem Boden. Angepriesen von Personen bar jeder Begabung und Wissen auf dem Gebiet.

Als mich der erste Torpedotreffer erreichte, war ich – die in die Jahre gekommene Alice im Wunderland – etwas verdutzt. Ich dachte, wir kämpfen auf der gleichen Seite, oder hatte mich das *friendly fire* erwischt? Mitnichten, hier platzte der Höhlenmensch aus dem Seidensakko. Der Urmensch, der das Andersartige noch scheel beäugt. Sie flüsterten Meinungen durch die Büros. Man sprach mir Kompetenz und Daseinsberechtigung ab. Eine, deren man sich am besten mit einer Hexenverbrennung entledigt – nicht einfach im Teleshopping bei den vielen Grillangeboten.

Ich war natürlich gezwungen zu begreifen, warum und wieso der finanzielle Erfolg, den ich dem Sender bescherte, auch bei den Nutznießern eine solche Zerstörungswut verursachte. Da waren sie plötzlich superkreativ. Fallen, Intrigen und vor allem böswillige Propaganda in Zusammenarbeit mit den entsprechenden Sprachrohren. So wurde mein Erfolg nach außen hin übertüncht. Ich musste einsehen – was mich da traf, waren Höhlenmenschinstinkte. Es ist gar nicht persönlich zu nehmen. Es ist einfach: Wer nicht zu ihnen gehört, nicht aus dem gleichen Holz geschnitzt ist, der darf keinen eigenen Erfolg haben. Wenn Erfolg sich nicht aus Seilschaften ergibt, bedroht er dieselben. Simpler Futterneid, der auch dann noch zum Tragen kommt, wenn man ihnen das Futter vor die Füße legt. Man ist so neidisch, dass man lieber sich selbst schadet, als dem anderen etwas zu gönnen. Es sind archaische Beweggründe, unterbewusst. Man hat mich verletzt, entmündigt und versucht abzukochen, eben wie bei Menschenfressern. Man verleibt sich die Stärke des anderen ein, indem man ihn frisst und so verschwinden lässt.

Nun ist es für die Medienwelt ein Leichtes, Wirklichkeiten verschwinden zu lassen. Eine kleine Fingerübung. Dies bekam ich »hautnah« zu spüren. Im Prinzip eine Art Götterdämmerung à la Marx Brothers. Wer den Film *Die Marx Brothers in der Oper* kennt, erinnert sich vielleicht an das Schlussbild. Die ahnungslose Primadonna singt beseelt an der Rampe ihre Arie für das andächtige Publikum, hinter ihr werden die Kulissen rauf und runter gezogen, bayerische Gebirgsketten wechseln mit griechischen Tempeln. Schlussendlich wird ein breites Panoramabild von einem der Brüder mit einem lang gezogenen Ton in zwei Hälften gerissen, das Bild hängt traurig zu Boden, dazwischen ein weiterer aufgeregter Bruder. Zudem fliegt noch ein Truthahn durch die heiligen Hallen. Die Sängerin versucht natürlich ihre Arie weiterzusingen, vergeblich …

Um bei dem Opernbeispiel zu bleiben: Während ich ahnungslos an der Verbesserung meiner Partituren (meiner Waren) arbeitete, informierte mich der Direktor – er ist in der Zwischenzeit wie der Truthahn geflogen –, dass man eine weitere Primadonna engagiert hatte, die nun auch auftreten solle. Man könnte diese als Karaoke-Sängerin bezeichnen. Nicht nur bediente man sich meiner Noten, sondern man schickte sozusagen Nummerngirls über die Bühne, die, während ich auftrat, lächelnd ein Banner trugen mit dem Text »Die andere ist viel besser«. Auf den Titeln der Programmhefte erschien sie als Göttin der Makellosigkeit, als Virtuosin der glatten Töne. Auffällig war, dass die Karaoke-Sängerin in regelmäßigen Abständen »Herr Direktor« dazwischenträllerte. Ist es denn immer noch so, dass man einem Chef Honig ums Maul schmieren muss?

Die Traumatisierung der deutschen Männer als Verlierer hat in manchen Positionen Männer geschaffen, für die auch eine geheuchelte weibliche Unterwerfung mehr zählt als alles andere. Diese Dämchen, die das Weibchen aus der Handtasche zaubern konnten, tauchten zuhauf auf. Eine Diva verlangte nach ihrer eigenen Toilette. Langsam entwickelte sich der Sender von einem rührend aufrichtigen Darbietungsort zu einer Freak-Show. 80 Prozent von ihnen waren angetreten, um zu beweisen, dass meine Linie leicht zu ersetzen sei. Inhaltsstoffe wie Aussagen. Eine Kakophonie und Propaganda gegen mich, ein Abstreiten meines Erfolges. Doch irgendwie stimmt es, dass vieles sich selbst erledigt. Ich habe noch nie so schnell Direktoren fliegen sehen, aber das Schicksal war wieder gut zu mir. Henry Miller hatte gesagt: »Don't try to change the world, change worlds.«

Peter Zadek engagierte mich 2001 am Burgtheater, wie immer in dem Fach Kurtisane. Ich liebe und verehre ihn sehr, doch nun war ich geradezu hündisch dankbar. In Wien ließen mich die Proben und der 11. September alles andere vergessen.

ALLEIN IM UNIVERSUM

*A*lexandra hatte ein neues Kind bekommen und entschied sich, mit der kleinen Helena nach Frankreich zu kommen, da meine Mutter ebenso ungern flog wie ich. Solche Treffen müssen sorgfältig geplant werden, ich habe als Alleinreisende dafür keine Begabung. Wir sind das heimliche Pendant zu den Osbournes, nur haben wir mehr Kinder als Hunde. Aber dieser erste und letzte gemeinsame Ausflug in die Heimat meiner Mutter war wunderschön. Nach ziemlichem Wirrwarr und Chaos, in das man sich begibt, wenn man an einem der Pariser Flughäfen jemanden abholt, fuhren wir in einem Renault, bis zum Rand gefüllt. Mein Mann, der beste Autofahrer, den ich kenne, meine Mutter mit ihrem Hündchen, unser Rabauke Grisu (der Cairnterrier), Alex mit der kleinen Helena und ich hatten für eine Kurzreise unfassbar viele Koffer dabei. Jeder Hund war mit seinem eigenen Futter versorgt, das Baby mit Windeln und die Damen mit ihren Kosmetiktaschen.

So fuhren vier Generationen friedlich in einem Auto. Das Wetter war sonnig und klar. Es ist beeindruckend, durch die Landschaft seiner Vorfahren zu reisen. Mir fiel auf, dass alle Lieben und Leidenschaften auf denen der Vorfahren beruhen. Ich verstehe das nicht als esoterische Reinkarnation; ich meine, es ist die Leidenschaft der Gene. Die Sehnsucht der Großmütter und -väter entscheidet mit, ob man sich im Jetzt zu Hause fühlt. Diese Fahrt mit der Sippe führte uns von Paris entlang der Seine durch jene hügelige Landschaft, deren Licht von der Nähe des Meeres geprägt ist. In der Normandie leben hauptsächlich Wikinger. Die breiten Schultern meiner Mutter, die Leichtigkeit, mit der sie früher Poolreinigungsfilter durch den Zoll in großen Handtaschen schmuggelte, und ihre hellen Augen, mit denen sie ins Nichts wie auf ein Meer starren konnte, all dies fand ich hier in diesem Land schatt geboren. Der einzige Vorteil des unruhigen Lebens ist, dass man die wenigen Augenblick der Gemeinsamkeit so sehr genießt, dass sie später als schmerzlich-süße Erinnerung ewig dauern.

Die drei Tage in der Normandie waren voller Zärtlichkeit und komischer Szenen, denn meine Mutter war ohnehin jemand, der viel und gerne lachte, mit Alexandra, ihrer Favoritin, sowieso. Sie sind ein Erinnerungsknäuel voll Freude, eine Mahlzeit während einer Dürre, denn das normale Zusammensein hatte es schon in meiner Kindheit kaum gegeben. Und wie mein Vater wünschte ich mir nichts sehnlicher als bürgerliche Gewohnheiten, regelmäßige Mahlzeiten von Eltern und Kindern, deswegen wurde, was für andere tägliche Routine ist, für mich ein im Goldrahmen aufbewahrtes Erinnerungsbild. Diese Erinnerungen sind eben keine Erinnerungen an einen Alltag. Das einzige Mal in meinem Leben, wo sich ein relativ normaler Familienrhythmus ergab, war später und währte gerade lang genug, um als Narbe von Dauer zu bleiben. Aber alles hat auch Vorteile, und die Intensität gleicht im Nachhinein die Gewohnheit aus.

So ist die Zeit der vier Generationen eben eine Osbourne-Aufnahme: Mutter (und jetzt Uroma) Geneviève war ihr Leben lang immer schön hergerichtet, aber im Alter nur noch vorne. Sie hatte eine ebenmäßige, glatte Haut, feine Haare, fast wie Federn, einen rosigen Lippenstift, mal mehr, mal weniger Kajal auf den Lidern, die Hellseheraugen getuscht. Meist war sie dunkelblau gekleidet, und bis zum Ende ihres Lebens fühlte sie sich, wenn man sie berührte, wie ein flauschiges Kissen an, ganz, ganz weich. Die Federfrisur war vorne elegant coiffeurt, hinten ein Mahlstrom an unwilligem Haar. Wenn sie ins Zimmer kam, war sie eine imposante

Erscheinung, und bis zuletzt war sie die Frau, hinter der ich mich verstecken konnte, auch wenn sie nicht da war. Daher kommt das Französische an mir, das Nicht-Deutsche. Auch wenn es mein Vater war, den ich als Kind liebte, seine deutsche Angst vor Gefühlen hat ihn zum Phantom werden lassen; nur meine Mutter war fordernd, aber auch bereit zu vergeben.

Eine französische Autorin sagte über ihre Mutter genau das, was ich meiner gegenüber empfinde: »Ich verstehe ihre Grausamkeiten, sie konnte nichts dafür.« Wir hatten eine leidenschaftliche Beziehung. Sie war die Frau meines Lebens. Um mich und meinen Bruder zu machen, hat sie sich in den Feind verliebt, wurde zum Tode verurteilt, überlebte. Und jetzt, nach ihrem Tod, versinke ich gelegentlich in den Gedanken, dass die Mutter viel bedeutet, weil sie die Öffnung ist, durch die man aus dem Universum auf den Planeten gestoßen wird. Man wehrt sich bis zum Ende gegen ihre Allmacht, und es nützt gar nichts, selbst Kinder zu haben, die man liebt, ihre Macht dauert an. Daher ist eine gedankenlose Routine innerhalb einer bürgerlichen Familie sicher schöner und leichter zu handhaben als die Exaltationen, aus denen sich unser Krieg der Temperamente zusammensetzte. Doch das Intensive lässt alles behalten. Ich kann alles abrufen: das Hotel auf dem Hügel, die klare Luft der Meeresnähe, die typisch französischen Blumentapeten in jedem Raum.

Alex ist wie meine Großmutter, wo sie ist, entsteht ein Zuhause. Das ist eine Begabung. Mit ihr wird sogar der Tisch im Hotelrestaurant zum familiären Esstisch. So saßen wir dort, erzählten uns Geschichten und tranken guten Rotwein. Mein Mann hatte sich als Babysitter angeboten und lag mit Grisu, unserem Terrier, auf dem Bett. Plötzlich, inmitten unseres weinseligen Dinners im Speisesaal, hörten wir durch den Flur lautes Poltern, Hundegebell und Babygeschrei. Alex und ich rasten in das stockdunkle Zimmer. Klaus, mein Mann, rief: »Rettet nur das Baby!«

Mit einem Handgriff holte Alex Helena aus dem Bett, die gleich aufhörte zu weinen. Wir machten das Licht im Zimmer an. Grisu stand wedelnd im Kinderbett.

Von Anbeginn musste unser Hund seine Position als Nesthäkchen gegen »fremde« Ansprüche verteidigen. So hatte er neben Klaus gelegen und etwas geschnuppert. Nach der »Ortung« des unheilvollen Duftes sprang er mit einem Satz ins Kinderbett auf Helena, die anfing zu schreien. Klaus sprang nach, das Licht ging aus, denn er hatte sich im Kabel verheddert. Es war ein Chaos. »Typisch Amerikaner«, das war den Gästen am Gesicht abzulesen, aber die Franzosen haben viel Verständnis für Hunde, und man hatte Gesprächsstoff.

Am nächsten Tag aßen wir in Honfleur zu Mittag. Es war das letzte gemeinsame Mittagessen und ein Geschenk des Lebens an uns alle. Das Restaurant in honigfarbenen Tönen war vom Boden bis zu den Dachbalken exquisit. Meine Mutter schien wie eine Edelfrau ganz in ihrer normannischen Pracht eingehüllt. Ich erinnere mich an das schöne, frische Nordlicht, die Servietten aus feinstem Leinen, die üppigen Saucen, den herrlichen warmen Apfelkuchen mit Zimt und der normannischen Crème fraîche, die zwanzigtausend Kalorien pro Löffel haben muss. Es war wie ein kulinarischer Abschied, ein Goodbye am Ursprung unseres Seins.

Alexandra flog zurück, und das Ende meiner Mutter kam. Ganz deutlich erinnere ich mich an die Jahreszeit, in der meine Mutter starb; auch weil ich diesen Teil des Buches zur gleichen Jahreszeit schreibe, kann ich alles nacherleben.

Meine Mutter war ja in der Welt der Medizin aufgewachsen, und sie meinte, ihre Mutter hätte nur für die Arbeit gelebt. Sie selbst hatte im Labor gearbeitet und war daher durch ihren Beruf und ihre Identität mehr als woanders im Krankenhaus zu Hause. Auch als Rentnerin war sie oft im Krankenhaus für die eine oder andere Untersuchung.

Als sie mich im Frühjahr anrief, meinte sie lachend: »Ach, ich bin umgekippt, und mein Arzt meint, er hat Angst, mich vergiftet zu haben, meine Blutwerte sind schlecht.« Längst war eine Reise nach Spanien geplant, wo mein Bruder in der Nähe von Pamplona einen schönen Ort aufgetan hatte, den er mit Künstlern besiedeln wollte. Ich bin gerne mit meinem Bruder zusammen, wir sind eben die einzigen sächsischen Franzosen, die ich kenne. Der Aufenthalt war interessant, aber überschattet. Diesmal fühlte sich der hundertste Aufenthalt meiner Mutter in einer Klinik nicht an wie die anderen. Wir kamen in München an, mein Bruder musste weiter, nach Rom zum Heiligen Vater, glaube ich, und plötzlich traf mich das Gefühl, meine Mutter liege im Sterben, wie ein Faustschlag. Ich kann nicht darüber schreiben, Schmerz ist wie Sex ganz intim und nicht zu vermitteln. Ich musste unbedingt zu ihr.

Mein Bruder flog aus Rom nach Paris, und im Krankenhaus erlebten wir wieder das Komische in einer Tragödie. Ich hatte die ganze Zeit geweint wie ein Springbrunnen, als ob das jahrelange Nicht-Weinen-Können sich plötzlich an mir rächte. Sie war ganz erfreut, uns beide zu sehen. Schon lange hatten wir drei es nicht geschafft, uns zusammen zu treffen. Sie setzte sich auf und nahm zwei Lexotanil in den Mund, zeigte sie wie Hasenzähne, und wir mussten alle lachen. Sie war emsig bemüht, ihre Angelegenheiten zu ordnen, es ging darum, ihren Hund mitzunehmen, was ich tun wollte, doch der Mann, dem sie vertraut hatte, rückte Lola nicht heraus.

Wie bei einem Vampir, der Blut getrunken hatte, machte das Glück, uns gemeinsam zu sehen, sie wieder frisch, und es hieß, sie könne sich wieder erholen. Wir wollten uns abwechseln, mein Bruder und ich. Die nächste Reise nach Frankreich trat ich mit meinem Mann an. Doch alles, was man noch tun konnte, war, zu akzeptieren, dass sie im Aufbruch war. Ihr Geist war noch jung, aber sie zog aus ihrem Körper aus.

Man kann nicht mit ihnen sterben, auch wenn man es verzweifelt möchte. Der Tod der Eltern ist so, als ob sich der Boden unter einem öffnet und man hilflos im Universum zappelt.

Beim letzten Treffen sagte meine Mutter: »Es tut mir Leid.« Ich erwiderte: »Was soll dir Leid tun, ich bin doch recht stark geworden, dafür danke ich dir.« Ich habe sie gestreichelt, und wieder war es so, dass sie wie schon oft mein Kind war. Sie war vierzehn geblieben, und nur mir hatte sie anvertraut, warum. Es erklärt so viel.

Alles nach dem Tod meiner Mutter war von einem unerträglichen Schmerz begleitet; es tut ja nicht weh wie andere Wunden, das Leiden kommt aus der Unbegreiflichkeit.

Kürzlich las ich ein Interview mit Lauren Bacall, die auf die Frage, wie sie sterben wollte, antwortete: »Lieber nicht.«

Mein bester Freund meinte, ich wäre eben wie alle Menschen, die glauben, dass die eigene Mutter immer da sein wird, und eine von Leidenschaft geprägte Beziehung endet auch leidenschaftlich.

Eine törichte Journalistin plapperte im Fernsehen, dass für Berühmte der Tod so schwer zu ertragen sei, weil sie eben als Berühmte ein so privilegiertes Leben haben, und dass die Realität des Todes, die für alle gleich ist, sie kränkt. Das kann nur jemand sagen, der glaubt, dass der Bullshit, mit dem Menschen be- und entrühmt werden, angesichts des Todes etwas bedeutet. Das Einzige, was den Tod noch schwerer erträglich macht, ist seine Behandlung in den Medien. Man kann ja kaum krank werden, alles wird aufgegriffen, und die Anteilnahme ist fast immer geheuchelt.

Eine typische Geschichte mit dem Tod Prominenter ist gerade Allegra passiert. Eine Freundin rief sie spätnachts an: »Ist das wahr, dein Vater ist gestorben? Es kam gerade im Fernsehen.« Allegra war außer sich, weinte und versuchte ihre Schwester zu erreichen. Die Auflösung: Tony Randall war mit vierundachtzig Jahren gestorben. Sorry, aber für die Außenwelt ist eine Legende wie die andere.

BURGTHEATER, 9/11

*A*m elften September gingen mein Mann, unser Hund und ich in Wien durch die Dorotheengasse Richtung Graben, als mein Handy klingelte und mir eine aufgeregte Frauenstimme, eine Mitarbeiterin des Burgtheaters, atemlos verkündete: »Wir haben die Lesung abgesagt.«

»Warum?«, fragte ich.

Ihre Stimme klang ungeduldig, unausgesprochen schwang der Unterton mit: »Weshalb wohl, Sie dumme Kuh«, laut aber sagte sie: »Na, wegen des Angriffs auf New York.« Sie legte auf, und mit dieser Information eilten wir in die vom Theater angemietete Wohnung. Da es dort keinen Fernseher gab, lauschten wir wie früher dem Radio.

Diese Lesung, die ursprünglich für den vierzehnten September geplant war, sollte das Publikum auf das Stück *Der Jude von Malta* vorbereiten. Darin wird die Geschichte eines Mannes erzählt, der zum Terroristen wird, weil er nicht mehr bereit ist, Demütigungen hinzunehmen. Das Stück wurde im sechzehnten Jahrhundert von Christopher Marlowe geschrieben. Es hat Shakespeares Figur des Shylock beeinflusst. In dem Stück ringen Christen, Araber und Juden um die Macht. Es kommt zum Krieg, in dem auch zwei Türme von Muselmanen zum Einsturz gebracht werden. Die Parallelität unserer Theaterarbeit mit der Realität war schlichtweg gespenstisch.

Wir haben verlernt, Nachrichten ohne Bilder richtig aufzunehmen. Es war für uns sehr dramatisch, aber weit weg zugleich. Ich versuchte vergeblich, in den USA anzurufen, endlich erreichte ich die Kinder auf dem Handy. Ich glaube, der 11. September ist für viele das erste Mal, dass ein Ereignis die Menschheit fast körperlich miteinander verband. Der Tod von Lady Di hatte eine ähnliche Wirkung, doch Trauer fühlt sich anders an als Angst. Wir waren alle wie im Bombenkeller, denn was mir Freunde über diese Zeit erzählten, schien ähnlich. Man lebte zwar, konnte sich darüber aber nicht wirklich freuen. Selbst die Menschen, die die Bomben warfen, waren irgendwie auch Opfer.

Erst am Abend, als wir wieder in München waren, sahen wir wie der Rest der Welt das Höllenspektakel im Fernsehen. Wir wurden zu »Augenzeugen«. Gleichzeitig war es fast abstrakt, die Bilder verdrängten die Tatsachen, es wirkte wie ein Pop-Event. Ich konnte die Schmerzen erst nachfühlen, als die Stimmen der Menschen veröffentlicht wurden, die Botschaften, die viele ihren Familien auf den Anrufbeantwortern hinterließen.

Als dann die Probenzeit begann, fand alles im Schatten der Nachrichten statt. Die Ähnlichkeit des Stückes mit den realen Ereignissen war so groß, dass Inszenierung und Nachrichten fast miteinander wetteiferten. Nahezu jede Figur im Stück hatte ein lebendiges Gegenstück in den Medien. Es war so beklemmend, dass, so erzählte mir Gert Voss später, schon während der Proben überlegt wurde, ob man das Stück nicht absetzen sollte.

Für mich persönlich kam der beängstigende Zufall hinzu, dass ich nun zum zweiten Mal in Wien an einem Theater engagiert war, während erneut ein Präsident Bush eine militärische Auseinandersetzung führen wollte, die die Welt im Fernsehen beobachten kann. Ein großer Vorteil am Theater ist es normalerweise, dass man das Leben draußen vergisst. Das war diesmal nicht möglich. Es war, als ob der Schutt aus New York sich auf unsere Kulissen gelegt hatte und von uns ausgehustet wurde.

Die Arbeit an einem Stück mit dem Thema Krieg und dadurch auch mit dem Thema Geld verändert den Blick auf die Wirklichkeit. Sie wird zur mutmaßlichen Realität. Eine meiner persönlich irritierendsten Beobachtungen war ein Blick auf den Schauspieler Bush. Mein Mann meinte, ich sei, wie so oft, verschwörungstechnisch unterwegs. Nun ist es aber schwer, das nicht zu sein. Als man Bush über den Angriff benachrichtigte, war er nicht überrascht, sondern eher wütend. Mein Eindruck ist, dass er, der klein wirkende Kasperl, sich wahnsinnig ärgert, dass er nie gegen das Spektakuläre ankommen kann. Normalen Menschen beziehungsweise Nicht-Schauspielern fällt es schwerer, das Schauspiel auszumachen...

Walter Matthau sagte über die Schauspielkunst: »Ehrlichkeit ist der Schlüssel. Wenn man da mogeln kann, hat man's geschafft.«

Christopher Marlowe wurde mit sechsundzwanzig Jahren in einer Kaschemme erdolcht, er war schwul und ein Trinker. Die Vehemenz seines Lebens ist in den Texten wie Trommelschläge fühlbar. Theaterstücke unter der Regie von Peter Zadek sind immer Lebensabschnitte. Nicht nur wegen der langen Probenzeit. Er ist ein Genie.

In dem Stück geht es nur um Lügen, Mord und Totschlag. In so einem Fall versucht jeder Schauspieler, »ehrlich« zu lügen. Wenn er »verlogen« lügt, langweilt es. Es gibt da einen Satz von Max Reinhardt: »Nicht das Verstellen, sondern das Aufdecken ist das Ziel.« Also verbrachten wir drei Monate mit dem Analysieren der Beweggründe für Krieg, Machthunger und Lebenskampf. Wir konnten die andere Welt nicht vergessen. Im Laufe der Monate entstand eine Collage. Die alten Texte erlebten eine Wiedergeburt, eine Fahrt ins Innere der Gier, eine Achterbahn durch die Landschaft des Männlichen. Alle Theaterfiguren, alle Charaktere konnten wir quasi abends im TV noch einmal in »echt« als reale Personen sehen.

Mein Freund aus dem Ensemble, Peter Kern, hat viele muslimische Freunde in Ägypten, meine sind in Marokko; wir sprachen über sie und fanden es schwierig, die Wucht der grundsätzlichen Verurteilung einfach hinzunehmen.

Mit welcher Kraft Peter Zadek seine Wahrnehmung durchsetzte, wie brillant Gert Voss aus dieser Figur diesen einen Menschen schuf, der einem Leid tat, weil er so zur Raserei getrieben wird. Diese Inszenierung war im Windschatten der Ereignisse schwer durchzuhalten. Eine athletische Leistung von Gert Voss. Es war eine großartige Inszenierung, doch kein großer Erfolg. Die meisten lehnten die Nähe zur Wirklichkeit oder das Aufdecken der Machenschaften hinter der Wirklichkeit ab. Manche sprachen Peter Zadek ein Vorgefühl zu, ein Erahnen der Dinge, die kommen. Aber diese Inszenierung, die während der Proben wegen der politischen Brisanz abgebrochen werden sollte, ist trotz allem fertig geworden. Es lässt sich bei so vielen Übereinstimmungen viel hineingeheimnissen. Traurigerweise wird einem durch die Auseinandersetzung mit einem Stück, das wie der Entwurf für 9/11 wirkt, klar, dass sich alles wiederholt und sich wenig zu verbessern scheint ...

An weiblichen Rollen gibt es in diesem Stück die Tochter, die Huren und die Nonnen. Ich spielte die Hure und Kurtisane Bellamira und eine Äbtissin, der von Ignaz Kirchner die Kutte hochgerissen wird, unter der ihre Reizwäsche sichtbar wird. Hm.

Die Arbeit mit Peter gestaltet sich für mich immer gleich: Er bringt mir viel übers Leben bei. Ich, die immer alles Sentimentale wegwirft, habe alles, was er mir geschrieben hat, aufbewahrt. Er ist einer der wenigen Männer, die ich bewundere. Herr Röntgenblick kann in mein Herz sehen. Vor Jahren schrieb er mir, dass er nicht wusste, dass ich so unsicher bin, und genau das sei meine Stärke. Wie viele Menschen gibt es, die so einen Zusammenhang bei einem anderen, nicht besonders Nahestehenden erkennen? Kein Wunder, dass er mir viel bedeutet und ich ihm vertraue. Wenn der Beruf des Schauspielers überhaupt einen Sinn macht, dann ist es das Kennenlernen der Kreatur. Ein Regisseur, der sich scheut, in der *bête humaine* (Bestie Mensch) zu wühlen, kann nur Bedeutungsloses abliefern; aber das ist leider immer mehr der Standard. Seltsamerweise ist auf der Bühne die Wahrhaftigkeit wichtig. Wenn man angelogen werden will, sollte man auf Cocktailpartys gehen.

Das Angebot, mit Peter Zadek an der Burg zu arbeiten, machte mich stolz. Die Erfüllung des Traums, einmal auf dieser Bühne zu stehen, war aber eingepackt in die übliche Ironie des Schicksals. Ich saß wie alle anderen wochenlang im Probenraum herum, das tut keiner Figur gut. Als ich endlich drankam, entdeckte ich, dass in der Kulisse, an dem Schiff, auf dem ich meinen Auftritt hatte, eine Dusche eingebaut war. Eine Dusche, das konnte nur heißen, Bellamira muss sich ausziehen und duschen.

Nackt auf der Bühne wie vor dreißig Jahren, das ist nicht so einfach. Ich meine, auch ich habe mit der Schwerkraft zu kämpfen. Der Gang vom hinteren Teil der Bühne bis zum Publikum – eine endlose Strecke, wenn man nackt ist – sollte zum Prüfstein meiner Stärke werden. Also hinten duschen, das ging ja noch, aber nackt nach vorne laufen, ist das nicht ein bisschen viel Realität? Der Zauberer Zadek machte etwas Unglaubliches: Er fand eine blaue, durchsichtige Stoffbahn aus Seide bei einer unserer Tänzerinnen, nahm sie mit spitzen Fingern, hielt sie vor sich und zeigte mir, wie ich mich mit diesem Schutz nach vorne wagen konnte.

Viele Menschen kennen den Albtraum: Alle sind angezogen, nur sie selbst nicht. Den Traum brauche ich nicht zu träumen.

Die Hure Bellamira nimmt sich Uwe Bohm als manipulierbares Spielzeug zur Brust (der Krieg heiligt alle Mittel, so die Aussage des Stücks). Uwe Bohm und ich mussten auf der Bühne »fiiiken«, wie Zadek es nannte; de facto ergab es ein unglaubliches Gerangel von Uwe und mir. Zudem fing die Szene so an, dass ich auf dem Bett lag und die Beine spreizte. Dann kamen die Mädchen, die

Zadek mir zur Seite gestellt hatte, dazu. Sie schwammen später auch auf dem sich drehenden Bühnenboden. Es war ungeheuerlich und gar nicht langweilig. Auf jeden Fall war Uwe sehr süß zu mir, ganz gnädig mit der Omi. »Ah, du Schöne«, begrüßte er mich, und das machte Spaß.

Zwischen Diätrezepten meinerseits und verschiedenen Sexualanleitungen seinerseits spielten wir die Sexszene ausführlich, während das Boot den ganzen langen Bühnenweg entlangfuhr und vorne Gert Voss und Ignaz Kirchner ihre Szene gaben. Wir wurden immer von stummem Johlen einiger Bühnenarbeiter, Statisten und Kollegen begleitet, die sich im Schutz der Bühnenseiten über die verschiedenen Stadien unserer Derangierung lustig machten. Wenn die Leute wüssten, was sich da oft abspielt. Aber Gerechtigkeit muss sein. Das Publikum fordert Hingabe, die es auch bekommt. Der Schauspieler stellt sich immer bloß, er gibt sich immer auf. Ein Teil seines Lohnes scheint mir die private Lust zu sein, die hinter und neben der Bühne entsteht, von der die Zuschauer nichts mitbekommen. Ein bisschen privater Spaß muss sein.

In den Zeitschriften waren mein dicker Arsch und eine falsch zitierte Aussage Thema.

»Das Stück gilt als antisemitisch, es ist aber keine antisemitische Inszenierung«, hatte ich gesagt, aber der zweite Teil dieses Satzes wurde nicht abgedruckt. Ich sah in dem Juden von Malta die einzige Figur, bei der ich mitfühlen konnte; ein Mensch, der sich gegen Demütigungen wehrt, das müsste doch leicht zu verstehen sein.

Ich habe mich gefragt, ob diese Inszenierung ohne den 11. September anders aufgenommen worden wäre. Aber Peter hatte mir einmal gesagt, auf mein Argument, das Leben sei mir wichtiger als die Bühne, ich solle sie als Teil meines Lebens nehmen. Leicht gesagt, immerhin war die Arbeit für mich als Kind nicht als normaler Teil des Lebens zu verstehen; daher habe ich lange gebraucht, um diese Einstellung umzusetzen. Aber er hat Recht, alles gehört zum Leben dazu.

O NONNA MIA

ODER DAS DRITTE JAHRTAUSEND

*D*as dritte Jahrtausend sollte doch irgendwie den Untergang der Menschheit einläuten. Zumindest sollten die Computersysteme zusammenbrechen, und überhaupt hieß es, sollte die ganze Elektronik durcheinander geraten. Aber scheinbar passierte nichts. Erst mal schien es so. In meinem persönlichen Universum allerdings ging alles unter, während gleichzeitig ein neues Zeitalter anbrach. Eine Zeit der ersehnten Normalität und eine Periode der Vernunft im Umgang mit dem stacheligen Teil der Wirklichkeit. Letzteres zwar nicht ersehnt, aber hochinteressant.

Man lernt diese Gesellschaft erst kennen, wenn es um Pfründe geht. Als ehemaliger Kinderstar und daher schon früh selbst als »Ware« gehandelt, hatte ich mir einen Lebensstil zugelegt, der es mir gestattete, parallel zu diesem Kriegsschauplatz meiner Wege zu gehen. Letztendlich habe ich diesen Schritt ins Normale einem Mann zu verdanken.

Als er auftauchte, war es um meinen Freiheitstrieb geschehen. Er war, wie in Romanen beschrieben, glutäugig und temperamentvoll. Er kann mir seinen Willen aufzwingen. Für ihn opfere ich meine weibliche Emanzipation, meine Reiselust. Er darf Pascha sein, alles dreht sich nur um ihn. Ich bin glücklich, seinem Atem zu lauschen, wenn er schläft. Für ihn bin ich auch nicht Christine Kaufmann, sondern nur warme, weiche, domestizierte Weiblichkeit.

Er ist mein Enkelsohn.

Seine Anwesenheit auf diesem Planeten veränderte die Konstruktion unseres Betriebes. Vom Wanderzirkus wurde er zum Tante-Emma-Laden. Er ist mein erstes Enkelkind, bei dem ich sehen konnte, was für ein großes Wunder ein neuer Mensch ist. Er hat mir auch gezeigt, dass nackte Vernunft gefährlich sein kann oder dass es einfach gefährlich ist, ohne ein so genanntes Gottvertrauen zu leben.

Wie dem auch sei, das neue Jahrtausend hatte viel in petto für mich. Es begann aber in meiner Erinnerung schon mit der Sonnenfinsternis, die, kurz bevor meine Mutter starb, stattfand und die ich fast als Vorgeschmack auf den Tod empfand.

Ganz klein, doch so störend wie ein Krümel im Bett fing eine ständige Torpedierung meiner Arbeit aus den Reihen des Teleshopping statt. Der wirtschaftliche Erfolg wurde totgeschwiegen, meine Ideen wurden wie in einem Selbstbedienungsladen ins eigene Körbchen gesteckt. Dazu waberte die Behauptung, ich sei geliftet, in der Öffentlichkeit herum. Ich prozessierte. Es ist erstaunlich, wie groß die Lüge und wie klein die Wahrheit in den Medien abgedruckt wird. Meine Auseinandersetzungen mit einigen Kräften innerhalb des Senders waren so heftig, dass ich anfing, das Phänomen der Blutrache zu verstehen. Doch vor allem wiederholte sich das Anfechten meiner Leistungen. Ich hatte schon Hiebe als Kind erfahren, das Totschweigen des Golden Globes und einiger Theatererfolge, sicher auch das Negieren meines komischen Talentes, das man zum Beispiel in der Figur der Olga in *Monaco Franze* sehen konnte (ein Redakteur vom ZDF sagte nach der Ausstrahlung, man sehe mich nicht in komischen Rollen), doch jetzt, zu guter Letzt, wollte man mir quasi die Haut abziehen. Ich wurde mit einigen Schauspielerinnen in einen Topf geworfen. Alle sind geliftet. Das ging mir zu weit, deswegen klagte ich.

Doch alles verblasste neben dem Tod meiner Mutter. Ich hatte Glück, dass sie nicht während einer Theaterarbeit starb, denn was vermittelte mir ein großes Bühnenunternehmen: »Aber wegen des Tods einer Mutter lässt man keine Vorstellung platzen.«

Mein Mann und ich sollten nach dem Tod meiner Mutter an einer Aufführung arbeiten, die wir *Maria auf Karmisch* tauften. Nach einem wirklichen Verlust sind Theaterarbeiten schwer, weil der Tod auf der Bühne, dadurch dass der Schauspieler bei geschlossenem Vorhang hinterher wieder aufsteht, so banal wirkt. Trotzdem gibt es in guten Theaterstücken immer Texte, in denen die Wirklichkeit mitschwingt. Dann ist es wie eine Klärung und tut gut.

Bevor meine Mutter starb, besuchten mein Bruder und ich sie zum ersten Mal zusammen am Krankenbett in Paris. Dann lösten wir uns – wie gesagt – ab, und so kam es, dass ich auf Mallorca arbeitete, als mein Bruder anrief und sagte, sie sei gestorben. Auf den Fotos, die in dieser Zeit von mir gemacht wurden, sehe ich nur ihr Gesicht in meinem. Wie ich mir auch einbilde, eine Woche lang mit ihr gesprochen zu haben. Es gab zwei Trauerfeiern, in deren Verlauf ich vermeinte, ihren ganz persönlichen Humor wie eine Nachricht zu empfangen. Mein Bruder hatte in München eine Messe arrangiert. Eine schöne Kirche in Schwabing. Viele Freunde aus unserer Kindheit waren da, meine Tochter Alexandra und Helena, die Inkarnation meiner Mutter.

Vor Beginn der Messe stand ich vor dem Raum, und wir sahen den Abt, der in seinem Gewand samt Messdienern und Weihrauchgefäßen mit hurtigen Schritten freudestrahlend auf uns zukam. Ich kannte ihn ein wenig, eine erfreuliche Person, sehr fein und humorvoll. Ich stellte ihm Helena vor, die aussieht wie Nicole Kidman als Baby. Sie starrte ihn gebannt an und fragte nach einigem Zögern: »Do you play guitar?«

Wir mussten alle lachen, vor allem der Abt. Für mich war Mutter eindeutig dabei, denn während der Predigt war Helena, wie ermahnt, still. Das hielt sie jedoch nicht davon ab, ohne irgendeinen Ton von sich zu geben eine Art Schwanenseeballett auf den Sitzplätzen zu vollführen. Katzenleise stülpte sie sich über die Bänke, ich sah aus den Augenwinkeln Spagate, Pirouetten, ein wenig

Mary Wigman. Sie vertrieb sich inbrünstig mit Anmut die Zeit. Innerlich sagte ich meiner Mutter: »Ja, ich weiß, dass du da bist.«

Auch die Zeremonie später in Frankreich war für mich wie eine Umarmung. Ihre Urne wurde in Vernon in dem kleinen Städtchen an der Seine nördlich von Paris in dem Grab meiner Großmutter beigesetzt. Wir haben eine winzige Familie, mein Bruder und ich, vielleicht hängen wir deshalb so an unseren Kindern. Es gibt nur einen Großcousin, dessen Mutter war in der Kindheit die Gefährtin meiner Mutter. Meine Großmutter und ihre Schwester hatten nur je eine Tochter. Diese Cousine Christiane war wie meine Mutter ausgebüchst. Ich weiß nichts Genaues, aber sie war davongelaufen, mit einem Zirkusdirektor oder so ähnlich, und fast zeitgleich mit meiner Mutter gestorben.

Beide wurden auf ihren Wunsch eingeäschert, und beide standen nur als kleine Urnen vor uns. Meine Tante war schlanker als Mutter gewesen – und war es nun Zufall oder nicht, aus irgendeinem Grund entsprachen die Formen der Urnen ihren Körpern. Die Tante hoch und schlank, meine Mutter kugelrund. Fast konnte ich unter dem bauchigen Gefäß ihre Ballerinaschuhe hervorlugen sehen.

Wir konnten eigentlich immer zusammen lachen, wenn ihre kindlichen Forderungen nicht zu groß wurden. Diese Kindlichkeit, dieses emotionale Gefängnis hatte einen Grund, ich weiß leider nur einen Teil. Als sie das letzte Mal Weihnachten bei uns feierte, spielten wir wie immer in den Pausen der weihnachtlichen Geschäftigkeit Streitpatiencen. Sie gewann und meinte, sie hätte wohl die letzten Feuerwerke, bevor es »Ffzzzz« zu Ende geht. Sie hatte Recht. Sie vertraute mir aus heiterem Himmel eine Geschichte an. Ein Geheimnis – und ich erfuhr, dass mein Gefühl richtig war, ich war immer die Mutter gewesen, wir alle hatten ein vierzehnjähriges Mädchen vor uns. Es ist doch so, dass etwas passieren kann, wodurch man innerlich stehen bleibt. Sie war ihr Leben lang fordernd gewesen. Als ich diese Geschichte hörte, verstand ich auch, warum ich sie immer auf den Schoß nehmen wollte, warum ich mich der Überforderung stellte, wie bei dem Schneesturm, damals in München als ich ihr sagte: »Geh hinter mir, ich schütze dich.«

Ich war sieben Jahre alt.

Obwohl ich nur Teile ihrer Erzählung verstand, war das Gefühl lückenlos zu begreifen. Sie war, das kann man auf den Fotos sehen, ein Kind, das erotische Gefühle bei Männern auslösen konnte, und sie wurde mit dreizehn vom Lebensgefährten meiner Großmutter geschwängert. Sie wusste nicht, was er mit ihr »gespielt« hatte, nur den immer dicker werdenden Bauch, den fing sie an zu bandagieren. Und eines Tages fiel sie in Ohnmacht. Meine Großmutter wickelte sie auf und stellte ihr weinend immer wieder die gleiche Frage: »Wer hat das getan? Sag es mir, sag es mir.« Mehr hat sie mir nicht erzählt, und ich konnte, weil sie so abgrundtief schluchzte, sie nicht weiter fragen. »Mein Kind« weinte, und ich verstand, dass es immer so war. Ich sollte ihre Mutter, ihr Vater, ihre Liebe sein.

Das war nicht leicht. Diese Überforderung hat auch bei mir Spuren hinterlassen. Ich denke, dass auch ich daran arbeiten musste, das Stadium der Neunjährigen zu verlassen, um Probleme nicht mehr kindhaft zu lösen. Dies ist im Prinzip erst jetzt geschehen. Es fühlt sich gut an, erwachsen zu werden, Dinge nicht zu ernst oder zu persönlich zu nehmen. Dafür war das neue Jahrtausend wie geschaffen. Die Sonnenfinsternis, der Abschied und Tod meiner Mutter, das Burgtheater, der 11. September und die Auseinandersetzung mit der Missgunst, das alles war wie in den griechischen Mythen, denn neben der Wirklichkeit gibt es ja immer die Scheinwelt, die Teil meiner Wirklichkeit ist. So wie für alle in unserer Kultur. Eigentlich gilt es diese auch zu behandeln, ohne dabei zu vergessen, dass es sie eigentlich nicht gibt. Wenn ich zum Beispiel sehe, wie die Position von dem Großvater meiner Enkel in der Öffentlichkeit gehandhabt wird und wie es in Wirklichkeit ist, so denke ich, dass mein so oft belächeltes Arrangement mit dem Schicksal mehr Seelenfrieden bringt.

Während ich in Wien spielte, kam Allegra mich besuchen wie so oft, wenn es ihr schlecht ging. Ihre Probleme stammen tatsächlich aus einer Kollision mit der Wirklichkeit. Was die Diskrepanz von Sein und Schein für Spuren hinterlassen hat, ist Teil eines Phänomens, das viele Promikinder betrifft. Als Nonna spürte ich aber, dass sie vor allem ein Kind haben wollte, vielleicht auch in der derzeitigen Konstellation. Ein Jahr später war sie schwanger, und ich erhob vernünftige Einwände, für die ich mich jetzt schäme. Alles war sozusagen so, wie es nicht sein soll. Doch das Kind beweist, dass das Leben wohl eigene Wege geht. Es sollte mir so viel Glück bringen: Ich mietete für Allegra eine Wohnung in Schwabing, und sie bekam das Kind in München. Es ist ein zimtfarbener Bajuware. Dido, meine Enkelin, hatte von mir für das Abitur eine Wohnung in Wien für ein Jahr bekommen. Eine Prachtwohnung im ersten Bezirk mit Dachterrasse. Dido kam kurz vor der Geburt herbeigeeilt. Dieser März 2002 war ungewöhnlich warm und schön. Das Kind war überfällig, und der Arzt entschied sich für einen Kaiserschnitt.

Ich war noch nie bei einer Geburt dabei gewesen. Wie auch? Die Geburt der eigenen Kinder fühlt man eher, als dass man sie bewusst miterlebt. Allegra nahm eine Freundin mit, die schon fünf Kinder hatte, also »Bescheid wusste«. Eine schöne Frau, wie eine verführerische Hexe. Der Arzt ein eleganter, gut aussehender, Vertrauen erweckender Großstädter. Er sprach das elegante Münchnerisch, weich und luftig. Es war so weit, wir warteten im Nebenraum, Allegra war betäubt, und nichts hat mich mehr Überwindung gekostet als der Anblick der durch die Anästhesie fast gelähmten Tochter ... mein Babykind. O je, o je. Wir hörten den Arzt sprechen, die Schwester raunen, das dunkle Zimmer füllte sich mit Sorge, jetzt musste das Kind doch endlich da sein. Wir hörten nur Allegra. Lebte das Kind etwa nicht? Didos Gesicht wurde leer. Mein Gott, bitte nicht!

Seltsame tierische Laute. O mein Gott, mein Gott. Allegra wimmerte. Nein, bitte nicht, lieber Gott, ich gebe dir alles, was du willst, nur das Kind nicht.

Die Tür ging auf, die Schwester brachte das kleine Bündel rein, wir durften ihn waschen. Es wirkte alles so archaisch, nur Frauen im Halbdunkel, das kleine Münchner Kindl war wunderschön, glatt wie alle Kaiserschnittkinder, blau-weiß mit viel schwarzen Haaren auf dem Köpfchen und dem Rücken. Wir wuschen ihn, er jaulte wie ein Kätzchen. Wir brachten ihn sauber zu Allegra.

»Ist er normal, ist alles dran?«

»Ja, er ist prachtvoll, nur …«, das musste ich sie gleich fragen, »wieso ist er so weiß?«

Bevor sie kurz einschlief, sagte sie noch:

»Keine Sorge, er dunkelt noch nach!«

Nicht nur, dass er wirklich nachdunkelte, von Anfang an hatte ich das Gefühl, die Vorfahren von ganz vielen im Arm zu halten. Er versöhnte mich vor allem mit meinem Vater, den ich, wie bei Helena damals meine Mutter, in den Armen hielt. Einen Enkel zu haben versöhnte mich mit dem Mann an sich…

Wenn man das männliche Verhalten schon in dieser putzigen Form agieren sieht, löst das bei mir eine Rührung aus, die sich, wenn ich nicht aufpasse, wohl auch auf andere überträgt. Die männliche Kreatur kann so rührend sein.

Raphael hat vieles verändert. Zum einen will ich nicht mehr fliehen. Ich fange an, mich in München zu Hause zu fühlen. Das hat ganz eindeutig mit ihm zu tun, denn überall stelle ich fest, dass die Medien, wenn sie mal die Wahrheit schreiben, eben auch verbinden können. So wie ich früher als Skandalnudel herumgereicht wurde, wird mir nun die strapazierte Großmutter als Etikett angeheftet. Sicherlich nicht nur aus Nettigkeit, aber Großmutter zu sein – was ich ja, seit ich vierzig Jahre alt wurde, bin –, das ist wunderbar.

Françoise Gilot sagte in einem »arte«-Interview:

»Ich habe all meine Vernunft in den Dienst meiner Verrücktheit gestellt.«

Das könnte auf meinem Grab stehen. Die Sturheit, mit der ich neben der öffentlichen Person Christine Kaufmann mein eigenes Leben gelebt habe, hat sich ausgezahlt. Jedenfalls für mich persönlich, denn ich bekam und bekomme keine Medienanerkennung, aber ich erhalte Zuspruch von vielen Menschen. Meine Arbeit im Teleshopping kam und kommt mir oft so vor, dass ich wie das Aschenputtel in der Küche arbeiten muss, während die Stiefschwestern auf Bälle gehen. Ich habe jedoch ein Heer von Feen, und in dieser in den Medien nicht existierenden Welt erfahre ich die Liebe und Zuwendung, die ich mir als Kind gewünscht habe. Diese Zuwendung ist Nähe. Ich werde häufig auf der Straße umarmt, rieche meine eigene Creme an den Wangen anderer, es ist die skurrilste Art von Erfolg, die ich je erlebt habe, denn ein Star müsste sich ja vor dieser Nähe fürchten. Ich aber bade darin.

Am allerschönsten ist für mich die Anteilnahme an meinem Großmutterschicksal. Es ist modern, es gibt sogar eine *Self-help*-Gruppe. Wir sind die Waisenomas. Meist rüstig, vital, vielleicht sogar attraktiv im erotischen Sinn, aber leider verlassen. Und so ist es schon fast ein Ritual, wenn ich am Elisabethmarkt einkaufe: »Na, wia gets am Enkal, issa scho wieda in Maiämi?«

Ich, traurig: »Ja, leider.«

Oder, wenn er gerade da ist: »Mei, do issa jo! Soo issa, a di braune Haut, sama fro, gä?«

Und ich bin glücklich, nicht nur über ihn, sondern dass ich aufgenommen worden bin, ohne meinen »Lachsweg« zu den Quellen aufzugeben. Ich bin gegen den Strom geschwommen und bin stolz, für mich etwas erreicht zu haben. Ich bin die Nonna, die mit allem versorgen kann, was man zum Leben braucht. Dennoch ernte ich an einem guten Tag immer noch Blicke, Pfiffe und gelegentlich ein Kompliment. Es freut mich, dass ich zu den Pionieromas gehöre, dass ich ein anderes Selbstbewusstsein mitgeprägt habe. Denn das schreiben sie mir, das steht in den Briefen an mich, das gehört mir, und ich lasse es mir nicht nehmen. Für mich hat sich ein Satz aus einer meiner Lieblingsplatten erfüllt. Ich weiß, die meisten finden es sentimental, weil sie nicht wissen, wie es sich anfühlt, aber wer es kennt, versteht es – George Benson singt: »The greatest thing you can ever learn, is to love and be loved in return.«

Ich bin dankbar, dass ich so viel erlebt habe, auch die Dimension des Ruhmes. Vor allem bin ich aber dankbar, dass ich das Wirkliche, das Kostbare am Leben, das nicht aus Bildern besteht, intensiv fühle. Denn das Leben ist immer wie Wasser, das einem durch die Finger rinnt. Gerade deswegen ist es schön – weil es sich nicht festhalten lässt.

BILDNACHWEIS

Archiv Christine Kaufmann: 4, 5, 10, 11, 12, 13, 18, 19, 20, 21, 23, 24, 25, 28, 33, 34, 35, 36, 37, 38, 39; Günter Kaufmann: 22; Bildarchiv Engelmeier, München: 30, 31; Filmdokumentationszentrum, Wien: 1, 3, 9, 16; Filmprogramme: 15, 17; Rosa Frank: 32; Steve Gallagher: 7; Michael Geis: 40; Roswitha Hecke: 26; Digne Meller Marcovicz: 27; Ursula Röhnert: 14; Petra Stadler: 8.

Nicht in allen Fällen konnten Autorin und Verlag die Inhaber der Rechte an den reproduzierten Fotos ausfindig machen. Der Verlag bittet darum, bestehende Ansprüche mitzuteilen.

Wer hätte gedacht, dass ein niedlicher Cairnterrier sich in eine Cairnwaffe verwandeln kann?

Christine Kaufmann
LIEBESTÖTER
AUF VIER PFOTEN
Mit Illustrationen von
Claus Joachim Zey
128 Seiten
ISBN 978-3-431-03689-3

Ein raffinierter Verführer französischer Schule, fintenreich, stark und geradezu besessen von schönen Frauen – das ist Grisu, der Cairnterrier, den Christine Kaufmann ihrem Ehemann zum Geschenk machte. Ein Draufgänger, der es faustdick hinter den süßen Fuchsöhrchen hat und, seiner Natur entsprechend, manchmal rüde Manieren zeigt. Aber muss Grisu deshalb ständig mit dem Herrchen konkurrieren?

Um die Liebe zu retten, half nur eins: es mit Humor zu nehmen und Grisus Streiche als eine unerschöpfliche Inspiration für dieses hinreißend illustrierte, himmelschreiend komische Geschenkbuch zu betrachten ...

Ehrenwirth

Ein dramatisches Leben. Eine bewegende Autobiografie.

Farah Diba-Pahlavi
ERINNERUNGEN
464 Seiten
mit 16 Seiten Tafelteil
ISBN 978-3-404-61575-9

Ihre prunkvolle Hochzeit 1959 mit dem Shah von Persien war eine Märchenhochzeit. Doch ihr Leben war reich an Wendungen und Schicksalsschlägen. Sie wurde zur ersten Kaiserin des Iran gekrönt, und sie verlor ihre Heimat durch die islamistische Revolution. Sie setzte sich für die Befreiung der Frau aus mittelalterlichen Traditionen ein, und sie erfuhr die Niedertracht falscher Freunde im Exil. Weitere schwere Erfahrungen zeichneten ihr Leben. Aber Farah Diba-Pahlavi fand immer wieder Kraft – für sich selbst und für andere.

Bastei Lübbe Taschenbuch

*Die Liebe ist ein Spiel –
aber folgt sie auch bestimmten Regeln?*

Michael Mary
MYTHOS LIEBE
Lügen und Wahrheiten
über Beziehungen
und Partnerschaften
224 Seiten
ISBN 978-3-404-60566-8

Wäre es nicht fantastisch, das Leben und die Liebe bewusst steuern zu können? Könnte man durch die »richtige« Beziehungsarbeit Partnerschaft, Liebe und Glück für immer garantieren? Viele Psychoratgeber sagen Ja, Michael Mary sagt Nein. Die Liebe zwischen Frau und Mann ist eines der letzten Abenteuer des Lebens. Sie steuern zu wollen wäre absurd. Und hätte den gegenteiligen Effekt: Denn Liebe und Kontrolle vertragen sich überhaupt nicht. In »Mythos Liebe« entwickelt Michael Mary einen ganz neuen Ansatz, um Liebesglück in Beziehungen zu finden.
Vergessen Sie alle Regeln und lassen Sie sich überraschen!

Bastei Lübbe Taschenbuch